영유아교육
교수매체

영유아교육 교수매체

이영자 · 박미라 · 최경애 지음

(주)교문사

머리말

최근 영유아교육의 교수매체에 대한 일반의 관심은 대상 연령에서부터 매체 유형에 이르기까지 다양해지고 있다. 대상 연령 면에서는 영아보육의 증가로 영아용 교수매체에 대한 관심과 요구가 증가하였다. 매체 유형 면에서도 테크놀로지의 발달로 시청각 기자재가 디지털화, 멀티미디어화 되어 컴퓨터를 활용한 교수매체와 디지털 매체 활용의 기대와 가능성이 높아졌다. 본 서는 이러한 영유아 교육용 교수매체의 제작과 활용에 대한 예비교사 및 현장 교사의 요구를 반영하였으며 컴퓨터 등 디지털 매체의 교육용 기자재로서의 활용도를 고려하여 집필하였다.

본 서는 총 2부로 구성되어 있으며, 제1부에는 이론적 배경을, 제2부에는 영유아를 위한 교수매체의 효율적 활용 및 제작방법을 제시하였다. 제1부 이론적 배경에는 영유아를 위한 교수매체의 역사, 영유아 프로그램과 교수매체의 특징, 영유아의 지각 · 의사소통 및 학습 원리에 대한 다양한 이론을 중심으로 상세히 설명하고, 영유아를 위한 교수매체의 분류를 제시하였다. 제2부는 유아교육기관에서 활용되는 그림, 융판, 자석자료, 게시판, 입체교수매체, 인형, 녹음자료, 오버헤드(OHP) 프로젝터와 슬라이드 프로젝터, TV/DVD와 실물화상기, 컴퓨터 등의 교수매체 특성 및 활용방법을 구체적으로 설명하였다. 아울러 만 2세, 3세, 4세, 5세를 위한 프로그램을 주제 중심으로 전개할 때 이러한 자료들이 어떻게 선정 · 활용될 수 있는지를 제시하였다.

Preface

영유아를 위한 교수매체의 개발은 영유아를 위한 프로그램과 연결시켜 새롭게 발전할 수 있는 가능성이 크게 열려 있는 분야이다. 이 책이 대학의 영유아교육 교수매체, 교과교재 연구 및 교수학습방법 등과 관련된 강의와 일선 교사들의 교수매체 개발 및 활용에 유용하게 사용되길 바란다.

끝으로 이 책에 제시된 교수매체와 활동의 사진자료 촬영에 협조해 준 파랑새유치원(일산), 동은유치원(서울), 신길하나푸르니어린이집(서울), 정다운어린이집(화정) 등 여러 영유아교육기관의 어린이와 교사, 경복대 학생들에게 고마움을 표하며 ㈜교문사 류제동 사장님 이하 편집부 여러분께도 감사드린다.

2009년 9월
저자 일동

차 례

PART 2 영유아를 위한 교수매체의 효율적 활용 및 제작

영유아를 위한 성공적인 교수 · 학습은 이론과 연구에 기초하여 바람직한 환경을 구성하고 상호작용할 때 이루어진다. 영유아 교사와 연구자들은 전통적으로 다양한 교수매체를 활용하여 양질의 교육을 제공하려고 노력해 왔다.

최근 공학이 발달하고 새로운 매체가 출현함에 따라 교사는 매일의 교수 · 학습과정에서 과거부터 제공되어 오던 활동을 새로운 매체를 활용하는 활동으로 대치할 것인가, 아니면 기존의 활동을 계속 제공하면서 새로운 활동을 첨부할 것인가, 또 수립한 교육목표를 달성하기 위해 어떠한 매체를 제작 · 선정할 것인가에 대해 결정해야 한다.

이러한 교수매체의 도입과 활용에 대한 결정은 간단하지 않아서 영유아교육과정에 대한 관점, 교수공학에 대한 이론, 영유아기의 지각 특성 및 발달적 특성에 대한 이해 등에 따라 달라질 수 있다. 따라서 Part 1에서는 영유아를 위한 교수매체의 도입과 활용을 위한 기초이론으로서 영유아교육 교수매체의 역사, 프로그램과 교수매체, 유아의 지각 및 학습 원리, 교수매체의 유형 등에 대한 이론적 기초를 제시하였다.

Part 01

이론적 배경

영유아교육 교수매체의 역사

영유아교육에서 교수공학적 접근과 교수매체의 활용은 자연스럽고 당연한 사실로 받아들여지고 있다. 본 장에서는 교수공학과 교수매체를 정의하고 영유아교육에서 교수매체 활용의 역사적 배경과 우리나라 영유아교육 교수매체의 발전과정을 살펴본다.

1. 교수매체의 정의

교수매체는 어떤 메시지를 포함하고 있어 영유아가 이를 접함으로써 행동의 변화를 이끄는 매개체이다. 즉, 목표로 하는 교수 또는 학습을 성공적으로 실현시키는 데 필요한 매개체를 말한다. 교육 분야에서 교수매체를 연구하고 활용하는 것은 학습효과의 증대를 위해 교육을 과학적이고 조직적으로 접근하려는 교수공학적 접근에 포함된다. 교수공학하면 흔히 공학이란 용어 때문에 교수 · 학습상황에서 컴퓨터나 텔레비전과 같은 기계류의 매체가 필수적으로 사용되는 것을 연상하기 쉽다. 그러나 교수공학이란 많은 사람들이 생각하고 있듯이 기계류의 매체를 도입하는 것만을 의미하는 것이 아니며, 오히려 교수공학은 교수이론 또는 교수방법을 의미한다.

학습효과를 올리는 데 관여되는 모든 물리적 여건이 교수공학에서 다루어진다. 즉, 학습효과에 영향을 주는 교수매체, 교수방법, 교수환경의 활용 및 조성을 통한 학습효과의 증대가 교수공학에 내포되어 있다. 따라서 교수공학에서 교수매체의 활용은 필수적이며, 가장 효율적으로 학습효과를 낼 수 있는 교수매체의 제작 · 활용은 교수공학의 기본 과제이다.

교수매체에 대한 정의는 교수 · 학습활동에 대한 생각과 교수 · 학습활동 시의 교수매체의 역할과 밀접한 관련을 갖는다. 교사가 영유아에게 일방적으로 지식을 제공하고, 영유아는 이를 수동적으로 받아들이는 것으로 교수 · 학습활동을 생각했던 시기에 교수매체는 교사의 지식제공의 보조적 역할로 고려되었고, 시청각 보조물(audio-visual aids), 교편물(teaching aids) 등으로 불리었다. 교수매체는 시청각 교재, 시청각 교구 등으로도 불리었는데, 이 또한 교수매체의 범위와 교수 · 학습활동에 미치는 영향을 제한적으로 생각하였기 때문이다. 종래의 시청각 보조물, 교편물, 시청각 교재, 시청각 교구 등으로 불리는 것들은 좁은 의미의 교수매체에 해당된다. 그러나 교수공학적 접근에서 교수매체의 범위는 이처럼 제한된 것이 아니다. 교수공학적 교수매체는 모든 종류의 교수 · 학습자료를 포함하는 일체의 교육환경을 의미한다. 여기서 말하는 교육환경은 광범위한 의미로는 교사의 교수기술 및 학습 분위기까지도 포함한다. 따라서 오늘날의 교수매체의 개념은 이러한 총체적 교육환경으로써 효율적인 조화를 강조한다.

본 서에서는 지면의 제한으로 광범위한 범위에서 교수매체를 다루지는 못하였으나, 매체의 유형별 설명 시 교사가 알아야 할 교수 · 학습방법이나 교수기술을 포함시키려고 노력하였다.

2. 영유아교육 교수매체 활용의 역사적 배경

영유아교육에서 교수매체의 역할은 초기 유아교육 개척시기부터 그 중요성이 주장되어 왔다. 영유아교육 교수매체의 고안 및 활용에 영향을 미친 주된 학자를 중심으로 시기별 발전과정을 살펴보면 다음과 같다.

세 계

하늘[1]은 불, 곧 별을 가지고 있습니다.
구름[2]은 하늘에 떠 있습니다.
새[3]가 구름 속을 날고 있습니다.
물고기[4]가 물속에서 헤엄치고 있습니다.
대지에는 산,[5] 숲,[6] 밭[7]이 있고 동물,[8] 인간[9]이 있습니다.
이 세계라는 커다란 몸은 네 가지 요소로 구성되어 있고
그곳에서 살아가는 생물들로 가득 차 있습니다.

그림 1-1 코메니우스의 저서 『세계도해』의 내용
자료 : 남해승 역(1999), 세계도해.

1) 코메니우스

코메니우스(John Amos Comenius, 1592~1670)는 "감각은 인식의 최초의 단계이며 가장 확실한 도구이다. 따라서 모든 사물은 가능한 한 감각에 의해 파악해야 한다."고 주장하였다. 또한 아동은 감각을 통하지 않은 경험으로는 학습이 어렵다고 보고 모든 학습이 감각적 경험을 통해야 한다고 하였다. 자신의 이론에 따라 1658년 그림으로 설명된 언어 교과서인 『세계도해(Orbis Sensulalium Pictus)』를 제작하였는데, 이 책은 최초의 그림책(시각적 교재)으로 오늘날 어린이를 위한 그림책의 기원이 되었다.

2) 페스탈로치

페스탈로치(John Herinrich Pestalozzi, 1746~1827)는 루소의 교육사상을 계승하였으며 합자연의 원리, 직관교육의 원리, 노작교육 등을 주장하고 몸소 실천하였다. '모든 교육은 감각적 인지에 그 기초를 두고 있으며 적절한 감각적 경험을 통하여 잠재적 가능성을 개발시킬 수 있다'고 믿어 아동교육방법으로 실물교수(object lesson)방법을 주장하였다. 실물교수라는 용어 자체가 의미하듯이 페스탈로치는 모든 개념을 세기, 측정하기, 느끼기, 만지기 등과 같은 과정을 포함하는 조작적 경험에 의한 학습이 가장 좋은 학습방법이라고 생각하였다. 페스탈로치는 항상 직접적인 실제 경험과 직결되지 않고 단순히 말을 통한 교육은 공허하고 비능률적이라고 보았다. 또한 세밀한 계획에 의해 유아가 직접 조작경험을 할 수 있는 교수매체를 갖춘 물리적 환경과 유아의 활동 특성을 이해할 성인

의 지원이 환경의 주요 요소라고 보았다. 주요 저서로는 『백조의 노래』, 『게르트루트는 어떻게 그의 아이를 가르치는가』 등이 있다. 페스탈로치의 교육사상과 방법은 프뢰벨의 유치원교육에 많은 영향을 미쳤으며, 오늘날 교수매체를 통한 교육의 기초가 되었으므로 시청각 교육의 개척자라고 할 수 있다.

3) 프뢰벨

프뢰벨(Friedrich Frobel, 1782~1852)은 "아동의 정신능력이 자기표현을 통하여 개발되려면 놀이자료의 활용이 필요하다. 아동은 놀이자료(또는 놀잇감)를 통하여 자기를 표현할 수 있으며 자료를 조작해 봄으로써만 정신적으로 발전할 수 있다."고 하였다. 또 프뢰벨(1967)은 이상적인 유치원의 교실은 식물, 동물, 그림, 작은 책상과 의자, 뛰어놀 수 있는 개방적 공간을 갖추고 근처 공원에 접근 가능한 양지 바른 곳이어야 한다고 제시하였다. 아울러 유치원에서 말과 책에 의존하기보다는 유아의 사고를 자극하는 구체적 물체를 공급하고 미술과 공예활동을 제공할 것을 요구하였다(Hohmann & Buckleitner, 1992). 프뢰벨은 유아의 정신을 제대로 발달시키기 위해서는 적당한 자료를 제공하여야 한다는 생각에서 1838년에 은물(gifts)을 고안하고 작업(occupations)을 창안하였으며, 이것이 오늘날 영유아교육 교수매체로 빼놓을 수 없는 블록, 조작자료, 구성자료의 기초가 되었다. 은물과 작업은 유아를 위한 교수매체로 지금까지도 활용되고 있다. 프뢰벨은 여러 가지 자료를 사용하여 유아의 자발적인 행동을 통한 교육을 시도함으로써 시청각적 교수매체를 활용한 교육의 교육학적 기초를 이루었다.

(1) 프뢰벨 은물

초기 고안된 은물은 단계에 따라 10세트로 구성되어 있다. 제3은물, 제4은물, 제5은물, 제6은물은 1830년대 이래 유아교육기관에서 전형적으로 블록으로 사용되었다. 이 은물들은 유아 크기의 테이블에 3cm 크기의 바둑판 모양이 그려져 있는 판에 놓고 다양한 활동에 활용되었다(Williams & Fromberg, 1992). 프뢰벨은 은물을 개별적으로 테이블 위에서 다루도록 하였으며, 다루는 순서를 지키도록 하여 엄격하고 형식적 교육을 하여 유아기의 발달적 특징에 부적합한 측면이 있다는 비판을 받기도 하였다. 최근에는 '가베'

라는 이름으로 상품화된 것이 많은데, '가베'는 선물 혹은 재능이라는 의미로 해석되기도 한다. 아래에는 초기에 고안된 10세트의 은물을 소개하였으며, 크기는 3cm 은물을 기준으로 제시하였다.

- **제1은물** : 직경 6cm의 빨강·파랑·노랑·주황·초록·보라색으로 구성된 6개의 색공
- **제2은물** : 기본 치수 6cm의 나무로 된 구(球), 입방체(정육면체), 원기둥
- **제3은물** : 기본 치수 3cm의 입방체 8개
- **제4은물** : 3×6×1.5cm의 직방체 8개
- **제5은물** : 기본 치수 3cm의 입방체 21개, 삼각주 6개, 1/2 삼각주 12개
- **제6은물** : 3×6×1.5cm의 직방체 18개, 기본 치수 3cm의 1/2 입방체 12개(3×3×1.5cm), 직방체 6개(1.5×6×1.5cm)
- **제7은물** : 색판, 기본 치수 3cm의 정사각형, 직각이등변삼각형, 직각부등변삼각형, 정삼각형, 둔각이등변삼각형, 원, 반원 각각 100개(요즘에는 나무 색고리가 많다)
- **제8은물** : 3, 6, 9, 12, 15cm의 막대 각각 300개(대나무 또는 스테인리스로 된 것)

그림 1-2 제1은물

그림 1-3 제2은물

그림 1-4 왼쪽부터 제3·4·5·6은물

그림 1-5 제7은물(최근 제작)

그림 1-6 제8은물

그림 1-7 제9은물

그림 1-8 제10은물(최근 제작)

- **제9은물** : 고리(스테인리스 제품), 3 · 4.5 · 6cm의 은고리 각각 100개, 3 · 4.5 · 6cm의 반고리 각각 100개(요즘에는 나무로 된 것이 많음)
- **제10은물** : 직경 10mm, 두께 5mm의 나무로 된 알갱이 500개

(2) 작 업

작업은 열 가지의 활동으로 구성되어 있다.

- **제1작업** : 종이에 구멍 뚫기
- **제2작업** : 수놓기
- **제3작업** : 그림 그리기
- **제4작업** : 종이로 짜기
- **제5작업** : 종이 접기
- **제6작업** : 종이 자르기와 붙이기
- **제7작업** : 콩 작업(구슬 꿰기)
- **제8작업** : 두꺼운 종이로 모델 만들기

- **제9작업** : 모래놀이
- **제10작업** : 찰흙놀이

4) 몬테소리

몬테소리(Montessori, 1870~1952)는 "교육은 감각을 통하여 이루어질 때 효과적이며 감각기관의 훈련과 발달은 제반개념의 이해를 위한 기초가 된다."고 주장하였다. 따라서 유아가 직접 감각적으로 경험할 수 있는 자기 교정적 교구(didactive material)를 제작하고 유아 스스로 집중적 활동을 통하여 개념의 이해가 이루어지도록 시도하였다. 몬테소리는 자기 교정적 교구가 유아 스스로 자신의 실수 또는 오류를 발견하여 자동교육이 이루어지게 하므로 유아교육기관에서 몬테소리 교구를 갖춘 준비된 환경을 마련하는 것이 필요하다고 주장하였다(Montessori, 1964). 또한 개방된 선반에 몬테소리 교구로 준비된 환경을 갖추어 놓아 유아 스스로 선택하여 개별적으로 활동하는 것을 장려하였는데, 이와 같은 몬테소리 교구는 영유아의 개별학습을 위한 교수매체의 첫 시도라고도 볼 수 있으며, 몬데소리 교구는 다음과 같다.

① 일상생활의 훈련교구

- 단추 끼우기(작은 단추 끼우기, 큰 단추 끼우기, 고리단추 끼우기)

단추 끼우기

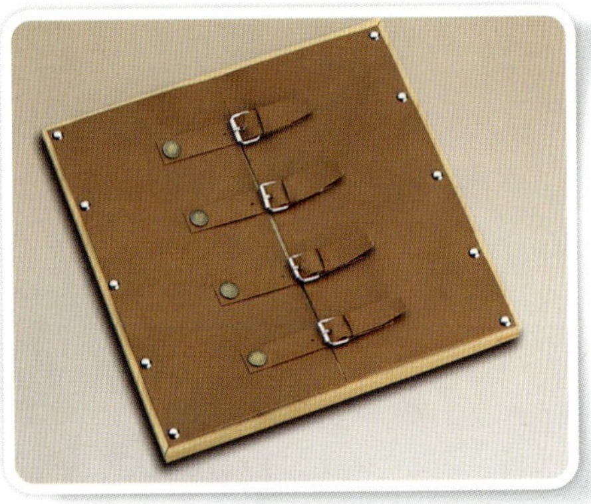

벨트 매기

그림 1-9 몬테소리 일상생활 훈련교구의 예

- 지퍼 올리기, 똑딱단추 끼우기, 구두단추 끼우기, 안전핀 꽂기
- 리본 매기, 벨트 매기, 구두끈 매기 등

② 감각교구

- 원기둥 틀 4세트, 손잡이 없는 원기둥, 분홍 탑, 갈색 층계
- 긴 막대, 소리상자, 벨, 색실패
- 무게판, 온도판, 촉각판
- 비닐주머니, 후각병
- 그림 맞추기 등

③ 산수교구

- 수 막대, 셈하기 상자
- 홀수와 짝수, 모래종이 숫자, 덧셈판, 곱셈판
- 구슬줄과 구슬대(bead chain and bead)
- 도형 캐비닛(기하학적 도형서랍)
- 도형 카드, 기하학적 금속모형, 분수대

그림 1-10 손잡이 없는 원기둥

그림 1-11 분홍탑

그림 1-12 수막대

그림 1-13 구슬줄과 구슬대

- 그림과 숫자 찾기, 구두단추 끼우기색 구슬과 나무판
- 구성 삼각형, 구두단추 끼우기
- 100의 숫자판과 숫자 카드 등

④ 언어교구

- 모래종이 글자, 그림 카드
- 철판도형
- 언어상자
- 이동글자 등

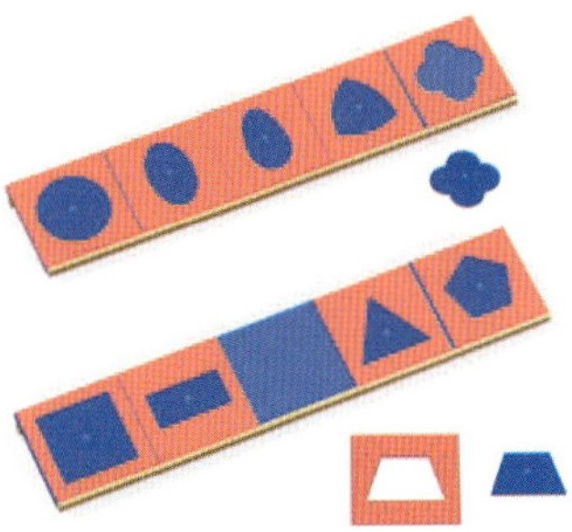

그림 1-14 철판도형

그림 1-15 세계지도 퍼즐 세트

그림 1-16 나뭇잎 도형 서랍

⑤ 지리교구

- 지구의, 세계지도, 각 나라의 국기
- 시계, 시계도장
- 나뭇잎 도형 서랍 등

5) 존 듀이

존 듀이(John Dewey, 1859~1952)는 교수매체가 유아의 발달을 도와줄 뿐 아니라 문화적으로 기대되는 기본 기술의 습득을 도와준다고 주장하였으며, 일상생활에서 사용되는 도구나 물체와 같이 직접적 경험을 제공하는 교수매체의 제공을 추천하였다. 성장하는 유아는 일상생활에서 사용되는 도구와 물체에 흥미를 보이므로 요리하기, 바느질하기, 목공놀이와 같은 매일의 생활 활동이나 직업적 활동을 위한 교수매체를 제공하는 것이 바람직하다고 제시하였다. 또한 구성적 작업활동을 위한 교수매체를 제공하여 유아가 교수매체의 탐구와 발견기회를 통해 문제를 해결하고, 새로운 사실을 발견하는 기회를 갖도록 제안하였다.

6) 힐

힐(Patty Smith Hill, 1868~1946)은 스승인 안나 브라이언(Anna E. Bryan, 1858~1901)의 블록에 기초하여 힐 블록을 고안하였다. 안나 브라이언은 개별 테이블 위에서 형식적으로 다루어지는 프뢰벨의 은물을 큰 블록으로 확대하고 바닥에서 자유롭게 상상력을 발휘하며 사용하도록 시도하였는데, 힐은 그녀의 뒤를 이어 블록에 대한 연구를 거듭하여 힐 블록을 만들었다. 초기 힐 블록은 6″×3″×1/2″를 기본 단위 블록으로 하였으며, 가장 긴 블록이 24″ 길이이고 한 세트에 모두 일곱 가지 모양이 포함되어 있다. 그 후 점차적인 개발과정을 거쳐 길이가 6~36″에 이르는 블록을 고안하였으며, 큰 구성물은 못과 구멍, 구리줄 막대, 그리고 도리(girders)를 사용하여 고정할 수 있도록 하였다. 유아는 큰 블록으로 창의적인 구성물을 만들어 가정놀이, 우체국놀이 · 음식점놀이 등을 할 수 있다(Williams & Fromberg, 1992).

그림 1-17 유니트 블록

그림 1-18 공간 블록

7) 프래트

프래트(Caroline Pratt, 1867~1954)는 오늘날 영유아교육기관의 교실에서 흔히 볼 수 있는 유니트 블록(unit block)을 고안하였다. 1918년 기본 단위 블록으로 13/8″×3/4″×5/2″ 크기의 블록에 반 단위 블록, 삼각 단위 블록, 2배 단위 블록, 4배 단위 블록(22″ 길이)에 이르는 다양한 길이의 블록을 고안하였다(Hunt, 1918). 그 후 필터(pillar) 모양, 원기둥 모양, 커브, 스위치(switches) 등이 추가 고안되었다(Hunt, 1924). 프래트는 이 단위 블록들과 함께 놀이할 수 있는 크기의 소품으로 세울 수 있는 사람과 동물들을 고안하였다. 따라서 유아는 단위 블록들과 다양한 소품으로 자신과 자신 주변의 사회적 · 물리적 세계에 대한 경험과 이해를 상징적으로 표상하고 재구성하는 놀이를 할 수 있다.

프래트는 실외 놀이터에서 사용하는 블록을 10″×10″×5″와 10″×20″×5″의 두 가지 크기로 모든 면이 닫힌 공간 블록도 고안하였다. 이 공간 블록은 나무사다리, 널빤지와 함께 실외 쌓기 놀이에서 흔히 사용되고 있다. 이 공간 블록들은 실외 놀이를 위하여 설계되었으나 실내에서도 많이 사용된다(Cuffaro, 1992). 그림 1-17과 그림 1-18은 최근에 영유아교육기관에서 사용되고 있는 유니트 블록과 공간 블록이다.

8) 구성주의와 영유아교육 교수매체

피아제(Jean Piaget, 1896~1980)는 영유아교육 교수매체를 직접 고안하지는 않았으나 영유아교육에서 교수매체 활용의 필요성을 제안한 학자이다. 그는 영유아가 교수매체를 능동적으로 탐색하는 활동을 통해 자율성을 획득하고, 자신의 행동지시기술 및 과제를 끝까지 수행하는 능력 등의 발달을 이룬다고 보았다. 영유아의 사고는 감각운동기, 전조작기, 구체적 조작기, 형식적 조작기의 네 단계를 통해 성인의 사고에 이르며, 사고발달 단계에 따라 의존하는 교수매체 유형이 다르다고 하였다. 감각운동기에는 감각적 · 반사적 행위를 통해 지식을 형성하는 시기이므로 영유아는 말 또는 그림에 정보를 담은 교수매체보다는 눈으로 관찰하고, 손으로 만져보고, 입에 넣어 볼 수 있는 구체적 사물에 의존한다. 전조작기 유아는 말과 같은 표상적 상징을 활용하여 사고하는 능력이 증가하므로 사물 대신 사물의 상징을 교수매체로 사용하여 사고를 발달시킬 수 있다. 그러나 아직 자기중심적이므로 교수매체를 다른 사람과 공유하기 힘들다. 구체적 조작기의 아동은 물리적 · 외적 현상이나 구체적 물체에 의존하지 않아도 정신적으로 조작하며 자기중심성에서 벗어나는 능력이 형성되는 시기이므로 도해자료, 녹음자료, 비사실적 구성자료 등과 같이 이러한 능력이 형성되도록 도와주는 교수매체와의 경험을 필요로 한다. 형식적 조작기에는 물체가 없어도 정신적 조작이 가능하게 되므로 추상적이거나 상징적인 교수매체의 활용이 가능하다.

피아제의 이론은 라바텔리 교구, 하이스코프 프로그램, 카미와 드브리스의 물리적 지식활동 등 많은 유아교육 이론과 실제에 영향을 미쳤다. 물리적 지식활동은 물체의 움직임과 변화에 초점을 두고 유아가 행동하고 이에 따른 사물의 변화를 관찰할 수 있도록 고안된 것으로 롤러, 목표물 맞추기, 경사, 진자놀이, 물놀이 등의 활동이 제공된다.

비고스키(Vygotsky, 1896~1934)의 인식론은 피아제의 인지발달이론과 다르게 '유아의 사고는 사회적으로 구성된다'는 이론으로 1970년대 이후 영유아교육의 새로운 패러다임을 제시한, 2000년대 교육학의 가장 영향력 있는 이론 중 하나이다. 그의 이론에 바탕을 두고 있는 기본 원리는 다음과 같다(Bodrova & Leong, 1996).

- 유아들은 지식을 구성한다.

- 발달은 사회적 맥락과 분리될 수 없다.
- 학습은 발달을 주도한다.
- 언어는 정신발달에 핵심적 역할을 한다.

비고스키는 피아제와 마찬가지로 유아들이 자신의 이해를 구성해 간다고 보았다. 피아제는 인지적 구성이 물리적 대상들과의 상호작용 속에서 생겨나는 것이라고 보았다면, 비고스키는 이러한 인지적 구성은 사회적으로 매개되는 것이라고 보았다. 즉, 물리적 조작과 사회적 상호작용이 모두 발달에 필요하다. 사회적 맥락은 유아가 상호작용하는 사람들뿐 아니라 가정과 학교처럼 영향을 미치는 사회적 구조, 그리고 전반적 문화나 사회적 수준과 그 안에 포함된 언어, 수체계, 과학과 기술 등을 포함한다. 이러한 사회적 맥락은 정신발달에 핵심적 역할을 하는데 비고스키는 모든 정신과정이 처음에는 서로 공유된 공간 속에 존재하다 나중에 개인 수준으로 옮겨간다고 보았다. 그의 이론에서 보면 발달은 학습에 영향을 줄 뿐 아니라 학습이 발달에 영향을 주기도 하는 복잡한 관계이며, 교사는 유아의 발달수준을 고려함과 동시에 유아를 발달로 이끄는 수준에서 정보와 지식을 제공해야 한다(Bodrova & Leong, 1996).

이 관점에서 볼 때 흥미는 학습과 무관하게 개인의 자발성에 의해 발현되는 개인적 흥미(individual interest)만이 아니라 상황이나 학습에 의해 형성된 상황적 흥미(situational interest)도 포함된다. 유아는 지식을 생산 · 형성할 수 있는 능력을 가진 존재이기도 하지만 사회 · 문화적 맥락이나 상황과의 상호작용을 통해 사회적으로 지식을 구성하고 근접발달지대를 형성한다. 근접발달지대에 대한 비고스키의 논점은 자유선택활동 과정에서의 교사의 역할을 설명하는 중요한 기저가 된다. 놀이는 발달을 주도한다고 보는 비고스키 관점에서 볼 때, 교사는 자유선택활동을 통해 유아가 자기조절을 할 수 있도록 교실의 상황을 조성하고 언어적 상호작용과 개입을 통해 놀이가 유아의 발달을 주도할 수 있도록 도울 수 있다.

교사는 발달과 학습을 촉진하는 전략으로 매개체를 활용할 수 있다. 매개체는 환경적 자극과 그 자극에 대한 반응 사이의 매개 수단으로 존재하는 그 무엇으로 눈에 보이는 것일 수도 있고 내면적인 것일 수도 있으며, 언어적일 수도 있고 시각적일 수도 있다. 중요한 것은 성인과 달리 유아들은 보다 구체적인 매개체를 필요로 한다는 점이다(Bodrova

& Leong, 1996). 지각적 범주를 학습하거나 주의집중, 기억, 사고, 자기조절의 영역에서 매개체가 유용하게 사용될 수 있다. 이러한 차원에서 볼 때 교수매체는 교사의 상호작용과 함께 유아의 인지발달을 돕는 핵심적 맥락이다. 프로젝트접근법에서 주제와 연관된 단어지도를 만드는 것도 외적 매개체를 활용하는 예로 볼 수 있다. 비고스키 이론은 변형의 과정을 강조하는 포만의 구성놀이나 레지오 에밀리아 유아교육의 중요한 이론적 토대가 되었으며, 가상놀이의 인지발달적 가치를 부각시켰다. 교수학습 과정에서 물리적 환경과 교수매체는 사회적 맥락으로서 중요한 의미를 지닌다.

3. 우리나라 영유아교육과 교수매체

20세기 초 우리나라 영유아교육은 미국의 진보적 유치원 혁신에 영향을 받은 유치원으로 출발하였기에(이상금, 1987), 교육과정의 구성 및 교수매체 활용 면에서 미국 유아교육의 영향을 많이 받았다.

미국에는 1920년에 전국 시(청)각교육학회가 조직되었으며, 1930년대에는 학교교육에 영화를 도입하려는 움직임이 일어났다. 영화기술의 발달로 인한 유성영화의 대두, 라디오와 축음기를 교육현장에 이용하려는 움직임 등에 영향을 받아 1935년부터는 '시청각교육' 이라는 용어가 등장하게 되었다. 1957년에는 스푸트닉 쇼크 이래 교육의 제반문제의 검토와 더불어 교육방법, 특히 여러 가지 교수매체를 활용한 교육에 대한 연구가 본격화되었다. 1964년 「초·중등 교육법(Elementary and Secondary Education Act)」이 미국 의회를 통과하였고, 이 법안의 제1조와 제3조에 의하여 유아교육 프로그램들이 강화·보조를 받게 되었으며, 이에 의해 헤드스타트(head start) 프로그램이나 팔로우 스루(follow through) 프로그램이 실시되었다. 이 법안의 제2조에는 유치원, 초등학교 등에서 사용하는 여러 종류의 시청각 자료에 대해서도 보조·육성하도록 규정하였으며, 이에 따라 실물을 포함한 여러 가지 시청각 교수매체에 대한 연구·실험·사용이 활발해졌다.

또한 1960년대의 새로운 교수공학의 등장과 함께 유아교육에서도 교수매체를 활용한 학습경험을 보다 체계적이고 조직적으로 구성함으로써 유아 학습심리에 부합되는 학습을 마련해 주자는 활동이 활발히 전개되었다. 1963년 캐나다의 토론토에서 시작된 텔레비전 프로그램인 미스터 로저스(Mr. Rogers)가 2년 뒤 미국의 피츠버그에서 방영되기 시작하여 미국 전역으로 확대되었고, 1969년에는 유아를 위한 텔레비전 프로그램인 세사미 스트리트(sesame street)를 시작함으로써 가정에서도 영상 교수매체를 통한 교육이 이루어지게 되었다. 1970년대 이후 다양한 유아교육 프로그램의 출현으로 다양한 교수매체들이 키트(kit)로 상품화되어 나오기 시작하였다. 스몰 원더 키트(small wonder kit), 피바디 언어발달 키트(Peabody language development kit), 피바디 유아교육 키트(Peabody early experiences kit), GOAL 프로그램 키트 등이 그 예이다. 아울러 다양한 교수매체들이 교구제작회사들을 통해 개발 · 보급되었다. 1980년대 후반에 이르러 교육기관에 컴퓨터가 일반적으로 활용되기 시작하였고, 1980~1990년대의 교육개혁운동으로 유아의 요구와 능력에 보다 적절한 교수매체를 갖춘 학습 환경의 창안이 우선적 과제가 되었다.

우리나라의 경우 1958년 3월 중앙시청각교육원이 설립되어 시청각 교육의 질을 향상시키기 위한 개선과 질적 향상, 국제적 교류 등의 업무를 수행함으로써 시청각 교수매체를 활용한 학습지도에 힘썼으나 유아를 위한 교수매체의 특별한 제시는 없었다. 시청각교육원의 발족을 계기로 각 시 · 도 교육위원회 내에 시 · 도 시청각교육원이 독립기관으로 설치되어 각 지역의 특성에 맞춘 시청각 교육의 진흥에 힘써왔다. 그 뒤 중앙시청각교육원은 교육연수원과 통합되어 중앙교육연구원이 되었고, 중앙시청각교육원은 중앙교육연구원의 교육자료부에 속하게 되었으며 이에 따라 각 시 · 도 시청각 교육연구원도 교육연구소와 통합되어 시 · 도 교육연구원이 되었다(한철규, 1980).

1972년부터 한국교육개발원을 중심으로 텔레비전, 라디오 등의 교수매체를 활용한 교수방법의 연구 및 프로그램 개발이 시작되었고, 1977년 정부와 유니세프(UNICEF)가 초등학교 아동을 위한 교수 · 학습자료의 보급 · 활용사업 지원협정을 맺어 한국교육개발원과 중앙교육원이 교수매체의 제작 · 보급사업을 시작하였다. 그러나 우리나라의 교수매체 연구 · 제작 · 보급사업은 앞에서도 언급하였듯이 대부분 초등학교 이상의 학생을 위한 것이었으며, 유아를 위한 사업은 한국어린이교육협회(현 대한어린이교육협회), 각종 유아교육협회 등이 주최한 강습회를 통하여 간접적으로 이루어졌다. 직접적인 시도는 1981년에 이르러서야 본격적으로 시작되었다.

문교부(현 교육과학기술부)가 행동과학연구소에 위촉하여 1981년 2월 유치원, 어린이

집, 새마을 협동 유아원, 농번기 탁아소 등에 유아를 위한 그림책, 교사가 유아에게 제시할 그림자료집 등을 제작하고 이들 교수매체에 대한 교사지도 자료집을 만들어 보급함으로써, 정부차원에서의 유아를 위한 교수매체의 제작 · 보급이 시작되었다. 또 1981년부터 가정에서 시청할 수 있는 유아용 TV 프로그램도 방영되었다.

1981년 12월 31일 유아교육 진흥법의 제정 · 공포로 국가가 '유아교육을 위한 교재 및 교구의 연구 · 개발과 보급' 에 관한 시책 마련에 관심을 갖게 되었다. 그리고 1983년 6월 9일 유아교육 진흥법 시행령 발표로 '교재· 교구에 대한 장학지도' 가 명시화되었다. 이에 교육부는 교사용 『유아교육 지도자료집』과 『교사용 그림자료집』 그리고 『유아교육을 위한 그림책』 1~4집을 개발하여 전국에 보급하였다. 아울러 교육부에서 주관하여 '전국 교재 · 교구 전시회' 에 제시되었던 교재 및 교구의 제작 · 활용방법을 수록한 『유아교육 교재 · 교구의 창작과 활용』 책자도 발간하여 유아교육기관에 제공하였다. 이와 함께 사단법인 한국어린이육영회(1981년 새세대육영회로 발족되었으며 1988년부터 개칭)는 영유아교육기관에서 사용할 수 있는 퍼즐, 녹음자료, 세울 수 있는 동물과 사람, 그림동화책 등을 개발하였고 교사용 지침서로서 『유아교육 자료의 제작과 활용』에 관한 책자를 발간하여 보급하였다. 이 외에도 유니트 블록과 종이벽돌 블록, 큰 책, 쉬운 책 등 유아교육 교수매체를 꾸준히 제작 · 판매해 오고 있다. 1982년부터 당시 교육부 주관으로 해마다 전국적으로 실시된 우수 유아교육 교재 · 교구 선정 및 전시는 유아교육 관계자와 유아교육기관의 원장 및 교사들에게 교재와 교구의 고안 · 제작 및 활용에 관한 새로운 인식과 관심을 갖게 하는 데 많은 공헌을 하였다. 최근에는 지역 교육청별로 우수 유아교육 교재 · 교구 개발 및 전시가 이루어지고 있다.

1980년대 후반에 시작된 유아용 컴퓨터 프로그램은 한 해가 다르게 발전하여 현재에는 수많은 유아 및 교사용 자료가 멀티미디어용으로 제작되고 있다. 유아교육기관에서의 컴퓨터 활용은 점점 증가하는 추세이다. 유아의 창의적 사고력, 능동적 참여 등이 고려된 질적 프로그램을 다양하게 개발하는 것이 과제이나, 한편으로는 오감각으로 체험할 수 있는 내용도 컴퓨터나 텔레비전 화면의 가상적 장면으로 제시함으로써 어린 유아들이 직접 체험하고 발달하는 기회가 박탈되는 것에 대한 우려가 높다. 인터넷의 발달로 교사용 자료에 대한 정보를 쉽게 제공 받을 수 있게 되어 교수자료를 준비하는 수고를 많이 덜어주고 있는 것도 사실이나 지나치게 의존하게 되면 영유아의 놀이 상황과의 관련성이 적고 획일화된 활동, 프린터로 출력한 활동의 형태의 자료를 제공하는 문제가 발생하게 된다.

보육정보센터나 서울특별시 유아교육진흥원과 같이 각종 자료와 체험시설, 교사연수 등을 통해 교사와 영유아를 지원하는 기관이 만들어졌으며, 각종 인터넷 사이트가 영유아와 학부모, 교사를 대상으로 운영되고 있다. 「영유아보육법」 제7조에 의해 설립되는 보육정보센터는 중앙과 서울 이외에도 지방자치단체 여러 곳에 있으며 보육 관련 정보를 제공하고 시설을 지원하는 다양한 업무가 이루어지고 있다. 홈페이지에는 보육교사를 위한 교수·학습자료도 게시 되고 있어 교사가 손쉽게 교수자료를 얻을 수 있다. 2008년 설립된 서울특별시 유아교육진흥원은 다양한 유아 체험 프로그램을 운영하며, 교수학습자료를 개발하고, 유치원 현장에 대여하는 등의 프로그램이 운영되고 있다.

최근에는 상품화된 자료의 급증으로 영유아용 교수매체는 양적 측면으로 풍부해졌다. 현재 상업용으로 판매되는 교재·교구는 도서, 융판, 자석판, 모형과 표본, 블록과 끼우기 놀잇감, 활동적 놀이기구 등 다양하며 영아 보육의 급증으로 영아용 교재교구와 영아교사를 위한 교수자료도 많이 개발되었다. 한편으로 교수매체가 다양해짐에 따라 여러 가지 매체들 중에서 어떤 것이 영유아의 건강과 안전을 고려한 제품인지, 영유아의 발달이나 교육 목표에 적합한 것인지 교사의 교육관과 교수학습방법에 적합한 교수매체는 무엇인지에 대해 판단하는 교사의 지혜도 더 많이 요구되고 있다.

영유아교육 프로그램과 교수매체

1. 영유아교육기관의 프로그램 유형에 따른 교수매체의 역할 및 활용

영유아교육기관의 프로그램 유형은 그 기관에서 취하는 영유아발달에 대한 생각과 프로그램 운영의 방향에 의해 결정된다. 프로그램 유형이 선정되면 이 유형에서 궁극적으로 의도하는 교육목적이 설정될 것이며 이러한 교육목적에 비추어 영유아의 연령과 요구에 기초하여 구체적 교육목표와 교육내용이 결정된다. 이때 교육내용을 어떠한 교수 · 학습 유형에서, 어떠한 교수매체를 활용하여 적용하고 평가하여 교육목표를 달성할 것인가에 대한 구체적 교수설계를 하게 된다. 교육기관에서 어떠한 프로그램 유형을 선택하든지 간에 교수매체의 선정 및 제작 · 활용은 필수적이나 프로그램 유형에 따라 교수매체의 역할, 선정 유형, 활용방법이 달라진다. 영유아교육기관의 프로그램 유형 선정에서 교수매체 활용 및 평가에 이르는 과정을 도식화하면 그림 2-1과 같다.

행동주의적 발달관에 의해 운영하는 영유아교육기관에서는 교사가 영유아에게 직접적으로 단계적 방법에 의해 교수매체를 제시하고, 유아는 자기수정적 방법이나 단계적 방법으로 교사가 제시한 것을 연습할 수 있는 교수매체를 선정 · 제작 및 활용하는 것이 주가 된다. 성숙주의적 유아 발달관에 의해 표준 · 성숙적 모델 프로그램을 운영하는 영

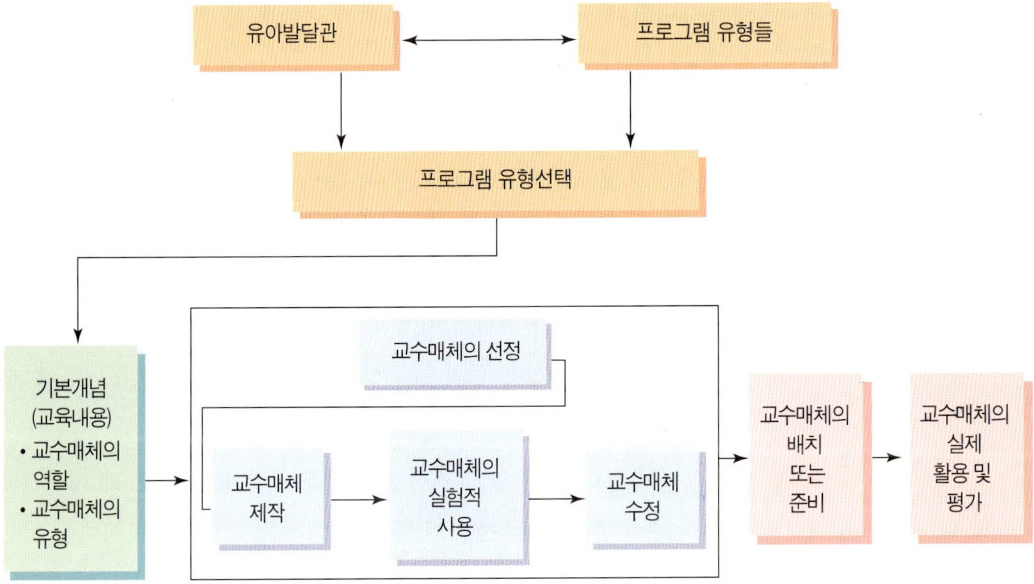

그림 2-1 교수매체의 활용과정

유아교육기관이나 상호작용주의적 유아발달관에 의해 상호작용주의 프로그램을 운영하는 영유아교육기관에서는 흥미 영역을 구성하고 다양한 교수매체를 준비해 주는 것이 중요하다. 또한 진행 중인 주제와 관련지어 자발적 선택에 의해 개별 또는 소그룹으로 다양한 활동이 이루어질 수 있고, 때로는 규칙에 의한 게임도 할 수 있으나 유아가 창의적으로 활용할 수 있는 교수매체를 선정 · 제작하여 준비해 준다. 이에 비해 몬테소리 프로그램을 적용하는 곳이나 발도로프 교육과정을 적용하는 영유아교육기관은 다른 유아교육기관과 철학 및 교수 · 학습 실제에 차이를 보이며, 물리적 환경과 교수매체도 차이를 보인다. 레지오에밀리아 접근법에서는 다른 프로그램보다 아틀리에와 시각자료가 중요한 비중을 차지한다(그림 2-2~2-5). 따라서 교사는 소속 교육기관의 교육목적과 유아발달관을 정확히 인지하고 이를 효과적으로 수행하기 위한 우수한 매체를 선정하여 교육해야 한다.

영유아교육 프로그램 유형에 차이가 있다 하더라도 교수매체를 사용함으로써 학습의 효과를 높일 수 있다는 점은 같으며, 구체적인 기대 효과는 다음과 같다.

첫째, 교육주제의 내용을 보다 주의 깊게 선정하고 조직하게 된다. 즉, 교수매체를 제작 · 계획할 때나 매체선정 이전의 자료검토 과정에서 주제에 대해 보다 세밀한 검토가 이루어지므로 내용을 보다 유의하여 선정 · 조직하게 된다.

둘째, 영유아기의 특성에 알맞은 교육이 가능하다. 영유아들은 소리나 글자로 제시된 추상적인 매체보다는 만지고, 보고, 듣는 등의 오감각적 체험과 상호작용을 통해 외부의 사물과 현상을 이해해 나간다. 예를 들어 물의 성질을 탐색할 수 있도록 고안된 물놀이 도구는 영유아들이 자연스럽게 물의 과학적 특성을 인식하도록 도와주며, 단위 블록은 공간이나 수와 관련된 복잡한 개념들을 즐거운 구성놀이과정에서 접하고 탐구해 볼 수 있도록 돕는다.

셋째, 교수 · 학습과정이 보다 흥미 있게 진행될 것이다. 교수매체 제작 시 메시지의 명료화, 영상의 변화로 주의 끌기, 특별 효과의 활용, 호기심을 일으키는 아이디어 적용 등의 기법을 사용하면 학습동기를 유발할 수 있고 그 결과 교수 · 학습과정이 즐겁게 이루어질 수 있다.

넷째, 질적으로 우수한 학습이 이루어질 수 있다. 그림, 언어, 소리의 통합으로 지식을 잘 조직하여 명확히 제시할 수 있는 교수매체를 활용함으로써 학습자 편에서 적절한 학습이 기대될 수 있다. 아울러 교수매체를 활용한 후속 활동을 통하여 주위 사물이 어떻게 움직이는지를 파악하고 문제를 해결할 수 있다. 교수매체를 사용하면 감각기관의 발달, 아이디어를 교환하는 방법, 상상력과 창조력의 발달, 자신 · 다른 사람 · 주변 세계에 대해 학습이 이루어지며, 건전한 방법으로 자신의 느낌과 에너지를 표현하며, 집중능력을 발달시킨다. 구체적 예로 블록으로 쌓기 놀이를 할 때 집, 자동차, 길 등을 쌓아 만들면서 유아는 크기관계와 구성원리를 계획하고 관찰하며 지도 인지능력과 대소근육을 발달시킨다. 그리고 언어 사용능력이 생기며 다른 사람과 협동할 줄 알게 된다. 이에 더하여 매체를 통한 학습은 읽기 또는 언어적 학습보다 오래 지속될 수 있다.

다섯째, 교수매체 활용으로 개별학습이 효과적으로 이루어질 수 있다. 영유아는 강의식 수업을 중심으로 진행하는 것보다 직접 보고, 듣고, 만지며 느낄 때 학습이 잘 이루어진다. 교수매체가 있으면 개별 영유아의 관심과 수준에 따라 선택하고 학습속도를 조절할 수 있으며, 영유아가 학습하기 편리한 시간에 활동할 수도 있다.

그림 2-2 상호작용이론에 기초한 유치원의 블록을 이용한 경사로 활동

그림 2-3 몬테소리 유치원의 감각 영역

그림 2-4 발도로프 어린이집의 인형

그림 2-5 레지오 에밀리아 유치원의 아틀리에

2. 집단 구성에 따른 교수·학습과 교수매체

영유아교육기관의 일과에서 학습은 대개 자유선택활동 시간과 교사 주도적 활동 시간으로 구성된다. 이때 자유선택활동은 개별활동이나 소집단활동으로 이루어지는 경향이 있으며, 교사주도적 활동 시간은 대집단이나 1/2집단으로 구성된다. 이렇듯 참여하는 영유아의 수에 따라 교수·학습 유형은 크게 대집단활동, 개별활동, 소집단활동의 세 가지로 구분될 수 있다.

대집단활동은 교사 주도적 정보제시 수업이 많이 이루어지며, 영아보다는 유아들과의 교수 · 학습 시 주로 이루어진다. 이에 비해 개별활동은 영유아가 자신의 학습속도에 맞추어 개별적으로 활동을 하는 형태이고, 몇명의 영유아가 공간적으로 함께 활동하게 될 수도 있다. 소집단활동은 교사와 몇 명의 유아 또는 소집단으로 상호작용하면서 활동이 이루어지는 형태이다. 과거에는 교사 주도적 정보제시 형태의 대집단활동이 많았으나 영유아의 특성 및 학습방법에 대한 연구보고 등의 영향으로 최근에는 영유아의 개별 학습속도에 따른 발달에 적절한 활동이 좀 더 강조되고 있다. 교수 · 학습과정이 효과적으로 진행되려면 교수 · 학습유형에 따라 적절한 교수매체에 대해 파악하여 선정 · 제작 및 활용하여야 한다.

1) 대집단활동과 교수매체

대집단활동에서 교사의 정보제시 상황은 보통 이야기 나누기 시간에 많이 나타난다. 유아가 듣고 반응하는 기회가 주어지긴 하나 신체적으로 수동적인 자세로 임하게 된다. 또한 교사가 유아의 반응을 보며 조절하지만 대부분, 교사의 결정에 의해 제시속도와 전달방법이 결정되어 정보전달이 이루어지며 개별 학습속도와 학습방법 및 자료의 선택에서 융통성이 부여되지 않는 편이다. 그러나 유아교육기관에서 집단활동은 필수적인 정보를 능률적으로 학급 전체 유아에게 제공하고, 공유한 정보를 토대로 활동 또는 프로젝트를 협의하기 위하여 필요한 교수 · 학습 유형이다. 구체적으로 대집단활동 유형에 적절한 교수 · 학습의 상황은 다음과 같다(Kemp & Smellie, 1989).

- 새로운 주제에 대해 소개하고 주제 활동에 대한 오리엔테이션을 제공하는 경우
- 비디오나 빔프로젝터 등을 이용해 영상자료 형태의 정보를 제공하려는 경우
- 한 주제와 다른 주제의 관계 제시나 통합의 경우
- 새로운 자료의 소개가 필요한 경우
- 자원인사 초청하여 이야기 나누기 등과 같이 여러 번으로 나누어 활동하기 힘든 경우
- 대집단용으로 제작된 인형극 공연 등

이와 같은 대집단활동에서는 큰 그림, 빔프로젝터, 실물화상기, 비디오 녹화자료 등의 교수매체를 활용할 수 있다.

2) 개별 학습과 교수매체

영유아교육기관에서는 주로 흥미 영역에서 영유아 스스로 선택한 영역의 교수매체를 활용하여 자신의 학습 속도에 맞추어 활동하는 개별 학습이 많이 이루어진다. 오감각을 활용하여 직접 체험하는 자료, 크기가 작은 교재·교구, 컴퓨터, CD플레이어와 헤드폰을 이용한 녹음자료 등이 사용될 수 있다.

3) 소집단활동과 교수매체

소집단 교수·학습활동은 자유선택활동 시 특정 영역이나 별도의 소집단활동 시간에 이루어진다. 교사와 유아가 특정 프로젝트 전개방법을 토의하거나 관찰한 것에 대해 보고하거나 교사 안내하에 여러 명의 유아가 함께 활동해야 할 때 소집단으로 구성하면 교사와 유아들 간에 직접적 접촉이나 상호작용이 가능하다. 대집단활동이나 개별활동에서 사용하던 자료는 소집단활동에서도 사용가능하다. 소집단 상호작용의 주된 이점으로 사회화, 지도자 자질개발, 또래 인식목적 등을 위해 학습자가 참여하는 기회의 제공을 들 수 있다. 요리활동, 소집단 토론활동, 공동의 목표를 위한 프로젝트(공동 작품 만들기, 인형극 준비하기, 대본 녹음하기 등), 신체표현활동 등이 이루어질 수 있다.

3. 연령 및 발달과제와 교수매체

1) 영유아의 연령과 교수매체의 사실성

영유아기는 연령에 따라 행동과 사고의 특성이 다르므로 제공하는 교수매체를 다르게 해야 한다. 연령이 어릴수록 사실적이며 실제물에 가깝고 직접적 조작이 가능한 교수매체를 제공한다. 놀이 전환 시의 영유아-물체 상호작용 행동은 영유아가 실물 표시자(signifier)의 속성 의존 단계에 있는지, 표시자의 속성으로부터 독립한 단계에 있는지를 나타내는 중요한 지표가 된다(Wagner, 1985). 예를 들어 4세 유아는 자동차놀이를 하기 위하여 자동차 표시자의 속성을 그대로 지니지 않았어도 유사한 모양의 물체이면 자동

대집단활동(이야기 나누기)

대집단활동(인형극 감상)

소집단활동(색낙하산 놀이)

소집단활동(요리)

개별활동(컴퓨터)

개별활동(도형 맞추기)

그림 2-6 다양한 집단구성과 교수매체

차로 표상하여 가작화 놀이를 하는 데 비해, 2세 영유아는 자동차 표시자의 속성을 그대로 지닌 자동차 복제품이 있어야 자동차로 가작화하는 놀이가 가능하다. 이와 같이 놀이에서 실물 사실주의 효과(object realism effect)는 영유아의 연령에 따라 민감하게 작용한다. 유아의 연령이 어릴수록 나이 많은 유아보다 상징놀이를 장려하고 유지시키기 위한 교수매체로서 표시자의 속성을 지닌 사실적 소품이 요구된다(Fein & Robertson, 1975). 그러나 나이 많은 유아의 경우 실물 표시자의 속성을 그대로 지닌 사실적 소품은 오히려 가작화 놀이를 저지하는 경향이 있다(Olszewski & Fuson, 1982). 예를 들어 만 2세 영아는 자동차 모양의 놀잇감이 있어야 자동차 놀이를 하지만 만 5세 유아는 블록을 여러 가지 종류의 자동차로 사용하며 놀이할 수 있다. 이때 자동차 모양이 사실적이라면 유아가 자신의 생각에 따라 다르게 의미를 부여하는 데 방해가 될 수도 있다. 한편, 사실적 놀이 소품이 나이 많은 유아들 놀이의 창의적 측면을 제한하기는 하나, 놀이 시 교수매체로서 사실적 소품이 약간 있어야 가작화 놀이에 흥미를 갖고 자주 활동하게 된다. 영아의 역할 놀이를 자극하기 위해서는 교수매체로서 사실적인 놀잇감이 필요하고(Federson, Rook-Green, and Elder, 1981), 나이 많은 유아들의 역할극을 지지하고 창의성을 자극하기 위해서는 모래, 물, 쌓기 블록과 같은 특별 주제가 내포되지 않은 교수매체가 요구된다(Dempsey & Frost, 1993). 한편 사실적인 속성의 표현방법에 따라 영유아의 정서나 이해 수준에 잘 맞지 않을 수도 있다는 점도 유의해야 한다. 예를 들어 지나치게 사실적인 맹수의 모형은 어린 영아에게 친근감을 주기 어렵다. 또한 지나치게 구체적인 사진자료는 전달하려는 정보가 너무 많으므로 사실성은 낮아도 단순화시킨 그림 자료가 학습에 더 효과적일 수도 있다. 그러므로 교사는 영유아의 연령, 학습목표, 자료의 특성 등을 모두 고려하여 교수매체를 선정해야 한다.

2) 발달과제와 교수매체

교사는 영유아를 위하여 교수매체를 준비하고 상호작용할 때 발달과제와 교수매체가 지니고 있는 특성을 고려할 수 있어야 한다. 예를 들어 영유아의 사회적 놀이를 장려하려면 교수매체 자체가 사회적 놀이를 야기시키는 것을 많이 제시해야 한다. 교수매체에 따라 특별한 수준의 사회적 놀이를 야기시키는 수준에 차이를 보이는데, 예를 들어 점토, 퍼즐, 모래 · 물놀이대를 활용한 모래 · 물놀이, 물감 그림 그리기 등은 대부분 혼자놀이 또는 병행놀이에 참여하게 하는 매체이다. 그러나 소꿉놀이, 놀이용 자동차, 큰 블록 등과 같은 교수매체는 협동놀이를 유도하는 비율이 높은 매체이다(그림 2-7). 쌓기 놀이를 위

사실성이 가장 높은 실물(실제 과일)　　실물을 본떠 만든 모형(모형 음식)

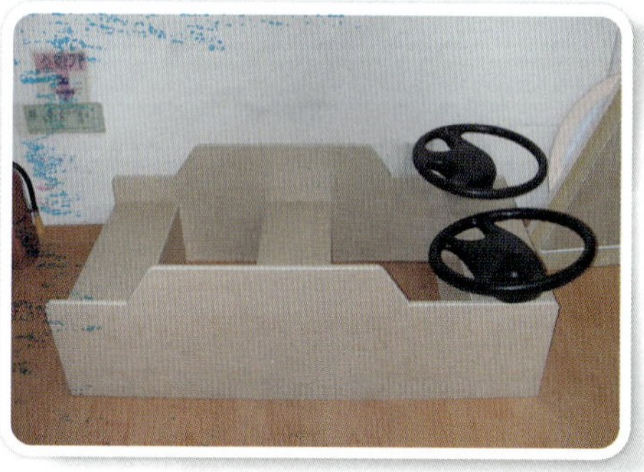

사실성이 중간 수준으로 핵심적 표식만 포함시킨 모형 : 자동차(좌), 과일모형 자르기(우)

사실성이 아주 낮은 교수매체 : 점토(좌), 블록(우)

그림 2-7 사실성의 정도가 다른 교수매체

혼자놀이(만 3세 : 물감도장 찍기)

협동적 놀이(만 4세 : 블록 구성하기)

그림 2-8 교수매체에 따른 사회적 놀이의 차이

한 블록의 경우에도 작은 유니트 블록과 큰 공간 블록(large hollow block)은 사회적 형태가 다른 유형의 놀이를 야기하는 교수매체이다. 큰 공간 블록을 사용하여 놀이할 경우 협동놀이가 좀 더 많이 이루어지고, 유니트 블록을 사용하여 놀이할 경우 병행놀이와 혼자놀이가 많이 이루어진다(Rogers, 1985). 공간 블록의 경우 함께 움직여야 하며 큰 공간을 차지하므로 사회적 상호작용의 기회가 좀 더 많아지기 때문이다. 그리고 교수매체에 따라 장려하는 중요한 발달적 측면이 다르다. 그러므로 교사는 교수매체의 주된 발달적 측면을 고려하여 영유아의 활동을 안내하도록 한다.

교수매체의 종류에 따라서 제공되는 발달적 차이를 살펴보면 다음과 같다.

- 감각적 교수매체는 영유아의 감각기능을 발달시킬 수 있도록 도와준다. 물놀이를 하는 동안 유아는 과학을 이해하고 측정과 같은 수학적 아이디어를 형성하게 되며, 악기를 다루는 가운데 유아의 듣기능력은 강화된다. 영유아가 감각적 교수매체를 만지고, 맛보며, 냄새 맡아 보고, 들어보면서 사물의 이름을 추측해 보는 동안 감각기관의 발달이 이루어진다. 활동적 놀이기구는 여러 근육을 사용할 기회를 갖게 한다.
- 오르기 기구, 그네, 미끄럼, 흔들 기구 등은 대근육의 발달과 균형을 잡을 수 있는 기회를 제공 하며 다른 각도에서 세계를 관찰할 수 있게 해준다.

- 블록이나 집짓기 세트와 같은 구성놀이자료는 협응력, 공간구성능력, 창의력 발달을 도와준다. 나무로 된 유니트 블록과 함께 플라스틱 또는 나무로 된 소형 사람, 동물, 탈 것 등의 소품을 제공하면 구성놀이와 극놀이의 가능성을 확대해 줄 수 있다. 목공놀이는 우수한 구성활동이다. 물체를 만드는 흥미는 물체에 대한 유아의 경험과 함께 증진된다. 목공놀이 시 만 2~3세 영유아는 모방놀이를 할 수 있는 목공놀이대와 모형 연장을 준비해 주며 이에 비해 만 5세 유아는 유아용 연장과 머리가 큰 못, 부드러운 나무, 안전 장비를 준비해 줄 수 있다.
- 퍼즐, 구슬, 나무 못 판과 같은 조작적 교재 · 교구는 손과 손가락 근육의 발달, 눈과 손의 협응력 그리고 개념의 발달을 돕는다. 이러한 경험은 후에 읽기와 쓰기의 준비에도 도움이 된다. 판게임과 카드게임은 협동심과 문제 해결력을 장려한다.
- 인형과 봉제동물을 갖춘 소꿉놀이는 영유아에게 새로운 행동을 시도해 보는 기회를 준다. 가정놀이, 학교놀이, 소방서놀이를 하는 유아는 주변의 성인을 모방하며 놀이를 통해 주변 성인들의 역할에 포함된 것이 무엇인가를 학습하게 된다. 영유아 크기에 맞는 가구, 옷, 액세서리, 부엌 도구 등을 제공하고 인형집, 놀이 농장, 다른 작은 세트들을 영유아가 스스로 배치해 볼 수 있는 기회를 제공한다. 양말이나 헝겊 조각으로 만든 인형들과의 놀이는 영유아로 하여금 친구들과 아이디어를 교환하고 자신의 걱정을 이야기하도록 돕는다.
- 책과 녹음자료는 영아기부터 즐거움과 학습의 원천이 되는 교수매체이다. 영유아에게 책을 많이 읽어 주면 보다 잘 읽게 된다. 좋은 음악과 문학의 감상도 영아기부터 시작할 수 있으므로 적절한 음악 테이프와 그림과 이야기가 있는 책을 선택하여 제공한다.
- 미술자료는 창의적 표현력을 길러 주고 읽기와 쓰기로 이끄는 기술 발달에 도움을 준다. 영아들은 자료를 탐색하고 낙서를 즐기다가 커가면서 보다 분명하게 인식되는 그림을 그리게 된다. 콜라주자료나 구성물은 영유아에게 디자인, 질감, 균형감이 발달하도록 돕는다. 그러나 성인이 만든 모델 제시나 색칠하기 책은 창의력을 억누르고 좌절감을 주며, 자신이 한 것에 대해 좋은 느낌을 갖지 못하게 하므로 바람직하지 않다.

4. 영유아교육 프로그램에 따른 활동실의 환경

영유아교육기관의 활동실은 일과 중 가장 많은 시간을 보내며 많은 활동이 이루어지는 곳이다. 따라서 활동실(교실)의 준비에는 세심한 배려가 필요하다.

1) 활동실의 위치 및 크기

활동실의 위치는 북향보다 남향 또는 동향이 좋으며 직사각형이나 육각형 등의 모양인 것이 안정감이 있고 교사가 교실 전체를 관찰하기도 좋다. 활동방의 크기는 영유아 한 명당 1평 이상(3.6~5.4m^2)의 공간이 되도록 하는 것이 바람직하다. 「영유아보육법」에는 보육시설의 기준이 영유아 1인당 2.64m^2 이상으로 마련되어 있으며 다양한 놀이와 휴식을 제공하려면 이보다 더 큰 공간이 필요하다. 유아의 수와 관계없이 유아반 활동실의 크기는 최소한 81m^2 정도 되어야 바람직하며, 영아반의 경우는 학급당 영아의 수가 적으므로 최소기준보다 한 명당 공간을 좀 더 넓게 잡아야 한다. 활동공간이 좁고 천장이 높은 방의 경우 한쪽 코너를 위 아래로 지어 아래에는 쌓기 영역으로 하고 위를 소꿉놀이 영역으로 이용하여 변화를 줄 수 있다.

2) 바닥 · 천장 · 벽

활동실의 바닥, 천장, 벽은 기능적이고 견고해야 하며 미적으로 고안됨과 동시에 편안해야 한다. 바닥은 물기가 쉽게 마르고 위생적이며, 따뜻하고 청소가 용이해야 한다. 또한 견고하고 외풍을 막을 수 있으며, 소음이 적은 바닥 재료를 쓰도록 한다. 천장의 높이를 변화 있게 함으로써 소음을 방지하고 미적으로 보이게 할 수도 있다. 대체로 천장의 높이는 2.5~3.3m가 이상적이다. 천장이 너무 낮으면 영유아가 어른에 의해 지배받는 느낌이 들 수 있으므로 영유아들의 휴식 등을 위해 천정 높이를 낮게 만든 영역에는 어른이 들어가서 너무 오래 머무르지 않아야 한다.

3) 활동실(교실)의 배치

활동실에는 흥미 영역과 모임활동이 가능한 공간을 배치하면, 활동 영역별 구분은 낮고 움직일 수 있는 바퀴 달린 선반이나 가림판으로 조절할 수 있다. 영유아교육기관의 교육철학과 목표에 따라 활동실의 배치가 다르나 일반적으로 각 활동 영역의 배치 시 고려해야 할 점은 다음과 같다.

첫째, 활동 영역에 따라 구분되도록 공간을 배치한다. 쌓기 놀이 영역, 역할놀이 영역, 언어 영역, 조작 영역, 과학 영역, 음악 영역, 미술 영역, 물놀이 영역, 모래놀이 영역 등의 활동 영역별로 공간을 배치한다. 각 영역별로 독립성을 유지하기 위해서는 가림판이나 선반을 이용하여 L자 모양이나 U자 모양으로 가려 준다. 영역의 수나 크기는 영유아의 연령과 교실의 크기에 따라 달라질 수 있다.

둘째, 집단활동, 커다란 교구 또는 바닥에 펴놓고 활동하는 교구가 있는 곳(영아반과 유아반의 흥미 영역별 교수매체는 제4장 참조), 공격적인 행동이 일어날 수 있는 신체활동 영역은 더 넓은 공간이 요구된다.

셋째, 연관성이 있는 활동이나 비슷한 활동끼리는 인접하게 배치한다. 즉, 조용한 활동은 조용한 활동끼리, 시끄러운 활동은 시끄러운 활동끼리 영역을 배치하고, 블록이나 모형자료는 인접하게 배치한다.

넷째, 활동의 종류에 따라 부수적인 요소, 즉 물의 공급처, 전기배선, 조명, 채광 등을 고려하여 활동 영역을 배치한다.

이와 같은 영역의 배치는 영유아의 자유로운 활동 선택과 개별활동을 강조하는 표준 성숙적 모델, 자유선택적 활동과 교사주도적 활동 간 균형을 고려하는 상호작용주의 프로그램, 교사주도적 구조적 입장이 강조되는 행동주의 프로그램 등 프로그램에 따라 다르다.

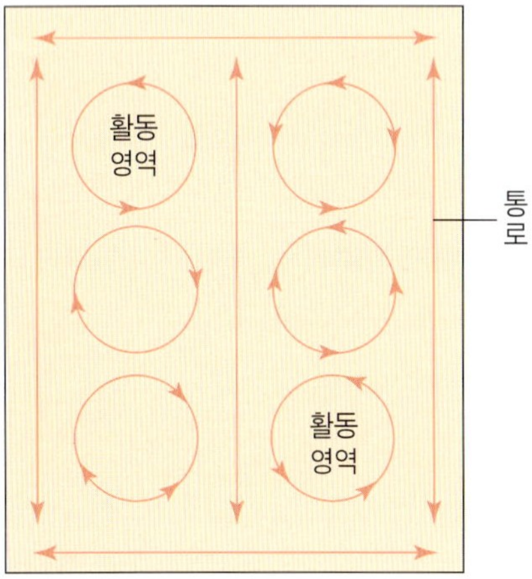

그림 2-9 표준 성숙적 모델의 교실 배치의 예

(1) 표준 · 성숙적 모델 프로그램

영유아가 자유롭게 임의대로 선택한 활동에 의한 교육과정, 즉 표준 · 성숙적 모델 입장에 따라 교육과정을 운영하는 영유아교육기관에서의 활동실 배치의 예를 들면 그림 2-9와 같다. 영유아가 자유롭게 선정한 활동에 의하여 운영되는 영유아교육기관에서는 활동 공간과 통로 사이에 약간의 구분만 있을 뿐 개인의 흥미와 욕구 변화에 따라 활동을 자유롭게 옮겨 다니며 선택할 수 있고 교사의

안내나 도움이 용이한 개방적 공간계획을 세운다.

(2) 상호작용주의 또는 구성주의 프로그램

유아의 자유 선택적 활동과 교사 주도적 활동을 모두 받아들여 약간의 구조적 입장을 취하는 상호작용주의 프로그램에서의 활동실 배치는 영유아가 자유롭게 활동을 선택하는 표준·성숙적 프로그램과 유사하다. 그러나 집단활동 영역을 특별히 배치하고 집단을 대상으로 교사가 참여하여 주도적으로 활동을 운영하는 점이 다르다. 따라서 상호작용주의 프로그램에서의 활동실은 영유아의 자유로운 자발적 선택에 의한 활동을 허락하면서 매일 교사가 준비한 자료를 중심으로 집단 활동이 이루어질 수 있는 영역도 배려한다. 집단활동 영역은 흔히 영역을 넓게 배치하는 쌓기 활동 영역과 같이 바닥에 넓은 영역과 공유하도록 배치하는 것이 보통이다(그림 2-10).

(3) 행동주의 프로그램

완전 구조적 입장을 취하는 행동주의 모델은 언어, 셈하기 기술의 발달에 중점을 두는 경향이 있고, 교사가 주도하는 학습시간과 연습시간이 교차되며 구조화된 매일의 프로그램에 의해 운영된다. 여기서의 교사는 인적 교사가 될 수도 있고 프로그램화된 매체가 교사의 역할을 할 수도 있다(그림 2-11).

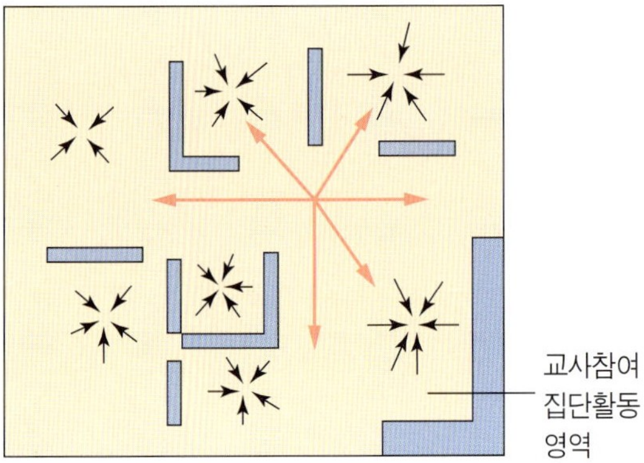

그림 2-10 상호작용주의 프로그램의 교실배치의 예

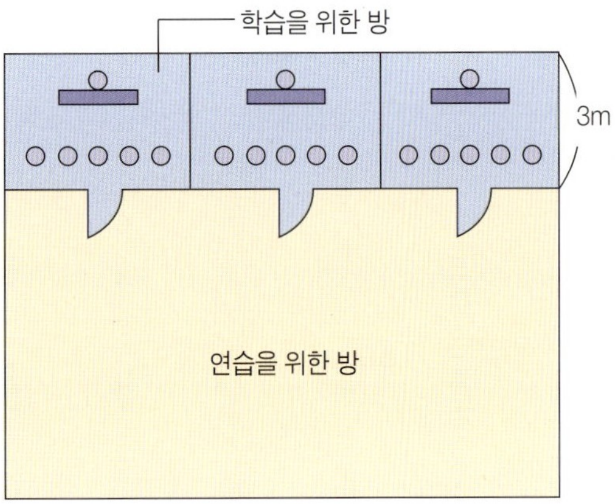

그림 2-11 행동주의 프로그램의 교실 배치의 예

5. 영유아교육 교수매체의 안전

영유아교육 교수매체의 선정과 제작과정에서 빼놓을 수 없는 부분이 안전이다. 영유아는 호기심이 많고 무엇이든 입으로 가져가 탐색하며 손으로 만지면서 놀이하는 특성을 지닌다. 유아들의 놀이는 활동적이며 심지어는 거칠기도 하다. 이에 비해 위험 상황이나 물체를 인지하는 능력은 아직 미숙하므로 교사와 부모의 사전 예방과 점검이 중요하다. 안전한 재질의 사용과 함께 견고성도 중요한데, 쉽게 망가지는 장난감은 영유아에게 심리적 좌절과 실패감을 안겨줄 수 있다.

(1) 교수매체의 안전을 위해 고려할 점

영유아의 놀이과정에서 발생할 수 있는 안전사고는 수없이 많다. 교수매체는 계획 단계에서부터 이러한 안전사고의 가능성을 제거 혹은 최소화해야 한다. 일반적으로 영유아기에 발생할 수 있는 안전사고의 종류와 예방방법(Frost, Wortham, & Reifel, 2005)을 교수매체와 관련된 내용을 중심으로 살펴보면 표 2-1과 같다.

영유아의 연령에 따라 발달적 특성이나 발달 과업이 다르므로 안전문제도 차이를 보이게 된다. 미리 예상할 수 있는 안전문제를 영아와 유아로 나누어 살펴보도록 하자.

① 영 아

- 무엇이든 입으로 가져가는 특징이 있으므로 입에 넣어도 안전한 재질로 만들어진 것인지 확인한다.
- 채색에 사용된 염료는 무독성이어야 하며, 세탁해도 무방한 것이어야 한다.
- 입으로 빨거나 손으로 잡아 당겼을 때에도 조각이 떨어지지 않아야 한다.
- 쉽게 깨지지 않아야 하며, 깨졌을 경우 조각이나 깨진 부위가 신체에 손상을 입히지 않아야 한다.
- 입에 넣고 삼키는 수도 있으므로 기도에 걸리는 크기나 뾰족한 형태는 위험하다.
- 신체조정능력이 미숙하므로 영아가 다루기에 너무 무겁거나 안정감이 없는 구조로 되어 있으면 위험하다.

표 2-1 놀이 시 발생할 수 있는 안전사고의 종류와 예방방법

안전사고의 종류	예방방법
높은 오르기 시설물	• 실내 · 외 오르기 시설에는 낙상방지 난간을 설치(45cm 이상)하고, 영유아의 키보다 높지 않게 한다. 바닥에는 부드러운 바닥재를 깔고, 낙상 가능 영역보다 최소한 1m 이상 넓게 설치한다. • 150cm 내외 높이의 오르기 기구 아래에는 모래 등 부드러운 재질의 표면을 15cm 이상 깐다. • 난간이나 안전그물망이 없는 미끄럼과, 트렘플린, 균형이 잘 잡히지 않는 탈것 등을 비치하지 않아야 하고, 자전거 등을 탈 때는 안전장비를 한다. • 기어 다니는 시기의 영아용 시설에는 영아의 키와 비교하여 3/4 이상 높이의 난간을 설치한다. • 바닥은 미끄럽지 않도록 한다.
자상, 찰과상, 끼임, 파편	• 놀이시설물 등에 머리 크기보다 큰 위험한 구멍 등이 없도록 한다.
자상, 찰과상, 끼임, 파편	• 날카롭거나 돌출된 부분, 쪼개진 부분, 페인트의 벗겨진 부분, 부식되어 위험한 곳, 유리 파편, 좁은 구멍 등이 없어야 한다.
질 식	• 뚫린 부분은 영유아의 머리 크기보다 작아야 하며, 오르기 시설물의 발판은 7cm 이상 벌어지지 않아야 한다. • 영유아의 옷이 걸리거나 낄 위험 요소가 없어야 한다(끈 달린 옷, 모자 달린 옷은 안전사고 위험) • 직경 3cm 이하의 작은 조각이 있거나 조각으로 나누어질 가능성이 있는 놀잇감은 부적절하다.
약물중독	• 미술재료는 무독성으로 준비하고 음식물이 담긴 용기에 물감 등을 담지 않는다. • 분말 점토, 분말 물감 등 호흡기로 흡입되기 쉬운 재료, 유약을 사용한 물감, 솔벤트로 닦아야 하는 페인트, 상업용 염료, 잘 지워지지 않는 마커, 에어로솔 스프레이 제품 등은 사용하지 않는다.

- 모서리나 날카로운 부분에 찔리거나 베일 수도 있으므로 마무리가 잘 되어 있어야 한다.
- 교수매체를 제작하는 경우 재료의 안전성뿐 아니라 접착제나 접착방법 등도 무해한 것을 선택한다.
- 상품화된 교수매체의 경우 정확한 제조사와 안전마크가 있는 상품인지, 파손 시 수리가 되는 제품인지 확인한다.

- 부품이 귀나 코, 입으로 들어가는 작은 크기로 만들어지면 안 된다. 지름 약 3cm 이하의 조각이 없어야 하며, 22cm 이상 길이의 끈이 매달린 것도 부적절하다.
- 두께가 얇은 판 형태의 자료는 부딪쳤을 때 신체에 손상을 줄 수 있으므로 1.5mm 이상이며 부드럽고 모서리를 부드럽게 처리할 수 있는 재질이어야 한다.

② 유 아

- 소근육 조작 능력과 호기심이 발달하여 무엇이든 분리해 보려는 시도를 하므로 유아가 손쉽게 분리하지 못하도록 단단한 구조여야 한다. 반대로, 유아가 조작하는 놀잇감인 경우 유아의 신체조정능력에 적합한 수준으로 만들어져야 한다.
- 오감각을 동원해서 탐색하며 주로 손을 이용하여 조작하므로 재질이나 채색은 인체에 무해한 것을 사용한다.
- 쉽게 깨지지 않는 재질이어야 하며, 확대경이나 어항, 녹음기 등 깨지거나 부서지기 쉬운 매체는 안전하고 사용하기 편리하게 배치하고 사용방법에 대한 안내 등을 통해 안전사고를 예방한다.
- 심리적으로 불안하거나 습관적으로 놀잇감을 입에 넣기도 하므로 삼켰을 경우에 기도에 걸릴 위험이 적어야 한다.
- 너무 무겁지 않아야 하고, 고정식인 경우 오랫동안 사용해도 튼튼하게 고정되어 있어야 한다.
- 상품화된 교수매체의 경우 정확한 제조사와 안전마크가 있는 상품인지 확인한다.

교수매체의 안전은 제작과 구입 단계에서도 중요하지만, 여러 명의 영유아가 사용하므로 중간에 파손되는 일도 많이 있다. 그러므로 매일 안전 상태를 점검하고 수리하는 등 관리를 철저히 하는 것도 매우 중요하다.

다른 학령기와 달리 영유아기 교육에는 오감각을 탐색할 수 있는 구체물 형태의 교수매체가 주를 이루므로 교사는 다양한 교수매체를 제작하게 된다. 교수매체 제작에 사용되는 소재에 따라 중점을 두어서 점검할 사항은 표 2-2와 같다.

표 2-2 제작에 사용되는 소재별 점검사항

소 재	점검사항
종이류	• 물이나 침에 젖었을 때 너무 쉽게 형태가 변형되거나 찢어지지 않아야 한다. • 영아가 그리기 활동을 할 때 너무 얇아서 구겨지거나 절단면에 손을 베지는 않는지 점검한다. • 영아용 탐색적 놀잇감의 경우 종이 채색에 사용된 재료가 무독성이어야 한다.
원목류	• 표면이 매끄럽고 긁히는 느낌이 없는지 점검한다. • 착색 도료가 쉽게 벗겨지거나 안정성이 검증되지 않은 도료인지 점검한다. • 모서리가 거칠게 마무리되었거나 쪼개진 부분이 없어야 한다. 오래 사용해도 나뭇결이 가시처럼 쪼개져 나오지 않고 부드럽게 마모되는 것이 적합하다.
플라스틱류	• 쉽게 깨져서 날카로운 조각이 생기거나 분해될 위험이 없어야 한다. • 연결 부분이 단단해야 한다. • 절단면이나 마무리 부분이 부드러워서 피부에 상처를 입힐 위험이 없어야 한다.
헝겊류	• 세탁이 가능해야 한다. • 입으로 물고 빨았을 때 염료가 빠져나오지 않아야 한다. 무독성 천연 염료라면 조금 탈색이 되어도 무관하다. 털이나 섬유 먼지가 빠지지 않는지 확인한다. • 바느질이나 부착물이 약하게 되어 있어서 떨어져 나오지는 않는지 확인한다.
철제류	• 베거나 찔릴 위험이 없어야 한다. • 유해물이 포함된 금속이 아닌지 점검한다. 얇은 판 형태나 막대 형태의 철제는 매우 위험하므로 절대 사용하지 않아야 하며 자석자료 등으로 부득이하게 사용할 때는 헝겊이나 색지 등으로 감싸서 끝 부분이 외부로 노출되지 않도록 만든다.
염 료	• 채색된 경우에는 영유아용으로 무독한 제품인지 점검한다. 직접 채색하는 경우에는 손으로 만지는 놀잇감인 경우 무독성 재료를 사용하여 채색하고, 대형 설치물에 칠해야 할 경우에는 무독성 물감, 무독성 페인트, 친환경 한지 등을 사용한다. • 일반 페인트와 스프레이 래커가 사용된 곳은 없는지 점검한다. 방수성이 있는 친환경 시트지는 영아용 놀잇감 마감재로 사용하기 좋다.

(2) 안전인증마크

상품화된 놀잇감을 구매할 경우에는 표시된 안전인증마크들을 확인한다. 우리나라는 국가통합인증마크 KC를 2009년 7월 1일 지식경제부에서 우선 도입하고, 2011년 1월 1일부터는 환경부, 방송통신위원회 등 여덟 개 전 부처로 확대 실시된다. 현재 사용되고 있는 우리나라의 13개 법정강제인증마크(표 2-3)는 국가통합인증마크(그림 2-12) 하나로 통합된다. 교수 · 학습자료와 관련된 마크에 대해 몇 가지 알아보면 다음과 같다.

① KPS

한국제품안전마크(Korea Product Safety)(그림 2-13). 구조, 재질, 사용방법 등으로 인하여 소비자의 생명, 신체에 대한 위해, 재산상 피해 또는 자연환경의 훼손에 대한 우려가 크다고 인정되는 공산품에 대하여 출고 전 또는 통관 전에 모델별로 안전인증기관으로

표 2-3 KC 마크로 통합되는 법정강제인증마크

마 크	이 름	분 야	주관 부처
	공산품 안전인증마크	유모차, 압력솥, 보행기 등	지식경제부(기술표준원)
	자율안전확인마크	등산용 로프, 건전지, 보안경 등	지식경제부(기술표준원)
	승강기인증마크	조속기, 완충기, 비상정지장치 등	지식경제부(기술표준원)
	전기안전인증마크	전선, 전원코드, 청소기, TV 등	지식경제부(기술표준원)
	고압가스용기(검마크)	안전밸브, 압축기, 증발기 등	지식경제부
	어린이보호포장	방향제, 세정제, 광택제, 얼룩제거제 등	지식경제부(기술표준원)
	정보통신기기인증	전화기, 모뎀, PC 등	방송통신위원회
	에너지소비효율등급	냉장고, 냉방기, 형광램프, 승용차 등	지식경제부
	품질검사필증 물마크	정수기	환경부
	안전인증	프레스, 절단기 등	노동부
	가스용품(검마크)	가스레인지, 압력조정기, 연소기 등	지식경제부
	계량기 검정마크	전기계량기, 체온계, 저울 등	지식경제부(기술표준원)
	소방용품 검정마크	소화기, 방염재 등	소방방재청

그림 2-12 우리나라의 국가통합인증마크 **그림 2-13** KPS 안전인증마크 **그림 2-14** EU의 인증마크

부터 제품검사와 공장심사를 통해 안전성을 증명받아야 하는 제도이다. 영유아용품으로는 물휴지, 보행기, 비비탄총, 어린이 놀이기구, 운동안전모, 유모차, 유아용 침대, 인라인스케이트, 자동차용 어린이 보호 장치, 킥보드가 포함된다. 안전인증으로는 가장 기본적인 것으로 무독성 소재인지, 날카로운 부분은 없는지, 목에 걸리는 크기로 질식을 초래할 가능성은 없는지 등의 안전성을 검증받은 제품을 확인할 수 있다. 그러나 아쉽게도 시중에 판매되고 있는 장난감 중에는 KPS 마크 없이 유통되고 있는 것이 많다.

② Q

생활용품실험연구원에서 발행하는 품질보증마크로 국내 생산업체에서 생산한 제품들을 대상으로 한다. 외관 검사와 화학검사를 거쳐 정부 고시 기준에 합당하면 Q마크를 붙이고, 제품 제조원에서 교환 · 수리 · 보상해 주도록 되어 있다.

③ 검

생활용품 실험 연구원에서 수입 · 국산 작동 완구를 대상으로 발행하는 품질보증마크로 외관검사, 작동상태 검사, 화학검사 등을 실시해 안전성을 확인한 후 붙인다. 수입 완구의 경우 통관 절차에 포함된다.

④ ST

안전완구표시의 약자로 한국 완구공업협동조합에서 실시하는 검사에 합격한 제품에 붙인다. 주로 작동완구의 품질을 보증하는 마크로 외관상 부드러운지, 모서리 등에 베거나 찔릴 위험은 없는지, 부착물 등이 위험하지 않은지, 납을 포함한 유해 금속이 들어 있지 않은지 등을 검사한다.

⑤ 다른 나라의 인증마크

CE는 불어로 'Comunaute Europeene'의 머리글자이며 유럽공동체(유럽연합)를 의미한다. 안전, 건강, 환경 및 소비자보호와 관련된 유럽연합의 표준규정을 준수한 제품에 부여된다. 품질에 대한 보증을 뜻하는 것이 아니고 기본적인 안전조건(필수 요구 조건)을 충족시키고 있다는 것을 확인하여 주는 수단이다. 14세 미만 어린이용 인형 및 완구류에 대한 제품인증이 포함된다는 점이 의미 있다(그림 2-14). 일본의 경우 2003년부터 전기제품 · 공산품 등에 대해 PS마크(제품안전마크)로 단일화하여 사용하고 있다. 중국은 WTO 가입 이후 국내 제품(CCEE)과 수입 제품(CCIB)에 달리 적용하던 강제인증제도를 2002년부터 CCC제도로 통합해 사용하고 있다.

영유아의 지각, 의사소통 및 학습의 원리

영유아를 위해 제작한 교수매체가 교수 · 학습과정에 효과적으로 적용되려면 교수매체의 교수 · 학습원리를 고려하여야 한다. 본 장에서는 교수매체를 효율적으로 적용하기 위하여 필요한 지각, 의사소통, 학습 영역에서의 일반화된 학습원리를 다루었다.

1. 지각 원리

교수매체를 고안 · 제작하여 활용하려면 무엇보다도 영유아가 그 교수매체가 의도한 메시지(message)를 잘 지각할 수 있느냐를 파악하는 것이 중요하다. 교수매체를 고안하는 사람과 실제 영유아의 교육을 담당할 교사가 지각 원리를 잘 알아야 하는 이유는 첫째, 사물, 사건, 사람 등의 관계가 잘 지각될수록 영유아가 그 관계를 보다 잘 파악할 수 있기 때문이다. 둘째, 교수 · 학습 상황에서 영유아가 잘못 지각하는 사태를 피하는 것이 중요하기 때문이다. 교사가 제시한 그림이나 영화 등의 내용에 포함된 의도를 영유아가 잘못 지각하면 그릇된 방향으로 이해하게 되고, 한 번 잘못 이해된 내용을 바르게 이해시키는 것은 새로운 내용을 이해시키는 것보다 더 힘들다. 그러므로 학습자가 내용과 의도를 바르게 지각하도록 영유아의 지각 원리에 입각하여 교수매체를 제작 · 활용하여야 한다.

셋째, 실물 대신에 사진이나 그림으로 제시하여 어떤 개념을 가르치려고 할 때 지각적으로 이상적인 제시방법을 아는 것이 중요하다.

1) 지각의 정의 및 과정

지각(知覺, perception)이란 우리 주변에서 일어나는 것에 대한 즉각적 인식과정(Bower, 1980)으로 사전적 정의는 '감각기관을 통하여 외계의 대상 등을 의식하는 작용 및 이에서 얻어지는 표상' 이다. 우리가 지각하는 세계는 감각기관을 사용하여 보고, 듣고, 맛보고, 만지는 세계이다. 눈, 귀, 피부 속 신경(nerve ending) 등의 감각적 기제(sensory apparatus)는 지각의 도구로, 이들 감각적 기제를 통해 주변 물체에 대해 시각적 · 청각적 · 미각적 정보를 갖게 되고, 이러한 정보가 저장되었다가 우리의 지각체계의 활용을 지시하는 지식체계로 전환된다. 그러므로 지각은 의사소통에 선행되며, 지각한 것에 대한 의사소통의 결과로 학습이 이루어진다고 할 수 있다.

지각과정을 좀 더 구체적으로 설명하기 위해 시각적 지각을 예를 들어 설명하면 다음과 같다. 물체의 시각적 상(image)은 광선으로 이루어져 있어 어떤 상이 눈의 망막에 들어오면 광선에 민감한 수용기(receptor)는 그 상을 생리학적 표상으로 전환시켜 그 상에 대한 처리를 행한다. 먼저 수용기는 광선으로 이루어진 상을 광선의 강도와 스펙트럼의 특성에 의해 불연속적인 점으로 된 지형으로 축소시킨다. 그 다음 여러 개의 망막층의 측면 금지 망막(lateral inhibitory networks)에서 단순한 색채와 강도의 정보를 전달하고 상의 윤곽을 뚜렷이 하며 밝기 정도와 대비를 분명하게 하려는 상호작용이 생긴다. 이 단계를 '변환 및 상의 형성과정' 이라고 부르는데, 이러한 '변환 및 상의 형성과정' 이 이루어지면 신경조직은 선, 모서리, 각, 변, 운동 등의 시각적 요인을 추출하기 시작한다. 시각 피질(visual cortex) 속에 있는 고도로 복잡한 세포조직에 의해 이러한 조작이 수행되며 이에 의해 형태가 인식된다. 지각 · 명명 · 기억체계의 작용을 도식화하면 그림 3-1과 같다.

물리적 상은 감각적 정보저장소에 짧은 기간 동안 물질의 감각적 표상 상태로 저장된다. 그러면 이 상에서 중요한 요인이 추출된다. 이렇게 항목에 따라 수집된 양상의 총체를 지각적 백터(perceptual vector)라 부른다. 이 지각적 벡터는 할머니 얼굴 또는 우리집

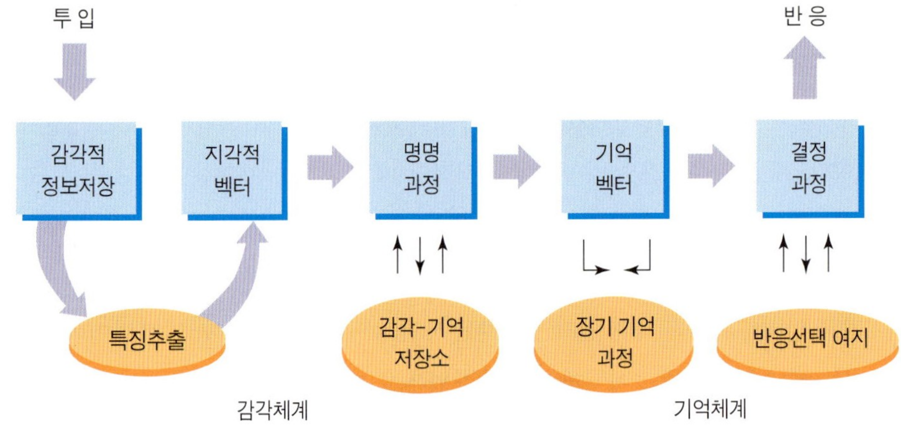

그림 3-1 지각 · 명명 · 기억체계
자료: Norman & Rumehart(1970).

강아지 등과 같이 그들이 표상하는 것으로 인식되어야만 한다. 그러기 위해서는 과거와 현재의 기억체계 속에 저장되어 있는 이미 학습된 상과 이 지각적 벡터가 일치되어야 한다. 왜냐하면 지금까지 저장된 감각과 기억을 더듬어 지각적 벡터를 대조 · 확인함으로써 인식하기 때문이다. 이때의 확인 · 명명과정은 실제 언어적 묘사라기보다는 시각적 상을 공통된 형태에 의해 축소한 추상적 과정이라고 볼 수 있다.

2) 기본 지각 원리

지각과 관련하여 우리가 고려해야 할 두 가지 사항은 첫째, 어떤 지각적 사건이든 여러 감각적 메시지를 지니고 있다는 점이다. 즉, 하나의 특정 감각으로 고립되어 이루어진 것이 아니라 여러 감각이 복합적 패턴으로 연결되어 있다. 그러므로 지각적 사건에 대한 감각적 메시지 인식은 그 지각적 사건이 포함된 세계에 대한 개인의 지식에 기초한다는 것이다. 둘째, 우리는 한 상황에서 이루어지는 것의 아주 작은 일부에만 반응하고 있다는 점이다. 우리 주위에는 많은 사물이 산재해 있고 이러한 것들은 우리가 어떤 노력을 하지 않아도 우리의 망막에 그대로 투사되나, 이것이 곧 지각이라고 할 수는 없다. 진정한 의미의 시각적 지각은 우리가 세상의 사물을 둘러보다가 주의를 끄는 것이 있을 때 이루어진다. 예를 들어 멀리서 갈매기가 나는 것을 눈으로 따라가며 관찰하거나 나무의 형태를 관찰하기 위해 주의를 돌리는 것과 같은 활동적 수행을 말한다. 이러한 시각적 지각은 경우에 따라 빠르게도 일어나고 느리게도 일어난다.

일반적으로 지각적 반응(perceptual responses)은 매체의 요소가 얼마나 분명한가에 달려 있다. 자료가 풍부하고 다양하며 조직적일 때 야기되는 지각적 반응도 더욱 크다. 특히 시각과 청각 두 감각은 지각적 반응 및 훈련에 탁월한 매체이다. 그러므로 우리는 시청각적으로 주의를 끌어 흥미를 지속시킬 수 있도록 자료를 설계해야 한다.

지각은 인지의 기초가 되며 인지는 지각된 사건의 이해를 가져온다. 인지가 이루어지면 학습자는 개념을 형성하고 이렇게 형성된 개념은 또 다른 개념형성이나 문제해결에 유용하게 된다. 일반적으로 알려진 몇 가지 주된 지각 원리를 제시하면 다음과 같다(Fleming & Levie, 1978).

- 지각경험은 개별적이며 독특하다. 모든 사람이 어떤 지각적 사건에 대한 지각이 똑같을 수는 없다. 영유아는 과거의 개인적 경험, 현재의 동기 및 상황 등에 의해 사건을 지각한다.
- 어떤 한 지각적 경험이 개인적으로 독특한 것이면서도 서로 다른 사람들에 의한 일련의 지각이 거의 동일할 수도 있다. 예를 들어 동상 주변을 걸을 때 어느 쪽에서 동상을 보느냐에 따라 모양이 다르게 보인다. 서로 다른 두 사람이 같은 동상 주변을 걸으면서 그 동상을 볼 때 각각의 개별적 경험이 이루어지지만 이 두 사람의 경험은 궁극적으로 비슷하다. 그렇기 때문에 서로 다른 개인적 경험을 하지만 서로 경험한 것에 대한 동의가 가능하다.
- 사람의 지각은 절대적이기보다는 상대적이다. 즉, 물체의 크기, 소리의 강약, 빛의 밝기 등을 측정할 때 사람은 과학적인 기구가 되지 못한다. 예를 들어 흰 종이는 햇빛이나 달빛에서도 모두 흰 종이로 지각된다(엄밀히 말하여 달빛에서는 흰 종이가 햇빛에서처럼 희지는 않다). 또 물체의 크기도 보는 사람의 위치에 따라 다르게 지각된다.
- 사람은 선택적인 지각자이다. 주어진 여러 가지 자극 중 단지 몇 가지에만 주의를 기울인다. 즉, 각 개인의 경험과 그 당시의 욕구나 흥미에 따라 선택적으로 지각한다. 따라서 교수매체로 제시되는 정보는 학습자의 지각능력(perceptual capacities)

을 넘어서지 않으며, 동시에 현재의 욕구나 흥미에 적절한 정보이어야 한다.

- 사람의 지각은 조직적이다. 자극이 잘 조직되고 체계화되어 있을 때 지각의 속도가 빠르고 정확하게 된다. 또한 완전하지 않은 자극은 지각자가 완전한 것으로 완성하여 지각하게 된다. 예를 들어 불완전한 선의 그림이나 스케치의 경우 완성하여 지각한다. 그러나 지각의 조직은 개별적 경험, 현재의 흥미나 욕구에 따라 다르게 조직된다.
- 영유아의 지각은 발달단계에 따라 다르므로 교수매체는 그에 맞게 디자인되어야 한다. 영유아가 감각운동 단계, 전 조작적 단계, 구체적 조작단계, 추상적 사고단계 등 어느 시기에 있느냐에 따라 주어지는 경험 내용의 구체성 또는 추상성이 달라져야 한다. 지각은 구체적 성격인 물체의 지각에서 좀 더 추상적 성격인 관계의 이해로 발달된다. 그리고 영유아는 좋아하지 않거나 무서운 사물 또는 사건에 대해서는 지각도피(perceptual defense)현상을 보인다. 따라서 영유아를 위한 교수매체의 고안·제작에 있어 유의해야 할 기본사항은 유아의 주의를 어떻게 끌고 지속시킬 것인가에 대해 고려하는 것이다. 보통 영유아 교사나 지각 연구자(perception researcher)들은 영유아의 눈의 움직임으로 그들의 주의나 관심을 판단한다. 우선 어린 학습자의 주의를 끌고 지속시키기 위해서는 제시하는 상이 학습자의 눈의 이상적 시야에 있게 해야 한다. 여기서 시각작용을 자세히 검토해 볼 필요가 있다. 일반적 시야(vision)는 망막의 주변(peripheral) 사물들을 소위 광각(wide angle)으로 전체적인 전경을 감지하고, 특별 시야는 망막의 중심(foveal)에 초점을 이루는 사물을 협각(narrow angle)으로 감지한다. 따라서 전체적 윤곽을 파악하고 점차 세부적 형태나 특성 등을 감지하게 된다. 시지각은 사진기의 구조를 생각하면 이해하기 쉽다(그림 3-2). 처음에 메시지의 전체적인 인상이 영유아에게 전달되고 그 다음에 세부적으로 보게 된다는 사실을 교수매체 고안자는 염두에 두어야 한다.
- 사람들의 주의는 보다 새롭고 신기한 것에 쏠린다. 예를 들어 우리는 일상에서 경험하는 것과 다른 상황에 주의가 쏠린다. 따라서 텔레비전의 내용이 원래 예상한 것과는 달리 새롭게 진행될 때 시청자의 주의가 더 쏠리게 된다. 그러므로 시각적 제시에 있어 새롭게 주의를 끌기 위해서는 색, 형태를 변화시키는 것이 필요하다.

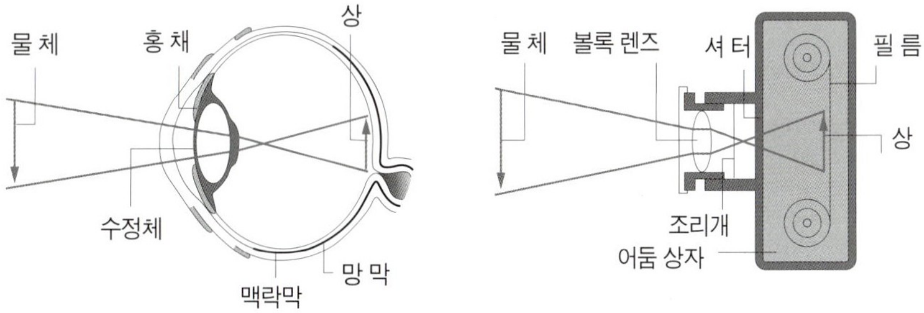

구분	눈	사진기
빛의 굴절	각막, 수정체	렌즈
초점 조절	모양체	거리 조절개
빛의 양 조절	홍채	조리개
상의 맺힘	망막	필름
빛 반사 방지	맥락막	어둠상자

그림 3-2 눈과 사진기의 구조 비교

- 사람들은 그가 원하는 것, 또는 흥미 있거나 자신의 욕구를 만족시키는 것에 주의를 집중하게 된다. 또한 새로운 것과 익숙한 것, 복잡한 것과 단순한 것, 불확실한 것과 확실한 것 사이에 균형을 찾는다. 메시지의 친숙도가 지각능력을 증가시켜 주지만 지나치게 익숙해진 것은 권태를 느끼고, 새로운 것이 너무 지나치면 불안감을 갖게 되어 회피하게 된다. 그러므로 교수매체 고안자는 잘 알고 있는 것과 새로운 것들을 적절히 섞고 복잡한 것과 단순한 것, 확실한 것과 확실치 않은 것을 메시지에 적당히 혼합하여 영유아에게 안정감과 동시에 흥미를 끌 수 있도록 해야 한다. 영유아가 잘 아는 개념부터 시작하여 새로운 것으로 유도해 가는 것도 이러한 원리에 입각한 것이라고 보겠다.
- 색의 명확도나 명암은 대조되는 색의 특성에 따라 다르게 감지된다. 회색 종이는 흰색 안에서는 보다 어둡게, 검은색에서는 보다 밝게 보인다. 그리고 파랑과 노랑, 빨강과 보라, 빨강과 청록색들은 각각 서로 가까이 있으면 보다 선명하고 대조적으로 보인다. 그러나 아주 익숙한 물체들의 색깔은 대조되는 색 여하에 관계없이 항상 똑같은 색이나 밝기로 지각되는 경향이 있다.

- 수평선이나 수직선은 다른 선들보다 빠르고, 안정성 있게 지각된다. 직선의 경우 곡선이나 다른 선보다 지각이 더 간단하기 때문이다.
- 청각적으로 제시되는 이해가 어려운 자료는 짧은 문장을 사용하여 반복적으로 제시하거나, 기술적으로 탁월하게 제시될 때 더 잘 지각된다.
- 수준이 높은 복합적 정보는 시각과 청각이 동시에 제시되는 매체를 사용할 때 좀 더 지각이 용이하다.

3) 그림에 대한 지각

동물이나 어린 학습자는 물체를 볼 때 그 물체의 어느 한쪽 측면에만 유의하지 않고 그 물체의 전체적 형상에 유의한다. 입체적인 물체가 평면적인 그림으로 표상된 것을 이해할 수 있게 되려면 물체를 어느 한쪽 측면에서 투시하여 보는 것을 배워야 한다. 많은 부모들은 자녀가 아직 낙서 단계에 있는데도 가능한 빨리 어떤 물체를 표상하여 그리도록 재촉한다. 그러나 어린 유아에게 이것은 쉬운 일이 아니다. 왜냐하면 영유아는 입체적 형상의 경험만 했을 뿐 평면적 형상의 경험은 많이 하지 않았기 때문이다. 어린 유아가 그림으로 자신이 본 것을 표현할 수 있으려면 물체의 특정한 측면에서 본 형상에 주의를 기울이는 것을 학습해야 한다.

우리는 항상 어떤 그림을 볼 때 배경(ground)과 형상(figure)으로 나누어 본다. 따라서 아무렇게나 그린 곡선도 그것을 어떤 배경에 어떤 형상을 나타낸 것으로 본다. 그래서 간략하게 그린 그림으로도 어떤 내용의 전달이 가능하다. 예를 들어 우리는 그림 3-3을 두 사람이 마주보는 형상 또는 술잔으로 보게 되지 절대로 막연히 두 개의 곡선으로 보지는 않는다. 그림 3-4와 같이 약간 더 암시를 주면 술잔 혹은 얼굴로 보이는 애매함은 사라진다. 첫 번째 그림은 두 얼굴, 두 번째 그림은 술잔으로 보인다.

형상은 그 경계(boundary)가 분명해야 좋은 형상이 된다. 그러나 경계가 약간 불완전한 것도 완전한 것으로 지각되기도 한다. 그림 3-4와 같이 한 그림에 두 형상이 대립될 때 형상이 더 간단하고 쉽게 판별가능하면서 대칭적인 것이 우세하게 된다. 이것을 '최소 원리(minimum principle)' 라고 한다. 그러나 이런 최소 원리만을 준수하는 것이 반드시 이상적인 메시지 고안은 아니다. 왜냐하면 그런 디자인은 쉽게 지각되어도 흥미나 관

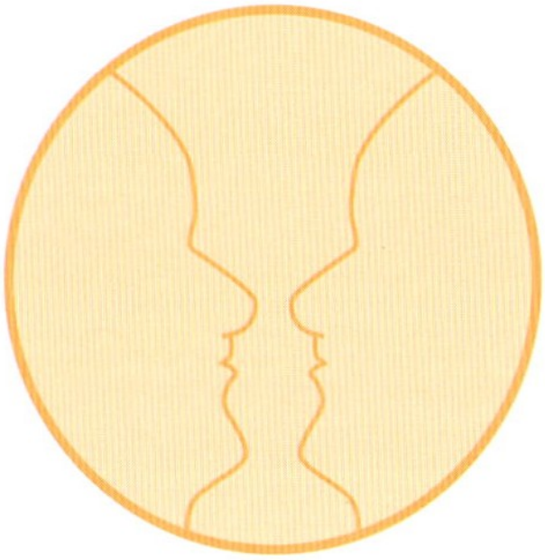

그림 3-3 배경과 형상의 구별에 혼란을 주는 그림

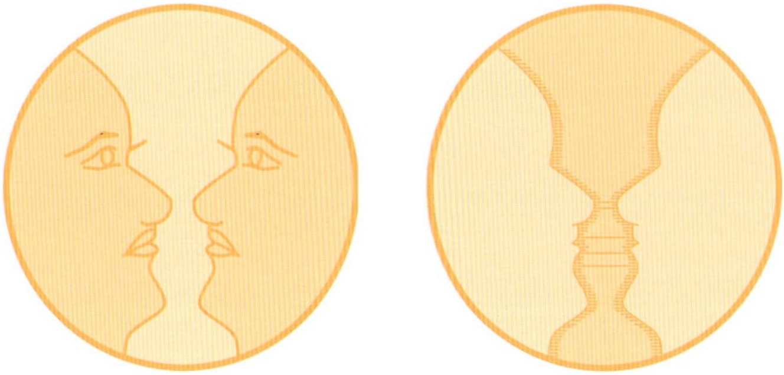

그림 3-4 배경과 형상이 뚜렷한 그림

심을 끌지는 못하기 때문이다. 학습자가 "저것이 무엇일까?" 하고 잠시 궁리한 끝에 알아맞히게 되는 형상이 교육적으로 더 바람직할 때도 있다. 영유아는 형상의 이해가 너무 어려워도 맞추는 것을 포기하게 되므로 교수매체 제작 시 그 형상의 이해가 너무 쉽지도 어렵지도 않게 해야 한다. 그리고 어떤 경우에도 가장 중요한 형상이 분명히 드러나도록 해야 한다. 특히 영아의 경우 너무 복잡하면 여러 가지 형상으로 지각하고 중심점을 놓치기 쉽기 때문에 교사가 의도한 메시지를 전달하기 어렵다.

사고는 영상을 유도할 수 있고 영상은 사고를 유도할 수 있다. 그러므로 시각적 그림은 시각적 사고의 원천이 될 수 있다. 사고는 상호관계 또는 구조적 관계를 내포한다. 따라서 그림을 이해하는 것도 의사소통의 과정이다. 카펜터(Carpenter, 1964)에 의하면 평면적인 그림은 크기, 동작, 거리, 깊이, 색, 온도, 감촉, 소리, 냄새 등과 관련된 추상성을 지니고 있다. 따라서 학습자가 그림을 이해할 수 있으려면 이러한 추상성과 친근해져야 한다. 따라서 영유아교육기관용 그림자료는 영유아의 추상성 수준에 알맞게 그려져야 한다.

2. 의사소통 원리

1) 의사소통의 정의

의사소통의 사전적 의미는 생각이나 뜻이 막힘 없이 잘 통하는 것이다. 데일(Dale, 1969)

은 "의사소통(communication)이란 상호간에 아이디어나 느낌을 교환하는 것이다."라고 정의하였다. 교수 · 학습과정에서의 의사소통은 정보의 근원(source) 또는 정보 전달자(주로 교사, 교수매체, 또래의 유아 또는 학생)에게서 나온 정보가 목표로 하는 대상자(destination) 또는 정보 수신자에게 전달되는 것을 말한다(Heinich, Molenda, & Russell, 1989). 의사소통을 통한 인간관계의 경험을 강조한 존 듀이(John Dewey)는 그의 저서 『민주주의와 교육』에서 "의사소통은 각자의 경험이 공통적 상태가 되기까지 경험을 나누는 과정이다. 의사소통은 참여한 사람의 의향을 조절해 준다(Dewey, 1916)."고 하였다. 새로운 학습은 흔히 새로운 정보에 의존하게 되므로 효과적인 교수 · 학습은 의사소통이 없이는 이루어지지 않는다. 그러므로 교수매체를 효과적으로 활용하기 위해서는 의사소통에 대해 아는 것이 필요하다.

2) 의사소통 모델

의사소통 모델의 대표적인 것으로는 섀넌-위버(Shannon-Weaver) 의사소통 모델과 슈람(Sharamm)의 의사소통 모델을 들 수 있다.

(1) 섀넌-위버 모델

원래 벨(Bell)의 전화회사 실험연구소에서 연구원으로 일하던 섀넌(Claude E. Shannon)에 의해 개발된 기술적 측면 중심의 의사소통과정의 모델을 위버(Warren Weaver)가 협력하여 일반 의사소통에도 적용될 수 있도록 개발하였다. 그림 3-5와 같이 교수 · 학습정

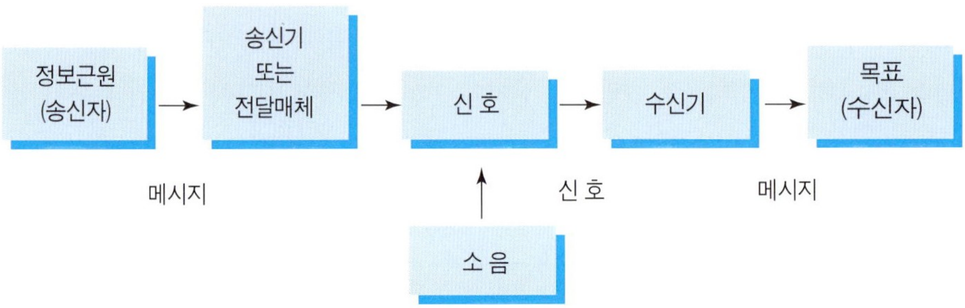

그림 3-5 섀넌-위버 의사소통 모델

보의 근원, 즉 화자(송신자)가 전달할 메시지를 선정하여 메시지를 송신기(또는 전달 매체)에 담으면 메시지는 전달매체에 의해 신호로 바뀐다. 이 신호는 말이 될 수도 있고, 실물일 수도 있고, 그림일 수도 있으며, 인쇄매체일 수도 있다. 이 신호가 수신기, 즉 귀 또는 눈을 통해 메시지로 바뀌어 수신자(영유아)의 심상에 전달된다.

전달되는 과정에서 신호에 다양한 방해 요인들이 작용하는데, 섀넌은 전달되는 신호에 작용하여 메시지를 왜곡되게 하는 것을 '소음' 또는 '메시지 방해물(noise)'이라 칭하였다. 다른 소리들 때문에 메시지가 잘 들리지 않거나, 그림의 윤곽이 뚜렷하지 않아 알아볼 수 없거나, 스크린에 빛이 반사되어 투사된 슬라이드 내용을 알아볼 수 없을 때, 다른 소리, 뚜렷하지 않은 그림, 스크린의 반사된 빛 등은 신호의 전달을 방해하는 소음 또는 메시지 방해물이라 할 수 있다.

여기서 우리가 알아두어야 할 중요한 사실은 특정 의미 자체가 직접 전달되는 것이 아니라 말과 그림과 같은 상징기호(symbols)로 전달된다는 것이다. 그러므로 정보를 전달하는 사람은 의도하는 정보의 의미를 가장 정확히 담을 수 있는 언어적 상징과 그래픽 상징을 사용하여 전달하려는 정보와 기술의 메시지가 정확히 입력되도록 유의해야 한다(Heinich, Molenda, & Russell, 1989).

그림책이나 게임자료를 유아가 스스로 다룰 경우, 정보 전달자가 전하려는 메시지는 그림 또는 게임 설명 신호로 표시되어 있어, 유아가 그것을 보거나 읽어주는 것을 듣고 보고 들은 사항을 직접 행동으로 반응해 봄으로써 의도된 메시지가 유아의 심상에 전달되고 학습이 이루어지게 된다.

(2) 슈람의 의사소통 모델

슈람(Schramm)의 의사소통 모델은 섀넌의 의사소통 모델에 기초하여 상징 기호의 의미 전달을 좀 더 강조하였다. 즉, 슈람은 송신자와 수신자의 경험의 장에 공통된 부분이 있을 때 의사소통이 가능하다고 주장하면서 그림 3-6과 같은 의사소통 모델을 제시하였다.

슈람은 학습자에게 제시되는 교수매체는 영유아가 필요로 하는 학습이 이루어지도록 영유아의 경험의 장과 연결되어야 하며, 동시에 경험의 장을 확대하여 새로운 도전이 이루어질 수 있는 것을 제시하여야 한다고 하였다(Heinich 외, 1989). 이때 경험의 장의 확대 범위는 영유아의 능력에 따라 달라진다.

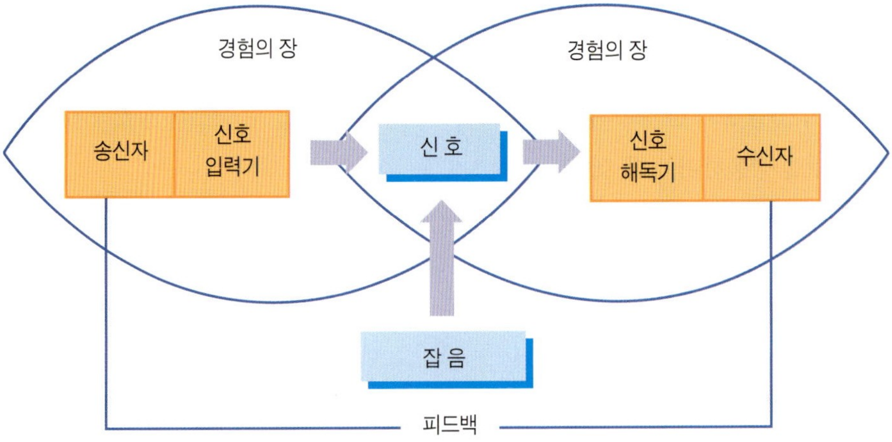

그림 3-6 슈람의 의사소통 모델

슈람의 모델에서는 같은 그림책이나 게임자료를 다루더라도 영유아의 경험의 장에 따라 받아들이는 메시지나 성취 학습 수준에서 차이가 있음을 인정한다. 이러한 차이는 피드백 과정에서 나타난다. 수신자는 송신자가 보낸 신호(메시지)를 자신의 경험에 비추어 해석하여 자신의 해석을 다시 전달하기 때문이다. 신호에 대한 해석을 다시 전달할 때에는 수신자와 송신자의 역할이 바뀌며 수신자가 송신자가 되고 송신자가 수신자가 된다. 교수 · 학습상황에서 교사는 자신이 가르치려고 하는 내용을 영유아가 어떻게 이해하는지를 영유아의 피드백 신호에서 파악할 수 있어야 한다.

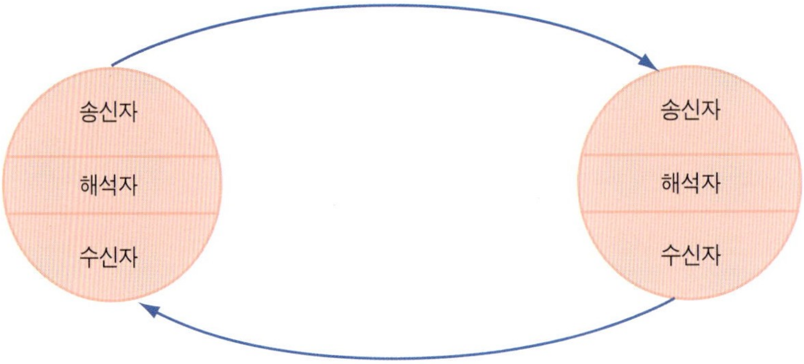

그림 3-7 상호작용적 의사소통 모델에서의 역할변화
자료 : Heinich · Molenda · Russel(1989), p. 6.

때로는 영유아의 이해가 교사가 의도하는 것과 아주 다를 수도 있다. 학습자의 이해와 교사의 의도가 일치하려면 학습자인 영유아의 경험적 배경에 대해 잘 알고 그에 적절한 신호(메시지)를 보내며 유아의 이해 정도를 그때그때 파악할 수 있도록 상호작용적 의사소통 모델을 적용하여야 할 것이다(그림 3-7).

3) 의사소통 메시지 유형과 경험

놀톤(Knowlton)은 의사소통 메시지를 두 가지로 나누었는데, 그 하나가 언어적 메시지(verbal message)로, 이는 그들이 나타내려고 하는 사물을 시각적으로 나타내 보이지 않는다. 또 다른 메시지는 그림으로 나타낸 메시지(pictorial message) 또는 영상적 메시지(iconic message)로 이 메시지는 메시지가 나타내려고 하는 사물을 시각적으로 나타내 보인다(Dale, 1963). 이것은 브루너(Jerome Bruner)의 세 단계의 경험, 즉 직접경험(enactive), 영상적 경험(iconic), 상징적 경험(symbolic)과 관련된다.

- 직접경험은 모든 감각을 사용하여 직접적으로 사물이나 사건을 다루게 되는 경험이다. 이 경험에서는 의미와 행동이 연결된다.
- 영상적 경험은 그림, 모델, 사진, 영화, 슬라이드 등의 교수매체를 통하여 간접적으로 이루어지는 경험이다. 여기서 사용되는 교수매체는 실물 그 자체는 아니나 실물과 닮은 점이 있는 교수매체이다. 영유아들이 매체를 통하여 간접적으로 경험하는 것을 우리 주변에서 많이 볼 수 있다. 예를 들어 딸이 사자를 보고 놀라는 모습을 사진으로 찍어 보려던 아버지가 딸이 사자를 보고도 별로 놀라지 않는 것을 보고 이상하게 생각하며 "저게 바로 사자야."라고 했을 때, 딸이 "알아요. 텔레비전에서 봤어요."하고 대답했다는 일화가 있다. 이는 영상적 대리경험으로도 유아들이 실제 사물을 알아볼 수 있다는 것을 의미한다.
- 상징적 경험은 말이나 인쇄물(언어적 메시지), 수학적 공식과 같은 실제와 닮은 요인이 하나도 없는 매체를 통한 경험이다.

이런 학습자가 주위환경의 현상을 아는 가장 이상적인 방법은 직접 그것을 경험하는 일이다. 그러나 주변 세계가 복잡해짐에 따라 영유아에게 여러 양상을 직접 경험시키는 것이 어렵게 되었다. 따라서 대리적 경험의 형태로 주위환경을 이해시키는 것이 필요한데 대리적 경험을 시키려면 의사소통 과정에 포함되는 요인을 고려하여 바람직한 의사소통이 이루어지도록 해야 한다. 또한 대리적 경험의 내용에 적절한 교수매체를 선정하고 효과적으로 메시지를 입력 · 활용하여 그것이 잘 전달되도록 해야 한다.

4) 영유아교육에서의 의사소통에 대한 장애 요인

의사소통 채널의 양쪽에 메시지가 원활히 통과되는 것이 이상적이다. 즉, 정보를 주고받고 이에 반응하는 것이 잘 되어 상호교환적으로 의사소통이 이루어 질 때 가장 이상적으로 진행되었다고 할 수 있다. 이와 같이 이상적 학습환경은 상호교환적 메시지가 아무런 방해 없이 명백하게 송신자와 수신자 사이에 전달되는 환경이다. 그러나 실제 교육현장에서는 바깥 세계의 의사소통매체가 교사나 다른 영유아교육기관의 매체보다 큰 영향을 줄 때가 많다. 이 밖에도 영유아교육기관 내에서의 심리적 장벽도 의사소통에 영향을 주는 큰 요인이 된다. 교사와 영유아의 심리적 장벽은 영유아교육기관 밖에서의 환경에 의한 영향도 있지만 교실 자체의 환경 때문에 생기는 경우도 있다. 이를 도식화하면 그림 3-8과 같다. 교사들은 자신과 영유아의 상호관계에 기재하는 장애 요인이 무엇인지 유의하여 생각할 필요가 있다. 또한 교사는 이러한 장애 요인을 깨끗이 제거할 수 있는 방법을 찾아 유아와의 의사소통을 원활히 해야 한다. 일반적으로 교실에서의 교사와 영유아 간의 효율적인 의사소통을 방해하는 요인과 해결방법은 표 3-1과 같다.

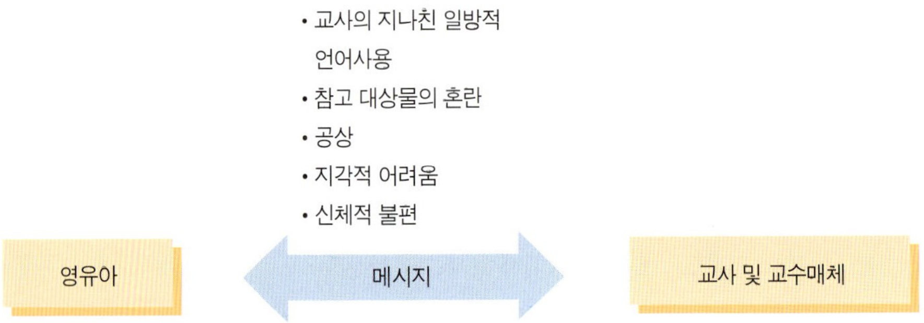

그림 3-8 영유아와 교사(교수매체) 간의 상호작용을 방해하는 요인

표 3-1 교사와 영유아 간의 효율적인 의사소통을 방해하는 요인

의사소통 장애 요인	원 인	해결방법
교사의 지나친 일방적 언어사용	• 교사가 적절한 자료제시 없이 일방적인 언어로 의사소통을 시도하거나 반복적인 내용이어서 흥미가 없을 때, 유아는 싫은 자극에 대한 자동적인 방어기재로 주의를 다른 것에 집중하게 된다.	• 영유아가 이해할 수 있는 언어를 사용한다. • 적절하고 다양한 자료제시로 주의집중을 높인다.
참고 대상물의 혼란	• 전에 경험했던 것과 새로운 자료가 관련이 없을 때 혼란을 일으키는 것을 참고 대상물의 혼란(referent confusion)이라고 한다. 흔히 이러한 혼란은 구체적 자료 없이 언어로만 이루어졌을 때, 주제가 추상적이고 영유아의 실제 환경과 거리가 멀 때 교사가 전달하려는 의미와 유아의 이해 사이에 간격이 더 커지게 된다.	• 전에 경험한 것과 연관을 지어 새로운 사실을 제시하는 것이 바람직하므로, 사전에 학습한 내용과 자료를 참고하여 관련성을 찾도록 한다.
공 상	• 집단으로 이야기하거나 활동하는 상황에서 혼자 공상(day dreaming)에 잠기는 유아가 있을 수 있다. • 흥미가 없거나 이해하기 어려운 경우 더 많아진다.	• 벌하기보다는 이러한 행동의 원인을 찾아야 한다. • 영유아가 보다 흥미 있고 이해하기 쉬운 자료를 제시한다. • 흥미롭게 감각적으로 탐색할 수 있는 자료나 직접 참여하는 활동이 요구되는 자료를 제시한다.
지각적 어려움	• 영유아는 주위의 여러 가지 정보를 감각을 통해서 얻는다. 주로 시각과 청각을 통해 얻으나 후각 · 촉각 · 미각 등을 통해서도 얻는다. 이러한 감각은 개인차가 있어서 어떤 유아들은 언어적인 것을 통해 보다 잘 이해하고, 어떤 유아는 시각적인 것을 통해 보다 잘 학습한다.	• 보다 구체적이고 분명한 감각적 메시지로 제시하고, 다양한 학습 경험을 제공한다. • 영유아가 감각적 정보의 흡수와 보유율을 증진시킬 수 있도록 개별적으로 적절한 듣기, 보기 등의 지각 훈련을 시킨다. • 시야를 가리는 방해물을 제거한다.
신체적 불편	• 영유아의 신체적 상태가 정서적 상태에 영향을 끼친다. • 교실이 너무 덥거나, 어둡거나 시끄러운 등의 이유로 신체적으로 불편할 경우 영유아들은 학습을 고통스러운 과정으로 생각할 수 있다.	• 교실의 채광 및 조명, 온도와 습도, 방음 등을 적절하게 한다. • 투시자료를 위한 암막시설, 음향시설 등도 필요하다. • 의자 등 좌석도 신체적으로 편안하게 해준다.

3. 학습이론과 학습 원리

학습의 과정은 영유아의 개별적 경험이다. 유아의 개별적 행동이 변할 때마다 학습이 이루어졌다고 볼 수 있다. 예를 들어 유아가 생각과 행동에 변화를 보이거나, 새로운 지식과 기술을 습득하였다면 학습이 이루어진 것이다. 효과적인 교수매체의 계획 · 제작 및 활용을 위해서는 기본 원리가 되는 영유아의 학습심리를 이해하고 있어야 한다. 이를 위해 대표적인 학습이론 몇 가지를 제시하고 여러 이론들이 동의하고 강조하는 일반적 원리를 설명하였다.

1) 대표적인 학습이론

(1) 조작적 조건화 이론

조작적 조건화 이론(operant conditioning)은 스키너(Skinner)의 "학습은 행동적 변화이다(1954)."라는 견해에 기초한다. 행동이란 환경 안에서 일어나는 사건에 대한 개인적 반응의 결과이다. 자극(메시지)은 학습자의 반응(학습)을 일으킨다. 반응이란 단어에 대해 정의 내리는 것, 수학문제를 해결하는 것, 자신의 생각을 그림과 글씨로 나타내는 것 등이다. 따라서 자극-반응(S-R) 패턴이 계속되면서 개체가 특정 반응에 조건이 형성된다. 이러한 현상을 조작적 조건화라 한다. 성공적인 반응을 하게 되면 학습자는 성취감과 만족을 느끼게 된다. 일종의 보상(reward)—언어적 인정, 상—을 받게 될 수도 있는데 이러한 보상이 학습에 대한 강화역할을 한다. 조작적 조건화에서 강화란 계속적으로 바람직한 행동을 나타나게 하는 중요한 요인이다. 이 접근은 '학습기계'와 같은 프로그램 학습에 적용된다. 개별화 학습에서 이 패턴을 따르는 경우가 많다. 조작적 조건화는 컴퓨터를 사용하여 같은 것 짝짓기, 문제해결과 같은 기본기술을 가르칠 때, 특히 연습 프로그램에 적용된다.

(2) 학습의 조건이론

학습의 조건이론(theory of conditions of learning)은 가네(Gagné)의 "학습은 축적된 과정이다(1985)."라는 견해에 기초한다. 학습한 기본 정보 또는 단순 기술은 좀 더 복잡한 지식과 기술의 학습에 공헌한다. 가네는 학습의 다섯 가지 범주를 다음과 같이 제시하였다(Kemp & Smellie, 1989).

- **언어 정보** : 이름, 날짜, 정의, 사실에 대한 학습으로 관련 토픽에 대한 기본 용어의 제공
- **지적 기능** : 변별을 통해 언어적 정보를 사용하는 방법 학습하기, 사실을 공통적 특성에 따라 그룹짓기(개념형성), 둘 또는 그 이상의 개념 간의 관계를 나타내는 진술이 포함되는 높은 수준의 일반화하기(규칙과 원리학습), 그리고 다양한 상황에 사실, 개념, 원리 사용하기(문제해결)
- **인지 방략** : 조직된 방법으로 기억하고 사고하는 능력 개발하기, 이를 위해 언어정보와 지적 기능 활용하기
- **운동 기능** : 자전거 타기, 수영, 도구사용과 같은 신체적 동작 및 운동 수행하기
- **태도** : 사람, 물체, 사건에 대한 선호 · 선택의 행동 발달시키기

이 외에 가네는 학습의 아홉 가지 단계를 제시하였으며 이 단계들이 순서적으로 진행되어야 한다고 주장하였다. 가네의 9단계를 벨 게들러(Bell Gedler, 1986)는 세 가지로 크게 구분하였다.

① 학습에 대한 준비(preparation for learning)

- 학습자의 주의 끌기(attention)
- 학습자에게 목표 알리기(expectancy)
- 관련 정보 회상(retrieval of relevant information)과 기술 : 사전 학습 회상 자극하기

② 학습과 수행(acquisition and performance)

- **자극 자질에 대한 선택적 지각** : 구분되는 자극 · 자질 제시하기(교수매체)
- **학습안내 및 지도(semantic encoding)** : 학습지도 제공
- **회상과 반응(retrieval and responding)** : 수행 야기, 교사의 발문과 학습자의 응답 등으로 학습진보상황 점검
- **강화(reinforcement)** : 정보적 피드백 제공하기

③ 회상과 전이(retrieval and transfer)

- **회상 지시하기** : 수행을 평가하기
- 일반화

한편 라이거루스(Reigeluth, 1983)는 가네가 주장한 누가적 접근(cummulative approach)에 대한 대안으로 인지적 교환이론(elaboration thory) 모델을 제시하였다. 이 모델에서는 교수순서를 복잡성 정도에 의해 결정짓는다. 과정을 가르칠 때 가장 단순하고 대표성 있는 적용을 먼저 가르치고, 수반되는 학습시간에 목표를 달성하기 위해 요구되는 복잡성 정도에 따른 그 다음 조건과 세부사항들을 순서적으로 더 상세하게 가르치는 것이다. 누가적 학습에서는 각 세부 요소의 관련성을 학습자가 후에 알 수 있게 될 것이라고 보는 데 비해 인지적 교환이론에서는 학습자로 하여금 학습의 각 과정에서 복습과 종합으로 각 단계에 대한 이유를 알 수 있도록 해준다.

(3) 정보처리이론

인간이 매일 일어나는 많은 정보를 지각하고 조직하며 기억하는 정신적 과정이 정보처리 연구의 주제이다(Norman, 1976). 이러한 연구의 기본 전제는 인간의 뇌는 정보처리를 위한 복잡하고 능동적인 조직이라는 것이다. 정보처리이론(information-processing theory)에서는 인간이 정보를 선택하고 기호화하며 저장하는 방법이 개인의 학습능력과 관계가 있다고 본다. 인간의 기억은 단기 기억과 장기 기억 두 가지 유형으로 구분한다. 단기 기억은 즉각적 회상을 위한 정보를 보유하는 기억 유형으로 일곱 가지의 정보를 보유하는 능력을 지니고 있으며, 만일 입력되는 정보가 이 보유능력을 초과하면 몇 개의 기존 기억이 없어지게 된다고 한다. 이러한 사실은 한 번에 매체자료에 포함되어질 정보의 양을 고려해야 한다는 함축성을 지니고 있다. 정보가 장기 기억에 보유되면 학습이 이루어졌다고 할 수 있다.

교수의 목적은 학생이 새로운 자극을 지각하도록, 입력된 자극이 기억되도록 안내하는 것이다. 이러한 과제를 달성하기 위하여 정보처리이론에서는 다음과 같은 점에 유의하도록 제안하고 있다(Kemp & Smellie, 1989).

- 발전된 정보조직을 적용한다. 예를 들어 학습활동 정보의 예나 유추를 학습자가 이미 알고 있는 지식과 관련지어 조직한다.
- 교수에 기초한 보조물을 개발한다. 예를 들어 어려운 단어의 그림 카드와 유아가 쉽게 파악하는 동의어 그림 카드, 유아의 일상생활에 기초한 개념이해 질문, 개념을 좀 더 확실히 해 줄 수 있는 게임자료 등과 같은 보조물을 개발한다.
- 학습자가 생성한 단서(cue)를 활용한다. 예를 들어 주된 어휘, 음절이 같은 머리글자로 된 어휘, 영상이나 정보 회상과 패턴 인식에 도움이 될 수 있도록 연상(associations)하기 등을 들 수 있다.

(4) 사회학습이론

사회학습이론(social learning theory)에서는 인성 요인과 사람들 간의 상호작용에 관심을 갖는다(Bandura, 1986). 이 이론에서는 어떤 특정 학습은 다른 사람의 행동을 관찰하여 학습된다고 본다. 즉, 다른 사람의 행동 모델을 관찰하여 스스로 적용해 봄으로써 학습이 이루어진다는 것이다. 영유아는 여러 행동 모델들 중에서 자신이 따를 행동 모델을 선택한다. 사회학습이론에서 제시하는 몇 가지 원리를 살펴보면 다음과 같다.

- 학습자의 정신적 과정과 의사결정 능력은 학습에 중요한 요인이다.
- 환경, 개인적 요인, 행동 모델 간의 상호작용이 학습에 중요하다.
- 학습의 결과는 개별적인 시각적 · 언어적 행동신호로 나타난다.

생생한 모델과의 접촉 외에 다른 정보와 경험이 영유아와 성인의 사회적 학습에 모두 중요한 영향을 미친다. 모델로서 대중 매체, 특히 영화나 텔레비전을 통해 제시되는 행동과 태도의 범위가 개인의 행동과 학습에 모델을 제공하며 미치는 영향이 크다. 텔레비전에서 폭력만화를 많이 본 영유아가 공격적 행동을 자주 보이는 것도 부분적으로 사회학습이론에서의 관찰학습으로 설명된다.

(5) 귀인학습이론

귀인학습이론(attribution learning theory)은 영유아가 주변에서 일어나는 사건들을 이해하는 방법에 대한 확인을 추구한다. 이 이론은 인간 행동의 기본 특성 중 하나인 인지적 과정을 토대로 하였다. 인간은 개인적 성취와 자기실현을 위해서 자신이 이해하고 있는 것들을 활용하며 성취결과, 인과적 생각 그리고 이에 뒤따르는 개인의 정서와 활동 간에는 밀접한 관계가 있다고 본다. 귀인(attribution)이란 용어는 특정 사건이나 결과의 원인에 대해 개체가 갖는 추론을 의미하며 주된 귀인은 다음과 같다.

- **능력** : 자신감 또는 무력감, 자존심 또는 수치심
- **노력** : 성공에 대한 자랑
- **운수**(luck) : 성공 또는 아무런 변화가 없음
- **과제의 어려움** : 결과에 대한 자기 평가에서 자존심을 높일 수 없음

이 이론에서는 개인의 성공 또는 실패에 대한 원인의 하나로 위에 제시된 이유 중의 하나를 선정하게 되며 결과와 부수되는 행동 간에 연결이 있다고 본다. 또한 이해추구가 인간행동의 1차적 동기의 근원이므로 동기유발이 중요한 역할을 한다. 행동의 결과로 발생하는 성공과 실패에 의한 피드백은 개인 동기유발에 영향을 주며, 학습활동의 계속 여부 결정에 영향을 준다고 본다.

2) 학습이론들에서 동의하는 일반적인 학습 원리

학습이론마다 강조하는 점에는 차이가 있으나 일반적인 학습 원리에 대해서는 공통적으로 동의하는 것은 다음과 같다.

① 동기유발

영유아가 학습에 대한 요구와 흥미가 있어야 성취할 과제에 대한 주의집중이 이루어질 수 있다. 더 나아가 학습자가 참여하려는 경험이 학습자에게 관련이 있고 의미가 있어야 한다. 그러므로 교수매체로 제시되는 정보에 대한 동기유발이 필요하다.

② 개인차 고려 및 개별학습 기회

학습속도는 사람마다 다르다. 지적 능력, 경험적 배경, 인성, 인지적 학습유형이 학습에 참여하는 준비도와 능력에 영향을 미친다. 그러므로 정보는 유아의 이해속도를 고려하여 제시한다. 아울러 영유아가 개별적으로 자신의 학습속도와 진전에 따라 자료를 다루는 가운데 교사와의 개별적 상호작용이 이루어지는 개별학습의 기회를 제공한다.

③ 학습목표 제시

영유아에게 교수매체를 통해 학습하기를 기대하는 것이 무엇인지 정보를 제시하면, 정보를 제시하지 않았을 때보다 학습의 효과가 높다. 학습목표는 교수매체를 통해 어떤 내용을 다룰 것인지를 결정하는 기초가 된다.

④ 내용의 조직

학습할 내용과 절차 또는 신체적 기능이 의미 있게 계열화되어 조직되면 학습이 용이하다(Allen, 1973). 학습자는 내용이 논리적으로 조직되고 세밀히 계열화되면 자료를 좀 더 잘 이해하고 오래 기억할 것이다. 또한 제시되는 정보의 진도도 내용의 복잡성과 난이도에 의해 결정한다. 교수매체의 설계 시 이를 고려하면 학습자가 학습할 지식을 보다 잘 종합하고 통합할 수 있도록 도울 수 있다.

⑤ 선수학습 준비

준비학습 또는 학습할 교수매체의 성공적 활용을 위해 사전에 필요한 경험을 함으로써 학습이 보다 만족스럽게 이루어질 수 있다. 이를 위해 교수매체 계획 시 그 매체활용의 성격과 기대수준을 면밀히 계획하고 선수학습을 준비한다.

⑥ 바람직한 정서반응 생성

지적 요소뿐만 아니라 학습에 포함된 정서와 개별적 느낌이 학습 및 지속 시간에 영향을 준다. 교수매체는 두려움, 걱정, 감정이입, 사랑, 흥분과 같은 정서적 반응을 생성하는 힘 있는 수단이다. 그러므로 학습 또는 동기유발 목적에 바람직한 정서적 반응이 나타날 수 있도록 교수매체 설계 시 유의해야 한다.

⑦ 능동적 참여기회 제공

학습이 이루어지려면 단순히 보고 듣는 것에 그치지 않고 학습자가 정보를 내면화해야 한다. 이를 위해 행동으로 능동적 참여가 이루어질 수 있도록 배려한다. 참여란 교수매체를 제시할 때 영유아의 정신적 · 신체적 활동이 포함되는 것을 의미하며, 영유아들은 참여를 통하여 제시한 정보를 이해하고 보유할 가능성이 높아진다.

⑧ 피드백 제공

학습자가 학습에서의 진전을 정기적으로 알게 될 때 학습효과가 증가한다. 학습자의 동기유발을 계속 이끌어 내려면 성공적 결과, 좋은 수행에 대한 지식 또는 특정 면에서의 증진의 필요성에 대해 알려 준다.

⑨ 강 화

개인이 학습에 성공적일 때 학습을 계속 하도록 장려받아 강화된다. 성공으로 동기형성된 학습은 그 자체가 보상된다. 또한 자신감이 생기게 되고 후속적 행동에 바람직한 방향으로 영향을 미치게 된다.

⑩ 연습과 반복

지식과 기술은 한 번의 제시로 학습되는 것이 아니다. 개인의 지적 능력의 일부로 확고해지려면 여러 번 다른 상황에서 연습과 반복이 이루어져야 한다. 이렇게 연습과 반복을 할 때에 장기적 보유가 가능해진다. 그러므로 교수매체를 제작할 때에 중요한 순서나 개념이 다양한 학습 상황에서 반복 제시되도록 조직한다(Hoban & Van Ormer, 1950).

⑪ 적용기회 제공

바람직한 학습이 이루어지면 새로운 문제 또는 상황에 대해 학습한 것을 적용하거나 전이하는 능력이 증가한다. 학습한 것을 새로운 문제나 상황에 적용하거나 전이할 수 없는 경우라면 완전한 이해가 이루어졌다고 할 수 없다. 먼저 학습자는 주제에 관련된 일반화(개념, 원리, 규칙)를 인식하거나 발견하도록 도움을 받아야 한다. 그 후 학습자에게 다양하고 새로우며 실제적인 문제나 과제에 일반화 또는 과정을 적용함으로써 추론하고 의사 결정할 기회를 제공해야 한다. 이와 같은 각각의 학습 상태 또는 원리를 직 · 간접적으로 교수매체 설계에 적용할 수 있다. 이러한 원리는 교수매체가 교수활동과 관련지어 활용되는 방법과 관계된다. 그러므로 교수매체의 계획과 제작단계에서 계획과 활용이 완전히 분리될 수 없다. 이러한 모든 요인을 고려했을 때 교수매체의 질과 학습효과를 높일 수 있다.

3) 학습 유형에 따른 영유아의 학습 원리와 교수매체

영유아의 학습은 분류하기에 따라 여러 가지 종류가 있을 수 있으나, 여기에서는 사물의 판별학습, 순서 또는 과정의 학습, 개념 · 원리의 학습, 의사결정 기술학습, 실제적 조작 기술 습득 등으로 나누어 설명하고, 주제 '음식'을 중심으로 이와 같은 학습이 주로 이루어지는 활동과 매체의 예를 제시하였다.

(1) 사물의 판별학습

사물의 판별학습은 친구의 얼굴을 보고 이름을 말하기, 놀잇감이나 일상용품의 이름알기 등의 학습으로 주로 단순한 언어적 형태의 학습이다.

이와 같은 학습은 영유아교육기관에서는 개별적으로 또는 그룹으로 행해질 수 있다. 영유아는 학습속도가 각각 다르고 도움이 필요한 사항들이 다르므로 가능하다면 개별적 교육이 보다 바람직하다. 완전한 사물의 판별학습이 이루어지려면 반복적 연습 또는 여러 가지 다른 종류의 매체를 통한 판별 기회가 주어져야 할 것이다. 그룹 토의 형태로 사물판별학습이 이루어지기는 힘들기 때문에 교사와 영유아와의 개별적 기회가 어려우면 그림 카드 또는 그림책과 같은 시각적 교수매체를 이용하여 영유아가 개별적으로 집중해서 사물을 판별해 볼 수 있는 기회를 제공한다.

활동의 예를 들면 다음과 같다.

- **영아** : 음식 모형으로 놀이하기(소꿉 모형, 음식 모형)
- **유아** : 여러 나라의 음식이름 빙고게임(언어 영역, 그림자료)

(2) 순서 또는 과정의 학습

과정의 학습은 두 가지 요인을 포함한다. 즉, 과정의 종류와 과정을 깨닫게 되는 조작반응 형태가 과정학습을 좌우하게 된다.

과정학습이 효과적으로 이루어지려면 영유아가 과정을 단계별로 보고 따라하면서 반응할 기회를 가져야 한다. 교사는 직접 시범을 보이거나 교수매체를 활용하여 기회를 제공할 수 있다. 영유아기에는 처음에 시각적 시범을 보이면서 동시에 설명을 하는 것이 효과적이다. 예를 들어, 이 닦기 순서에 대한 학습을 위해 이 모형자료를 이용하여 이 닦기 시범을 순서대로 보여 줄 수 있다. 기구의 사용방법도 순서 · 과정의 학습에 포함되는데, 녹음기의 사용방법이나 손소독기의 사용방법, 연필깎이의 사용방법 등이 그 예가 될 수 있다.

값비싼 기구는 대리기구의 모델 또는 모형을 사용할 수 있고 기구를 조작하는 순서를 사진으로 찍어 시리즈로 제시할 수도 있다. 그러나 사진 시리즈를 활용한 경우에는 과정의 단계마다 설명을 하면서, 보여 주는 것이 좋다. 단계에 요구되는 동작을 함께 보여 주는 것도 좋다. 간단하게 필요한 부분만으로 구성된 모형으로 과정적 단계를 조작해 보고 실제기구는 꼭 필요한 경우에만 사용할 수도 있다.

활동의 예를 들면 다음과 같다.

- **영아** : 손 씻기 순서표(세면대 앞 게시, 사진자료)
- **유아** : 센드위치 만들기(요리 순서표, 그림자료)

(3) 개념 · 원리 학습

색 · 형태 · 크기 · 기능 등이 같은 사태 또는 물건에 대하여 같은 반응을 할 수 있는 학습을 개념학습이라 하고, 원리학습은 두 가지 이상의 개념학습을 연쇄하는 학습이다.

영화 또는 슬라이드, 그림, 사진 등을 통한 교사의 설명이 개념 · 원리학습에는 효과적이다. 참고로 드체코(De Cecco)가 종합 · 정리한 개념학습의 원리를 몇 가지를 소개하면 다음과 같다.

- 구체적인 물건의 개념을 보다 빨리 학습할 수 있다.
- 범위가 좁은 구체적 개념이 보다 잘 학습된다.
- 중요한 점이 분명할수록 개념의 학습은 보다 용이하다.
- 단일적 개념(exclusive concepts)이 포괄적 개념(inclusive concepts)보다 쉽게 학습된다.
- 연령에 따라 선택에 영향을 주는 사물의 특성이 다르다. 즉, 일반적으로 3세 유아는 형태에 의해 좌우되고, 3~6세 유아의 사물선택은 색이 지배적이며, 6세 이후에는 다시 형태가 지배적 역할을 한다. 또 나이가 많아짐에 따라 외부적 형태보다는 기능적 특성이 보다 선택을 좌우하는 요인이 된다.

여러가지 탈에 대한 게시판
(사물의 판별학습)

시장놀이(순서 또는 과정의 학습)

도르래 원리 탐색하기
(개념 · 원리의 학습)

그림 3-9 여러 가지 학습 유형에 사용된 교수매체의 예

- 유아의 지적 능력이 발달함에 따라 개념획득도 증가된다.
- 성별 차이는 개념획득에 관계가 없는 것처럼 보인다.
- 영유아가 틀린 반응을 보였을 때 정확히 이해할 수 있도록 도움을 주어 정확한 반응을 보이도록 하면 단순히 정답만 알려 주는 것보다 개념획득에 도움이 된다.
- 영유가 여러 가지를 직접 조작하면 이것이 허락되지 않은 경우보다 개념의 획득이 증가한다.
- 개념적 반응에 대한 피드백의 지체는 개념획득을 지연시킨다.
- 이미 학습한 개념과 상호 관련된 개념들은 관련이 없는 개념들보다 더 잘 학습된다.

활동의 예를 들면 다음과 같다.

- **영아** : 케이크를 나눠 보세요(부분과 전체, 탐색 영역, 4조각 케이크 모형)
- **유아** : 과일의 무게 측정활동(수학 영역, 과일, 저울, 추 등 측정도구)

(4) 의사결정 기술학습

유아가 문제와 관련된 기본지식과 개념을 알고 있다 하더라도 실제 문제해결을 할 수 있게 하기 위해서는 행동과 관련된 여러 가지 방법 중에서 하나를 선택하는 의사결정 기술에 대한 훈련이 필요하다. 만족할 만한 결정을 내릴 수 있게 되기까지는 유아 스스로 문제해결을 할 수 있는 기회가 많이 주어져야 한다.

실제 현장에서의 개별적 훈련이 어려울 때는 영상자료나 영화, 그림 등의 교수매체를 활용하여 모의훈련을 할 수 있다. 어떠한 교수매체를 활용하던지 문제해결활동을 염두에 두고 제작한 매체를 선택하여야 한다. 과정을 알려 주기 위하여 고안된 시각자료는 의사결정기술 학습에 도움이 되지 않을 것이다.

활동의 예를 들면 다음과 같다.

- **영아** : 동화《난 토마토를 절대 안 먹어》(언어 영역, 그림책)
- **유아** : 음식점놀이를 하려면 필요한 것(이야기 나누기, 음식점 영상자료, 화이트보드)

(5) 실제적 조작기술 습득

실제 사물이나 기구를 조작하려면 정확한 감각운동기능이 요구된다. 사물이나 기구의 조작기술은 '느낌' 에 기초를 두고 있으므로 이러한 기술의 습득은 실제로 기구를 다루어 보면서 중량, 위치, 표면의 촉감 등을 감지함으로써 이루어진다. 실제적 조작기술 습득을 위해서는 시각적 커뮤니케이션만으로는 목표를 달성할 수 없다. 이러한 감각운동기능은 영유아기에 필요한 부분을 별도로 훈련시키는 것도 효과적이다.

활동의 예를 들면 다음과 같다.

- **영아** : 나무칼로 모형 조각음식 자르기(소꿉 영역, 모형)
- **유아** : 음식 모양판에 끈 끼우기(조장 영역, 부직포, 그림판)

영유아를 위한 교수매체의 분류

영유아를 위한 교수매체의 유형은 시각 · 청각적 동원에 의한 분류, 경험의 구체성과 추상성 정도에 따른 분류, 활동 성격에 의한 분류, 매체가 갖는 기능의 복잡성의 정도에 따른 분류, 교수매체가 주로 배치되는 활동 영역(홍미 영역)에 의한 분류 등으로 구분한다. 영유아교육에서는 편의상 홍미 영역과 대소집단활동 유형에 의한 교수매체 분류방법을 많이 사용한다.

1. 시각 · 청각 동원에 따른 분류

영유아교육기관에서 활용할 수 있는 교수매체를 시각 · 청각적 동원에 따라 분류할 수 있으며 시각을 주로 사용하는 것, 청각을 주로 사용하는 것, 시청각을 겸한 것으로 분류할 수 있다(표 4-1). 그러나 매체의 활용방법에 따라 시각매체가 청각매체와 합해져 시청각을 겸한 매체로 제시될 가능성이 높은 매체들이 있다. 이를 도식화하면 그림 4-1과 같다.

시청각 교수매체는 말로 설명하는 것보다 인상적인 학습효과를 가져온다(Flemming, 1977). 예를 들어 유아에게 병아리의 성장과정이나 달팽이의 움직임에 대한 것을 말로 설명하기보다는 직접 병아리나 달팽이를 기르면서 유아들이 시각적으로 변화를 관찰하는 것이 훨씬 효과적이다.

표 4-1 시각 · 청각 동원에 따른 교수매체의 분류

시각을 주로 사용하는 것	청각을 주로 사용하는 것	시청각을 겸한 것
게시판, 융판(자석판)과 융판(자석) 자료, 그림, 만화, 신문, 표본, 사진, 모형, 인형, 그림으로 된 궤도, 그림책, 디오라마, 실물, 그래프, 지구의, 포스터, 무성 영화	녹음자료(카세트 플레이어, 테이프, CD), 라디오 방송, 여러 가지 악기, 구연동화 등	녹음된 슬라이드 세트, 실물, 발성 영화, 인형극, 그림 이야기, 견학, 텔레비전, 비디오, OHP 투시화, 컴퓨터, 실물화상기, 디지털 캠코더 등

시각을 주로 사용하는 매체는 영유아의 학습 및 지각 특성에 알맞게 제시하거나 영유아가 이용하도록 할 때에는 교사의 창의성이 많이 요구된다. 시각적 교수매체 중 실물은 입체 시각매체이며, 평면적 시각매체에는 그림, 그림책, 사진, 게시자료, 칠판 등이 포함된다.

청각적 매체로서 녹음자료나 라디오는 유사성이 높지만 라디오는 녹음자료보다 훨씬 시사성과 동시성이 있는 매체이기 때문에 학습자의 주의 집중이 더 요구된다는 점이 다르며, 녹음자료보다 활용도는 매우 낮다. 청각매체는 시각적 정보를 제공하지는 않지만 청각 자극 자체에 집중할 수 있고, 특히 소리의 구분이나 기억, 발성하기 등과 같이 청각적 자극과 관련성이 높은 메시지일 때는 시청각이 결합된 매체보다 효과적이다.

시청각 매체로는 교사가 들려 주는 동화, 녹음자료와 세트인 그림자료, TV와 컴퓨터 등이 포함된다. 교수공학의 발전에 따라 많은 시청각매체들이 개발되었으며, 최근에는 대부분의 매체들이 컴퓨터와 연결할 수 있는 멀티미디어로 활용되고 있다. 사진기와 사진은 시각매체였으나 최근에는 사진기에 동영상 촬영기능과 녹음기능을 포함시키기도 하므로 매체 자체를 시각매체 또는 청각매체로 구분하기 어려워졌다.

일부 영유아교육자들은 공학적 교수매체 활용이 영유아교육에서 인쇄매체와 함께 다양한 감각적 · 조작적 매체로 영유아의 직접적 활동을 강조하는 교육철학과 실제에 위배된다고 반대한다. 반면에, 새로운 공학매체 활용의 주창자들은 공학매체는 이제 영유아들의 문화의 일부가 되었고, 다른 학습도구를 접하는 것과 같은 형태로 다양한 공학매체 유형이 소개되어야 한다고 주장한다(Williams, 1992).

공학매체는 학습도구로 사용될 수 있다. 영유아교육 프로그램에서 공학매체는 풍부한 교육환경 구성을 위해 필수적인 요소가 될 수 있다. 중요한 것은 공학과 공학적 산물의

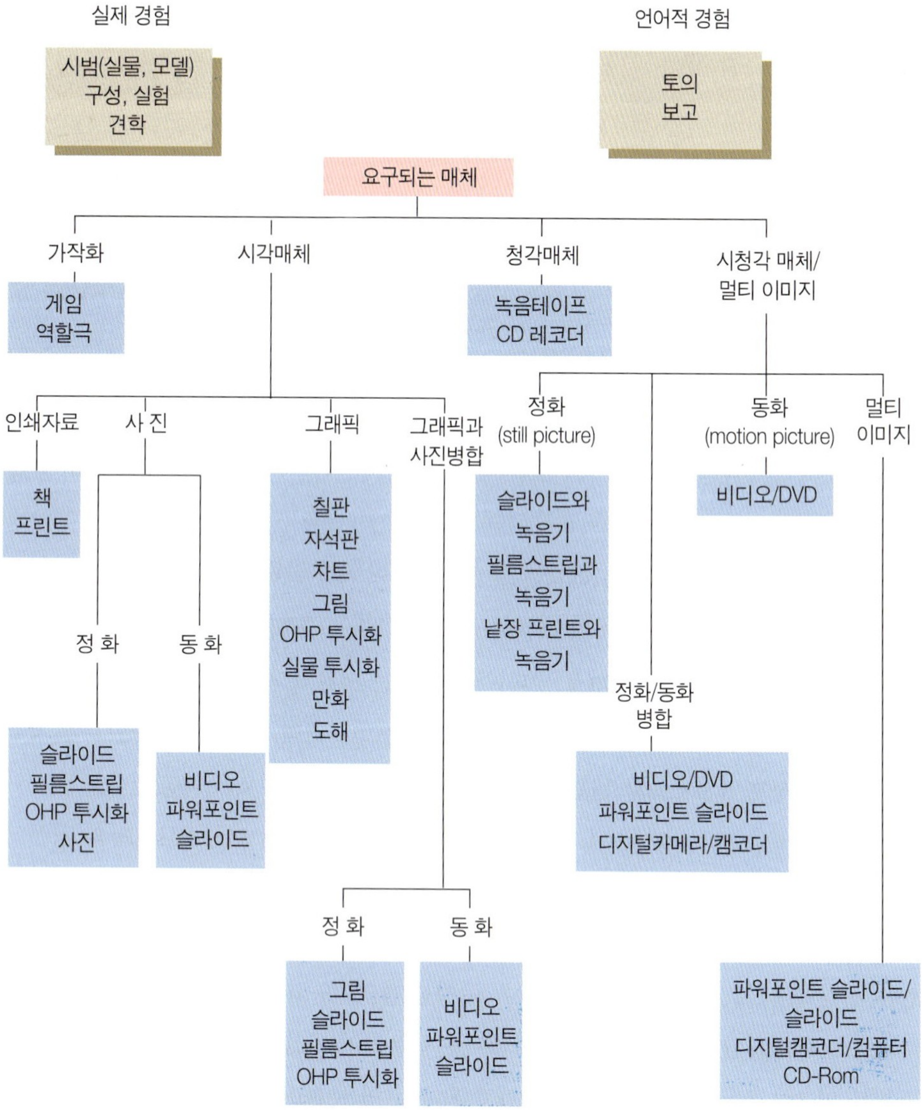

그림 4-1 시각 · 청각 동원에 따른 분류

자료 : Kemp & Smellie(1989).

질을 인식하고 요구하는 교사의 관점과 활용 기술로, 예를 들면 텔레비전과 비디오의 비판적 시청기술과 컴퓨터를 통한 정보활용 기술 등이다. 컴퓨터를 발달에 적절하게 사용하면 효과적인 매체가 될 수 있다는 연구도 많이 있다(Shade & Watson, 1990). 그러나 동시에 컴퓨터는 보조적 자료이며 미술활동, 쌓기 놀이, 물놀이, 책읽기, 쓰기 자료 탐색, 극놀이와 같이 유아교육에서 가치가 크게 인정되는 활동과 자료를 대치할 수 없다는 지적도 있다. 중요한 점은 영유아의 시청각적 특성과 학습 특성에 대한 지식을 기반으로 그에 알맞은 경험을 제공하는 것인데, 이를 위해 교사는 학습경험의 유형에 따른 특징을 정확히 이해하고 조직할 수 있어야 한다.

2. 경험의 구체성과 추상성 정도에 따른 분류

데일(1969)은 학습경험의 구체성과 추상성의 정도에 따라 교수매체를 분류하였으며, 이를 '경험의 원추(cone of experience)' 라고 하였다(그림 4-2).

경험의 원추에서 보는 바와 같이 데일은 학습경험을 행동적 경험(enactive experience),

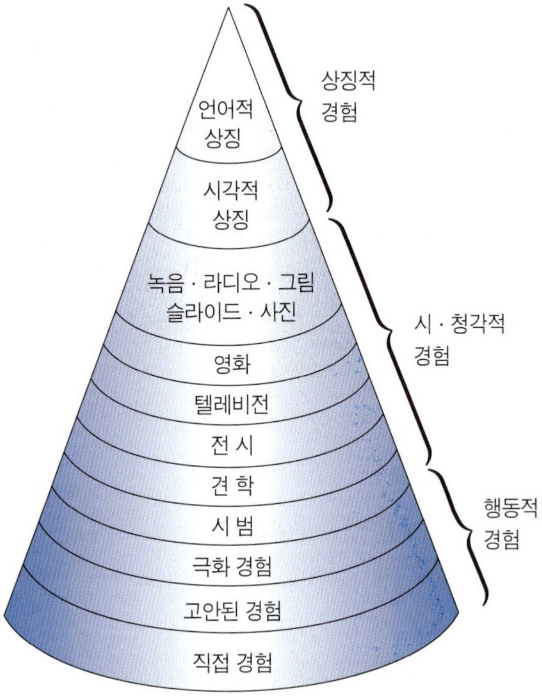

그림 4-2 데일의 경험의 원추

시청각적 경험(iconic experience), 상징적 경험(symbolic experience)으로 구분하고 있다. 이 분류는 브루너(Brunner, 1966)의 세 가지 학습 유형 분석과 유사한데, 데일의 구분을 자세히 살펴보면 다음과 같다.

행동적 경험은 직접적 경험(direct experience)이라고도 한다. 행동적 경험은 교수매체 활용 가능성에 비추어 경험의 구체성 정도에 따라 다시 직접 경험(direct experience), 고안된 경험(contrived experience) 그리고 극화 경험(dramatized experience)으로 구분된다(표 4-2, 그림 4-3).

표 4-2 행동적 경험

분류	특 징	영유아의 학습경험과 활동의 예
직접 경험 (direct experience)	• 행동적 경험 중에서도 가장 구체적이고 실제적인 경험으로, 모든 종류의 경험의 기초가 되며 가장 완전한 경험이다. • 어느 정도 추상적이거나 개념적인 학습이 이루어진 내용에 대해서도 새로이 직접 경험을 함으로써 더 명확하게 학습할 수 있다.	• 영유아를 위해서는 감각을 통한 직접 경험을 유도하는 교수매체가 많이 활용되는 것이 바람직하다. • 실물과 자연물은 직접 경험을 유도하는 교수매체로 활용될 수 있다. (예 : 텃밭 가꾸기, 요리활동)
고안된 경험 (contrived experience)	• 모든 종류의 모의사물을 통한 경험을 의미한다. 고안된 경험은 실제 사태의 편집된 경험이다. • 고안된 경험도 직접 경험처럼 듣기, 보기, 만지기 그리고 다른 감각을 사용할 수 있다. 직접 경험만큼 실감나고 생생한 경험을 주지 못하는 단점이 있으나, 주어진 학습목표에 꼭 필요한 경험만을 골라서 주도록 고안될 수 있다는 장점이 있다.	• 영유아가 직접 경험하기에는 상황이나 실물이 너무 방대하고 혼란스럽거나 위험한 경우 또는 실물의 성격이 직접 만질 수 없는 것일 경우 오히려 간단 명료하게 고안하거나 축소한 모형으로 고안된 경험을 시키는 것이 더 바람직하다. (예 : 실제 상황과 유사한 설치물로 구성된 교통안전 공원에서 직접 횡단보도를 건너며 교통 규칙 배우기, 고안된 시설과 상황에서의 재난 대피훈련)
극화 경험 (dramatized experience)	• 역할과 물체, 상황 등을 가상적으로 표현하는 극화된 경험이다. • 직접 경험이나 고안된 경험으로도 학습시킬 수 없는 경우에 활용된다. 고안된 경험에 의한 학습은 학습현장에서 공간적으로나 물리적으로 쉽게 다룰 수 없는 경우에 활용되지만, 극화 경험의 학습은 학습현장에서 시간적으로나 개념적으로 쉽게 다룰 수 없는 경우에 활용된다.	• 유아의 특성상 직접경험이나 고안된 경험은 한계가 있다. 또한 유아기는 가상놀이가 발달하면서 주변의 상황, 역할, 사물을 극화해서 표현하는 것을 즐긴다. (예 : 꽃가게놀이, 소방서놀이, 동극)

텃밭에서 무재배(직접경험)

송편 빚기(직접경험)

소방대피훈련(고안된 경험)

유물발굴체험(고안된 경험)

교통공원에서 횡당보도건너기(고안된 경험)

병원놀이(극화 경험)

인형극 공연(극화 경험)

그림 4-3 데일의 분류에 따른 행동적 경험

시 · 청각적 경험은 그림의 경험(pictorial experience)이라고도 하며, 실제 행동이나 실물의 경험은 아니지만 어느 정도 구체성이 깃든 경험이다. 경험의 원추에서 보는 바와 같이 시 · 청각적 경험은 시범, 견학, 전시, 텔레비전, 영화 그리고 녹음, 사진, 라디오, 슬라이드 등의 교수매체가 활용되는 경험을 말한다. 이들은 다같이 시청각에 의한 경험을 유도하는 교수매체들이지만 위에 열거된 순서에 따라 추상성이 점차 더 높아진다(표 4-3, 그림 4-4).

표 4-3 시 · 청각적 경험

분 류	특 징	영유아의 학습경험과 활동의 예
시 범	• 어떤 학습을 위하여 특별히 마련된 상황에서 교사(또는 시범자)가 영유아가 학습해야할 것을 그대로 보여 주는 것으로 동적(dynamic)인 시청각 경험 • 시청각적 경험을 유도하는 교수매체 중에서 가장 구체적이고 직접적인 경험을 유도한다. • 교사가 직접 참여할 수 있고 여러 가지 교수매체를 함께 활용할 수 있는 장점이 있다. 시범에는 그림, 사진, 슬라이드, 모형 등이 활용될 수 있다.	• 영유아가 행동적으로 학습해야 하는 것은 교사의 직접적인 시범을 봄으로써 더 잘 학습할 수 있다. 이때 사진이나 모형 등을 보조자료로 사용하면 효과적이다. (예 : 꽃 모종을 바르게 심는 방법 시범, 바르게 손씻는 방법 시범
견 학	• 주변의 실생활이나 실세계를 방문하여 관찰하는 동적인 시청각 경험 • 시범과 달리 견학은 어떤 학습목표를 위해 상황이나 장면이 인위적으로 조작된 것이 아니기 때문에 학습자 주변의 실생활이나 실세계를 그대로 볼 수 있는 장점이 있다. 하지만 견학 시 주어진 학습 목표와 관계없는 경험을 학습자에게 줄 가능성이 있으므로 교사의 철저한 사전 계획이 요구된다.	• 영유아가 관심을 가진 또는 학습해야 할 내용이 포함된 실세계를 방문하여 관찰하는 것으로 지역사회 견학 프로그램이 포함될 수 있다. (예 : 우리 동네 시장 돌아보기, 우체국 견학)
전 시	• 실물, 그림, 사진, 도표, 모형, 작품 등을 게시판이나 테이블에 전시하여 보는 것 • 게시판이나 테이블의 전시는 시범, 견학과 달리 정적(static)이라는 점이다.	• 영유아가 직접 참여할 수는 없으나 다양한 매체를 게시함으로써 시청각적 경험을 제시할 수 있다. (예 : 친구들이 만든 작품 전시, 다른 나라의 물건 전시회)
TV, 영화	• 영상으로 제공되는 동적인 시청각 경험으로 정적인 시청각 경험을 주는 그림이나 사진과 같은 교수매체보다 훨씬 인상적이고 구체적인 경험을 줄 수 있다.	• 영유아에게 뉴스 등 사실성이 높은 TV 자료를 그대로 제공하는 경우는 드물다. • 주제 관련하여 필요한 정보를 녹화, 편집하여 제공한다.

(계속)

분 류	특 징	영유아의 학습경험과 활동의 예
TV, 영화	• TV는 현재, 지금 여기서 일어나고 있는 상황을 동시에 전달할 수 있는 것에 비해 영화는 가상적인 시나리오에 의해 만들어진 것이다. 따라서 TV는 영화보다 직접적 경험에 가까운 교수매체이다.	(예 : 우리나라 운동 선수의 운동경기, 장면 우주선의 발사 장면) • 극화된 경험이 자기 자신이 극화에 참여하는 행동적 경험이라면 영화는 극화된 경험을 시청각적으로 관찰하는 경험이다. (예 : 유아용 영화, 만화 영화)
사진, 그림, 라디오, 녹음 자료	• 시각 또는 청각적 경험을 제공하는 것으로, 사진과 그림은 시각적인 경험을, 라디오와 녹음자료는 청각적인 경험을 제공한다. • 감각적인 요소가 줄어든 만큼 실제성이 줄어들고 추상성이 높아진다고 볼 수 있다. 따라서 사진, 그림, 라디오, 녹음이 시청각적 경험을 유도하는 교수매체 중에서 가장 추상성이 높다. • 실제성이 낮다고 해서 교수매체로서의 적절성도 낮은 것은 아니며 교수목표를 달성하는데 효과적이고 적절한가가 중요하다.	• 텔레비전이나 영화는 영유아에게 너무 복잡한 시청각적 정보를 한꺼번에 주기 때문에 교수목표에 따라서는 단순한 그림이나 사진, 녹음자료 등이 더 효과적이다. 사진은 그림보다 사실성이 높지만 주어진 교수목표에 적합치 않은 요소들이 포함되어 있을 수 있다. 그림은 교수목표에 부적합한 요소를 제거하고 그릴 수 있다. (예 : 운동 경기 사진 게시판, 동물 울음소리 녹음자료, 영유아용 세밀화 과학 그림책)

물 따르기 시범 보이기(시범)

슈퍼마켓 견학(견학)

그림 4-4 데일의 분류에 따른 시 · 청각적 경험(계속)

박물관 전시물(전시)

유아용 TV 프로그램 시청(TV)

만화 영화(영화)

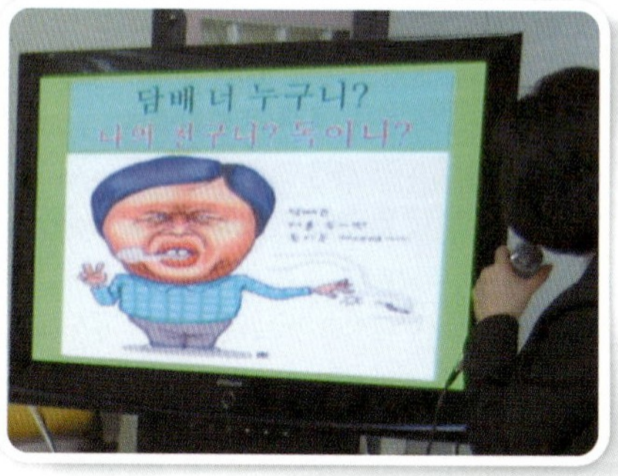

금연교육용 슬라이드(시각자료), 교사의 설명(청각자료)

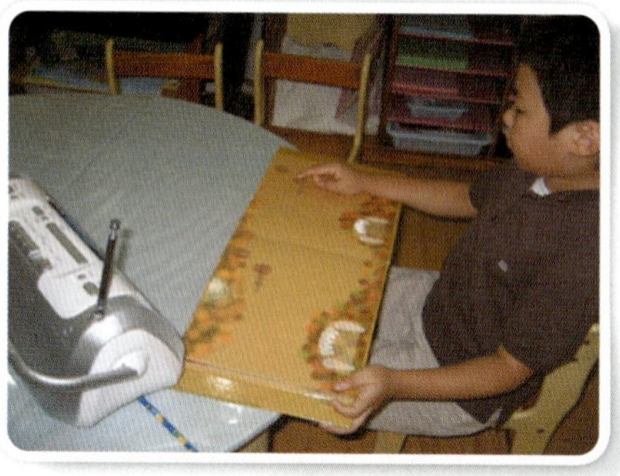

녹음자료(청각자료), 도서(시각자료)

작품게시(전시)

그림 4-4 데일의 분류에 따른 시 · 청각적 경험

표 4-4 상징적 경험

분 류	특 징	유아의 학습경험과 활동의 예
시각적 상징	• 지도, 도표, 기호 등 상징화된 시각 경험이 포함된다. 지도에 사용된 기호, 수학 기호 등도 포함된다.	• 시각적인 상징적 기호는 추상성이 높기 때문에 영유아들의 학습상황에서는 많이 활용되지는 않으나 생활속에서 사용되는 시각적 상징에 대한 학습이 필요하다. (예 : 공공장소의 여러 가지 표지, 교통표지판
언어적 상징	• 경험의 원추의 정점을 이루는 가장 추상적인 경험이다. • 언어에는 말과 글이 있는데, 말은 청각적이고 글은 시각적이다. 언어는 원래 말이고 말을 시각적으로 나타낸 것이 글이다. 따라서 글이 말보다 더 상징적이고 추상적이다. • 언어는 책, 사람 등의 구체적인 물체에서부터 정의, 민주주의 등과 같은 추상적인 개념에 이르기까지, 그리고 여러 가지 형용사나 문장 구문으로 거의 무한한 사상과 감정의 차이를 표현한다. 따라서 언어는 가장 포괄적인 의사소통의 매체라고 할 수 있다.	• 언어는 가장 추상적인 교수매체이긴 하지만 영유아교육기관에서 많이 활용되고 있다. • 영유아는 한참 언어발달이 이루어지는 시기이며 연령 및 개인에 따라 언어적 발달 및 인지발달에 큰 차이를 보인다. 따라서 언어적 상징에만 의존한 학습경험은 한계가 있으므로 구체적 경험과 함께 사용한다. (예 : 주말에 지낸 경험 이야기하기, 같은 글자 찾기 게임, 동시 감상하기, 자석 자모음 글자)

상징적 경험은 추상적 경험(abstract experience)이라고도 하며 시각적 상징과 언어적 상징으로 구분된다(표 4-4, 그림 4-5).

이러한 경험의 원추의 특징은 다음과 같다.

첫째, 데일의 경험의 원추는 가장 구체적인 경험부터 가장 추상적인 경험에 이르기까지 여러 가지 경험이 활용되는 교수매체별로 원추모양으로 나열하고 있으나, 이러한 나열이 실제 수업에 있어서 진행순서를 나타내는 것은 아니다. 예를 들어 원추의 맨 밑에 있는 행동적 경험의 학습이 가장 쉽고 원추의 맨 위에 있는 상징적 경험의 학습이 가장 어렵다고 할 수 없다. 따라서 행동적 경험을 맨 먼저 학습시키고, 상징적 경험을 맨 나중에 학습시키는 것이 좋다고 할 수도 없다.

둘째, 경험의 원추는 위로 올라 갈수록 추상적 경험을 나타내고 아래로 내려올수록 구

신호등과 표지판(시각상징)

지도(시각상징)

치아에 대해 조사한 것 발표하기(말, 언어적 상징)

책과 읽기 자료(글, 언어적 상징)

그림 4-5 데일의 분류에 따른 상징적 경험

체적인 경험을 나타낸다. 그리고 위로 올라갈수록 좁고 아래로 내려올수록 넓은 것은 구체적인 경험을 주는 교수매체일수록 많이 활용되고 추상적인 경험을 주는 교수매체일수록 덜 활용됨을 나타낸다.

셋째, 어떤 경험이 다른 경험보다 교육적으로 더 유용하다는 것을 암시하지 않는다. 그리고 어떤 종류의 학습에 반드시 어떤 종류의 매체만을 활용할 것을 암시하지도 않는다. 데일의 경험의 원추는 행동적 경험을 가장 중요시하는 인상을 주기 쉬운데, 일선 교사들은 이 점에 특히 유의해야 한다. 영유아들에게 구체적인 경험은 중요하지만 구체적인 경험만 하게 되면 종합·분석하고 추리·판단하는 능력이 발달되지 못하고, 너무 추상적인 경험만 하게 되면 실증적 경험의 기초가 약하여 관념적이고 막연한 지식만을 갖게 된다. 우리는 일상생활에서 어떤 경험을 할 때 꼭 한 가지 매체의 한 가지 감각을 통해서만 하지 않는다. 영유아를 위한 학습지도에 있어서도 될 수 있는 한 여러 가지 매체를 통합하여 활용하는 것이 바람직하다.

넷째, 영유아들의 학습경험에 행동적 경험, 시 · 청각적 경험, 상징적 경험들이 서로 관련을 맺도록 하는 것이 바람직하다. 시 · 청각적 경험은 행동적 경험이나 상징적 경험과 연결할 수 있다. 예를 들어 박물관 견학을 하면서 신라 사람들이 만들었던 토우를 본 후 찰흙으로 직접 만들면서 행동적 경험을 할 수도 있다. 또한 영유아들이 행동적 경험을 할 때 시청각적 경험이나 상징적 경험을 곁들일 수 있고 상징적 경험을 할 때 행동적 경험이나 시청각적 경험을 곁들일 수 있다.

3. 활동 성격에 따른 분류

페니와 마가릭(Feeney & Magarick, 1984)은 영유아기에 필요한 교수매체를 활동 성격에 의해 감각적 교재 · 교구, 대근육 활용 놀이기구, 구성 놀이자료, 조작적 놀이자료, 극화놀이자료, 책과 녹음자료, 미술자료로 분류하고 연령별로 필요한 기본 교수매체를 표 4-5와 같이 제시하였다. 얼핏보면 활동 영역별 분류인 것처럼 보이나 그것과는 다르다.

활동 성격에 의한 분류에서는 영유아들이 실제 활동을 할 때 주로 활용하는 것이 감각기관인가, 대근육인가에 의해 구분되거나 놀이가 구성놀이인가, 조작적 놀이인가, 극화놀이인가, 책을 다루는 것인가, 미술자료를 다루는 활동인가에 의해 구분된다.

표 4-5 활동 성격에 따른 연령별 교수매체

연령 구분	2~3세	3~4세	5~6세
감각자료	• 물놀이, 모래놀잇감, 컵, 플라스틱 삽 • 밀가루 점토 • 소리 짝짓기 게임 • 벨, 우드블록, 트라이앵글, 북 • 같은 질감 헝겊 짝짓기, 느낌 상자	• 물놀잇감 : 측정컵, 달걀 휘젓기 • 모래놀잇감 : 컵케이크 빵 구이판, 각종 소도구 • 실로폰, 마라카스, 탬버린 • 찰흙	• 물놀잇감 : 식용 색소, 펌프, 깔때기 • 모래놀잇감 : 여러 가지 통들, 각종 소도구 • 하모니카, 기타, 레코드 • 찰흙 점토와 함께 사용할 도구들

(계속)

연령 / 구분	2~3세	3~4세	5~6세
대근육 활동놀이 기구	• 낮은 오르기 기구 • 낮은 그네 • 낮은 미끄럼 • 웨건, 카트 • 큰 고무공 • 세 바퀴차(소형)	• 세 바퀴 차 • 롤러 스케이트 • 오르기 기구 • 로프 그네, 타이어 그네 • 플라스틱 야구방망이, 공 • 여러 가지 크기의 고무공 • 평균대 • 상자들, 낡은 타이어 • 볼링대 • 팥주머니와 목표물	• 자전거(두발) • 실외 게임 : 공차기
구성 놀이자료	• 유니트 블록과 소품 : 동물 · 사람 · 나무자동차 · 나무트럭 • 끼우기 자료(큰 조각) • 나무자동차, 나무트럭 세트 • 해머(고무) • 부드러운 나무, 못	• 많은 수의 유니트 블록 • 블록 액세서리들 • 테이블용 블록 • 실제와 비슷한 모델 • 탈 것들 • 건설자료 세트 • 목공놀이대, 톱, 사포, 못	• 보다 많은 수의 유니트 블록과 소품 • 길과 도시를 쌓을 수 있는 여러 소품 • 공간 블록 • 나무로 된 나사와 도구 • 스크루드라이버, 나사못, 미터 측정기, 목공 소품
조작적 놀이자료	• 나무 퍼즐(4~5조각) • 나무못 판 • 큰 나무 구슬과 끼울 끈 • 바느질 카드 • 쌓기 놀이 기구 • 그림 도미노	• 퍼즐, 나무못판, 작은 구슬 끼우기 자료 • 블록, 분류자료 • 확대경 • 단순한 카드 게임 • 판 게임 • 융판과 융판그림자료 • 글자 • 알파벳 글자와 수	• 보다 복잡한 퍼즐 • 도미노 • 보다 어려운 카드게임 • 털실, 큰 바늘, 헝겊 짜기 자료 • 자석 • 속성 블록
인형과 극화놀이 자료	• 씻을 수 있는 인형과 옷 • 인형침대 • 유아용 크기의 테이블과 의자 • 접시, 팬 • 여러 가지 옷, 모자, 구두, 셔츠 • 손 인형 • 쇼핑카드	• 인형과 액세서리 • 인형 운반대 • 유아 크기의 스토브와 싱크대 • 여러 가지 옷들 • 놀이용 음식 • 인형집과 소품	• 계산대, 놀이돈, 극화놀이 소품 • 타이프라이터

(계속)

연령 / 구분	2~3세	3~4세	5~6세
책과 녹음 자료	• 그림책, 이야기, 시 • 레코드, 테이프(고전음악, 민속음악, 유아노래)	• 단순한 과학책 • 보다 세밀한 그림과 이야기 책 • 견고한 레코드 플레이어 또는 테이프 플레이어 • 다양한 음악녹음 • 책과 녹음 세트	• 문화에 관한 책 • 이야기 책 • 요리책
미술자료	• 굵은 수성 매직 • 큰 종이, 이젤, 붓 • 핑거페인트 • 끝이 무딘 가위 • 풀	• 이젤, 가는 붓 • 굵은 크레용 • 분필 • 풀과 마스킹 테이프 • 콜라주 자료	• 물감 • 작은 종이 • 스테이플러 • 구멍뚫이개 • 칠판 • 크레용 • 목탄 • 단순한 카메라, 필름

자료 : Feeney & Magarick(1984).

4. 기능의 복합성에 따른 분류

교수매체의 조작 가능성에 의해 단순기능매체, 복합기능매체, 초복합기능매체로 분류할 수 있다. 이는 크리체브스키와 프레스코트(Krichevsky & Prescott, 1977)에 의한 것으로 우리가 교재를 사용할 때의 내적인 복합성 정도에 따른 것이다.

단순한 기능매체는 기본적으로 한 가지 용도에 의하여 사용되는 것으로 다른 즉흥적 변형활동을 유도하지는 않는다. 예를 들면 정글짐, 그네, 흔들말, 자전거 등이 있으며 조작놀이 영역에서 공통적으로 볼 수 있는 많은 교재가 다양한 사고보다는 한 가지 집중적 사고를 조성해 준다는 점에서 볼 때 단순한 매체이다. 예를 들어 패턴 블록, 로또게임(lotto game), 퍼즐 등이 이에 속한다. 단순한 매체라고 해서 격리된 영역에서 혼자 사용하도록 설계된 것은 아니며, 특정한 발달적 목적을 위해 주로 선정된다. 즉, 대근육발달을 위해 정글짐을 선정하고 눈과 손의 협응력과 인지발달을 위해서 퍼즐을 선정할 수 있다. 따라서 단순한 매체는 유아교육 환경의 통합적 부분이며 모든 영역의 영유아 발달행동을 지지해 주기 위해 필요하다.

복합기능매체는 여러 부속자료가 포함되거나, 자연스럽게 함께 사용될 수 있는 여러 매체를 근접하게 놓아 다양한 활동이 가능하도록 제시한 매체이다. 예를 들어 계량컵, 여러 크기의 용기, 스푼, 삽, 깔때기와 같은 기구를 갖춘 모래상자는 유아가 혼자 또는 다른 유아와 다양한 활동을 할 수 있기 때문에 복합기능매체라 할 수 있다. 여러 물체(실물)를 담을 수 있는 쟁반을 갖춘 단순한 천칭저울도 그것으로 유아가 물체의 무게를 비교하거나 양쪽 쟁반의 물체를 더하고 감하는 방법으로 물체 무게의 평형을 이루는 것과 같은 과제를 창안하도록 유도하므로 복합기능매체의 역할을 한다.

초복합기능매체는 조작과 즉흥적 가능성이 아주 극대화한 매체이다. 즉각적 활동을 장려하며 유아들이 어떻게 활동을 전개할지 상당히 예측하기 어려운 요소가 담긴 매체도 여기에 포함되는데, 예를 들어 손가락 물감 그림에 모래를 섞어 사용하기, 여러 종류의 옷을 갖춘 소꿉놀이 영역과 나무상자들, 나무판을 갖춘 정글짐 등이 해당된다. 또한 쌓기 놀이 영역 선반에 미니 인형, 소형차, 교통 표지판, 소형 가구 등을 함께 배치한 형태의 단위매체는 초복합기능매체라 볼 수 있다. 크리체브스키와 프레스코트에 의하면 초복합기능매체의 또 다른 중요한 특성은 영유아들의 활동을 쉽게 집단활동으로 이끈다는 점이다.

5. 활동 영역에 따른 분류

유아교육기관에서 영유아를 위한 활동 영역은 크게 실내 흥미 영역과 실외 흥미 영역으로 구분이 되며, 각 영역에 제공되는 교수매체의 유형이 다르다. 이에 대해 살펴보면 다음과 같다.

1) 실내 흥미 영역과 교수매체

실내 흥미 영역이란 가림판이나 교구장 등을 이용하여 활동 영역과 영역 간의 경계를 뚜렷이 구분한 교실을 의미한다. 영아(만 2세 기준)를 위한 실내의 흥미 영역은 대근육운동 영역, 조작 · 탐색 영역, 쌓기 영역, 역할 영역, 표현 영역, 언어 영역 및 휴식공간으로 구분되며(중앙보육정보센터, 2009) 유아를 위한 실내 흥미 영역은 언어활동 영역, 쌓기 놀이 영역, 극화놀이 영역, 수·조작놀이 영역, 과학 영역, 조형 영역, 음률 영역으로 구분된다(교육과학부, 2009). 각 흥미 영역의 자료들은 영유아들의 발달수준, 사전 경험 정도, 주제, 유아의 흥미, 계절적인 요인들을 고려하여 제공하거나 교체하여 변화를 주어서 영유아들이 활동에 몰두할 수 있도록 한다.

본 절에서는 영아와 유아를 위한 실내 흥미 영역에 제시되는 교수매체를 비교하기 쉽도록 활동 유형상 연관성이 높은 영역을 중심으로 재구성하여 대근육운동 영역, 소근육운동 영역과 조작 영역, 감각탐색 영역과 수·과학 영역, 언어 영역, 쌓기 놀이 영역, 역할놀이 영역, 조형 영역, 음률 영역으로 구분하였다. 각 흥미 영역마다 기본적으로 제공되는 교수매체들을 살펴보면 다음과 같다.

(1) 대근육운동 영역

영아를 위한 자료로 걷기, 기기 자료 및 팔과 다리 등 대근육을 움직이고 협응을 돕는 자료를 제공하고 유아들을 위해서는 걷기, 뛰기, 비틀기, 꼬기, 균형 잡기 등 정교한 대근육 움직임을 도울 수 있는 자료를 제공한다(그림 4-6, 4-7).

- **영아** : 흔들말, 발로 미는 자동차, 끌차, 부드러운 재질의 기어 오르기대, 큰 공, 우레탄 큰 블록, 낮은 미끄럼, 영아용 그네, 영아용 자전거
- **유아** : 미끄럼틀, 오르기대, 둥근 사다리, 여러 가지 형태의 터널, 페달 달린 탈 것, 공, 트램플린, 유니바

(2) 소근육운동 영역과 조작 영역

영유아들의 소근육 발달과 눈과 손의 협응력을 도울 수 있는 자료, 손으로 조작(manuplate)할 수 있는 끼우기 자료들을 제공한다(그림 4-8, 4-9).

- **영아** : 큰 구슬 끼우기, 지퍼 올리기, 단추 끼우기, 집게 꽂기 등이 가능한 여러 가지 끼우기 블록류
- **유아** : 작은 구슬 끼우기, 젓가락으로 물체 옮기기, 끈 묶기, 단추 끼워 모양 만들기, 바느질하기 등이 가능한 여러 가지 끼우기 블록류

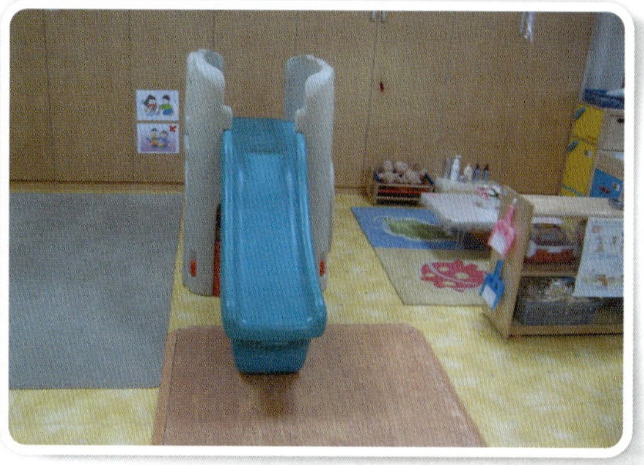

대근육운동 영역

바퀴 달린 끌차

모형 자동차

흔들말

자전거

그림 4-6 영아를 위한 대근육운동 영역과 자료

둥근 사다리 오르고 내리기

삼각터널 지나가기

그림 4-7 3세 유아들의 대근육활동 모습

백업에 모양 끼우기

지퍼 올리기, 단추 끼우기

끼우기 블록류

찍찍이 양말 블록

고리 연결 블록

집게 꽂기

그림 4-8 영아를 위한 소근육운동 영역 자료들

(3) 감각탐색 영역과 수·과학 영역

영아들을 위한 감각탐색 영역에는 오감각을 발달시킬 수 있는 자료(그림 4-10), 물체나 사물의 특성을 탐색할 수 있는 자료와 초보적 수준의 수활동 자료를 제공한다(그림 4-11). 유아를 위한 수학 영역에는 물체와 물체 간의 관계를 구성할 수 있는 구체물, 수학적 요소가 포함된 활동자료를 제공한다. 과학활동 영역에는 관찰하기, 예측한 것을 실험하고 기록해 볼 수 있는 도구들과 활동자료들을 제공한다(그림 4-12).

구슬 끼우기

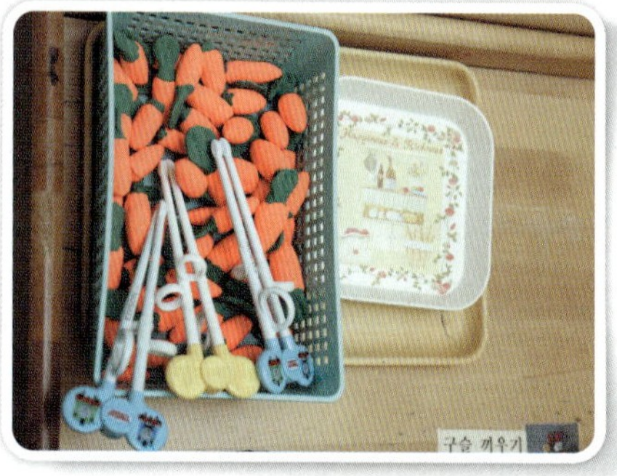

젓가락으로 당근 옮기기

단추 끼워 모양 만들기

지퍼 올리기, 끈 묶기

여러 가지 끼우기 블록류

그림 4-9 유아를 위한 조작 영역 자료

- **영아** : 오감각 탐색자료들, 수활동자료(분류, 짝짓기, 1 : 1 대응하기, 물체 세기, 모양 찾아 끼우기 등), 나뭇잎, 꽃, 물고기, 거북과 같은 관찰 탐색자료, 관찰경
- **유아** : 분류 · 패턴 · 수조작 · 공간 · 측정 등과 관련한 수자료들, 자석 · 거울 · 확대경 등의 실험 도구들, 곤충 · 거북 · 달팽이 등의 키울 수 있는 동물들, 풀과 나무의 꽃 씨와 열매 등

촉감 상자

손으로 느껴요

여러 가지 촉감공

그림 4-10 영아를 위한 감각 영역 자료

모양 인지 교구

같은 모양 찾아 구멍에 끼우기

1 : 1 대응하기

1 : 1 대응하며 수세기

겹끼우기 고리

그림 4-11 영아를 위한 탐색 영역 자료

겹끼우기 모양상자

게임판

수막대

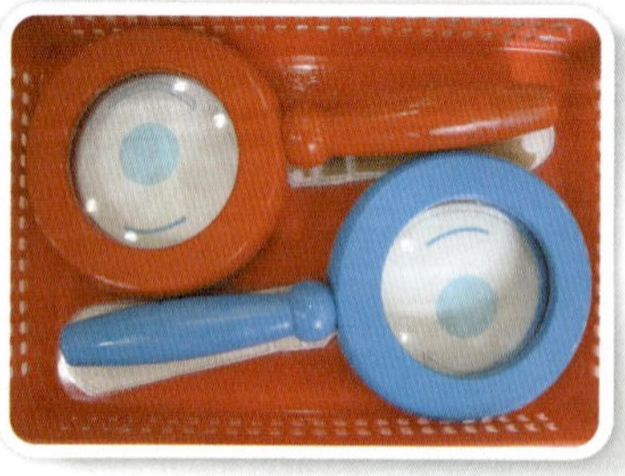

확대경

자석 미로게임

거울놀이

그림 4-12 유아를 위한 수 · 과학 영역 자료

(4) 쌓기 놀이 영역

영아에서 3~4세 유아들을 위해 제공되는 큰 블록은 손에 잘 잡히고 쌓다가 무너져도 다치지 않는 헝겊(영아)이나 종이, 스폰지, 우레탄 재질로 된 것을 제공하고, 자기 조절력이 증진되는 5세의 경우에는 나무 재질로 된 것으로 제공한다. 영아를 위해 제공되는 소품은 유아들에게 제공되는 소품에 비해 좀 더 단순하게 디자인된 것으로 제공한다(그림 4-13, 4-14).

- **영아** : 큰 벽돌 블록, 우레탄 블록, 레고 빅 브릭스, 와플 블록, 소품들(자동차, 사람 등의 모형)
- **유아** : 작은 벽돌 블록(4세 이상), 우레탄 블록(3~4세), 공간 블록, 단위 블록, 소품들(탈 것, 동물, 지역사회 인사, 여러 나라 사람들의 모형 등)

쌓기 놀이 영역

큰 벽돌 블록

우레탄 블록

레고 빅브릭스

자동차 모형

그림 4-13 영아를 위한 쌓기 놀이 영역과 자료

(5) 역할놀이 영역

영유아들이 사물이나 상황을 가작화하거나 극놀이가 일어날 수 있는 소도구와 의상을 제공한다. 영아들에게 제공되는 소품은 실물과 유사한 형태로 된 것으로 제공하고 유아들에겐 사물을 다양한 형태로 변형할 수 있는 자료를 제공한다. 예를 들어 영아들에게는 실물과 유사한 구조로 된 전화기 모형을 유아들에겐 전화기의 아우트라인 형태가 비슷한 나무토막을 제공한다(그림 4-15, 4-16).

■ **영아**

- 소꿉놀이 : 모형 집, 주방 식기구 모형, 다양한 음식 모형, 가정 용품 모형(예 : 전화기, 드라이어기, 빈 화장품용기 등)

4세 쌓기 놀이 영역

5세 쌓기 놀이 영역

작은 벽돌 블록

원통 블록

공간 블록(5세)

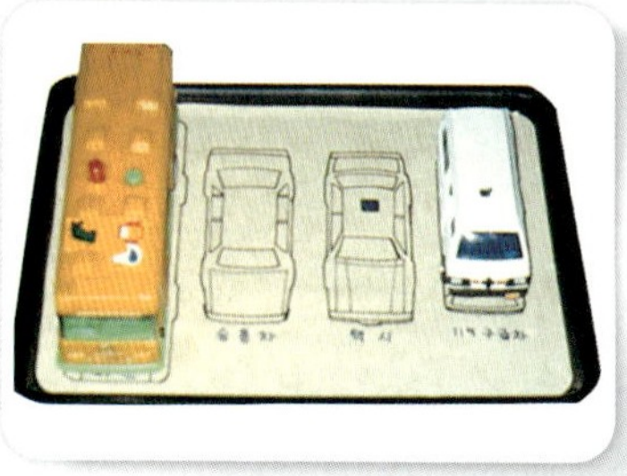

자동차 모형들

그림 4-14 유아를 위한 쌓기 놀이 영역과 자료

- 미장원놀이 : 여러 종류의 빗, 모형 가위, 모형 드라이어기, 어깨 가운 등
- 병원놀이 : 의사가운, 모형주사기, 모형 체온계 등
- 기타 역할놀이 용품 : 안전 전신거울, 동물모자 인형,역할 머리띠, 인형, 포대기, 의상, 신발, 가방 등

- **유아** : 소꿉놀이, 미장원놀이, 병원놀이 자료 외 소방서놀이, 우체국놀이, 마트놀이, 아이스크림가게놀이 자료 등

역할놀이 영역

모형 텐트

오감각 집

동물모자 인형

모형 케이크(4조각)

모형 전화기

그림 4-15 영아를 위한 역할놀이 영역과 자료

역할놀이 영역

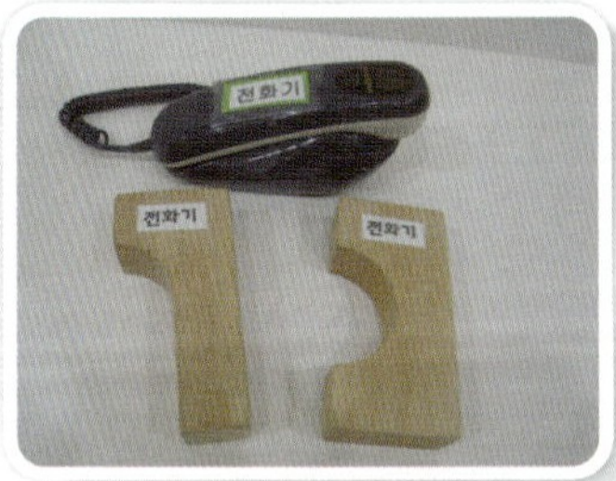

실물과 모형 전화기

그림 4-16 유아를 위한 역할놀이 영역과 자료

(6) 언어 영역

듣기, 읽기, 말하기, 쓰기 활동이 활발히 일어날 수 있는 교구들을 제공한다. 듣기를 위한 카세트 플레이어는 안전을 고려하고 영유아들이 직접 조작할 수 있는 것으로 제공한다.

영아를 위한 책은 헝겊이나 하드보드와 같은 재질로 된 것, 일상의 경험과 관련된 내용, 이야기 구조가 단순한 것을 제공한다. 유아들에게는 주제 관련 책뿐 아니라 다양한 장르의 책을 제공한다(그림 4-17, 4-18).

■ **영아**

- 듣기 : 카세트 플레이어, 다양한 이야기나 운율이 담긴 테이프, 친근한 사람의 목소리가 담긴 녹음테이프 등
- 말하기 : 다양한 인형류, 교사가 들려 준 이야기의 등장인물 인형들, 모형 전화기, 까꿍놀이 자료 등
- 읽기 : 까꿍놀이 책 외 다양한 책(그림책, 숫자책, 감각놀이 책, 이야기책 등), 같은 그림 찾기 교구, 그림자 찾기 교구
- 쓰기 : 종이(16절~전지), 화이트 보드, 매직펜 등

언어 영역

듣기 : 카세트플레이어

읽기 : 영아를 위한 책

말하기 : 손가락 인형

읽기 : 실물과 그림자 맞추기

말하기 : 까꿍놀이

그림 4-17 영아를 위한 언어 영역과 자료

유아

- 듣기 : 이야기책과 카세트플레이어, 이야기나 말놀이가 담긴 CD나 테이프

• 말하기 : 인형류, 융판(자석)과 융판(자석)자료, 디오라마, 수수께끼 카드
• 읽기 : 다양한 장르(경험책, 환상 그림책, 과학책, 동시, 전래동요 등)의 책, 읽기 교구들, 문장만들기 교구 등
• 쓰기 : 색연필, 사인펜, 연필(5세), 화이트 보드와 수성펜, 자석 자모음 글자, 부직포 글자, 자모음 이용한 단어 만들기 교구, 이야기 구성용 그림조각과 통 등

3세 언어 영역

4세 언어 영역

듣기 : 카세트플레이어

말하기 : 여러 종류의 손인형

이야기 구성하기 : 〈세 마리 아기곰〉

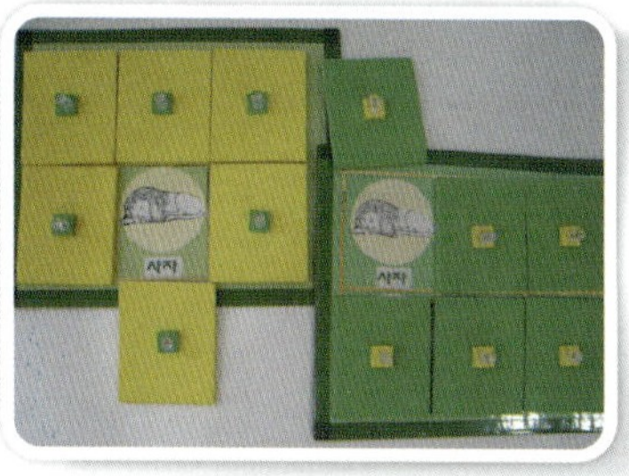
읽기 : 같은 그림과 글자 찾기

쓰기 : 조각 그림과 그림 분류통

자음, 모음 판으로 단어 만들기

그림 4-18 유아를 위한 언어활동 영역과 자료

(7) 음률 영역

영유아를 위한 자료로는 여러 가지 다양한 소리를 탐색, 구분하고 리듬을 만들 수 있는 리듬악기를 제공한다. 영아들을 위한 리듬악기는 영아들이 다루기에 안전한 것, 유아들에게 제공하는 것보다 음계가 간단한 것을 제공한다. 만 5세 유아들에게는 같은 종류의 악기라도 연주하는 방법이 다른 악기들, 핸드벨이나 소리막대와 같이 여러 명이 함께 연주할 수 있는 악기류도 제공한다.

- **영아** : 리듬악기(실로폰-음계가 적은 것, 탬버린, 핸드방울, 북, 우드블록, 심벌즈 등), 국악기(소고), 신체표현자료(리본 막대, 스카프, 손목방울) 등
- **유아** : 멜로디 악기(피아노, 전자 오르간, 실로폰, 스텝 벨 등), 리듬악기(북, 마라카스, 방울, 기로, 탬버린, 트라이앵글, 우드 블록 등), 하모니 악기(오토하프, 우크렐레, 만도린 등), 국악기(장고, 소고, 꽹과리, 징, 북 등), 여러 가지 소리 나는 물체들, 신체표현자료, 색깔악보, 리듬악보, 노랫말이 적힌 가사판 등

2세 음률 영역

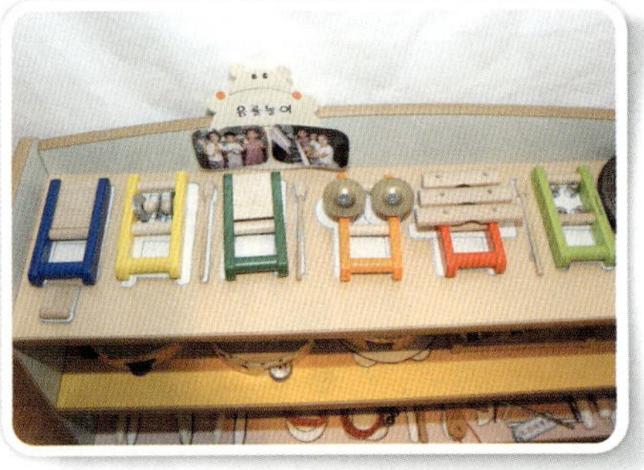

1세 악기장과 악기들

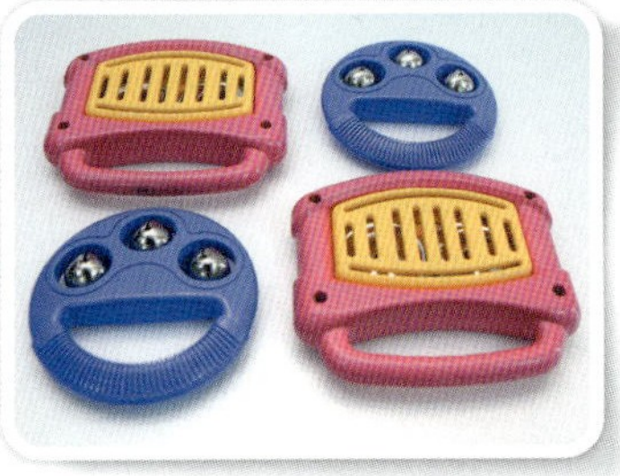

탬버린과 방울악기

북과 북채

빨래판 기로

그림 4-19 영아를 위한 음률 영역과 악기들

음률 영역

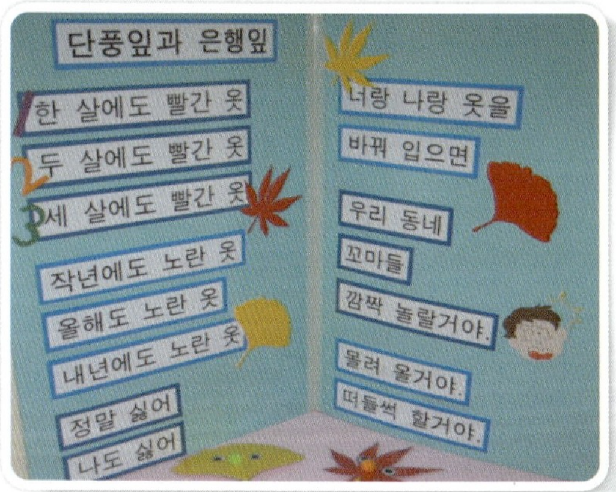

그림 노랫말이 적힌 가사판

탬버린

코끼리 코

짝짝이

공명실로폰

방 울

그림 4-20 유아를 위한 음률 영역의 악기와 자료

(8) 조형 영역

영유아를 위한 조형 영역의 자료들은 그리기, 자르기, 붙이기, 구성 및 꾸미기, 감상하기 등의 자료로 구분하여 제공한다. 조형 영역의 자료들은 같은 자료들이라도 영유아의 수준에 따라서 활용방법이 다를 수 있다. 하지만 작은 구슬, 작은 단추, 눈알과 같은 자료들은 영아들의 경우 입이나 코에 넣을 수 있으므로 제공하지 않는 것이 바람직하다.

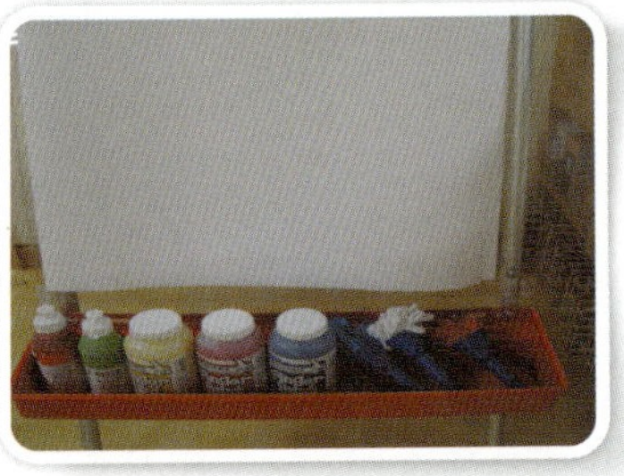

이 젤

영아용 붓

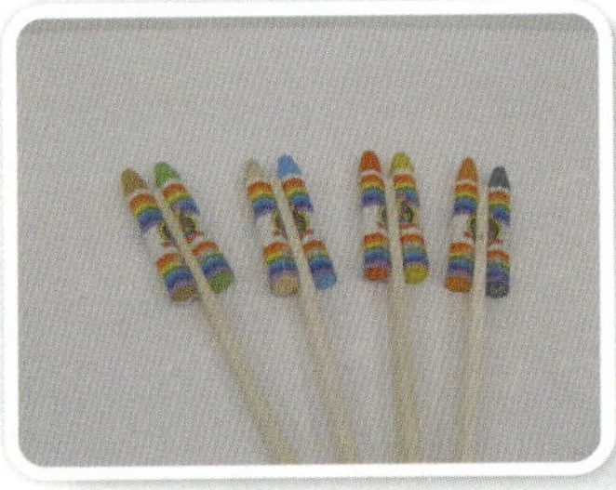

나무 젓가락 크레파스

안전가위

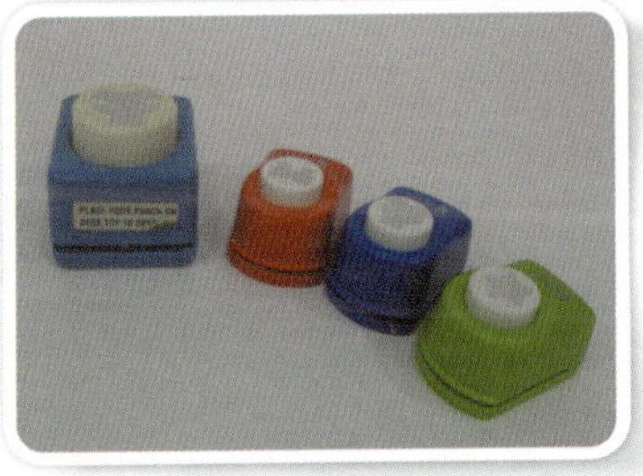

모양 펀치(유아)

여러 가지 자료들(유아)

그림 4-21 영유아를 위한 미술자료

- **영아** : 무독성 크레용, 나무젓가락 크레용(2세 후반 이상), 매직펜, 이젤과 붓(3종), 풀, 종이(모조지, 소포지 등의 전지, 8절지), 다양한 꾸미기 자료들, 밀가루 점토, 찍기 틀, 여러 가지 모양과 색의 스티커, 시트지, 안전가위 등
- **유아** : 영아용 자료 외 색연필, 사인펜, 붓펜, 굵기와 재질이 다른 종이류, 목공본드, 접착테이프, 모양 펀치, 반죽용 마늘다지기, 꾸미기 자료들(작은 구슬, 눈알, 스팽글, 단추 등), 여러 화가의 그림들, 그림감상 책 등

2) 실외 흥미 영역과 교수매체

영유아를 위한 실외 흥미 영역은 대근육운동 영역, 동·식물 기르기 영역, 극화놀이 영역, 그늘 영역, 물·모래놀이 영역 등으로 구분이 된다. 이들 영역에 제공되는 자료들은 유아들의 다양한 운동능력의 증진과 더불어 긴장감을 해소하고 영유아들 스스로 환경을 탐색하고 실내 활동이 연장·확장·심화할 수 있는 것들을 제공한다. 실외 흥미 영역에

제공되는 자료들은 영유아들의 운동능력, 안전, 놀이수준, 진행되는 주제 등을 고려하여 제공할 수 있다. 이에 관하여 살펴보면 다음과 같다.

(1) 대근육운동 영역

대근육운동 영역은 복합놀이 영역, 그네 영역, 자전거 영역, 구성활동 영역으로 구분하여 자료들을 제공할 수 있다. 이들 영역에 제공하는 기구나 자료들은 영유아들의 신체조절 능력, 운동능력 발달 정도와 안전 등을 고려해야 한다.

구성활동 영역에는 영유아들이 큰 형태의 건물이나 집을 구성한 후 들어가거나, 길을 만든 후 트럭, 자동차 등을 굴리며 놀이할 수 있는 자료를 제공한다. 이때 자료들이 모래나 물이 들어가도 형태가 변하지 않는 플라스틱 재질로 된 것을 제공하도록 한다.

영아용

유아용

그림 4-22 영유아용 복합놀이대

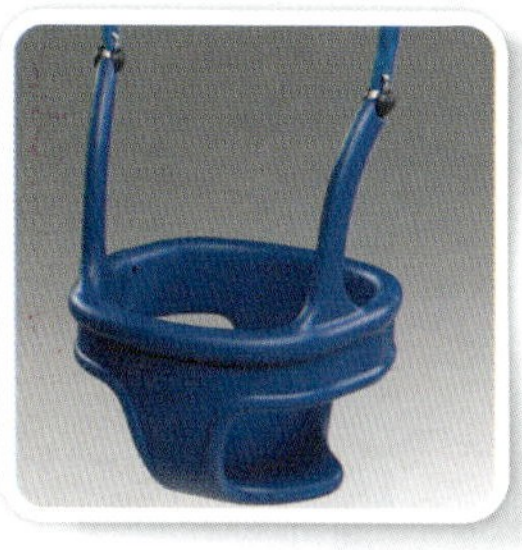

영아용 안전벨트가 있는 그네

유아용 안전벨트가 있는 그네

후기 유아용 그네

그림 4-23 영유아용 그네

- **영유아** : 영유아용 복합놀이대(그림 4-22), 그네(그림 4-23), 자전거 외 탈 것류, 큰 플라스틱 블록, 대형 와플블록 등

(2) 물놀이 영역

실외 영역의 물놀이활동을 위해서 제공되는 물놀이대는 높낮이가 조절되는 것을 준비해 주며, 물놀이대가 없는 경우에는 커다란 고무풀장이나 욕조 등을 이용할 수 있다. 영아를 위하여 물놀이 영역에 간이 풀장과 소형 미끄럼틀을 연결하여 수영장놀이를 하면서 영아들의 대근육 발달을 도모할 수 있다. 또한 영아들이 물을 붓고, 쏟고, 옮기는 과정에서 물의 특성을 탐색할 수 있는 자료를 제공한다. 이에 반해 유아들을 위해서는 보다 구성적이고 과학적인 활동을 할 수 있는 자료를 제공한다.

- **영아** : 간이 풀장, 소형 미끄럼, 대야, 탁구공, 뜰채, 다양한 크기의 그릇, 물에 띄울 수 있는 플라스틱 동물, 인형 등
- **유아** : 다양한 크기와 모양의 투명 통, 구멍의 수가 다르게 뚫린 투명 그릇, 구멍의 위치가 다르게 뚫린 투명 그릇, 계량컵, 깔때기, 펌프가 있는 플라스틱 통, 투명 튜브, 인형 옷, 비누, 물에 뜨고 가라앉는 물체들

그림 4-24 블록류 : 유아들이 구성해 놓은 문

간이 풀장, 소형 미끄럼(영아)

대야, 탁구공, 뜰채(영아)

PVC 파이프 이용하여 수로 만들기(유아)

물놀이 도구들

그림 4-25 영유아들의 물놀이 모습과 자료

(3) 모래놀이 영역

영아를 위한 모래놀이 자료들은 모래 파기, 모래 담기, 모래를 다른 통에 옮기기, 찍기 등의 활동이 일어날 수 있는 것들을 제공한다. 유아들을 위해서는 모래로 성이나 도시 만들기, 수로 만들기, 강 만들기, 자동차 길과 터널 만들기, 화산 만들기, 측정하기 등의 활동을 하면서 극화놀이로 연결될 수 있는 자료들을 준비해 준다. 특히 모래는 정기적으로 소독을 하여 영유아들이 위생적인 환경에서 놀이가 이루어질 수 있도록 한다.

- **영아** : 모래를 퍼서 담을 수 있는 그릇들, 삽, 찍기틀, 나뭇잎, 솔방울 등의 여러 가지 자연물, 인형, 자동차류
- **유아** : 영아용 자료 외 계량컵, 다양한 크기와 모양의 그릇들, 나무막대, PVC 파이프, 포크레인, 파란색 비닐 등

모래놀이 영역과 정리함

모래놀이 영역과 그늘막

그림 4-26 영유아를 위한 모래놀이 영역과 자료

(4) 극화놀이 영역

영유아들은 나뭇가지, 나뭇잎, 모래 등의 자연물을 음식이나 케이크의 장식으로 가작화할 수 있다. 유아들에겐 긴 끈을 제공하여 기차놀이를 하도록 유도할 수 있다.

버스(유아)

기차(영유아)

극화놀이용 주유기(유아)

극화놀이용 그릇과 모형 음식들(영유아)

원두막(영유아)

그림 4-27 영유아를 위한 극화 활동 영역의 기구와 자료

■ **영아**

- 가족놀이 : 원두막, 플락스틱 그릇류, 여러 가지 모형 음식들

■ **유아**

- 주유소놀이 : 모형 자동차, 모형 주유기, 정류장 표시판, 유아들이 상자로 만든 자동차 등
- 기차놀이 : 모형 기차, 유아들이 박스로 만든 기차, 끈으로 만든 기차

(5) 그늘 영역

그늘 영역은 운동 영역과 조용한 영역으로 구분할 수 있다. 운동 영역은 영유아들의 신체 발달 정도와 운동능력, 진행되는 주제를 고려하여 여러 가지 이동기구들을 제공해 주어 영유아들의 운동능력 및 대근육 발달에 도움을 줄 수 있다(그림 4-28).

조용한 영역에서의 활동과 자료는 영역의 크기와 계절, 영유아의 흥미나 관심을 고려하여 다양하게 제공할 수 있다. 예를 들어 이젤 페인팅, 밀가루 반죽, 핑거 페인팅, 동화책 보기 등의 활동을 위한 자료들을 제공할 수 있다.

■ **영아** : 다인 유모차, 그늘 벤치, 큰 공, 판제기, 오르고 내려오는 기구, 이젤, 책

■ **유아** : 농구대, 평균대, 끈제기, 다양한 용도의 공(축구공, 농구공 등), 이젤, 책

(6) 동 · 식물 키우기 영역

보육시설에는 영유아의 알러지, 질병 등을 방지하기 위하여 원칙적으로 동물을 기를 수 없다. 동물을 기를 경우 사전에 부모에게 알리고 정기적인 면역조치를 취해야 한다(보건복지가족부, 2009). 식물 기르기 영역이나 텃밭에도 영유아들의 알러지를 유발시키지 않는 것들을 제공해야 한다. 영아들을 위해서는 물을 주고 관찰하기에 좋은 식물을 제공하고 유아들을 위해서는 식물의 성장과정을 관찰하고 수확하기 쉬운 씨앗이나 모종을 제공한다.

■ **영아들이 관찰하고 유아들이 키우기에 적절한 동 · 식물**

- 동물 : 병아리, 토끼, 오리, 기니피그 등

그늘 영역의 벤치

판 제기 차기

다인 유모차 타기

애드벌룬 공 굴리기

그림 4-28 그늘 영역에서 영아들의 놀이 모습과 자료

- 씨앗으로 심어서 키우기 쉬운 식물 : 분꽃, 강낭콩, 봉숭아, 코스모스, 옥수수, 조롱박, 해바라기, 메리골드 등
- 모종으로 심어서 키우기 쉬운 식물 : 가지, 상추, 고추, 토마토, 호박, 오이, 땅콩 등

영유아교육기관에서 교수매체 활용의 이론적 기초가 결정되면 이에 근거하여 교수매체가 선정되고 제작 · 활용되어야 한다.

각 교수매체마다 그 특성과 활용방법이 다르므로 학습내용과 활동 유형, 영유아의 연령 및 발달수준에 적절한 교수매체를 선정 · 제작하는 것이 필요하다. 교사가 영유아를 위한 교수매체를 적절한 방법으로 선정하여 활용하려면 여러 가지 교수매체를 잘 알아야 한다. 이에 Part 2에서는 영유아교육기관에서 많이 활용되고 있는 그림자료, 융판 및 자석자료, 게시판, 입체자료, 인형, 녹음자료 OHP 프로 젝터와 슬라이드 프로젝터, TV/DVD와 실물화상기, 컴퓨터 등 다양한 교수매체의 특성과 제작, 활용방법과 주제에 따른 교수매체의 선정 및 활용방안을 제시하였다.

Part 02

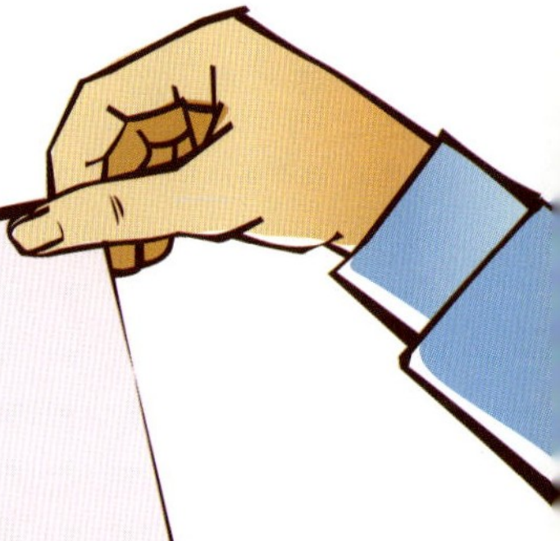

영유아를 위한 교수매체의 효율적 활용 및 제작

Chapter 05

그림자료

그림자료란 평면에 그려진 잡지나 책의 그림 및 사진 등과 같이 평면적이고 정적인 시각자료를 말한다. 영유아용 교수매체의 제작 시 그림자료는 그 활용도가 매우 높으므로 교사는 그림자료의 특성, 선택 및 활용, 제작에 대하여 잘 알고 있어야 효과적인 교수자료를 준비할 수 있을 것이다.

1. 그림자료의 특성

그림자료는 손쉽게 구할 수 있고 교수 · 학습과정에서 사용이 편리한 시각자료이지만, 평면자료라는 제한점도 있으므로 장점과 제한점을 잘 알고 활용해야 한다.

1) 그림자료의 장점

그림자료는 수집이 용이하며 제작이 간단하고, 비용이 적게 든다. 또 정적인 상태에서의 시각경험을 제공할 수 있는 자료로 교수 · 학습과정에서 폭 넓게 활용될 수 있다. 그림자료의 장점을 구체적으로 살펴보면 다음과 같다.

첫째, 쉽게 구할 수 있으며 제작비가 경제적이다. 잡지, 신문, 카탈로그 등에는 영유아를 위해 사용할 수 있는 그림이나 사진자료가 많으므로 이를 활용할 수 있다. 또한 동화책이나 도안집의 그림을 복사하거나 그려서 손쉽게 사용할 수 있다.

둘째, 사용이 편리하다. 그림자료는 특별한 설비 없이 영유아에게 제시할 수 있고, 쉽게 옮길 수 있으므로 활용장소의 제한을 받지 않는 편이다.

셋째, 다양한 방법으로 손쉽게 자료를 제작할 수 있다. 그림을 이용한 교수매체는 직접 그리는 방법 이외에도 신문이나 잡지의 그림을 오려 붙이거나, 사진을 찍어 이용할 수 있다. 또한 복사기나 컴퓨터를 이용하면 같은 그림을 손쉽게 여러 장 제작할 수 있다.

넷째, 움직이는 장면을 정지된 상태에서 관찰할 수 있다. 예를 들어 말이 달리는 모습은 실제로는 무척 빠르기 때문에 다리를 어떻게 움직이는지 자세히 보기 힘들지만, 몇 장의 사진으로 보게 되면 순간의 모습을 정지된 상태에서 오래 볼 수 있다. 또 영유아들에게 새로운 신체동작을 알려 줄 때에도 정지된 모습의 그림자료를 이용하면 영유아들은 자신의 신체를 어떻게 움직여야 하는지 더 쉽게 아이디어를 얻을 수 있다.

다섯째, 너무 작아 직접 눈으로 볼 수 없거나 희귀해서 보기 힘든 장면에 대한 시각경험을 줄 수 있다. 예를 들어 영유아들이 바닷속의 모습에 관심을 가졌다 하더라도 바닷속의 모습을 직접 관찰하기는 힘들며, 개미를 직접 키우는 경우에도 작은 구멍 속에서 개미가 생활하는 모습을 관찰할 수 없다. 이러한 경우 그림자료를 이용하면 영유아의 관심과 관련된 시각적 정보를 제공할 수 있다.

여섯째, 진행과정을 몇 개의 대표적인 과정으로 나타내는 경우에는 여러 장으로 구성된 사진이나 그림 시리즈가 효과적으로 사용될 수 있다. 예를 들어 우유가 생산되는 과정 전체를 직접 견학하는 것도 좋지만 이와 더불어 소에서 젖을 짜는 장면, 트럭에 우유통을 싣고 공장으로 가는 장면, 살균된 우유가 병에 담기는 장면, 우유가 가게로 운반되는 장면, 우유를 사는 장면, 마시는 장면 등으로 구성된 그림이나 사진자료를 제시하면 유아가 우유가 생산되어 마시게 되기까지의 과정을 쉽게 이해하는 데 도움이 된다(그림 5-1).

일곱째, 그림자료는 여러 가지 교육활동에 다양하게 활용될 수 있다. 영유아들의 발달 특성상 추상적인 언어경험만으로 학습내용을 구성하기보다는 직접 보고, 듣고, 만져보는 등의 구체적으로 경험할 수 있는 자료를 준비하는 것이 바람직하다. 그림자료는 시각적 경험을 제공하는 기본 자료이므로 개별활동뿐 아니라 동화, 동시, 노래 부르기 등의 집단 활동에도 폭넓게 활용할 수 있다.

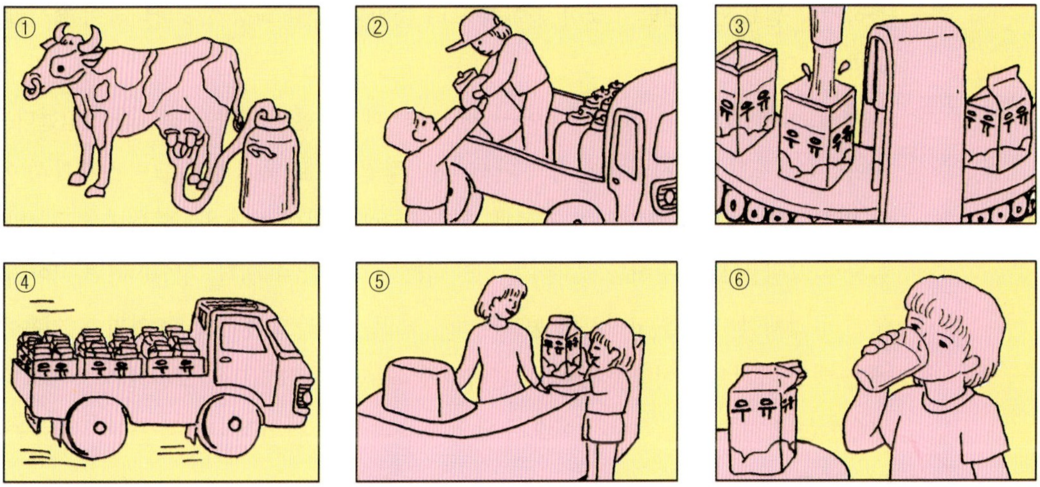

그림 5-1 우유가 전해지는 과정

2) 그림자료의 제한점

그림자료는 여러 가지 장점을 가지는 반면 평면자료이기 때문에 심도지각(depth perception)이 어렵고, 이미 제작된 자료는 교사 마음대로 크기를 조절하기 힘들다. 또 단편적인 시각 경험만을 제공하고, 동적인 움직임을 보여 주기 힘들다는 등의 제한점이 있다. 그림자료가 지닌 제한점을 구체적으로 살펴보면 다음과 같다.

첫째, 심도지각이 요구되는 학습에는 부적절하다. 그림자료는 평면자료이므로 정확한 심도의 지각이나 만지고 맛보는 등의 직접적인 감각 경험이 요구되는 개념이나 기술의 학습에는 효과를 거두기 힘들다. 이러한 경우에는 그림자료를 주된 자료로 사용하기보다는 보조적인 자료로 사용하여야 한다. 예를 들어 여러 가지 자연물로 콜라주 활동을 하기 위해 표피의 느낌이 다른 나무의 사진을 준비한다면 입체적인 표피의 느낌을 제대로 경험시키기 어렵다. 따라서 유아들과 함께 수집한 여러 가지의 나무껍질들과 사진자료를 함께 제시하는 것이 바람직하다.

둘째, 원자료의 크기가 고정되어 있으므로 용도에 맞게 조절해서 사용해야 한다. 책, 잡지, 사진 등은 각기 나름대로의 용도로 제작되었기 때문에 교실에서 제시하기에 너무 작은 경우가 많다. 그러므로 교사는 자료의 용도나 집단의 크기를 고려하여 확대해서 사용하거나 필요한 그림만 깨끗한 종이에 오려 붙인 후 실물 화상기로 확대하여 제시할 수 있다.

셋째, 상황적 단서가 없을 경우에는 의도하는 메시지를 정확하게 전달하기 힘들다. 영유아들은 3차원적인 사물을 상황적 단서 없이 평면적으로 옮겨 놓은 그림을 정확히 이해하기 힘들다. 예를 들어 교사가 추석과 관련된 것에 대하여 이야기를 나누면서 동그란 보름달의 그림을 보여 주어도 영유아는 '공'이라고 대답할 수 있다. 성인이라면 이야기 나누기의 전체적 맥락을 고려하여 동그라미가 달일 것이라고 추측할 수 있지만, 영유아에게는 매일 가지고 놀이하는 공이 더 친숙하기 때문이다. 그러므로 그림의 성격이 애매한 경우에는 밤하늘에 산 위로 솟아오른 달의 모습과 같은 장면적 단서를 포함시켜 주는 것이 필요하다.

넷째, 동작의 움직임을 볼 수 없어 움직임과 관련된 내용을 다룰 경우에는 부적절하므로 주변 사물, 경치, 산, 건물 등과 같이 정적인 대상의 표현이나, 움직임이 학습의 주요 내용이 아닌 동물, 사람, 자동차 등의 정지된 표현에 많이 사용된다. 예를 들어 운동선수의 뛰는 장면은 뛰기 동작의 바른 자세를 보여 주는 유용한 자료가 되며, 작동 중인 기계의 부분적인 사진은 기계의 부분을 파악하는 데 도움이 된다. 이 밖에도 핵심적인 상황을 강조하고 싶은 경우에 효과적인데, 예를 들어 미끄럼틀에서 한 유아는 내려오고 다른 유아는 아래쪽에서 뛰어 오르려는 그림을 이용하여 이야기를 나누면 유아들은 교사가 의도한 '미끄럼틀 이용 시 주의할 점'에 더 초점을 두게 된다.

다섯째, 그림자료는 단편적 자료이므로 진행되는 과정의 전체를 상세히 살펴야 할 경우에는 부적절하다. 예를 들어 바람개비나 놀이용 자동차의 프로펠러가 돌아가는 모습을 그림자료로 표현하기에는 부적절하며, 직접 만들어 움직여 보거나 관찰하는 것이 적당하다. 나뭇잎이 떨어져 내리는 장면도 그림자료로는 '나뭇잎이 떨어지고 있다'는 사실을 알려줄 뿐 떨어질 때의 움직임이나 속도, 방향 등에 대한 내용을 포함하기 어렵다.

여섯째, 그림자료는 한 장면씩 제시되므로 여러 장이 한 세트인 경우에는 전체적인 일관성을 유지하기 힘들다. 따라서 한 세트가 되어야 하는 자료를 제작할 때에는 각 장의 그림 크기, 채색, 구성 등이 일관성을 지니면서 상호 연관되도록 구성해야 한다. 예를 들어 잡지나 신문에서 오린 여러 가지 동물화보를 이용하여 한 권의 그림책을 제작하려 한다면 동물의 크기, 그래픽의 표현방법 등에 일관성이 있어야 할 것이다. 만약 코끼리는 조그맣고 앵무새 사진은 크며, 다른 사진은 컬러인데, 한 장만 흑백자료라면 좋은 시리즈라고 보기 어렵다.

3) 그림자료의 선택

그림자료를 이용한 수업이 효과적으로 이루어지려면 의도하는 메시지가 분명하고 단순해야 한다. 또 사실적이고 구성이 잘 되어 있으며, 채색이 아름다운 그림을 선택해야 하는데, 구체적으로 제시하면 다음과 같다.

첫째, 교사의 의도에 부합되는 분명한 메시지를 담고 있어야 한다. 필요 없는 부분이 포함되어 있거나 중심 주제보다 다른 부분이 두드러지게 부각되어 있으면 메시지 전달에 혼란을 가져오게 된다. 또 만일 전달하려는 내용이 복잡하면 부분적으로 여러 장에 나누어 제시하는 것이 바람직하다. 예를 들어 유치원 교실에서 친구와 사이좋게 지내려면 어떻게 해야 할지에 대해 이야기 나누려고 한다고 해보자. 이때 교사는 놀잇감을 나누는 모습, 친구의 놀잇감을 실수로 부수었을 때 상대편 유아가 화난 모습, 줄서서 손 씻는 모습 등과 같은 의도적인 상황을 몇 가지 선정해야 한다. 그런데 이 장면들을 한 장의 그림에 모두 포함시켜 그린다면 교사가 의도한 토론주제를 유아들에게 부각시키기 힘들다. 따라서 각 장면들을 별도로 그려서 제시하거나 병풍책과 같은 형태의 시리즈로 만드는 것이 더 효과적이다.

둘째, 특별히 세부적으로 묘사된 그림이 필요한 경우가 아니라면 단순하면서도 실제에 가까운 명료한 그림을 선택한다. 지나치게 약화되거나 추상적으로 그려진 만화 형태의 그림은 정확한 개념을 전달하기 어렵다. 사진자료의 경우에는 사물을 판별하기 쉬운 각도에서 의도하는 것에 초점을 맞춰 찍은 것이 바람직하다. 예를 들어 공작의 생김새가 학습의 주요 내용이라면 꼬리를 접은 모습만 제시하는 것보다는 펼친 모습이 함께 담긴 자료가 더 적절하다.

셋째, 그림의 구성이 좋아야 한다. 구성이 좋은 그림은 시각적으로 보기 좋으며 안정감이 있을 뿐만 아니라, 영유아가 그림의 의미를 정확히 파악할 수 있어 이해도와 흥미를 높이게 된다. 예를 들어 쓰레기를 분리해서 버리는 것에 초점을 두고자 한다면, 여러 개의 쓰레기통에 붙은 표지의 종류와 사람의 손에 든 쓰레기의 종류가 부각되어 나타나야 한다. 대비되는 내용이나 개념을 다룰 경우에는 한 눈에 대비되는 주제가 부각되도록 표현해야 한다. 예를 들어 단순히 허리를 굽히고 손에 쓰레기를 든 사람의 모습은 쓰레기를 버리는 모습인지 줍는 모습인지 파악하기 힘들기 때문에 사람의 표정, 주변 상황 등을 잘 표현한다.

넷째, 효과적인 채색법을 사용한 그림을 선택한다. 실제에 가까운 채색을 한 그림은 어린 학습자에게 인상적인 메세지를 제공한다. 색채는 영유아가 어디에 집중할 것인가를 결정해 주고, 세부적 사실을 보다 오래 기억하도록 도우며, 실제감을 줄 뿐 아니라 흥미유발에도 도움이 된다. 채색이 서투르면 민감한 영유아의 눈에 저항감을 주며, 색감각의 발달을 무디게 한다. 지나치게 혼란한 색을 사용한 그림이나 실제의 색과 너무 다르게 채색한 그림, 중심 등장인물보다 배경이 강조된 그림 등은 오히려 혼란을 줄 수 있다. 그러나 사실적인 색채가 학습의 요소가 아닌 경우에는 잘 구성된 흑백이나 단색자료, 환상적인 채색자료 등도 학습에 효과적으로 이용될 수 있다. 예를 들어 모양 카드를 보고 교실에서 같은 모양의 물건을 찾아보는 게임을 하려는 경우, 모양 카드를 각기 다른 색으로 칠하면 영유아는 모양보다는 색깔에 집중하여 오히려 학습의 방해요인이 될 수 있다. 따라서 같은 색으로 모양을 그리는 것이 적절하다. 또 상상의 세계를 나타낼 경우에는 너무 사실적인 색채보다 상상력을 자극하는 채색이 필요하다.

2. 그림자료의 활용

그림자료는 활용도가 높아 자유선택활동 영역에서 개별 또는 소집단 활동용뿐만 아니라 동화, 노래지도, 게임 등과 같은 집단활동에도 폭넓게 사용된다. 영유아교육기관에서의 그림자료 활용에 대해 구체적으로 살펴보면 다음과 같다.

1) 자유선택활동용 자료

홍미 영역별로 활용되는 그림자료는 책, 그림 카드, 퍼즐 등의 상품화된 것뿐만 아니라 사진, 카탈로그, 도안자료 등을 이용하여 교사가 직접 제작하는 경우도 많다. 흥미 영역의 환경구성 및 활동에 그림자료가 활용되는 예는 다음과 같다.

(1) 전시 및 환경구성

벽이나 낮은 선반, 가림대, 교구장 옆면이나 뒷면 등의 적당한 공간에 교육주제를 고려하여 도움이 되는 그림자료를 게시하면 공간을 미적으로 구성하는 효과와 함께 동기유발이나 개념학습을 돕고, 영유아 개개인의 관심 정도를 살펴 볼 수 있다(그림 5-2). 전시하는 그림자료의 학습효과를 높이기 위해서는 몇 가지 유의할 사항이 있다.

첫째, 자료의 손상을 막고 시각적 효과를 높이기 위해 원그림의 색을 고려하여 적절한 색의 대지를 댄다. 둘째, 다른 활동과의 연관성을 고려하여 게시한다. 예를 들어 곤충과 관련된 그림자료는 과학 영역에 전시하고, 옷차림이나 음식과 관련된 그림자료는 소꿉놀이 영역에 전시한다. 셋째, 영유아가 쉽게 볼 수 있도록 눈높이를 고려하여 붙인다. 넷째, 자료 간의 시각적 균형이나 배열을 고려하여 서로 어울리도록 붙인다.

(2) 언어 영역

영유아기는 새로운 낱말이나 언어표현이 급속히 증가하는 시기이므로 사물이나 상황을 나타내는 그림이나 사진자료들은 언어 영역의 활동자료로 다양하게 활용된다. 여러 가지 도서류 이외에도 새로운 어휘습득을 위한 그림 카드 자료, 그림을 보고 이야기 꾸미기

그림 5-2 주제 '장승' 진행 시 벽면에 게시한 그림자료와 유아가 만든 장승

를 위한 그림 시리즈, 그림과 글자 짝짓기 자료, 수수께끼용 그림카드 등은 언어 영역에서 자주 사용되는 그림자료이다. 교육목표에 부합되도록 직접 그린 그림자료들뿐 아니라 신문, 잡지 등에서 오린 화보들은 이러한 자료 제작 시 유용하게 사용된다. 이 밖에도 개별 또는 소집단 영유아를 위한 게임, 동시 및 동화, 인형극활동에도 많이 활용된다.

(3) 수 · 과학 영역

그림자료는 실물이나 입체물과 같이 직접 탐색하는 기회를 제공하지는 못하지만 사물의 모양을 관찰하거나 수를 세어 볼 수 있는 시각적 자료를 준비할 때 효율적이다. 보편적으로 사용되는 수학활동용 자료는 숫자와 그림 짝짓기, 그림의 크기나 모양 비교 · 분류하기, 사건의 순서 예측하기 등과 같이 시각적 단서가 학습의 주요 수단이 되는 활동들이다. 과학활동자료로는 다양한 과학책, 동 · 식물이나 기계류의 사진, 사실적인 그림자료, '알에서 병아리가 되기까지', '비는 어떻게 오나' 등과 같이 동 · 식물의 변화나 자연현상의 변화과정, 사건이나 활동의 순서에 대한 게시자료, 요리 순서표 등이 많이 사용된다. 특히 사진자료는 영유아에게 자연현상과 물리적 세계에 대한 생생한 시각정보를 제공하는 좋은 매체이다.

(4) 쌓기 놀이 영역

쌓기 놀이 영역과 인접한 벽면이나 교구장, 게시판 등에 주제와 관련된 그림, 사진자료를 게시함으로써 주제에 대한 동기유발과 블록 구성에 대한 아이디어 확장을 도울 수 있다. 예를 들어 비행장에서 일하는 사람들의 모습을 담은 사진자료를 비행기 모형이나 블록 가까이에 게시하면 비행장 구성에 대한 정보를 제공하여 아이디어를 확장시켜 주게 된다. 이 밖에도 블록구성활동에 필요한 사람, 신호등, 표지판 모형 등을 입체자료로 준비하기 어려우면 그림자료를 오려 세울 수 있도록 만들어 제시할 수 있다. 그림 5-3은 주제 '봄'과 '공룡' 전개 시의 벽면 게시자료이다.

(5) 조작 영역

조작 영역에서는 그림자료를 활용한 그림 맞추기 자료, 그림판에 끈 끼우기 자료 등이 활용된다. 이러한 자료들은 제작이 손쉬워서 주제나 영유아의 흥미변화에 따라 적절하게

벽면과 블록의 꽃그림

공룡 포스터(쌓기)

그림 5-3 주제 전개 시 쌓기 놀이 영역 벽면과 블록에 제시한 그림자료

제공해 줄 수 있다. 예를 들어 주제가 '동물' 이라면 상품화된 동물그림 퍼즐이나 동물화보를 오려 만든 퍼즐, 동물 모양 카드 보드판에 끈 끼우기 자료 등을 제작할 수 있다. 이 밖에도 소근육 블록 구성 시 동물, 탈 것, 기계류 등의 모양을 잘 나타내는 그림자료나 그림책을 게시해 자세히 살펴보고 참고하도록 할 수 있다.

(6) 음률 영역

사진이나 그림 카드를 이용해 여러 가지 악기의 종류나 연주방법을 알려 줄 수 있다. 또한 농악, 부채춤, 발레, 리본 춤 등의 그림과 녹음자료 및 관련된 악기나 도구를 세트로 준비해주어 유아의 움직임을 격려할 수 있다. 특히 그림은 정적인 자료이므로 한 발로 서있는 체조선수의 모습, 리본을 회전시켜 소라모양을 만든 장면, 여러 명이 함께 신체로 모양을 구성한 모습 등을 통해 유아들에게 정지된 동작에 대한 아이디어를 줄 수 있다. 노래 부르기나 악기연주를 돕기 위해서는 노래의 내용을 그림으로 나타내거나 평면적인 막대, 융판, 자석자료 등으로 노랫말의 이야기를 꾸며 보도록 할 수 있다. 또 악기연주의 강·약, 느리기·빠르기, 높낮이, 느낌 등을 시각적으로 표현한 그림 카드를 사용할 수 있다.

행진곡, 자장가 등의 여러 가지 음악이나 반복적인 리듬이 표현된 사물의 소리 등과 같은 녹음자료와 세트로 만든 그림 카드도 영유아들이 소리를 변별하고 음악의 느낌, 리듬 등을 구분하여 감상하도록 돕는 보조자료로 이용될 수 있다.

(7) 기 타

극화 놀이 영역, 조형 영역, 대근육운동 영역, 목공 영역 등에서도 그림자료는 다양하게 활용된다. 극화 놀이 영역에서는 여러 가지 직업역할, 생활도구들의 사용을 소개하는 그림자료를 게시함으로써 영유아들이 역할을 이해하고 아이디어를 확장하도록 도울 수 있다. 주제의 변화에 따른 특징을 고려하여 그림자료를 게시하면 더 효과적인데, 예를 들어 음식점놀이인 경우에는 다양한 음식에 대한 자료를 게시하고, 한복을 소품으로 준비할 때에는 한복의 명칭과 입는 방법, 올바른 자세 등에 대해 게시해 주면 좋다.

조형 영역에서는 복잡하거나 설명이 요구되는 미술활동과정을 소개하거나 아이디어 확장을 위한 정보를 제공하는데, 예를 들어 동물가면 만들기의 아이디어를 확장할 수 있도록 여러 가지 동물사진을 게시해 주고, 물감그림 그리기 활동과 같이 자기관리 기술이 요구되는 활동은 그림 순서표를 눈에 띠는 곳에 붙여 준다. 또한 미술작품 감상의 용도로 그림자료를 활용할 수 있다. 대근육운동 영역에는 유아 신체 크기의 움직이는 모습을 그림으로 붙여 신체를 따라 움직여 보게 하거나 대근육운동 기구를 적절히 이용하는 장면의 그림을 게시해서 안전하고 적절하게 기구를 이용하도록 안내할 수 있다. 이 밖에도 목공놀이, 물 · 모래놀이에서 유아의 창의적 사고를 촉진하거나 안전한 놀이방법을 안내하기 위해 그림자료가 이용될 수 있다.

그림 5-4는 영아를 위한 흥미 영역의 그림 자료의 예이며, 그림 5-5는 유아를 위한 그림 자료를 이용한 교수매체의 예이다.

헝겊 숫자 그림책(탐색 영역)

동물 모양 짝 맞추기(탐색 또는 조작 영역)

과일의 겉과 속 헝겊책(언어 또는 탐색 영역)

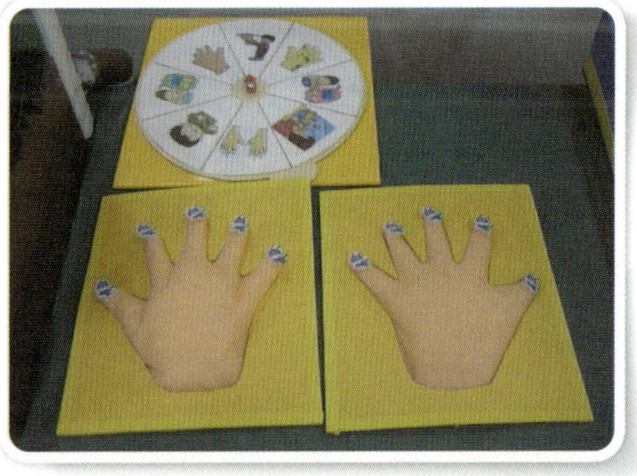

손씻기 게임(탐색 또는 언어 영역)

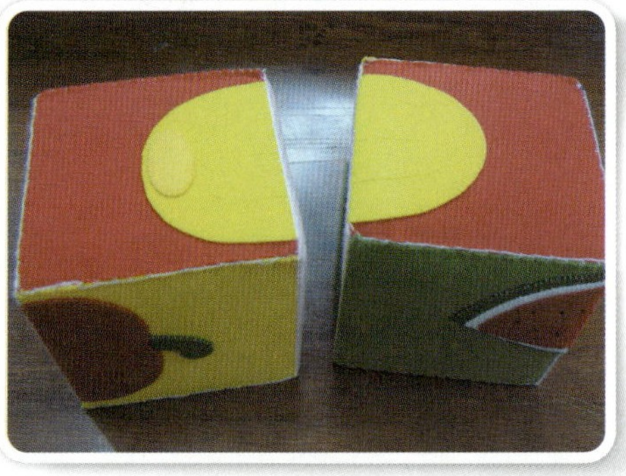

과일의 겉과 속모양 촉감책(조작 영역)

동물 주걱 딸랑이(음률 영역)

그림 5-4 그림자료로 만든 교수매체와 헝겊 그림책(영아)

숫자만큼 깃털 붙이기(수학 영역)

동물 그림 퍼즐(조작 영역)

회전판 게임(수학 영역)

정육면체 그림 퍼즐(조작 영역)

쓰레기 분리게임(수학 영역)

부분 그림 책(언어 또는 조작 영역)

그림 보며 이야기 꾸미기(언어 영역)

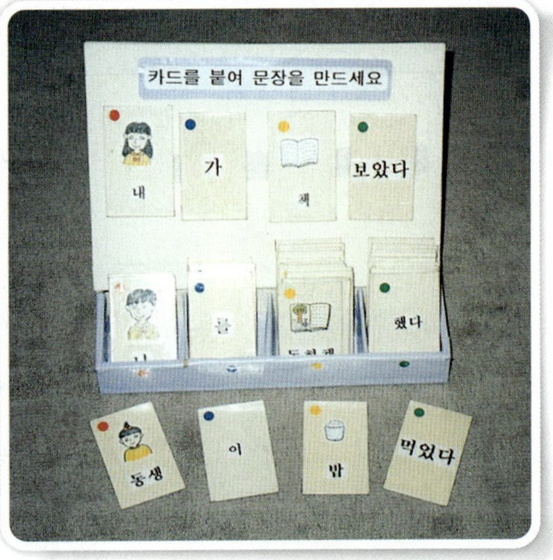

낱말카드 빙고게임(언어 영역)

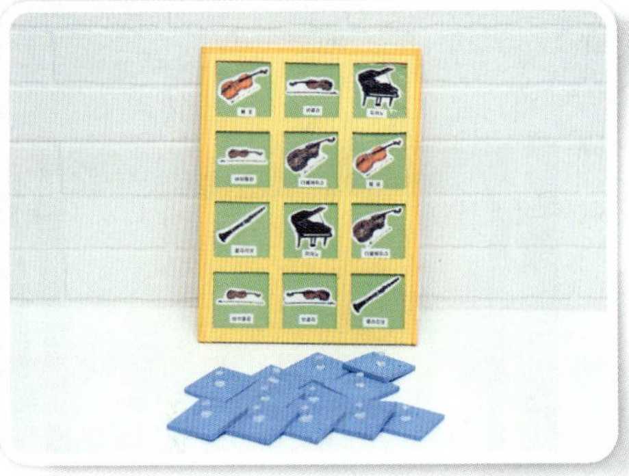

악기 이름 빙고(언어 또는 음률 영역)

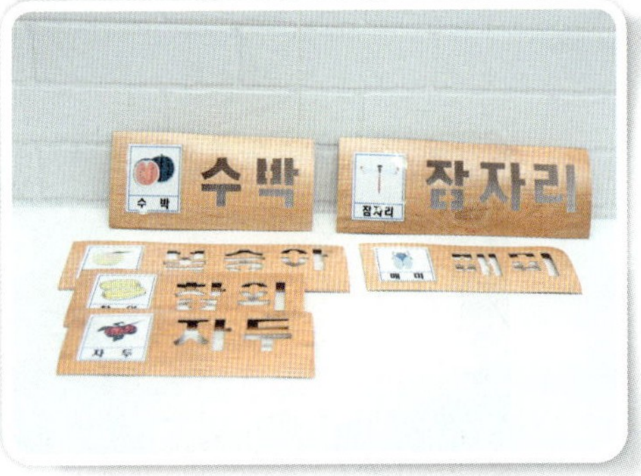

그림 단서가 있는 장판 글씨(언어 영역)

동물모양 책(언어 영역)

그림 5-5 그림자료로 만든 교수매체(유아)

2) 집단활동용 자료

(1) 이야기 나누기

그림자료는 새로운 사물이나 놀이에 대한 동기유발 자료(예 : 새로운 악기 소고를 소개하며 소고를 연주하는 농악대의 사진자료), 개념이나 과정을 알려 주기 위한 자료(예 : 코코

그림 동화

이젤을 이용하여 큰 책 읽어주기

삼각대에 세운 큰 책

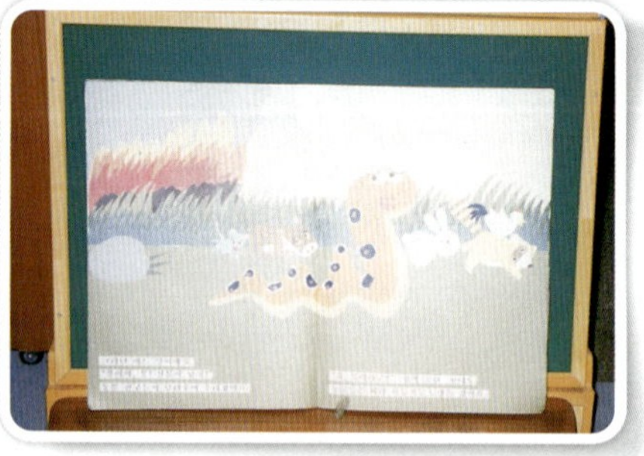

큰 책 형태의 그림동화

유아가 만든 병풍동화

그림 5-6 큰 그림자료의 제시 방법

아 타기 순서를 나타낸 그림자료), 특정 상황이 제시된 그림을 이용한 토의자료(예 : 친구와 놀이할 때의 갈등 상황에 대한 토의용 자료), 놀이나 활동방법에 대한 소개나 안내자료(예 : 배 밭에 가면 어떻게 지내게 되는지에 대한 그림자료 시리즈), 상상해서 이야기 꾸미기 자료(예 : 꼬리가 달린 사람의 그림을 보며 우리에게 꼬리가 있으면 어떤 일이 생길까 상상해서 이야기하기) 등으로 활용될 수 있다. 그림자료 중에서 사진은 특히 좀 더 현실적이고 생생한 경험을 주는 시각매체이다. 따라서 이러한 특성을 살려 소집단이나 대집단의 이야기 나누기 시간에 활용하면 효과적이다. 그림 5-7(우)은 태내 아기의 성장에 대한 이야기 나누기용 앞치마 그림책이다.

(2) 동화 및 동시

동화 및 동시에 대한 활동은 유아의 흥미가 높다. 그림자료를 이용한 낱장식 그림동화, 융판 또는 자석판 자료, 막대 그림자료, 큰 책 등을 만들어 동화와 동시를 제시하면 다음과 같은 이점을 얻을 수 있다.

첫째, 동화나 동시의 내용을 시각화하면 유아들이 내용을 쉽게 이해할 수 있다.

둘째, 다양하고 복잡한 내용들을 묘사하기 쉬우므로 동화나 동시에 제시되는 다양한 사물이나 상황, 환상적인 장면 등을 폭넓게 표현할 수 있다.

셋째, 그림을 이용하여 동화나 동시를 큰 책, 융판자료, 자석자료, 막대자료, 테이블 자료, 원판자료, 비닐 그림자료, 손가락자료 등으로 제작하여 폭넓게 활용할 수 있다.

영유아를 위한 동화 및 동시자료로 많이 사용되는 낱장식 자료의 제작·활용 시에는 다음과 같은 점에 유의해야 한다.

- 보여 주려는 집단의 크기를 고려하여 그림자료의 크기를 결정한다. 20명 이상의 대집단인 경우에는 4절 크기의 두꺼운 종이에 그려진 그림이 좋다. 너무 작으면 잘 보이지 않으며 내용에 집중하기도 어렵다. 얇은 종이에 그리면 제시시 화면이 흔들리고 반듯하게 제시하기 어렵다.
- 그림을 너무 높이 제시하면 교사의 입이 가려져 목소리가 잘 들리지 않게 되므로 교사의 얼굴이 가려지지 않도록 한다. 그림 5-6은 큰 그림자료를 제시하는 여러 가지 방법이다.

- 내용을 충분히 익혀 교사가 영유아의 반응을 살펴보면서 자료의 내용을 들려 주어야 한다. 그림자료 뒷면에 구연할 내용을 붙여두어야 하지만 충분히 연습하지 않아서 내용을 읽느라 그림자료만 쳐다보게 되면 영유아들의 반응을 파악할 수 없어 적절한 상호작용을 하기 힘들다.
- 교사 혼자서 여러 역할을 맡게 되므로 목소리에 변화를 주어 흥미를 높이도록 한다. 그림동화는 입체자료를 이용한 동화에 비해 정적이므로 교사의 목소리가 영유아의 주의집중에 중요한 역할을 한다. 교사는 미리 여러 등장인물의 목소리를 연습하여 구연 중에 바뀌는 일이 없도록 일관성 있게 유지한다.

(3) 음률활동

노래지도나 동작활동, 음악감상과 같은 음률활동 시에도 그림자료를 유용하게 활용할 수 있다. 교사는 노래지도 시 노랫말을 그림과 함께 적어 주어 유아들이 노랫말을 쉽게 익히도록 도울 수 있으며, 노랫말의 내용과 관련된 사진이나 그림을 제시하여 노래의 분위기를 더 쉽게 느끼도록 할 수도 있다(그림 5-7 좌). 동작활동 시에는 동기유발 및 도입, 신체표현의 아이디어 제공, 동작 제시 등의 용도로 활용할 수 있다. 예를 들어 팝콘을 요리한 후 팝콘이 되는 과정을 그림자료로 의인화하여 이야기를 들려주면 영유아의 흥미

노래지도용 그림 노랫말

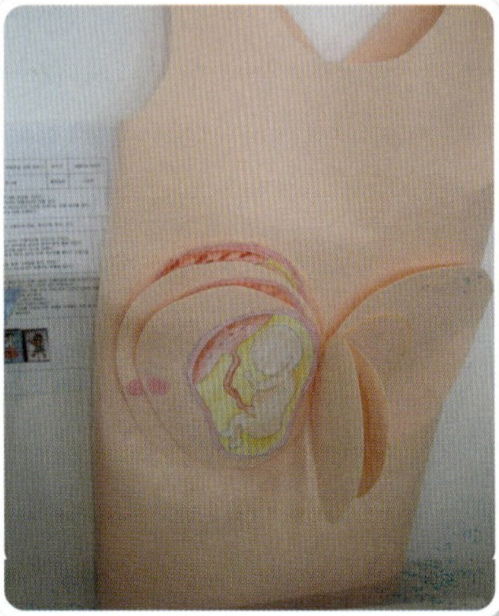
〈아기의 성장〉 앞치마 그림책(교사용)

그림 5-7 집단활동용 그림자료

를 높일 수 있고, 자신의 몸으로 옥수수알을 어떻게 표현할지 생각할 기회를 제공하게 된다. 또 개구리가 점프하는 동작의 시리즈 자료는 영유아가 몸을 움츠렸을 때와 뛰어 올랐을 때 각각 어떤 모습으로 신체를 움직일지 구분하여 생각하도록 도울 수 있다.

(4) 기 타

그림자료는 위에서 설명한 것 이외에도 다양한 게임활동자료로 활용된다. 예를 들어 원 게임을 하려는 경우 어린 유아들에게 양손을 서로 잡고 큰 원을 만든 그림자료를 보여 주면, 언어만으로 원을 만들도록 하는 것보다 훨씬 쉽게 설명할 수 있다. 또한 그림 보고 동작 알아맞히기나 그림판 뒤집기, 동물그림 목걸이 걸고 자리 바꾸기 등과 같이 그림자료가 직접 활용되는 게임도 많다. 이 밖에도 그림이나 사진은 슬라이드, 투시화, 컴퓨터 그래픽 등의 기초 자료로 다양하게 활용되는데, 이에 대해서는 본 서의 다른 장(제12~14장)을 참조하기 바란다.

3. 그림자료의 제작

1) 그림자료를 쉽게 제작하는 방법

(1) 화보, 잡지, 그림책의 그림을 직접 이용하는 방법

잡지, 신문, 카탈로그, 낡은 동화책 등에서 많은 그림자료를 얻을 수 있는데, 이러한 그림자료를 이용할 때에는 부분적으로 오린 후 영유아에게 제시하기 용이하도록 처리해야 할 경우가 많으므로 다음 사항을 고려하여 선택한다.

- 오리려고 하는 그림이 다른 그림에 의해 가려지지 않았는지, 부분적으로 가려졌다면 수정이 가능한지 살펴본다.
- 영유아에게 적당한 분위기의 그림인지 살펴본다. 특히 신문이나 잡지에서 그림을 오릴 때에는 영유아에게 제시하기 부적절한 내용이 포함되지 않았는지 살펴본다. 예를 들어 동물보호와 관련된 주제의 그림자료 선택 시 사람이 동물을 학대하는 장면은 영유아에게 혐오감을 일으키거나 부적절한 개념을 형성시킬 수 있다.

어울리는 대지를 골라 원그림이 들뜨지 않도록 풀이나 양면 테이프로 붙인다.

대지 뒷면 가장자리에 투명 테이프를 붙여두면 여러 번 사용해도 손상되지 않는다.

그림 5-8 대지작업의 과정

- 오려낼 그림 뒷면의 내용을 살펴본다. 뒷면에 내용이 있을 경우 오린 후 다른 종이에 풀로 잘 붙여서 보이지 않게 한다.
- 원자료에서 오려낼 경우에는 그림의 이미지가 달라질 수 있다는 것에 유의한다. 그림에 따라서는 다른 종이에 옮겨 붙였을 때 원자료의 이미지가 많이 달라지기도 하며, 특히 가장자리 선이 부정확한 파스텔톤의 그림인 경우에는 모호한 형태가 되기도 한다. 이러한 경우에는 그림의 모양이나 색을 고려하여 적당한 색의 가는 유성펜으로 가장자리 선을 그려 넣을 수 있다. 불규칙한 모양이나 곡선을 오릴 때에는 원래의 그림이 손상되지 않도록 하고 원본 그대로 사용하기보다는 뒷면에 대지를 붙이면 원그림의 손상을 막아 오래 사용할 수 있고, 그림이 돋보이게 만들 수 있으며 뒷면의 필요 없는 정보를 가릴 수 있다. 코팅을 하면 오래 사용할 수는 있으나 반사되기 때문에 집단활동자료로 바람직하지 않으며, 코팅한 카드자료는 책상에 달라붙어서 활동하기 불편하고 촉감도 좋지 않다는 단점이 있다.

(2) 복사기를 이용하는 방법

복사기는 그 기능이 다양해서 실제 크기의 복사뿐 아니라 축소·확대 및 컬러 복사를 손쉽게 할 수 있다. 그러나 원본의 명도나 채도에 따라 그림자료를 그대로 복사해서 사용하기 힘든 경우가 있으며, 희망하는 그림이 원본의 일부인 경우에도 그대로 복사해서 사용하기 어렵다. 원본이 흑백인 경우에는 수정액이나 검정펜으로 선을 수정하여 복사할 수 있으며, 원본 이미지를 스캔하여 컴퓨터에서 수정한 후 프린터하거나 복사기를 이용해서 다량을 복사할 수 있다. 그러나 일정한 두께와 크기의 종이 이외에는 사용할 수 없으므로 두꺼운 그림자료나 큰 그림자료를 제작하기에는 불편하다.

그림 전시용 받침틀 제작

작은 그림액자 형태로 전시할 때에는 받침틀(display easel)을 사용하면 편리하다. 플라스틱으로 만들어진 것을 사용하거나 하드보드나 우드락 폼보드 등의 재질을 이용하여 필요한 크기로 만들어 사용할 수 있는데, 간편하면서도 유아에게 시각적인 자극을 주므로 눕혀놓은 그림자료보다 교육효과를 높일 수 있다. 그림 5-9와 같이 하드보드지나 두꺼운 골판지로 반듯하게 자른 후 테이프로 연결한다. 두 장을 맞댈 때에는 하드보드지 두께의 두 배 정도 간격을 떼고 붙여야 이젤을 접었다 펼 수 있다.

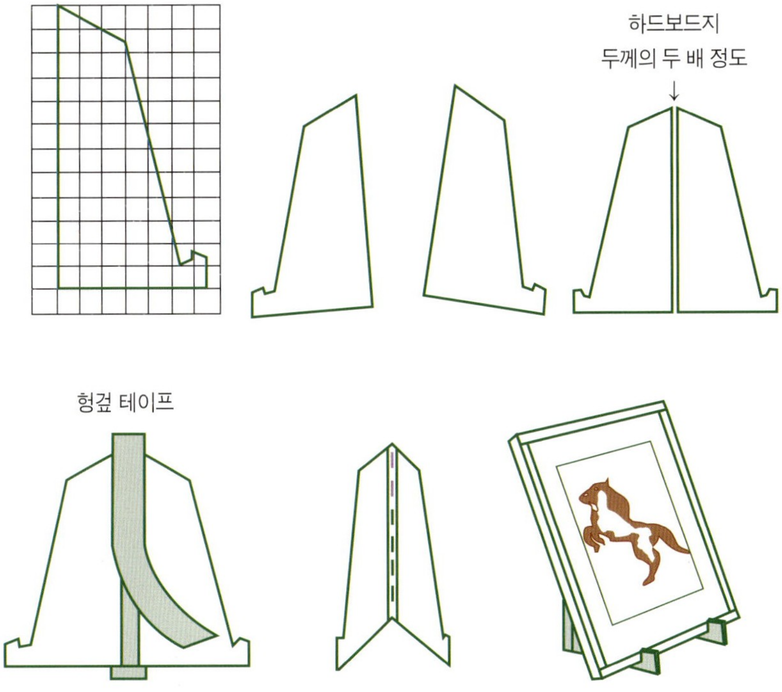

그림 5-9 전시용 받침틀 만들기

(3) 컴퓨터를 이용하는 방법

컴퓨터를 이용한 그림자료의 제작은 최근에 가장 많이 활용되는 방법 중 하나이다. 컴퓨터를 이용해 직접 그리는 방법, 저장된 그림을 출력하는 방법, 웹 통신망을 통해 자료를 제공 받는 방법이 있으며, 원본 그림자료를 그대로 활용하기 어려울 경우 프로그램을 이용하여 수정하여 사용한다. 다운로드한 그림을 사용할 때에는 사용에 제한이 있으므로 유의해야 한다(이 밖에 컴퓨터의 활용에 대해서는 제14장 참조).

그림자료의 상태에 따라 복사나 프린터를 통해 제작할 수 없는 경우도 있다. 예를 들어 가구나 벽면에 그려진 문양을 그림자료로 가져오고 싶은 경우에는 트레이싱페이퍼(tracing paper)를 대고 본을 뜬 후 복사한다. 사진으로 된 이미지를 선 그림으로 만들어서 사용하려는 경우에도 사진 위에 트레이싱페이퍼를 올려 놓고 선을 따라 그린 후 복사할 수 있다. 또 디지털카메라로 찍어서 평면그림자료로 얻을 수도 있다. 원본은 작은 크기의 그림인데 인형극 배경과 같이 커다란 그림으로 제작해야 할 경우에는 큰 종이를 벽면에 붙인 후 빔프로젝터(beem projecter)를 이용해 이미지를 확대하고, 투사된 선을 따라 그린다. 디지털카메라로 찍어 프린트한 후 그 위에 OHP 필름을 올려놓고 유성펜으로 그려서 복사할 수도 있다.

2) 입체화된 그림자료의 제작

그림자료는 평면적인 자료이지만 부분적으로 움직이거나 이동시키고, 입체적 소재를 첨가하여 동적인 느낌과 입체감을 살려 줄 수 있다. 주로 찍찍이(벨크로 테이프)나 자석을 이용하여 부분적으로 덧붙이기, 비닐 주머니 또는 종이 주머니 이용하여 입·퇴장 표현하기, 칼집이나 낚싯줄 등을 이용하여 이동시키기, 입체적인 재질 덧붙이기, 그림을 세우거나 접기 등의 방법이 사용된다. 각각의 재료를 이용하는 방법을 구체적으로 살펴보면 다음과 같다.

(1) 찍찍이나 자석으로 덧붙이기

내용이 같은 배경 그림판에서 전개되면서 첨가되거나 삭제될 경우 내용물을 별도로 그린 후 찍찍이나 자석, 집게 등을 이용하여 그림판에 덧붙이거나 삭제할 수 있다. 예를 들

그림 5-10 그림자 부분에 검은색 찍찍이를 붙인 영아용 탈 것 그림책

그림 5-11 집게로 그림을 부착한 동시자료

그림 5-12 병풍식 그림책과 깡통자석자료를 이용한 동화자료

어 그림 동화 《모자장수 아저씨와 원숭이》에서 모자를 원숭이가 집어 가는 장면을 묘사하려는 경우 모자를 별도로 그린 후 하나씩 떼어 원숭이 손에 옮겨 붙이면 된다. 이때 모자장수의 모자 바구니와 원숭이의 손에는 보슬이를 붙이고, 모자 뒷면에는 까슬이를 붙인다. 자석자료를 사용할 경우에는 모자 바구니와 원숭이의 손 뒷면에 쇠 클립을 붙이고 모자 뒷면에는 둥근 자석을 붙인다. 배경색이 있는 경우 찍찍이의 색을 맞춰주면 시각적 손상을 줄일 수 있다(그림 5-10).

(2) 주머니 이용하기

위치의 이동이나 입·퇴장을 표현하는 방법으로 비닐 주머니나 종이 주머니를 사용할 수 있다. 비닐 주머니의 경우에는 배경 그림이 주머니에 의해 가려지지 않으며 입장이나 퇴장 장면 어느 상황에서나 사용이 가능하다. 그러나 비닐이 반사되므로 집단활동용보다는 주로 영유아들이 개별적으로 조작하는 자료로 활용하는 것이 바람직하다. 종이 주머

두더지를 주머니에 끼워 둔다.　　　　두더지를 주머니에서 꺼내 찍찍이에 붙인다.

"내가 누구게?"　　　　"열대어"

그림 5-13 책 옆면에 서랍식 주머니를 만들어 움직이는 그림자료

니는 배경의 일부가 가려져도 무방하거나 가려지는 것이 효과적인 경우에 사용한다. 예를 들어 땅 속에서 두더지가 고개를 내밀고 있다가 밖으로 나오는 장면을 묘사할 수 있다(그림 5-13). 이때 두더지를 꺼낸 후 화면의 어디에 붙일지에 따라 자석이나 찍찍이, 또는 비닐 주머니 등의 사용을 고려하도록 한다. 옆면을 주머니로 활용하여 부분 보고 전체 맞추기를 하는 영아용 그림책(그림 5-13)도 재미있다.

(3) 칼집에 끼워 움직이기

부분적으로 완만한 곡선상에서 위치를 이동하거나 배경은 그대로 두고 주인공만 바꿀 때 사용한다(그림 5-14). 예를 들어 봄바람이 움직이는 모습을 묘사할 경우 완만한 곡선으로 칼집을 내고 봄바람을 따로 그려 끼운다. 이때 배경 그림판이 너무 얇으면 자료를 조종하기 어려우므로 두꺼운 마닐라지나 하드보드를 사용하도록 한다. 칼집을 내는 방법은 화면

앞 면　　　　뒷 면

그림 5-14 칼집으로 곡선적 움직임을 표현한 그림동화

에 칼집으로 인한 손상을 주는 것이 단점이므로 미적 측면을 고려하여 최대한 손상을 줄이도록 한다.

(4) 할핀 이용하기

그네타기, 팔 흔들기, 넘어졌다 일어서기 등과 같이 어느 부위를 축으로 하여 움직이거나 제자리에서 흔들 듯이 움직이는 표현을 할 때에는 할핀을 사용한다. 하드보드판에 칼집을 내고 손잡이를 붙여 움직이는 방법을 병행할 수도 있는데, 예를 들어 닭이 목을 드는 움직임을 그림 5-15와 같이 묘사하면 동시의 내용과 잘 맞아서 들려줄 때 아주 효과적이다.

앞 면　　　　뒷 면

그림 5-15 할핀과 칼집을 이용한 동시자료

① 배경 그림판의 움직이고자 하는 부분 양 끝에 송곳으로 구멍(㉠, ㉡)을 낸다.
② 구멍 ㉠, ㉡에 낚싯줄을 끼운 후 뒷면 중앙에서 조금 팽팽하게 맞잡아 묶는다.
③ 움직이는 그림(㉢)을 그려 낚싯줄(㉣)에 붙인다.
④ 뒷면의 낚싯줄 매듭 부위에 손잡이(단추, 테이프, 클립 등을 이용)를 단다.
⑤ 손잡이를 움직이면서 앞면의 그림이 잘 움직이는지 시험해 본다.

그림 5-16 낚싯줄을 이용한 그림판의 제작

(5) 낚싯줄 이용하기

배경판 위에서 일직선으로 먼 거리를 이동시키거나 시각적 손상없이 움직임을 표현할 때, 배경판에 칼집을 내기 어려운 경우에는 낚싯줄을 이용한다. 움직임을 주고자 하는 부분의 양끝에 송곳으로 구멍을 뚫은 후 낚싯줄을 끼우고 뒷면에서 팽팽하게 묶는다. 앞면에는 움직이고자 하는 그림을 낚싯줄에 붙인 후 뒷면에서 낚싯줄을 움직인다. 이때 자료를 위에서 아래로 움직이려면 낚싯줄은 반대로 아래에서 위로 당겨야 한다. 낚싯줄을 이용하는 방법은 화면에 손상을 주지 않으나 직선 형태의 움직임 이외에는 나타내기 힘들다(그림 5-16, 5-17).

(6) 입체그림 만들기

책이나 접혀진 그림 카드를 폈을 때 그림이 돌출하도록 제작하면 주의집중을 높이고 흥미를 끌 수 있다. 특히 동물이나 탈 것 등과 같이 등장인물을 배경과 분리하여 나타내므로 입체감을 표현할 수 있다. 간단하게 칼집을 내어 붙이는 방법은 그림 5-18, 5-19와 같다.

그림 5-17 낚싯줄을 이용한 그림의 이동

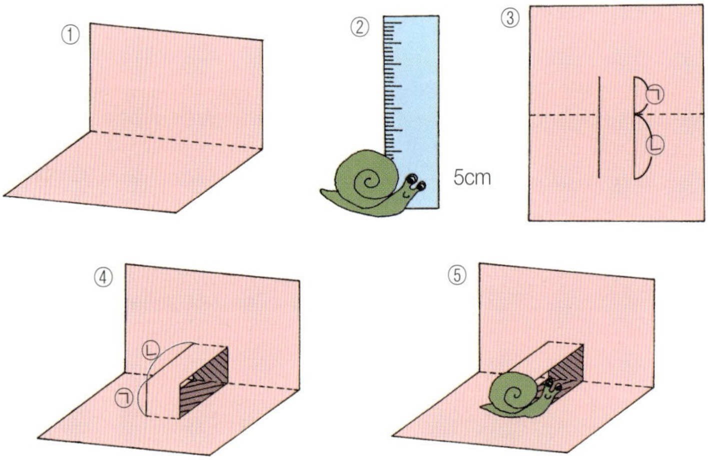

① 그림자료 두 배 이상 크기의 마닐라지를 준비한다. 마닐라지를 반으로 접은 후 편다.

② 그림자료(달팽이)의 높이를 잰다(예 : 5cm).

③ 마닐라지에 칼집을 낸다(예 : ㉠ 3.5cm, ㉡ 7cm)

㉠은 그림자료 높이의 70% 정도 길이, ㉡은 화면 앞으로 돌출되어야 하는 길이이다. 이때 자료가 큰 경우는 ㉡의 길이를 너무 길게 하지 않아야 한다. 너무 길게 하면 그림자료를 접었을 때 달팽이 그림이 책 밖으로 튀어 나온다.

④ 그림과 같이 접는다.

⑤ 그림자료(달팽이)를 돌출된 면에 붙인다.

그림 5-18 입체그림 제작방법

그림 5-19 입체그림을 이용한 자료

(7) 문 여닫는 방법 이용하기

문을 열고 등장하거나 닫고 퇴장하는 동화의 등장인물, 부분만을 보고 전체 알아맞히기, 물체의 속 모양 묘사하기에는 등장인물을 커튼, 바위, 구름 등의 뒤에 그린 후 여닫게 만들면 효과적이다. 예를 들어 문밖에 먹구름이 찾아와 문을 두드리는 장면과 주인인 생쥐가 문을 열고 대답하는 모습을 하나의 장면으로 표현할 수 있다(그림 5-21). 그림 5-20은 영아를 위한 그림의 부분 보고 전체 알아맞히기 자료이다.

영아용 그림책 《누구의 발일까요?》

영아용 그림책 《누가 숨어 있나요?》

그림 5-20 부분 보고 전체 맞추기 그림책(문 여닫는 방법)

그림 5-21 문 여닫는 방법을 이용한 그림자료

(8) 촉감자료 이용하기

그림자료의 평면적인 특성을 보완하기 위하여 촉감이 느껴지는 재료를 덧붙이면 영유아가 만져볼 수 있다. 예를 들어 그림 5-22와 같이 과일과 이름에 관한 그림책에 과일 그림을 붙이고, 글자는 모래종이, 헝겊, 나무, 비닐 등과 같은 촉감재료를 이용하여 구성하면 유아가 글자를 만지면서 느낄 수 있고, 손가락으로 따라 써볼 수 있다.

(9) 세울 수 있도록 만들기

그림자료에 막대, 삼각대, 필름 통, 블록 등을 붙여 자료를 세울 수 있도록 만들면 인형극, 동화, 블록 영역 소품 등으로 활용할 수 있다(그림 5-23). 그림자료를 별도로 오려 사용하게 되므로 단단한 재질의 종이나 두꺼운 마닐라지에 붙여 오린 후 막대나 삼각대를 붙여야 견고하게 사용할 수 있다. 영아용 막대는 끝이 뾰족하거나 길이가 길지 않아야 한다.

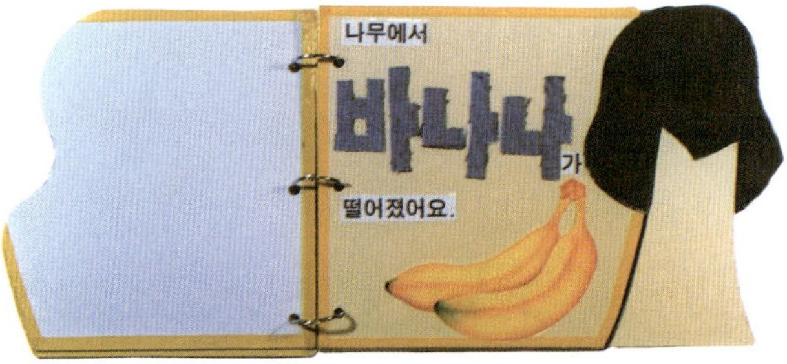

그림 5-22 글자 부분에 촉감자료를 붙인 그림책

그림 5-23 세울 수 있도록 만든 그림자료

(10) 투명 비닐 이용하기

비닐의 투명한 특성을 이용하면 독특하고 재미있는 그림자료를 만들 수 있다. 좌우면의 기본 배경은 동일하게 두고 주인공을 오른쪽 배경에서 왼쪽 배경으로 이동시키거나, 겹쳐지는 효과가 필요하거나, 숨었던 것을 나타나게 할 때 사용하면 효과적이다(그림 5-24).

비닐은 두꺼운 투명 비닐이나 투명 아세테이트지를 사용할 수 있으며 유성매직(반투명), 컬러시트(불투명, 그림 5-25), OHP용 컬러시트(반투명), 아크릴 물감(불투명, 그림 5-26), 양면색지(불투명, 그림 5-27) 등의 재료를 이용하여 채색한다.

그림 5-24 투명 비닐을 이용한 그림책의 제작방법

그림 5-25 불투명 컬러시트지를 이용해서 등장을 표현한 비닐 그림책

그림 5-26 아크릴 물감으로 채색한 비닐 그림책(부분 보고 전체 맞추기)

그림 5-27 우주선을 아세테이트지에 양면으로 붙여서 입 · 퇴장을 표현한 그림동화

(11) 회전판 이용하기

판을 회전시키는 방법으로 그림 내용을 바꾸는 회전판은 제작이 간단하고 유아의 흥미가 높은 자료이다. 회전판을 이용하여 동시, 동화, 소집단 이야기 나누기, 개별 활동용 그림자료 등을 만들 수 있는데, 자료의 선정 및 제작과정에서 다음과 같은 점을 고려하도록 한다.

첫째, 회전판은 밑판에 6~8개의 그림을 작게 그려 넣게 되므로 너무 복잡한 내용은 부적절하다. 둘째, 윗 판을 돌리는 순서대로 자료가 제시되므로 자료가 차례대로 제시되어야 하는 내용에 적합하다. 예를 들어 《쥐의 결혼》과 같은 동화나 나비의 성장과정을 나타내는 《나비가 되기까지》의 그림자료처럼 간단한 등장인물이 차례대로 제시되는 내용의 자료 제작 시 활용할 수 있다. 셋째, 화면 크기가 회전판의 1/6~1/8 정도의 작은 크기이므로 한 장면에 많은 등장인물이나 배경 표현이 중요한 자료에는 부적절하다. 넷째, 제작 시 아래 판의 그림 방향에 유의해야 한다. 아래 판을 회전시키는 자료이므로 회전된 상태에서 똑바로 보이도록 그려야 한다. 다섯째, 두 개의 판을 회전시킬 때 화면 부분과 아래

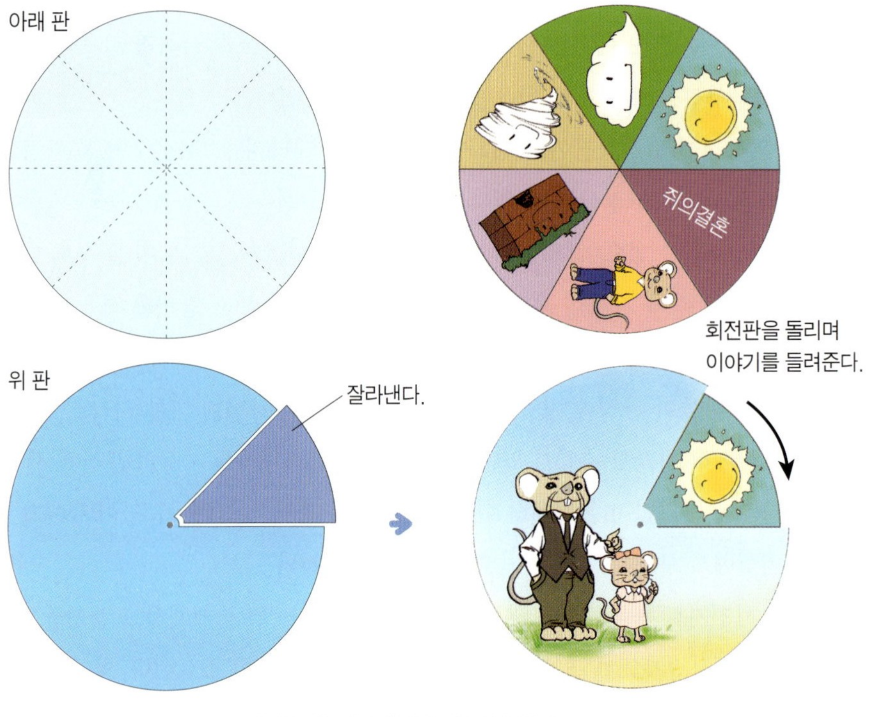

그림 5-28 《쥐의 결혼》 회전판 동화

판 그림이 잘 어울리도록 제작한다. 또한 아래판을 입체화시키면 판을 잘 회전시킬 수 없으므로 입체적인 표현이 필요한 내용에는 적절하지 않다. 여섯째, 위 판은 단지 아래 판의 그림을 가려 주는 역할뿐 아니라 동시나 동화의 제목과 내용, 수수께끼 등을 적어 두거나 전체적인 배경을 묘사할 수 있는 공간으로 활용한다.

3) 사진기를 활용한 제작

(1) 사진자료의 특성

디지털카메라의 보급으로 사진자료를 활용한 교수매체의 제작이 손쉬워졌으며 제작비용에 대한 부담도 적어졌다. 사진자료의 장점은 다음과 같다.

첫째, 사진자료는 평면자료이지만 실제 사물이나 상황을 사실적이고 생동적으로 전달해준다.

둘째, 그림 그리는 솜씨가 서툰 사람도 실제 대상의 모습을 그대로 표현한 자료를 제작할 수 있다. 예를 들어 여러 가지 동물의 실제 모습을 생생하게 찍어 과학 영역에 게시하거나, 여러 가지 직업에 종사하는 사람들의 모습을 자연스러운 배경 상황과 함께 볼 수 있으며, 가족사진을 보며 서로 닮은 곳을 찾아볼 수도 있다.

셋째, 역동적이거나 복잡한 장면, 시간이 흐르면 사라지게 되는 장면, 순간적인 장면 등을 정지된 상태로 고정시킬 수 있다. 예를 들면 운동선수가 공을 던지는 모습을 정지된 그림으로 보여줄 수 있으며, 식물이 성장하는 과정을 단계적으로 보여 줄 수도 있다.

넷째, 크기가 작아 자세히 보기 힘든 장면을 확대하거나 큰 장면을 작게 만들어 제시할 수 있다.

다섯째, 유아들이 관심 있어 하는 물체나 사건의 변화과정에 대한 시리즈나 순간적인 장면을 즉석에서 시각적 자료로 얻을 수 있다. 디지털카메라를 이용하면 산책 시 찍은 사진을 곧바로 텔레비전이나 컴퓨터 화면으로 보거나 출력·인화할 수 있어 유아가 학습한 장면이 기억에서 사라지기 전에 연결된 학습이 가능하다.

그러나 사진자료는 불필요한 부분이 사진에 포함되는 것을 배제하고 촬영하기 어려우며, 큰 크기의 사진자료가 필요한 경우에는 인화비용이 많이 소요된다. 물론 디지털카메라의 경우 컬러프린터에 프린터용 인화용지나 복사지를 이용하여 출력하면 어느 정도

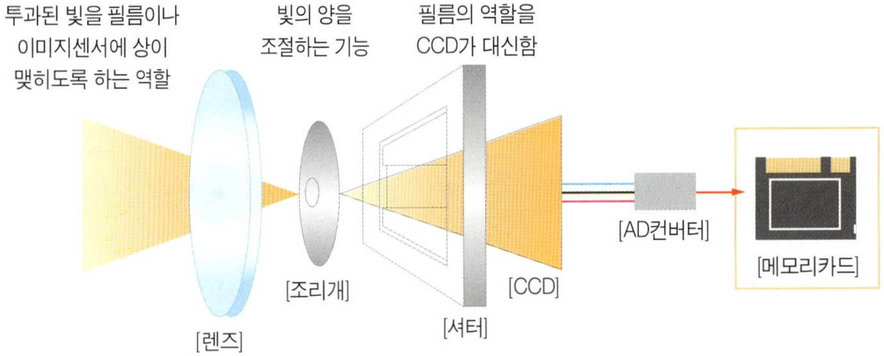

렌즈를 통과한 빛이 조리개와 셔터를 통해 빛의 양과 시간이 조절되어 촬상면에 상이 맺히는 것

그림 5-29 디지털카메라의 구조

큰 자료도 제작할 수 있으나 이 경우 화질이 떨어지는 단점이 있다.

사진기는 일안 반사식 카메라(Single-lens Reflex Camera : SLR), 이안 반사식 카메라(Twin-Lens Reflex : TLR), 레인지파인더 카메라(Rangefinder Camera : RFC), 뷰카메라(View Camera) 등으로 나뉜다. 최근에는 콤팩트형 디지털카메라가 널리 보급되고 있으며 DSLR 카메라도 많이 사용되고 있다. 디지털카메라는 필름 없이 손쉽고 경제적으로 사진자료를 만들 수 있으며 멀티미디어 활용이 확대되어 편집, 출력, 저장이 용이하여 영유아교육기관의 교수매체 제작에 다양하게 사용되고 있다.

(2) 사진자료의 제작과정

① 목표 정하기

먼저 어떤 목적으로 사진자료를 만드는지 명확하게 해야 한다. 어떤 내용을 담으려고 하며, 이를 활용해 어떤 개념을 알게 하고 태도를 변화시키려는 것인가? 대집단 또는 소집단이나 개별활동용 자료로 사용할 것인가? 몇 세 영유아를 대상으로 할 것인가? 사진을 그대로 영유아에게 제시할 것인가 아니면 슬라이드라는 교수매체의 제작을 위한 자료인가? 등을 분명히 하여야 한다. 또한 이러한 목표를 위해 사진자료를 사용하는 것이 적합하며 효과적인가에 대해서도 고려해야 한다. 예를 들어 5세 유아들을 위한 자료로 '지역사회의 여러 기관 중에서 소방서의 역할에 대해 알게 하기 위한 그림 게시판 자료를 제작' 한다는 목표를 정할 수 있다.

② 내용 선정하기

목표와 용도가 정해지면 영유아의 연령이나 제시방법 등을 고려하여 세부내용을 구상한다. 예를 들어 '소방서에서 하는 일'의 경우라면 교사는 사전에 소방서를 답사하거나 관련 도서를 보며 촬영할 구체적 내용을 선정해야 한다. 이때 소주제별로 목록을 나누어 장면을 선정한 뒤 촬영해 두면 필요한 부분을 별도로 제시하기 용이하다.

③ 스토리보드 작성하기

선정한 내용에 따라 사진 시리즈를 위한 구체적인 스토리보드를 작성한다. 스토리보드에는 간단하게 찍을 장면을 스케치하거나 묘사하고 중점적인 사항들을 메모하면 된다(표 5-1).

④ 사진기 준비 및 촬영

사진자료의 내용에 따라 필요한 기능이 포함된 사진기를 준비한다. 전문가 수준의 사진이 필요한 것이 아니라면 일반적인 자동 디지털카메라를 이용해서 필요한 자료를 만들 수 있으나, 다음과 같은 기초적인 촬영지식이 있으면 도움이 된다(이중재, 2007; 이호종, 2007).

- **노출 설정** : 노출은 피사체에 빛이 비추는 것을 의미한다. 피사체가 적정량의 빛을 받아야 좋은 사진이 만들어질 수 있다. 디지털카메라는 필름카메라와 달리 레드, 그린, 블루를 이용하여 센서를 통해 화상을 기록하는데 노출이 제대로 맞지 않으면 화이트홀현상(한 부분이 지나치게 하얗게 구멍 난 것처럼 표현됨)이 자주 일어날 수 있다.
- **빛의 양 조절** : 빛의 양은 조리개와 셔터스피드 설정을 통해 조절한다. 조리개 설정은 렌즈를 통해 들어오는 빛의 양을 조절하는 것으로, 조리개의 수치(F)가 1인 경우

표 5-1 소방서 사진 촬영을 위한 간단한 스토리보드

소방관이 하는 일	소방서에서 사용하는 물건	여러 가지 소방차
• 화재신고를 받는 장면	• 화염복	• 지휘자
• 불을 끄는 장면	• 산소 마스크	• 구급차
• 소방시설을 점검하는 장면	• 들것	• 고가 사다리차
• 위험에 처한 사람을 구하는 장면		• 탱크차

야외 촬영 시의 일반적인 카메라 값

- 화이트밸런스 : 평균 5300k(4800~5900k 사이)
- ISO : 200(매우 맑은 날은 100)
- 조리개 : F4-F5.6
- 셔터 : 평균 400~800 사이 혹은 조리개 우선 모드(A)
- 렌즈 : 28~70/70~200/85mm/50mm

위 사항을 기준으로 날씨, 태양 위치, 피사체의 스킨 톤 등에 따라 조절한다.

자료 : 이호종(2007)

빛의 양이 1이면 2는 1/4, 4는 1/16으로 빛의 양이 줄어든다. 셔터 스피드는 빛이 들어오는 시간을 조절하여 노출을 설정하는 것으로, 예를 들어 1/6초 동안 열렸다 닫히는 것이다. 움직임이 있는 피사체의 순간 장면을 찍으려고 할 때는 셔터 스피드를 빠르게 하지만, 잔상이 남게 하려는 경우에는 느리게 한다. 예를 들어 불꽃놀이 장면을 찍으려고 할 때 DSLR 카메라에서는 B(벌브) 모드를 이용해 촬영자가 원하는 만큼 셔터를 열어두면 멋진 불꽃 장면을 얻을 수 있다.

- **ISO 설정** : ISO(International Standards Organization)는 카메라의 빛에 대한 감도를 수치로 나타내는 것으로 노출을 조절하는 중요한 요소이다. 감도가 높아지면 셔터 스피드가 빨라져 어두운 곳에서 촬영이 가능해지는데 반면 사진에 노이즈가 생기는 문제가 발생할 수 있다.
- **연속촬영** : 움직임이 있는 장면은 연속촬영 기능을 이용한다. 움직임이 많은 영유아의 활동사진이나 연속동작을 편집하여 보여 주려고 할 때, 동물 등과 같이 정지된 동작을 요구할 수 없는 피사체를 촬영할 때 유용하다.
- **구도** : 그림의 모양, 색깔, 위치 등의 짜임새로 구성과는 다른 의미이며, 좋은 구도의 사진은 안정감이 느껴지는 사진이다. 일반적인 구도의 유형으로는 황금분할 구도, 삼등분할 구도, 삼각 구도, 수직 구도, 수평 구도, 원 구도, 대각선 구도 등이 있다. 카메라에 격자스크린을 장착하면 뷰파인더를 통해 확인하고 구도를 설정하는 데 도움이 된다. 영유아와 같이 움직임이 많거나 포즈의 연출이 힘든 피사체는 구도에 너무 집착하기보다는 배경, 상황 등과의 조화가 이루어진 사진의 구성에 아이디어를 발휘하는 것도 바람직하다.

⑤ 편집과 보정

디지털카메라의 메모리에 저장된 이미지는 컴퓨터로 옮겨 저장하고 분류한 후 용도에 알맞게 편집한다. 이때 저장방식에 따라 이미지 품질이 변화될 수 있다.

자료 제작을 위해 촬영한 사진은 미리 작성한 콘티의 순서에 따라 편집한다. 사진자료는 낱장식 자료이므로 편집 후에도 얼마든지 재조직하여 사용할 수 있으나, 한 장의 종이에 여러 장면을 인화할 때는 장면의 순서를 염두에 두고 편집한다.

디지털카메라의 커다란 장점은 사진을 원하는 대로 트리밍할 수 있다는 것이므로 촬영된 사진의 구도나 크기가 맞지 않을 때는 원하는 부분만을 잘라서 사용한다.

신문기사의 사진자료 활용하여 글쓰기(언어 활동)

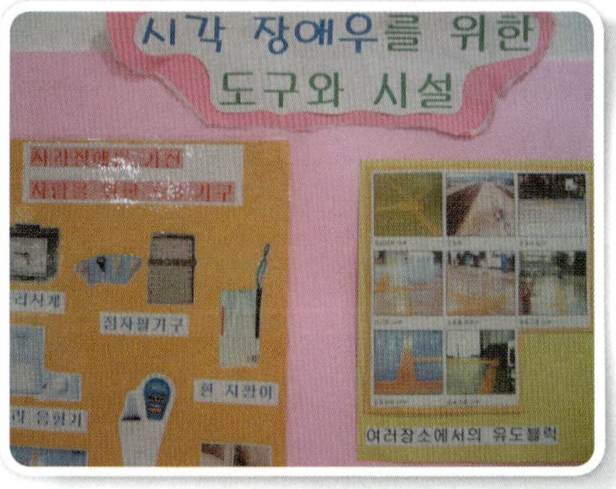

장애 관련 사진자료를 이용한 게시자료

명화사진을 활용한 퍼즐

그림 5-30 사진이나 화보를 활용한 자료

사진의 밝기, 색감, 잡티 등도 보정할 수 있으며, 컬러로 찍은 사진을 흑백으로 만들어 사용할 수도 있는 등 멀티미디어와 연결하여 다양한 사진 보정 프로그램을 활용할 수 있다.

(3) 사진자료를 활용한 교수매체

사진자료는 사실적인 시각 정보를 전달하기 때문에 이야기 나누기, 게시판, 조형활동, 과학 활동 등에서 유용하게 활용된다(그림 5-30, 5-31). 사진의 내용에 따른 활용방법과 활용 시 유의사항은 표 5-2와 같다.

가족사진을 이용한 우리 가족책 만들기(언어활동)

사진을 이용하여 '어린 시절' 게시자료 만들기

유아 증명사진을 활용한 내 몸 꾸미기(조형활동)

동극용 역할의상 디자인과 완성된 사진의 게시

그림 5-31 유아와 가족의 사진을 이용한 활동

표 5-2 사진의 활용방법과 활용 시 유의사항

사진의 내용	활용방법	활용 시 유의 사항
동물, 식물의 사진	• 주제와 관련하여 관심을 가진 동물이나 식물의 사진자료를 벽면에 게시 • 영유아들이 키우고 있는 동물이나 식물의 사진을 사육장 옆이나 과학 영역에 게시 • 해당 계절에 볼 수 있는 풍경이나 꽃, 나무의 사진 자료를 복도나 벽면에 게시	• 어린 영유아에게는 사실적인 사진자 료가 공포감을 주게 되는 경우도 있다. 이러한 경우는 사진 자료보다 세밀하게 표현한 그림자료를 활용한다.
직업, 생활에 관련된 사진	• 극화 놀이 영역에 직업 소품과 함께 게시 • 이야기 나누기 자료로 활용하지 않도록 사진의 이미지나 분위기를 고려하여 선정한다.	• 직업의 특성과 가치에 초점을 두어야 하며, 좋은 직업과 나쁜 직업으로 이해한다.
영유아 자신이나 가족, 친구의 사진	• 이름표 만들기(언어) • 사진을 붙이고 몸 꾸미기 자료(조형) • 가족 앨범 만들기 등	• 가족 사진을 받은 경우 비닐을 씌워 깨끗하게 사용하고 돌려보낸다.
신문의 화보 이야기 나누기	• 운동선수의 사진을 활용한 운동에 대한 이야기 나누기 • 유아가 이해할 수 있는 내용의 기사 (예 : 환경오염, 장애, 훌륭한 인물 등)를 이용한 토의 활동	• 유아가 이해하기 어려운 사회적 현상이나 갈등이 포함된 사진은 신중하게 사용한다(전쟁, 죽음, 질병, 천재지변, 범죄 등).
유아가 산책이나 견학 시 직접 찍은 사진	• 우리 동네에 있는 것들을 찍고 이야기 나누기 지도로 재구성하기 • 아름다운 풍경을 찍어 전시하기(사진작가 놀이)	• 유아들은 오랫동안 기억하고 지속적으로 관심을 갖는 것이 쉽지 않으므로 촬영 후 바로 활동으로 연결될 수 있도록 한다.

4) 그림자료를 활용한 교수매체의 예

(1) 텔레비전 동화(그림극)

텔레비전 동화는 연속적인 그림자료의 제시를 위해 장면 순서대로 붙인 그림을 텔레비전 모양틀에 끼워 제시하는 자료로, 영유아들의 흥미가 높은 그림극자료이다.

① 텔레비전 동화의 특성

텔레비전 동화는 연속화면의 제시가 가능하고 영유아의 흥미가 높은 자료이지만 편집이나 입체화가 힘든 단점도 있다. 따라서 다음과 같은 자료의 특성을 잘 알고 활용해야 한다.

첫째, 화면이 움직이기 때문에 유아의 흥미를 높일 수 있다. 텔레비전 동화자료는 정적인 그림이지만 한쪽 방향으로 화면이 이동하기 때문에 정지된 상태에서 제시되는 그림동화나 그림책에 비해 유아의 관심을 더욱 많이 불러일으키게 된다.

둘째, 화면의 연속적인 제시로 동적인 효과가 가능하다. 예를 들어 비행기가 하늘에 떠있는 그림을 그리고 화면을 이동시키면 마치 비행기가 날아가는 것과 같은 효과를 낼 수 있다.

셋째, 화면에서 화면으로의 이동이 부드럽고, 그림을 넘기는 것과 같은 동작이 없으므로 내용의 흐름을 단절시키지 않고 들려줄 수 있다.

넷째, 다른 그림자료와 마찬가지로 그림으로 마음껏 표현할 수 있어 다양하고 복잡한 배경 묘사가 가능하고, 등장인물의 수에 제한을 받지 않는다.

그러나 다음과 같은 제한점을 잘 알고 적절히 활용해야 한다.

첫째, 그림자료를 막대에 감아가며 들려주는 자료이므로 화면에 입체자료를 덧붙이거나 부분적인 움직임을 묘사할 수 없다. 따라서 효과적인 채색이나 화면구성으로 의도하는 메시지를 전달해야 한다.

둘째, 전체 장면을 연결해서 제시하는 자료이므로 편집이 곤란하다. 낱장식 그림자료의 경우에는 필요한 장면만을 골라 내용을 각색해서 들려 줄 수 있지만 텔레비전 동화는 처음 제작한 상태대로 제시해야 한다.

셋째, 화면 방향이나 크기에 변화를 줄 수 없다. 낱장식 그림자료는 가로 방향과 세로 방향 길이의 특성을 고려해서 장면을 구성할 수 있다. 예를 들어 로켓이 하늘로 높이 올라가는 장면을 강조하기 위해 그 장면에서만 그림자료를 세로방향으로 길게 제작할 수 있다. 그러나 텔레비전 동화는 화면틀의 크기에 맞추어 제작해야 한다.

② 텔레비전 동화용 자료의 제작

- TV 동화틀의 크기를 측정한 후 동화 그림용 도화지(목탄지)를 자른다. 대집단용일 경우에는 약 4절지 크기의 화지를 옆으로 연결하여 사용하거나 전지를 길게 잘라 연결하면 편리하다. 동화자료는 TV 동화틀의 화면 크기보다 5~6cm 크고 내부면의 크기보다는 4~5cm 작아야 한다. 화지가 너무 크면 동화틀 안에서 잘 돌지 않아 불편하고, 너무 작으면 앞에서 보았을 때 화면과 화지 사이로 교사의 옷이 보이거나 화

면에 화지가 스치면서 찢어지게 된다. 장면 수는 내용에 따라 다르므로 필요한 만큼 길게 연결한다.

- 틀에 고정시키고 손상 시 잘라낼 것을 고려하여 양끝에 여유분(약 50cm)을 남긴 후 연필로 화면의 외곽선을 표시한다. 동화틀의 크기보다 사방 1~2cm 정도 크게 그린다. 이때 각 장면 간에 간격을 둘 필요는 없다(그림 5-32).
- 왼쪽부터 제목을 쓰고 순서대로 그림을 그린다. 만약 오른쪽부터 그리면 제시 시 왼손으로 감아야 하므로 힘이 들 수 있다. TV 동화용 그림을 그리는 방법은 일반적인 그림자료를 제작하는 원리와 같다. 그러나 TV 동화는 각 장이 이어지므로, 내용 흐름을 고려하여 연결되는 느낌으로 그릴 수 있다. 예를 들어 도로에서 공을 가지고 놀이하는 장면 다음에 자동차가 나타나는 장면을 그리려는 경우 각기 다른 장에 그리지 않고 화면을 돌리면 자동차가 나타나는 모습이 되도록 구성한다. 또한 그림극의 그림에는 각 장의 분리선을 강하게 긋지 않는 것이 좋다. 그림극은 화면이 움직이는 자료인데, 강한 화면 분리선을 긋게 되면 오히려 유아의 시각을 방해하고 단절된 느낌을 주게 된다. 그러나 그림 뒷면에는 각 화면의 분리선을 표시하여 교사가 화면의 중심을 바르게 맞출 수 있도록 한다.
- 화지를 이어붙일 때는 반듯하게 붙여야 말았을 때 비틀어지지 않는다. 풀로 붙인 그림자료는 여러 번 사용하게 되면 접착면이 떨어질 수 있으므로 뒷면에 테이프를 붙여 준다.
- 얇은 종이에 각 장면의 내용을 적어 뒷면에 잘 붙인다(그림 5-33). 붙인 것이 들뜨게 되면 감을 때 구겨질 수 있고 도화지 뒷면에 직접 적으면 글씨가 화면 앞으로 배어

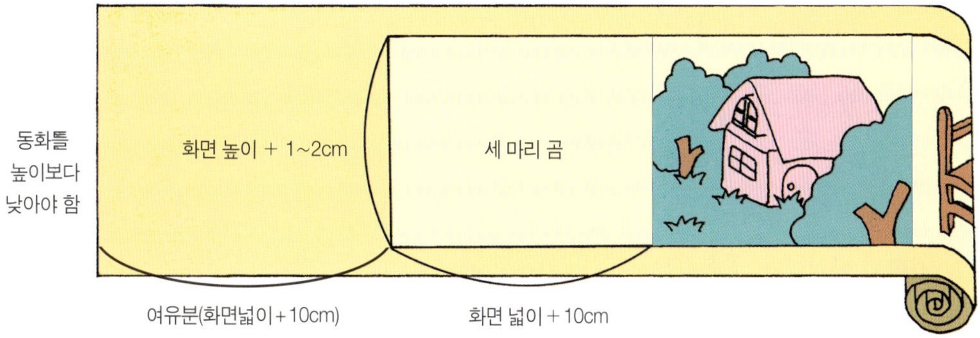

그림 5-32 그림극자료의 크기

앞 면

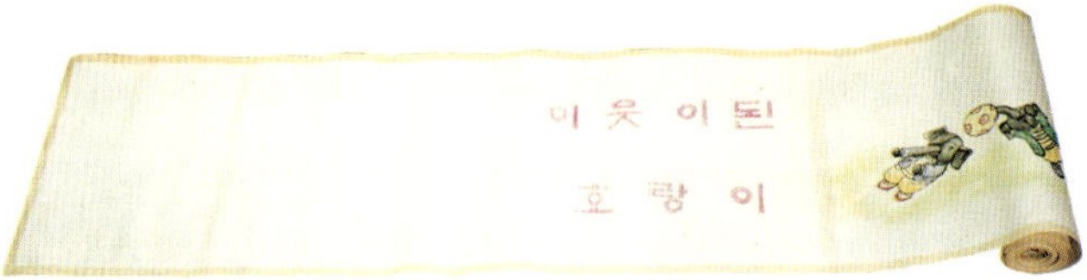

펼친 모습

뒷 면

그림 5-33 그림극 동화자료를 펼친 모습과 자료의 앞 · 뒤

나올 우려가 있으므로 유의한다.

- 화면의 양쪽 가장자리는 파이프에 자주 붙였다 떼게 되므로 화지가 손상되지 않도록 투명 테이프를 넓게 붙여 둔다.
- 동화틀의 막대에 동화자료를 붙인다. 이때 막대 하단에서 3cm 정도 되는 위치에 붙여 유아들이 보았을 때 화면이 바르게 보이도록 한다. 양쪽을 다 붙인 후 여유분을 말아서 시작화면이 바르게 TV 동화틀 화면에 나타나도록 한다.
- 동화틀을 제작해야 하는 경우 그림 5-35를 참조한다. 비슷한 크기의 견고한 상자를 그대로 이용해도 좋다.

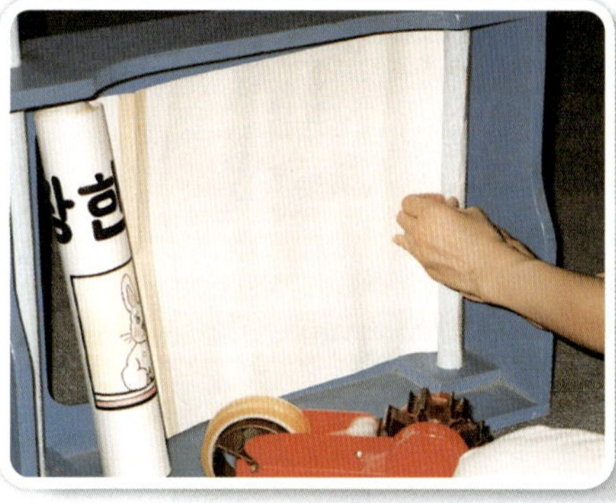

① 한쪽 끝을 막대에 붙인다.

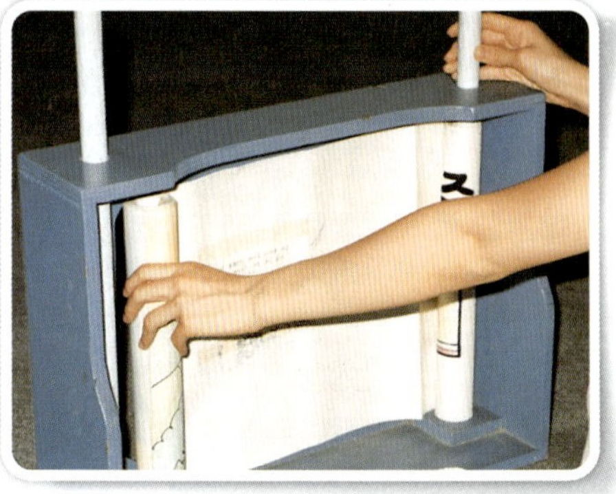

② 막대를 돌려 동화자료를 감는다.

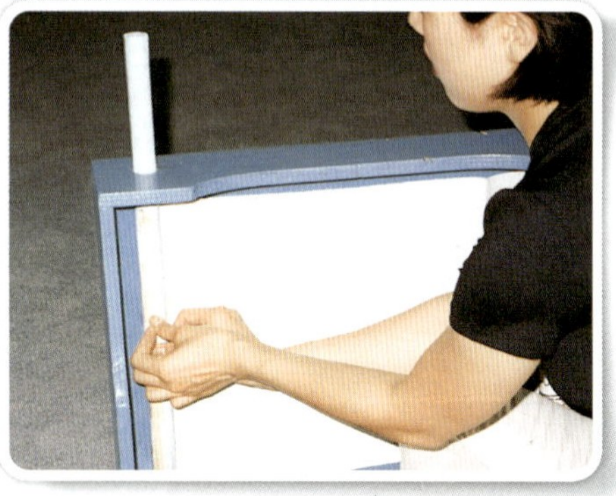

③ 끝장을 붙인 후 화면에 제목이 보이도록 맞춘다.

④ 장면이 끝나면 다음 장면으로 돌린다.

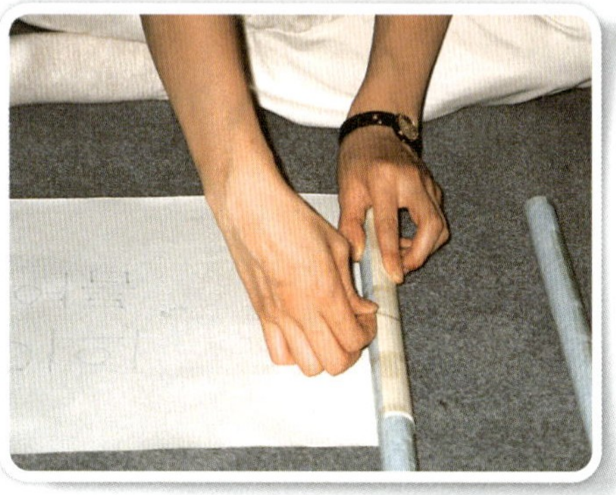

⑤ 동화를 막대에서 떼어 낸다.

⑥ 말아서 보관한다.

그림 5-34 그림극자료를 붙이고 보관하는 방법

TV 동화틀 제작방법

① 나무판을 그림과 같은 크기로 잘라 못으로 박는다. 두꺼운 하드보드지나 골판지 상자를 사용할 경우에는 칼로 잘라 기본 틀을 만든 후 한지에 밀가루 풀을 발라 2~3겹 입히거나 시트지를 붙인다.

② 양쪽 구석에 파이프가 안정되게 놓일 수 있도록 구멍 뚫은 조각을 덧붙인다. 이때 위에 뚫린 구멍과 수직이 되는 위치에 붙여야 한다.

③ 단순하고 은은한 색으로 칠하고 텔레비전 모양으로 꾸민다.

④ 동화자료를 붙일 막대(PVC 또는 나무막대)를 준비한다. 막대는 그림극 틀에 끼워 돌리기 쉽도록 지름이 구멍보다 3~5mm 작고, 길이는 그림극 틀 높이보다 10~15cm 정도 긴 것이 좋다.

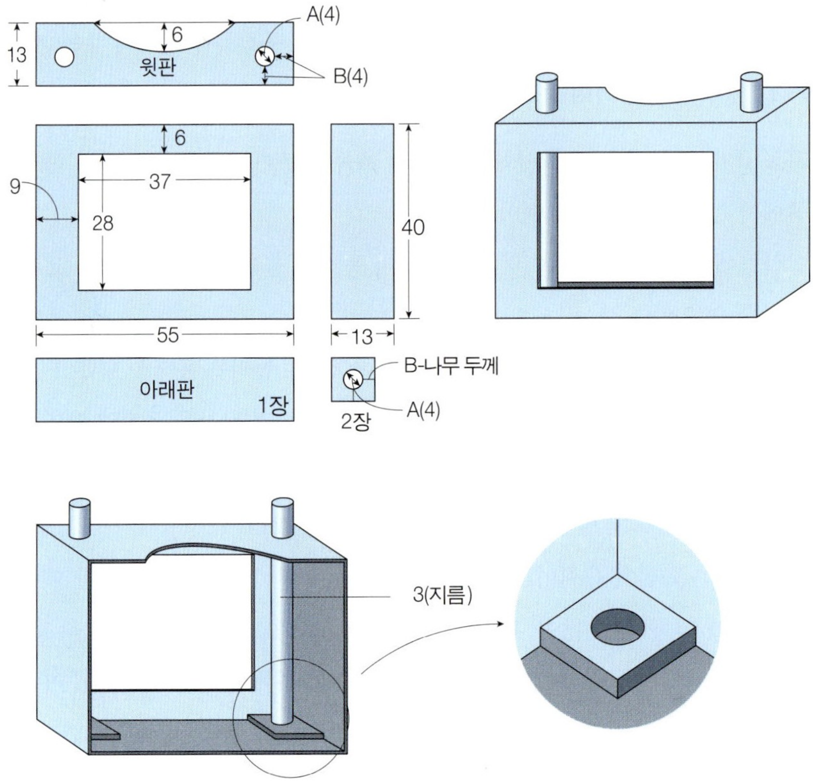

그림 5-35 TV 동화틀 제작방법(단위 : cm)

그림 5-36 유아가 만든 TV 동화를 들려주는 장면

그림 5-37 개인용 TV 동화

③ 활용방법

TV 동화는 대집단용, 소집단 또는 개별활동용 자료로 모두 활용할 수 있다. 개별활동용 자료인 경우에는 영유아가 다루기 쉽도록 작은 크기의 동화틀을 준비해 주는 것이 좋다. 교사는 TV 동화를 활용하여 동화를 들려줄 때 다음과 같은 점을 고려하도록 한다.

- 자료 준비가 끝났을 때 교사쪽에서 보면 제목 부분이 오른쪽에 있어야 하고 영유아 쪽에서 볼 때는 왼쪽에 있어야 한다.
- 교사는 오른손으로 오른쪽 막대를 돌리며 동화를 들려준다. 왼손 사용 교사는 다소 불편할 수도 있다.
- 그림자료가 화면의 중심에 바르게 놓이도록 한 후 돌리는 동작을 멈추고 동화를 들려준다. 이때 등장인물이 이동하거나, 물이 흐르는 것과 같은 동적인 장면을 보여주고자 할 때는 TV 자료를 돌리면서 들려줄 수도 있다(유의사항 : 뒤로 걷는 것 같이 보이지 않도록 그림 방향과 회전방향을 고려해서 그리기).
- 영유아들은 화면이 움직이는 것에 많은 흥미를 느껴 TV 동화를 처음 볼 때에는 동화틀 자체에 더 관심을 많이 갖는다. 그러므로 교사는 영유아들에게 처음 보여 줄 때 동화틀의 생김새를 함께 살펴보고, 동화를 다 본 후에 돌려볼 기회를 주어 영유아들이 동화제시 중에 호기심을 참지 못하고 방해되는 행동을 하지 않도록 배려한다.
- TV 동화는 그림자료에 비해 뒷면의 내용을 읽기가 다소 불편하므로 교사는 내용을 충분히 익혀 영유아의 반응을 살피며 동화를 제시하는 여유를 가지도록 해야 한다.

- 화지가 화면보다 약간 안으로 들어가 있으므로 대집단 영유아에게 제시할 때는 양 끝에 앉은 영유아에게 잘 보이지 않을 수 있으므로 자리 배치에 유의한다.

(2) 입체그림책

그림을 부분적으로 움직이며 조작할 수 있는 입체그림책은 영유아들의 책에 대한 관심을 높여줄 수 있다. 영아의 경우 여러 가지 촉감을 만져보거나 직접 조작해 볼 수 있는 형태의 입체그림책을 준비하면 책에 대한 흥미를 높이면서 감각 자료로 활용할 수 있다. 유아의 경우 교사가 준비하는 입체그림책 이외에도 영유아들이 직접 입체그림책 만들기를 해볼 수 있다.

《배고픈 애벌레》 : 애벌레에 줄을 달아 마지막장까지 구멍으로 이동

주인공을 끈으로 매어 각 장으로 이동시켜서 조작

그림 5-38 영아용 입체그림책

그림 5-39 미술작품을 이용하여 유아와 교사가 함께 만든 그림책(좌 : 마블링, 우 : 손바닥 찍기)

그림 5-40 유아가 만든 여러가지 형태의 입체그림책

활용하기 5-1

입체그림책 제작의 예《엄마는 어디 계실까?》

여러 가지 재질의 헝겊으로 동물의 표피 느낌을 표현하였고, 주인공인 토끼인형을 각 장으로 옮길 수 있도록 구성하였다. 영유아들은 나무, 숲 등에 가려진 동물의 부분을 보고, 만져보며 어떤 동물인지 예측할 수 있다.

그림 5-41 엄마는 어디 계실까?

① 마닐라지로 토끼의 밑그림을 그려 오린 후 하얀 색 털 헝겊을 붙여 토끼 인형을 만든다.

② 뒷면에 찍찍이를 붙인다.

③-1 울타리 모양을 따로 만들어 토끼를 끼울 수 있는 주머니 모양이 되도록 붙인다.

③-2 나무 모양을 펼치면 오리가 나타나도록 만든다. 오리의 발에는 주름무늬가 있는 비닐을 오려붙인다.

④-1 나뭇잎 모양을 따로 만들어 붙여 토끼를 끼울 수 있도록 한다.

④-2 풀숲틈(○모양)으로 악어가 보이도록 하고, 악어 그림에는 악어무늬 비닐을 오려 붙인다.

⑤-1 배모양 주머니에 토끼를 끼울 수 있도록 만든다.

⑤-2 물고기를 잡아 당기면 글자 카드가 물결 위로 솟아 오르도록 만든다.

⑥-1 나무 위에 찍찍이를 붙인다.

⑥-2 숲 뒤로 깃털로 만든 새꼬리가 보이도록 한다.

⑦-1 바위틈에 토끼를 끼울 수 있도록 바위 그림을 아래 부분만 붙인다.

⑦-2 사자의 갈기에 갈색 털을 붙인다.

⑧-1 들판에 찍찍이를 붙인다.

⑧-2 문 뒤로 보이는 엄마 토끼의 귀에 아기 토끼와 똑같은 재질과 색의 털헝겁을 붙인다. 문은 찍찍이를 이용해 여닫을 수 있게 만든다.

그림 5-42 입체그림책의 제작방법

Chapter 06

융판과 융판자료

일명 펠트 보드(felt board), 플란넬 보드(flannel board)라고 불리는 융판은 폼보드나 하드보드지에 라이넥스와 같이 약간의 보풀이 있는 헝겊을 씌워서 만든 판이다. 그리고 이러한 판에 부직포나 펠트 천, 종이로 제작한 그림 뒤에 까슬이를 붙인 평면 그림을 융판자료라고 한다. 시각자료인 융판자료는 제작이 용이하고 조작이 간단하며, 교사와 영유아가 모두 쉽게 활용할 수 있어 영유아교육기관에서는 자주 사용되는 교수매체 중 하나이다.

1. 융판과 융판자료의 특성

교사는 융판 및 융판자료를 이용하고자 할 때 이들이 갖고 있는 특성 및 제한점을 잘 파악하여야 보다 효율적으로 활용할 수 있다.

1) 특 성

융판자료는 자료 사용의 융통성이 있는 것이 특성인데, 이에 대해 살펴보면 다음과 같다.

첫째, 자료제시의 순서나 속도에 융통성이 있다. 영화나 비디오 테이프 등은 이야기나 등장인물의 순서가 정해져 있는 반면 융판자료는 교사가 영유아들의 반응에 따라서 자료의 순서를 바꾸어 제시하거나 생략하며 제시할 수 있어 제시순서와 속도를 조절할 수 있다. 예를 들어 여름을 시원하게 보내는 방법에 대해 이야기를 나눌 때 유아의 반응에 따라서 자료를 붙여 가며 진행할 수 있다. 또한 대상 영유아의 연령에 따라서 이야기 내용의 자료를 간단하게 또는 복잡하게 제시할 수 있으며, 같은 자료를 가지고 유아가 새롭게 이야기를 꾸미는 자료로 활용할 수 있다.

둘째, 위치 이동이나 인물의 등장·퇴장 등을 표현할 수 있으므로 이야기의 동적 표현이 가능하다. 너무 많은 인물이나 자료의 등장·퇴장은 유아들을 혼란스럽게 할 수 있으나, 유아들은 교사가 제시하는 시각자료의 움직임이 있을 때 더 잘 집중할 수 있다. 따라서 교사는 이야기 나누기나 새노래 지도 시, 동화를 들려 주는 경우에 등장하게 되는 인물이나 동물 등의 자료를 붙이고 떼는 과정에서 영유아들이 내용을 더 잘 이해하도록 자료를 제시할 수 있다.

셋째, 개인, 소집단, 대집단에 따라서 자료의 크기를 조절할 수 있는 장점이 있다. 예를 들어 2~3명의 유아가 자유선택활동을 하는 경우 수학활동 영역에서는 다니는 길에 따라 탈 것 분류하기, 옛날 물건과 요즈음의 물건 짝짓기 하기 등이 가능하다. 또 언어활동 영역에서는 이야기 꾸미기 등의 소집단 활동뿐 아니라 이야기 나누기, 동화 들려주기 등의 대집단활동에도 활용이 가능하다.

넷째, 제작 및 활용방법이 간단하여 사용하기 편하다. 융판이나 융판자료를 활용할 때는 특별한 조작기술을 요하지 않으므로 교사와 영유아가 모두 손쉽게 이용할 수 있다.

다섯째, 비용과 제작 시간이 적게 든다. 특히 융판자료는 사진이나 잡지, 도안집이나 컴퓨터 등에서 원하는 인물이나 동물 등의 그림자료를 그대로 이용하거나 복사해서 만들 수 있으므로 슬라이드나 투시화의 제작에 비해 비용이나 시간이 적게 든다.

2) 제한점

융판자료는 위와 같은 특성 외에 움직임을 나타내는 자료의 제시에는 다소 제한된 점이 있다. 융판자료가 갖고 있는 제한점을 살펴보면 다음과 같다.

첫째, 평면자료이기 때문에 동적인 장면과 관련된 학습이나 입체개념 학습에는 부적절하다. 거북이가 엉금엉금 기어가는 장면, 코끼리가 쿵쾅쿵쾅 뛰어가는 장면, 비행기의 이 · 착륙모습을 융판자료로 보여 주기 힘들며, 동물이나 탈 것들의 크기나 느낌, 움직임과 관련된 개념 학습자료로는 제한적이다. 따라서 이러한 경우에는 융판자료 이외에 견학, 책, 비디오 등의 다른 교수매체와 함께 유아들에게 제공하는 것이 바람직하다.

둘째, 배경 묘사가 제한적이다. 융판자료는 융판에 직접 붙여서 제시해야 하므로 배경을 부분적으로 묘사할 수밖에 없다. 따라서 배경이 여러 가지 색으로 변화해야 하는《세 가지 빛깔의 요정나라》, 작은 물방울이 땅속, 냇물, 바다, 하늘 등을 여행하는《물방울 반짝이》 등과 같은 동화들은 융판자료로 제시하는 것이 비효과적이다.

셋째, 등장인물의 수가 많거나 복잡하게 구성된 이야기를 융판자료로 제시하는 것은 부적절하다. 예를 들어《101마리의 강아지》,《알리바바와 40인의 도적》처럼 등장인물의 수가 많은 동화나,《백설공주》와《효녀 심청》처럼 이야기 내용의 전개가 복잡한 동화는 융판자료로 제시하기에 적절하지 않다.

2. 융판과 융판자료의 활용

자유선택활동 시간, 집단활동 시간 등에 크고 작은 융판과 융판자료를 활용할 수 있는데, 이를 구체적으로 살펴보면 다음과 같다.

1) 자유선택활동 시간

융판과 융판자료는 대개 언어 영역, 수 · 과학 영역, 음률 영역 등에서 활용이 가능하며 그 예는 다음과 같다.

(1) 언어 영역

언어 영역의 듣기, 말하기 코너에 개인 또는 2~3명의 영유아들이 이야기를 꾸며 볼 수 있도록 융판과 이야기 꾸미기 자료(그림 6-1), 주제 관련 교구(그림 6-2) 등을 제공할 수 있다.

그림 6-1 언어 영역의 교구장 뒷면을 이용한 평면 융판과 이야기 꾸미기 자료

그림 6-2 얼굴 부분 완성하고 명칭 말하기(영아)

이야기 꾸미기 자료는 영유아들의 이야기 구성능력 정도에 따라서 자료의 수를 고려하여 제시하는 것이 바람직하다. 이야기 꾸미기 자료를 제공할 때는 융판의 크기와 색을 고려하도록 한다. 융판의 크기에 비해 자료가 너무 많거나, 이와는 반대로 융판의 크기에 비하여 자료가 적을 경우에는 유아들이 자료 사용을 효율적으로 할 수 없다. 교사가 대집단활동 시간에 유아들에게 들려 준 융판동화의 자료나 유아가 즐겨 읽는 동화의 인물과 배경을 융판자료로 제공하면 그림 6-3과 같이 유아가 자료를 이용하여 이야기를 회상하거나 재구성해 볼 수 있다. 융판자료들은 각각 내용별로 상자나 접시에 담아서 제공하여 사용하는 유아들이 이용한 후에 정리한 후에 용이하도록 한다(그림 6-4). 언어 영역에는

그림 6-3 교사에게 들은 동화의 내용 재구성하기

그림 6-4 개인용 융판과 이야기 꾸미기 자료

그림 6-5 언어활동 영역 개인용 융판과 자·모음의 부직포 글자카드

이야기 꾸미기 자료 이외에도 유아들의 읽기나 쓰기능력 향상을 위하여 주제와 관련된 그림과 글씨 카드와 함께 자·모음의 부직포 글자들을 제공하여 유아들이 글자를 구성하는 가운데 글자에 대해 호기심이 생기도록 지도할 수 있다(그림 6-5). 자유선택활동 시간에 언어 영역에서 이야기 꾸미기에 사용할 수 있는 융판과 융판자료의 구체적인 예는 표 6-1과 같다.

표 6-1 주제별 이야기 꾸미기 자료의 예

주 제	이야기 꾸미기 자료
가 족	• 사람 : 할머니, 할아버지, 엄마, 아빠, 오빠, 언니, 아기 등의 가족 구성원 • 기타 : 집, 유치원, 나무, 길 등
동 물	• 동물 : 강아지, 고양이, 닭, 병아리 등의 집짐승과 코끼리, 사자, 곰, 호랑이 등의 야생동물 • 사람 : 동물원에서 일하는 사람들, 가족 구성원 • 기타 : 동물우리, 매표소, 의자, 나무, 버스, 승용차, 바위동굴, 동물먹이 등
교통기관	• 여러 가지 탈 것들 : 자동차, 버스, 비행기, 배, 자전거 등 • 사람 : 교통순경, 어른, 어린이들 • 기타 : 신호등, 횡단보도, 지하도, 육교, 길, 나무, 구름, 바다, 관제탑, 등대 등
세계 여러 나라	• 한국, 일본, 미국, 스위스 등의 여러 나라의 옷을 입은 사람들 • 기타 : 세계 여러 나라의 옷과 모자, 각 나라 음식과 집, 비행기, 배 등
기 타	• 교사가 들려 준 융판동화의 등장인물과 배경들 • 영유아가 즐겨 읽는 동화의 등장인물과 배경들

(2) 수 · 과학 영역

융판자료들은 융판에서 떼었다 붙였다 하는 특성과 함께 다양한 형태로 모양을 만들 수 있는 특성이 있으므로 유아들의 패턴 활동, 수세기, 1 : 1 대응하기, 분류하기 및 공간능력을 증진시킬 수 있도록 조작이 가능한 자료들을 제공함으로써 유아들의 수학적 개념을 증진시킬 수 있다(그림 6-6~6-8).

과학 영역에서는 여러 가지 유아들의 관심 주제와 관련하여 과학적인 개념이나 아이디어를 확장시킬 수 있는 내용을 융판자료로 제공할 수 있다.

그림 6-6 하늘, 땅, 바다에서 사는 동물 분류하기 : 피자판 이용

그림 6-7 패턴 구성하기

그림 6-8 도형으로 모양 구성하기

그림 6-9 과일과 과일 속 짝짓기 융판자료

예를 들어 여러 가지 과일의 겉과 속을 관찰하고 맛을 본 후에 그림 6-9와 같은 자료를 활용하여 과일의 겉 모양과 속 모양 짝짓기를 할 수 있다. 또한 주제가 '곤충'일 때에는 여러 가지 곤충의 융판자료와 곤충 이름 카드를 제공하면 유아들이 과학책이나 실제 기르고 있는 곤충들을 참고로 하여 곤충과 이름 카드를 융판에 짝지어 놓을 수 있다.

그림 6-10 〈커다란 코끼리와 작은 생쥐〉 리듬 패턴 연주하기

(3) 음률 영역

유아들의 박자 개념이나 리듬·패턴 알기, 강·약/소리의 크기 알기와 관련된 활동자료를 음률활동 영역에 제공하여 유아들의 음악적 감각능력을 발달시킬 수 있다. 예를 들어 〈커다란 코끼리와 작은 생쥐〉의 융판자료를 융판에 다양한 방법으로 배열해 본 후 배열한 패턴대로 악기를 갖고 연주할 수 있다(그림 6-10).

2) 집단활동 시간

집단활동 시간에는 이야기 나누기, 동화/동시 들려 주기, 노래 배우기, 게임 등의 활동을 할 때 융판자료를 활용할 수 있다. 이를 구체적으로 살펴보면 다음과 같다.

(1) 이야기 나누기

손을 씻는 방법, 소풍이나 견학을 갈 때의 주의사항, 화장실 사용방법 등과 같이 일련의 순서가 있거나, 여러 가지 장면을 한꺼번에 제시하면서 영유아들과 이야기 나누기를 해야 하는 경우에 융판자료를 이용하면 유아들이 이야기의 내용을 보다 쉽게 이해할 수 있고 유아의 반응에 따라 자료를 융통성 있게 붙일 수 있으며, 순서가 있는 경우 유아들에게 순서를 생각하여 재배열해 보도록 할 수 있다. 뿐만 아니라 이야기 나누기 시 융판자료를 활용하면 교사가 자료를 손에 들고 있지 않아도 되므로 유아들과의 상호작용이 용이한 장점이 있다.

그림 6-11 대집단용 융판과 자료를 이용한 이야기 나누기

(2) 동 화

동화의 내용을 융판자료로 만드는 경우에는 간단한 배경, 등장인물과 사물 등을 부직포(또는 펠트 천)를 이용하거나 그림자료 뒷면에 까슬이를 붙이면 된다. 융판자료로 이용할 수 있는 동화는 배경이 고정되어 있고 등장인물들이 점점 첨가되거나(예 : 《커다란 무》) 인물들이 등장, 퇴장하는 내용의 동화(예 : 《개 집을 팝니다》, 《쥐의 결혼》), 배경은 고정되

그림 6-12 《무지개 물고기》 배경(좌)과 등장인물(우)

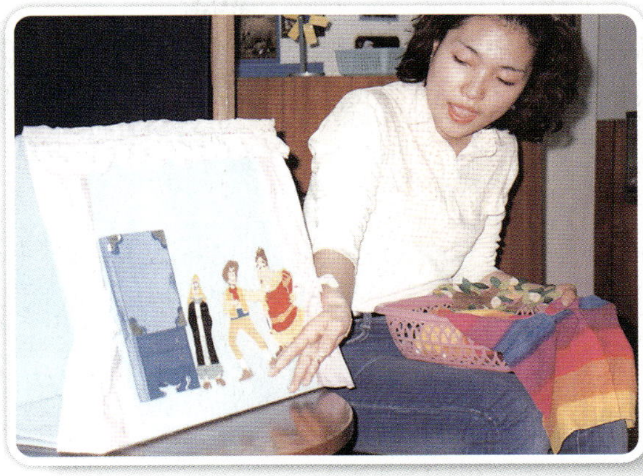

앞배경(임금님의 방)

뒷배경(거리)

그림 6-13 동화 《벌거숭이 임금님》

어 있고 등장인물이 바뀌는 동화(예 : 《개구리의 예쁜 옷》, 《토끼의 재판》) 등이 적절하다. 그림 6-12는 동화 《무지개물고기》로 배경은 고정되어 있고 등장인물이 바뀌는 예이며, 그림 6-14는 등장인물이 첨가되는 융판동화의 예이다.

융판의 배경을 변화시킬 때는 배경을 나타내는 자료를 바꾸어서 붙이거나, 삼각융판의 앞면과 뒷면에 미리 다른 배경을 꾸민 후 융판을 돌려서 유아들에게 이야기를 들려 줄 수 있다. 예를 들어 그림 6-13의 동화 《벌거숭이 임금님》과 같이 궁중 안과 밖의 배경을 삼각융판 앞뒤에 미리 붙여 놓는다면 신속하게 배경을 바꾸어 이야기를 전개할 수 있다. 삼각융판은 크기가 제한되므로 대집단 구성보다는 소집단으로 그룹을 구성하여 동화를 들려주는 것이 적절하다.

그림 6-14 등장인물이 단순하게 첨가되는 동화의 예

(3) 동 시

고정된 배경에 움직임이 반복적으로 나타나는 내용의 동시를 융판자료로 들려 주거나 그림 내용판에 글자에 해당하는 그림을 융판자료로 들려 주게 되면 유아들은 동시의 내용을 쉽게 파악하고 내용에 포함된 정서를 느낄 수 있게 된다. 예를 들어 동시 〈구멍가게〉를 유아들에게 들려 준 후 언어활동영역에 제공하여 유아들이 물건들을 장바구니에 담으면서 동시를 이야기해 보는 경험을 갖도록 할 수 있다(그림 6-15).

(4) 게 임

융판자료는 붙이거나 떼어내는 게임자료로 활용할 수 있다. 예를 들어 그림 6-16처럼 주사위를 던져서 나온 '이 모양 붙이고 돌아오기' 외에 '숫자만큼 도토리 따오기', 세 가지 색깔의 집을 융판에 붙인 후 색깔 편지를 집에 붙이고 오는 '편지 배달하기', '고드름 따오기' 와 같은 게임이 있다.

(5) 노래 배우기

교사가 영유아들에게 새 노래를 지도할 때 노랫말에 나오는 관련 내용을 융판자료로 만들어 들려 주면 노랫말을 쉽게 이해하고 기억할 수 있다. 융판자료로 제시하기에 적절한 것은 특별한 배경이 없이 노래에 나오는 등장인물이나 사물만 보여 주어도 노래의 분위기나 노랫말을 파악할 수 있는 것이 적절하다. 예를 들어 노래 〈씨앗〉의 내용을 융판자

구멍가게

어효선

(구멍가게를 붙이며)
골목 모퉁이 구멍가게 바빠요 바빠요
(주인 아주머니를 가게에 끼운다.)
저녁때면 주인 아줌만 방글 방글…
(진열대에 물건을 차례로 붙이며)
콩나물, 시금치, 파도 한 단
초콜릿 한 개에 쿠키도 한 봉지
(아이, 엄마를 붙인다.)
아이들도 엄마도 같이 손님

그림 6-15 동시 〈구멍가게〉 들려 주고 언어 영역에서 재구성해 보기

료로 꾸며서, 씨를 심고 물을 주고 꽃이 피는 과정을 동화 형태로 들려 주어 노랫말을 전달할 수 있다. 이때 노랫말의 이해가 주목적이므로 노랫말에 나오는 언어표현이나 내용을 중심으로 자료를 제시하면 유아들이 쉽게 노랫말을 기억할 수 있다.

그림 6-16 융판에 이 모양 붙이고 돌아오기(대집단용)

3) 활용 시 고려사항

융판자료의 활용 시 고려사항은 다음과 같다.

첫째, 융판자료를 제시하기 전에 뒷면에 제시 순

서를 미리 적어 놓은 후 순서대로 정리해 둔다. 자료들의 제시 순서가 잘못되어 융판에 붙일 자료를 찾게 되면 순간적으로 유아들이 산만해지고 교사 또한 당황하여서 학습효과가 떨어질 수 있다.

둘째, 집단활동 시에 집단의 크기와 융판의 크기를 고려한다. 4절 크기의 삼각융판은 소집단이나 개별활동용으로 적절하다. 집단 활동시 융판과 유아들 간의 거리를 고려해야 한다. 이때 융판의 중심이 영유아의 눈 높이와 같도록 하며, 융판 폭 길이의 2~3배 정도 떨어진 위치에 유아들을 앉게 하여 유아들이 목을 뒤로 젖혀서 자료를 올려보는 일이 없도록 한다.

셋째, 교사는 융판을 오른쪽에 두고 앉고 오른손으로 자료를 제시하도록 한다. 이렇게 하면 몸을 돌리지 않고도 영유아들의 반응을 보면서 자료를 제시할 수 있다(그림 6-17). 왼손을 사용하는 교사의 경우에는 교사의 왼쪽에 융판을 두고 앉은 후 왼손으로 자료를 제시하면 된다.

넷째, 자료를 한꺼번에 너무 많이 제시하면 정보전달에 혼란이 오므로 중심 주제가 분명하도록 필요한 자료만 제시하도록 한다. 이를 위하여 교사는 자료를 언제, 어느 자리에 붙이고 떼어 낼지 자료를 제시하기 전에 고려하도록 한다.

다섯째, 교사는 자료를 붙이고 떼는 동작을 명료하고 짧게 하며, 손으로 자료를 가리는 일이 없도록 한다. 또 융판자료 뒷면에 붙이는 까슬이의 크기를 적절히 조절하여 융판에서 자료를 떼어낼 때 소리가 가급적 나지 않도록 한다.

그림 6-17 교사가 융판 자료를 제시하는 모습

3. 융판 및 융판자료의 제작

1) 융판의 종류

융판은 바퀴가 달려 이동이 가능한 대집단용 삼각융판(그림 6-16), 소집단용 삼각융판(그림 6-13), 평면융판(그림 6-1, 6-18, 6-19) 등이 있으므로 용도에 따라서 적절한 것을 선택하여 제작하도록 한다. 삼각융판과 평면융판은 대집단용 융판에 비하여 공간을 적게 차지하며 활용목적에 따라서 교사가 크기를 조정하여 제작할 수 있는 장점이 있다.

2) 융판의 제작

융판을 제작할 수 있는 재료에는 폼보드, 우드락, 하드보드지, 골판지(종이상자), 베니어판 등이 있다. 평면융판은 이들 재료를 원하는 크기와 모양으로 자른 후 원하는 색의 라이넥스를 씌우면 된다. 평면융판은 제작방법이 간단하므로 여기서는 삼각융판을 만드는 방법을 소개하고자 한다.

3) 삼각융판(자석판 겸용)

삼각융판은 자유선택놀이 시간에 개별 또는 소집단의 유아들이 책상이나 낮은 교구장 위에 올려 놓고 활용할 수 있다. 삼각융판은 한쪽 면에 함석판을 붙이면 자석판으로도 활

그림 6-18 배경이 있는 평면융판

그림 6-19 사과 모양의 평면융판

용이 가능하다. 하드보드지를 이용하는 경우에는 베니어판으로 만드는 것보다 쉽게 만들 수 있으나, 휠 수 있고 반영구적이라는 단점이 있다. 베니어판을 이용하여 만든 융판은 하드보드지를 이용한 것 보다 훨씬 견고하고 영구적인 반면 비용이 더 많이 드는 단점이 있다.

하드보드지를 이용한 삼각융판(자석판)

- 자료

하드보드 4절지(54×39cm) 2장, 하드보드지(30×54cm), 골판지(54×39cm) 2장, 함석판(53.6×38.6cm), 라이넥스, 양면 테이프, 종이 테이프, 가위

- 만드는 방법(그림 6-20)

❶ 하드보드지를 삼각대 모양으로 접을 수 있도록 종이 테이프로 붙인다(㉠).

❷ 하드보드지 앞면에 골판지를 붙인 후 삼각대 모양으로 접는다(㉡, ㉢).

※ 하드보드지 대신 냉장고용 골판지로 제작할 때는 골판지를 덧대지 않아도 된다.

❸ 함석판의 가장자리를 둥글게 오린 다음 양면 테이프를 이용하여 융판의 한 면에 붙이고 삼각대 형태로 접히는지 확인한다(㉣~㉥).

❹ 라이넥스를 바닥에 평평하게 깐 다음 ③을 올려놓고 사면의 가장자리가 떨어지지 않도록 뒤에서 종이 테이프로 붙여서 완성한다(㉦~㉧).

㉠ 종이 테이프로 붙이기

㉡ 골판지 붙이기

㉢ 삼각대로 접기

㉣ 함석판의 끝 둥글게 하기

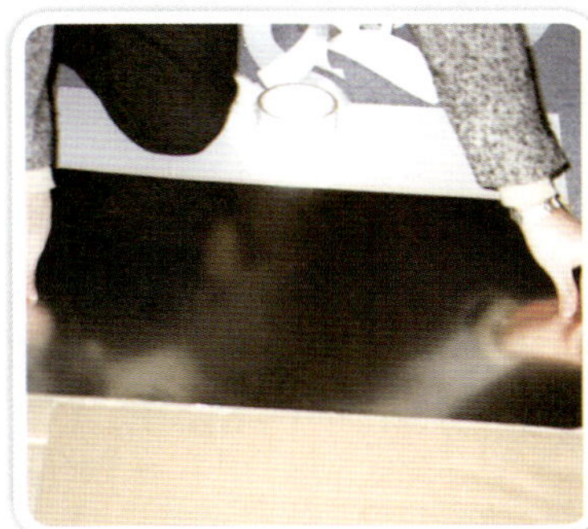

㉤ 함석판 붙이기

㉥ 삼각대로 접기

㉦ 라이넥스 오리기

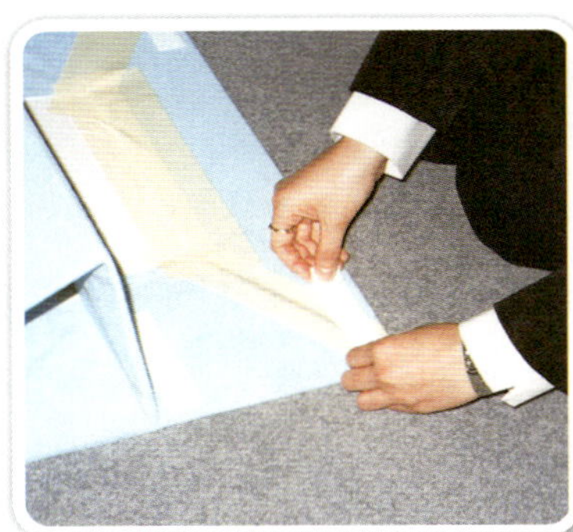

㉧ 종이 테이프로 붙이기

㉨ 마무리하기

그림 6-20 하드보드지를 이용한 삼각융판 만드는 제작과정

그림 6-21 펠트천으로 제작 후 뒷면에 까슬이를 붙인 융판자료

4) 융판자료의 제작

융판 위에 제시할 시각자료는 도안집이나 컴퓨터에서 원하는 크기로 축소 또는 확대하여 이용하거나 화보집, 신문의 그림들을 활용할 수 있다. 다음은 제작 시 고려해야 할 사항들이다.

첫째, 재질과 자료의 색상을 고려한다. 융판자료는 부직포, 펠트천, 에바(eva), 코팅한 그림자료 뒷면에 까슬이를 붙인다(그림 6-21).

둘째, 자료의 크기를 고려한다. 융판자료를 제작하기 전에 융판의 크기를 고려한다. 융판에 첨가되는 융판자료를 제작할 때는 첨가되는 자료들이 모두 융판에 붙을 수 있도록 각각의 인물 크기를 고려해야 한다.

셋째, 자료의 뒷면에 까슬이를 부분적으로 붙이거나 꿰멘다. 까슬이를 너무 많이 붙이게 되면 융판에서 뗄 때 나는 소리로 인하여 학습효과를 떨어뜨리게 되므로 자료에 부분적으로 붙이도록 한다. 요즈음 사용하는 까슬이는 뒷면에 접착테이프가 있어 원하는 만큼 오려서 붙이면 된다. 하지만 까슬이가 자료에서 쉽게 떨어져 나올 수 있으므로 영아들이 사용하는 융판자료는 그림 6-22처럼 가장자리를 가급적 꿰메는 것이 안전하다.

넷째, 융판자료의 특성을 살린다. 그림 6-23과 같이 인물의 앞·뒤 표정을 다르게 제작하거나 그림 6-24와 같이 등장인물이 사용하는 물건을 붙이고 뗄수 있게 제작할 수 있다.

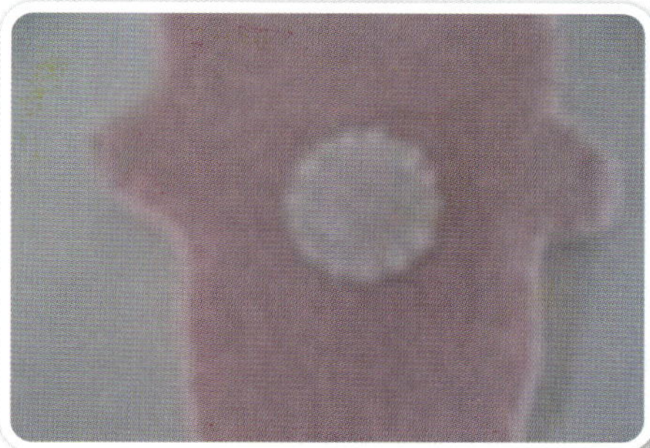

그림 6-22 까슬이가 떨어지지 않도록 꿰멘 융판 자료

그림 6-23 인물의 앞 뒤 표정이 다른 융판자료

그림 6-24 인물이 사용하는 물건을 떼었다 붙일 수 있는 융판자료

다섯째, 크레파스나 파스텔로 자료를 색칠하면 손에 묻어나기 때문에 자료나 융판을 더럽힐 수 있다. 색칠할 때는 색연필이나 매직펜 등을 이용한다.

Chapter 07

자석판과 자석자료

자석판은 자석의 붙는 성질이나 자력이 통과하는 성질을 이용하여 만든 판이다. 자석판은 함석이나 고무자석, 자력이 통과하는 하드보드지, 아크릴 등에 천이나 종이 등을 씌워서 활용할 수 있으며 자석이 붙는 통을 이용할 수도 있다.

자석자료는 자력을 이용하여 자석판이나 자석 통에 붙이거나 이동시키면서 이용할 수 있는 자료이다. 자석자료는 동적인 움직임을 유아들에게 보여 줄 수 있으며, 유아도 직접 조작해 보면서 흥미를 느낄 수 있으므로 보다 높은 학습효과를 증진시킬 수 있다.

1. 자석판과 자석자료의 특성

자석자료는 융판자료와 비슷하나 움직임의 효과를 낼 수 있다는 특징이 있다. 자석자료의 특성을 구체적으로 살펴보면 다음과 같다.

첫째, 동적인 효과를 낼 수 있다. 융판자료는 융판에서 자료를 떼었다가 다시 붙이는 동작을 해야 하는 반면 자석자료는 자석판에 붙인 채 밀어서 이동시킬 수 있으므로 연못이나 어항에 있는 물고기의 부드러운 움직임, 스케이트를 탈 때의 미끄러지는 듯한 동작, 새가 날아가는 동작 등을 평면 위에서 자연스럽게 표현할 수 있다.

그림 7-1 원통 자석

그림 7-2 수직 아크릴자석판

둘째, 자석의 붙는 성질을 이용하여 자석자료를 서로 겹쳐서 붙일 수 있다. 예를 들어 어미 캥거루의 주머니 위에 새끼 캥거루를 붙인 다음 폴짝폴짝 뛰어가는 모습을 나타낼 수 있으며, 과일나무에 과일을 덧붙일 수 있다.

셋째, 전체 배경의 제시가 가능하다. 융판을 이용하여 동화를 들려 줄 경우에는 부분 배경을 제시하는 데 반해, 자석판을 이용할 때는 얇은 종이에 전체 배경을 그려서 자석판에 붙인 후 자석자료를 붙여가며 동화를 들려 줄 수 있다. 따라서 배경이 복잡하거나 융판 색과 전혀 다른 색상의 배경묘사가 필요한 동화를 제시할 때 효과적이다.

넷째, 자석판을 여러 가지 형태로 제공할 수 있다. 융판처럼 삼각 자석판, 평면 자석판뿐 아니라 자력을 이용한 원통 자석(그림 7-1), 부분 자석판(그림 7-19), 수직·수평형 자석판(그림 7-2, 7-16) 등을 제공할 수 있으므로 활용목적과 교육목적에 부합되는 것을 선택하여 활용할 수 있다.

다섯째, 보관과 재생이 용이하다. 자석자료에 붙인 자석이나 필름통을 떼어내고 자료를 보관할 수 있으므로 자료의 보관이 다른 자료에 비해 용이하다. 또한 보관했던 자료는 다시 자석을 붙여서 활용할 수 있다.

2. 자석판과 자석자료의 활용

자석판과 자석자료는 융판, 융판자료와 마찬가지로 자유선택활동과 집단활동 시간에 활용할 수 있는데, 그 예는 다음과 같다.

1) 자유선택활동 시간

(1) 언어 영역

이야기 구성하기용 자료를 제공할 수 있다. 예를 들어 주제가 '여러 가지 탈 것' 일 경우 길로 꾸며진 아크릴판과 길 건너는 사람, 교통순경, 작은 자동차 등의 자석자료를 제공하고 주제가 '바다' 인 경우 바다 배경의 원통자석과 물고기, 잠수함, 잠수부 등의 자석자료를 제공하여 유아들이 붙이면서 이야기를 구성하도록 할 수 있다. 이렇듯 같은 활동 유형이라도 자석판의 형태와 자석자료들을 달리 제공해 주면 유아들은 지속적인 흥미를 갖고 활동하는 과정에서 언어표현능력 및 이야기 구성능력이 증진될 수 있다(그림 7-3).

유아들이 글자를 구성할 수 있도록 고무자석으로 자·모음을 잘라서 제공할 수 있으며, 상품화된 칠판과 자석 자·모음 글자들을 자석자료로 제공하여 유아들이 단어를 구성할 수 있도록 도움을 줄 수 있다(그림 7-4).

그림 7-3 원통 자석과 자석자료로 이야기 꾸미기

그림 7-4 자석 자 · 모음 글자로 글씨 구성하기

(2) 탐색/수·과학 영역

영아들을 위해 제공되는 자석자료는 그림 7-5의 '자석 그림조각맞추기' 나 '자석봉으로 구성하기' 처럼 물체 안에 자석이 내장되어 있거나 '포도알 붙이기' 처럼 자석을 부직포 안에 넣고 꿰메어서 영아들이 입에 넣어도 무방한 것으로 제공한다. 과학 영역에서는 다양한 자석의 제공으로 유아들은 자석의 특성을 탐색하고 활용할 수 있다. 하지만 영아들은 구슬자석이나 둥근 자석을 입에 넣을 수 있으므로 제공하지 않는 것이 바람직하다. 그림 7-5는탐색 영역에 그림 7-6은 수 · 과학 영역에 제공할 수 있는 자석자료이다.

자석 그림조각 맞추기

자석 봉으로 구성하기

화이트보드판에 나무자석으로 구성하기

포도알 붙이기

그림 7-5 영아를 위한 탐색 영역 자석자료

고무자석판에 도형 나무자석으로 공간 구성하기

자석 게임자료

'구름다리에서 장애우 친구를 만나요' 게임자료

그림 7-6 유아를 위한 수 · 과학 영역 자석자료

입 모양판을 두겹으로 만들고 안에 철가루를 넣는다. 이에 해로운 음식 뒷면에 자석을 붙이고 이로운 음식에는 붙이지 않는다.

해로운 음식을 입에 대면 뒷면의 자석 때문에 철가루가 올라와 이가 검게 변한다.

그림 7-7 수 · 과학 영역 자석자료 : '이에 좋은 음식 나쁜 음식 찾기' (유아)

2) 집단활동 시간

움직임이 있는 내용의 이야기나 동화 · 동시 등을 자석판과 자석자료로 활용하면 효과적이다. 이에 대해 구체적으로 살펴보면 다음과 같다.

(1) 이야기 나누기

이야기 나누기에서 이용할 수 있는 자석자료는 평면 자석판이나 부분 자석판과 자석자료들을 이용하여 토의자료로 활용할 수 있다. 예를 들어 안전과 관련된 토의를 할 때 '공놀이를 하다가 공이 자동차 길로 굴러 들어가는 상황(그림 7-8)' 이나, '유아가 미끄럼틀을 올라가거나 내려오는 모습의 상황' 을 자석자료로 유아들에게 보여 주면 상황에 대한 이해를 보다 쉽게 할 수 있다.

(2) 동화 및 동시 들려 주기

자석동화는 융판동화와 특성이 비슷하므로 융판동화에 알맞는 동화는 자석동화로도 적합하다. 그러나 자석동화나 동시는 '어항 속의 금붕어 헤엄을 치네. 빙 돌고 위로, 빙 돌고 아래로…' , '토끼가 깡총깡총, 오리가 뒤뚱뒤뚱…' , '아기가 아장아장 걸어갑니다…' 와 같이 인물의 움직임을 표현하는 내용이나 전체 인물들이 함께 움직이는 내용을 선정하게 되면 융판자료보다 훨씬 더 효과적이다. 또한 그림 7-9의 동시〈어디서 자니〉처럼 송아지,

영수가 친구와 함께 공놀이를 하기 위해 친구네 집에 가려고 합니다.

그런데(공을 찻길로 움직이며) 손에 들고 있던 공이 찻길로 데굴데굴 굴러갔어요. 어떻게 해야 할까요?

그림 7-8 하드보드지를 이용한 자석판과 자석자료

그림 7-9 투명아크릴을 이용한수직 자석판과 자석자료 : 동시 〈어디서 자니〉

말 등이 사는 곳으로 이동하는 모습을 보여 주면서 동시를 들려 주게 되면 유아들이 내용을 훨씬 쉽게 이해하고 기억할 수 있다. 동시자료의 경우에는 집단활동 시간에 유아들에게 들려주고 유아들이 동시를 회상하거나 재구성할 수 있도록 언어 활동 영역에 제공할 수 있다. 이러한 경우 동시판은 유아의 팔 길이를 고려하여 판의 크기를 조절하도록 한다.

배경이 고정적인 내용의 동화인 경우에는 배경을 자석판의 크기와 동일한 얇은 종이나 색 도화지 위에 유성매직, 색연필, 색지 등으로 묘사한 후 자석판에 붙여서 이용할 수 있는 장점이 있다. 배경은 등장인물이 돋보일 수 있도록 단순하게 묘사하는 것이 바람직하다(그림 7-10, 7-11).

그림 7-10 영유아 초기 : 자석 동화 배경과 등장인물

그림 7-11 유아 후기 : 대집단용 삼각자석판에 전체 배경 그림을 붙인 후 자석자료를 붙이며 동화 들려 주기

그림 7-12 게임 : 물고기를 낚아서 어항에 붙이고 돌아오기

(3) 게 임

연못에 있는 물고기를 낚아서 어항 모양이 그려진 자석판에 붙이고 돌아오기와 같이 자석의 성질을 활용하여 자석판과 자석자료를 이용한 게임을 유아들에게 제공할 수 있다(그림 7-12). 이때 물고기는 교사가 만들 수도 있지만 유아들이 미술활동 영역에서 만든 것을 이용할 수도 있다.

3) 활용 시 고려사항

자석판과 자석자료의 활용 및 보관 시 고려해야 할 사항들은 융판자료의 경우를 참고하면서 다음의 사항에 좀 더 유의하여야 한다.

첫째, 자력의 세기에 유의한다. 자석막대로 자료를 움직일 경우에는 자석자료보다 자석막대의 세기가 약하면 자료가 잘 움직이지 않기 때문에 자석자료가 가지고 있는 장점을 살릴 수 없으므로 유의해야 한다.

둘째, 자석의 극에 유의하여 자료를 사용하기 전에 사용목적에 따라서 자석의 극이 맞게 붙어 있는지 살펴본다. 자료들끼리 서로 겹쳐서 붙여야 하는 경우에는 같은 극의 자석끼리 서로 맞붙게 제작하면 자료들이 서로 밀어내어 붙지 않게 되므로 유의한다.

셋째, 자석자료들이 서로 달라 붙어 교사가 제시하지 않아도 될 다른 자료가 붙어서 제시되는 경우가 있다. 이를 방지하기 위해서는 자석자료들 사이에 종이를 붙여 두도록 한다. 또한 자석자료가 너무 무겁거나 자료의 중앙에 자석이 제대로 붙지 않았을 경우에는 자석판에서 자석자료가 흘러 내리거나 쉽게 떨어지므로 자료들을 제시하기 전에 미리 점검하도록 한다.

넷째, 장기 보관할 자료인 경우에는 자석을 자료에서 떼어 내어서 보관하는 것이 바람직하다. 자석을 부착한 상태로 보관하게 되면 자력이 약해질 뿐만 아니라 보관 부피도 커지며, 자석자료를 만들 때마다 자석이 필요하므로 경제적 측면에서도 바람직하지 못하다.

3. 자석판 및 자석자료의 제작

자석판은 융판 겸용이나 하얀 칠판 겸용의 형태로 상품화된 것을 사용할 수 있다(그림 7-11). 그러나 상품화된 것은 주로 대집단용으로 크기가 일정하여 개별활동이나 소집단활동에 활용할 수 없는 단점이 있다. 그러므로 교사가 활용도와 집단 크기를 고려하여서 형태와 크기를 달리하여 제작할 수 있다. 이를 살펴보면 다음과 같다.

1) 자석판의 종류

자석판은 자석이 붙는 재질을 이용한 것과 자력이 통과하는 성질을 이용한 것으로 구분된다.

그림 7-13 원통형 자석판

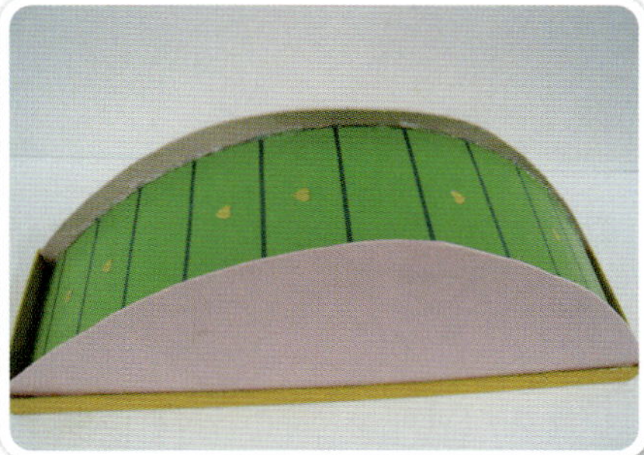

그림 7-14 반원형 자석판

그림 7-15 수직 자석판(색고무자석)

그림 7-16 수평형 자석판(자석이 통과하는 판으로 하드보드나 아크릴을 이용한다)

① 자석이 붙는 재질을 이용한 자석판

- 자석자료를 붙여가며 활용한다.
- **종류** : 융판 겸용 삼각 자석판(제6장 그림 6-20), 원통형(그림 7-13), 반원형 자석통(그림 7-14), 수직 자석판(그림 7-15), 부분 자석판(그림 7-19)

② 자석이 통과하는 성질을 이용한 자석판

- 자석자료와 조종자석을 이용하여 자석자료를 이동시키며 활용한다.
- **종류** : 수직 · 수평형 자석판(그림 7-8, 7-15, 7-16)

2) 자석판의 제작

자석판의 제작은 자석이 붙는 재질을 이용한 것과 자석이 통과하는 재질을 이용한 것으로 나누어서 설명할 수 있다.

(1) 자석이 붙는 재질을 이용한 것

자석이 붙는 재질을 이용한 자석판에는 삼각 자석판, 원통형과 반원형, 부분 자석판 등이 있다.

① 삼각 자석판

융판과 자석판 겸용으로 제작이 가능하다. 구체적인 제작방법은 삼각융판 만들기를 참고하면 된다(제6장 그림 6-20 참조).

② 원통형과 반원형

원통형과 반원형은 개인이나 2~3명의 유아들이 이야기 꾸미기나 게임활동, 노래 부르기 자료로 활용할 수 있다.

③ 부분 자석판

자석의 붙는 성질을 이용하여 제작한 것으로 자석자료의 일부만 이동시키거나(그림 7-18) 특정 부분에 붙일 때(그림 7-19) 활용된다.

④ 기 타

함석, 철가루, 고무자석은 자석의 붙는 성질을 이용할 수 있는 최적합 자료이다. 이들 자료를 활용한 예는 활용하기 7-1, 활용하기 7-2와 같다.

(2) 자력이 통과하는 재질을 이용한 것

수직형과 수평형으로 제작할 수 있다. 자력이 통과하는 재질은 여러 가지가 있을 수 있으나, 여기에서는 아크릴과 하드보드지를 이용한 제작방법을 소개하고자 한다.

원통형 만들기

● 재료

분유통(지름 15cm × 높이 20cm), 색 도화지, 색 시트지, 유성매직, 양면 테이프

● 만드는 방법

❶ 깡통의 윗면이 날카로운 경우에는 유아의 손이 다치지 않도록 분유통의 윗 부분을 종이 테이프로 감싼다.

❷ 분유통의 높이와 둘레를 고려하여 색 도화지나 색시트지를 자른 후 그 위에 배경을 꾸민 다음 양면 테이프를 이용하여 통에 붙인다. 이때 배경은 진행되는 주제에 따라서 숲속, 자동차 길, 바다 또는 동화의 배경으로 꾸밀 수 있다.

❸ 원통 자석의 크기에 알맞는 자석자료를 만든 후에 둥근 자석이나 자석테이프를 붙인다. 자석자료들은 활동을 하지 않을 때는 자석통 안에 넣어 두면 된다.

❹ 원통 자석은 활용목적에 따라서 하나 또는 두 개 이상을 연결하여 만든 후 활용할 수 있다(그림 7-6의 '자석 게임 자료' , 그림 7-13).

반원형 만들기(구름다리 게임판)

● 재료

옆판용 반원하드보드 2개(34cm × 12cm), 구름다리용 하드보드(36cm × 9cm), 함석(36cm × 9cm), 바닥판(10cm × 12.2cm × 2.5cm),시트지, 네임펜이나 라인테이프, 글루건

● 만드는 방법(그림 7-17)

❶ 윗판 구름다리 : 구름다리용 하드보드에 함석판을 붙이고 시트지를 씌운 후 라인테이프로 게임에 필요한 칸을 만든다(㉠, ㉡).

❷ 바닥판과 옆판을 만든다(㉢, ㉣).

❸ 윗판구름다리와 옆판을 글루건으로 고정시킨 후 밑판에 붙여 완성한다(㉤, ㉥).

❹ 구름다리에 세우는 자석자료는 주제에 맞게 교체한다(그림 7-31).

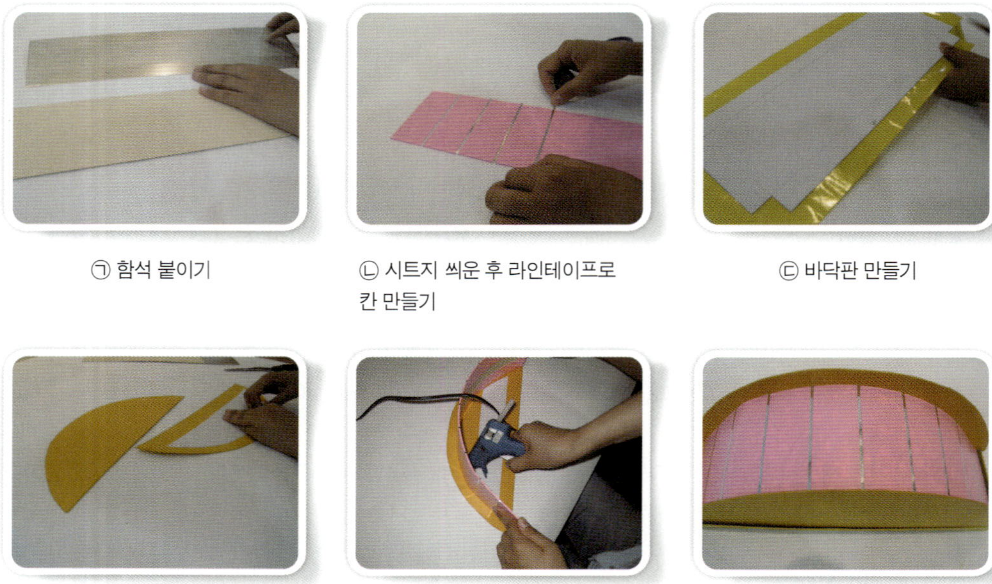

㉠ 함석 붙이기

㉡ 시트지 씌운 후 라인테이프로 칸 만들기

㉢ 바닥판 만들기

㉣ 옆판 만들기

㉤ 구름다리와 옆판 고정하기

㉥ 완성

그림 7-17 구름다리 자석 게임판의 제작

부분 자석판 만들기

- 함석을 이용한 부분 자석판 만드는 방법(그림 7-18)

❶ 하드보드지에 배경을 그린 후 색칠을 한다.

❷ 하드보드지의 뒷면에 자석자료를 옮겨서 붙이는 부분(꽃밭 하단과 끌차 뒷면)에 함석을 대어서 완성한다.

❸ 돌멩이 뒷면에 자석을 붙인다.

❹ 돌멩이를 떼어 화단에 옮겨 붙이며 이야기를 들려준다.

- 할핀을 이용한 부분 자석판 만드는 방법(그림 7-19)

❶ 하드보드지에 원하는 그림판을 만든다.

❷ 자석자료가 붙어야 하는 곳에 할핀을 꽂은 후, 뒤에서 테이프로 고정시킨다(할핀 대신 클립이나 철사끈을 이용할 수도 있다).

❸ 딸기 뒷면에 자석을 붙이면 할핀에 일대일 대응하며 자료를 붙일 수 있다.

그림 7-18 함석을 이용한 부분 자석판

그림 7-19 할핀을 이용한 부분 자석판(영아 : 딸기 붙이기)

① 아크릴 자석판

- **아크릴의 색깔 고려하기** : 아크릴의 색은 투명한 것, 불투명한 것 등 다양하므로 활용목적에 따라 적절한 것을 선택할 수 있다. 투명 아크릴은 유아들이 자신의 손 움직임에 따른 자료의 움직임을 볼 수 있는 장점이 있는 반면 교사가 집단용으로 사용할 때에는 교사의 손 움직임뿐 아니라 옷 등이 아크릴을 통하여 모두 보이므로 유아들에게 자료를 산만하게 제시할 수 있는 단점이 있다. 따라서 집단용으로 사용할 아크릴 자석판은 반투명 아크릴을 이용하는 것이 바람직하다. 또한 바다나 산을 배경으로 할 때는 하늘색이나 초록색의 아크릴을 이용할 수 있다(그림 7-20).

활용하기 7-1

철가루를 이용한 재미있는 글자놀이

- 재료

철가루 상자(29.6cm × 21.5cm × 5cm), 함석상자(27.7cm × 20.5cm× 3cm), 고무자석 음소글자들

- 만드는 방법

❶ 철가루 상자

❷ 함석 상자

❸ 함석상자를 철가루 상자에 넣을 수 있게 제작한다.

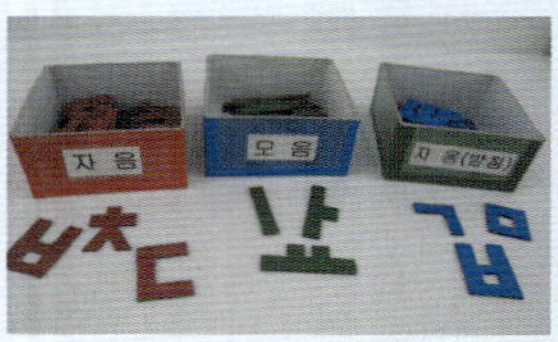

❹ 가위로 고무자석을 잘라 자 · 모음 받침의 음소를 만든다.

- 활동방법

❶ 고무자석으로 글자 만들기

❷ 함석 서랍 닫고 흔들기

❸ 글자에 철가루 묻히기

❹ 함석 서랍 열어보기

❺ 함석 서랍 닫기

활용하기 7-2

함석상자 이용하기

함석상자는 자석이 붙는 특성을 이용한 자석자료로 상자의 앞, 뒤, 안을 모두 활용할 수 있는 장점이 있다. 아래의 그림을 보면 함석상자 앞면은 게임을 할 수 있으며 밑면은 고무 자석 조각 그림들을 이용하여 그림 맞추기를 할 수 있다. 함석 상자 안에는 교사가 참고할 수 있는 내용의 글을 적어 두었으며 활동을 마친 후에는 활동자료들을 상자 안에 보관할 수 있도록 하였다.

❶ 함석상자 앞면

❷ 함석 상자 밑면

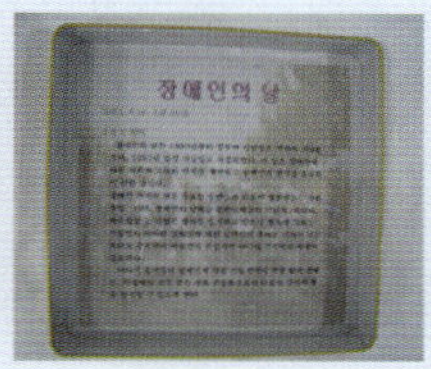
❸ 함석 상자 안

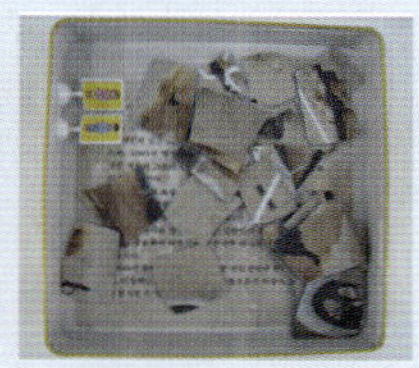
❹ 자료 정리하기

자료 : 경기도 교육청 제2 청사

그림 7-20 아크릴을 이용한 수평 자석판, 자석자료와 조종자석

- **아크릴의 두께 고려하기 :** 아크릴은 자력이 잘 통과되어 교사나 유아들이 자석자료를 손쉽게 활용할 수 있으나 두께가 얇은 아크릴을 수평형의 자석판으로 이용할 때에는 견고하지 못한 단점이 있다. 수평형의 자석판을 만들 때는 자력이 잘 통과할

수 있는 두께의 아크릴을 선정하고 자석자료와 조종자석에 강력 자석을 붙이도록 한다(그림 7-20).

- **자료의 크기를 고려하여 배경 꾸미기** : 색 시트지나 색지 등을 이용하여 아크릴판에 배경을 꾸며서 활용할 수 있다. 미로 찾기나 그림 7-20과 같이 자동차 길로 배경을 꾸밀 때 자동차 길의 너비는 움직일 자석자료의 크기를 고려하여 정하도록 한다.

② 하드보드 자석판

하드보드 자석판은 아크릴에 비해 어항 모양, 비행기 모양 등의 다양한 형태로 제작할 수 있는 장점이 있다(그림 7-21). 또한 활용목적에 따라서 수직이나 수평의 형태로 제작할 수 있다(그림 7-22).

3) 자석자료의 제작

자석판에 붙이는 자석자료는 자석판의 형태에 따라서 단면자료, 입체자료 등으로 구분할 수 있다. 부분 자석판과 원통 자석, 수직 아크릴 자석판에는 단면자료를 활용할 수 있으며, 수평 아크릴 자석판에는 입체자료를 활용할 수 있다. 이들 자료를 제작할 때에는 활용 목적에 따라서 자석의 극을 고려해야 하며, 자석자료가 너무 무겁거나 자료의 중앙에 자석이 제대로 붙지 않은 경우 자석판에서 자석자료가 흘러내리거나 쉽게 떨어질 수 있음을 유의해야 한다. 또한 자석자료의 크기와 색 등은 사용되는 자석판이나 자석 통에 어울리도록 제작하여야 한다.

그림 7-21 하드보드지를 이용한 어항모양 자석판, 금붕어 자석자료와 조종자석 : 동시 〈금붕어〉

그림 7-22 하드보드지를 이용한 수직 자석판과 자석자료 : 동시〈고추잠자리〉

(1) 단면 자석자료의 제작

단면 자석자료를 제작할 때는 다양한 형태의 자석(그림 7-23)을 이용할 수 있지만 일반적으로는 코팅한 그림자료나 부직포로 만든 인물이나 사물 뒷면에 둥근 자석을 붙여 제

그림 7-23 다양한 형태(체스형, 원형, 삼각형, 별형)의 자석들

그림 7-24 그림 단면 자석자료

그림 7-25 물고기의 비늘에 자석 테이프를 붙인 자료

그림 7-26 배경에서 움직임을 표현하는 자석자료

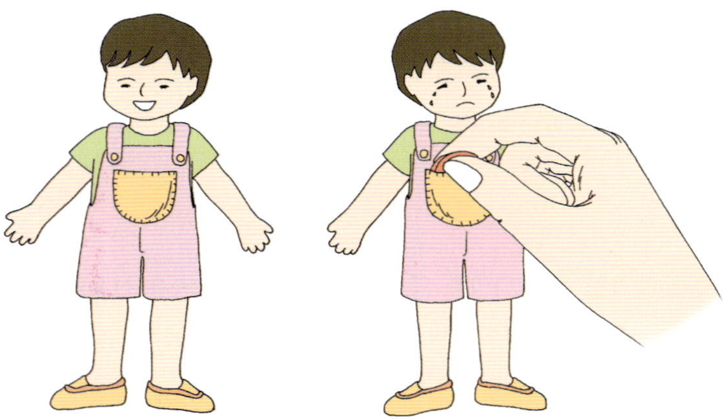

그림 7-27 단면 자석자료

작한다(그림 7-27). 하지만 크기가 작은 그림에 둥근 자석을 붙이면 자석이 자료 밖으로 튀어 나오게 되므로 이러한 경우에는 자석 테이프나 스티커형 고무자석, 고무자석을 이용한다(그림 7-25). 고무자석은 색상이 다양하여 원하는 모양과 크기로 자른 후 네임펜과 스티커 등으로 장식을 하여 사용할 수 있는 장점이 있다.

배경판에서 움직임을 표현하고자 할 때는 그림 7-26처럼 등장인물에 끈을 연결하면 된다. 동일 인물의 표정이 바뀔 때에는 양면을 이용할 수 있도록 제작할 수 있다. 이때 영아용 자료는 안전을 고려하여 자석이 밖으로 나오지 않도록 제작하며, 유아용 자료인 경우는 자석을 끼우거나 뺄 수 있도록 하면 보관이 용이하다(그림 7-27).

(2) 세우는 자석자료와 조종자석의 제작

세우는 자석자료는 수평 자석판이나 반원형 자석통에 올려놓거나 조종자석으로 움직이면서 자료를 이동할 수 있다. 세우는 자석자료는 체스형 자석처럼 자석의 붙는 성질을 이용할 수 있으며(그림 7-28) 자석 홀더나 집게 등을 이용하여 만들 수 있다(그림 7-29~7-31).

조종자석은 풀 뚜껑, 나무토막, 플라스틱 통 등에 원형자석을 붙여 만들 수 있다(그림 7-21). 조종자석에 붙이는 자석은 움직이려고 하는 자석자료에 붙어 있는 것보다 자력이 더 강한 것으로 해야 자료를 원하는 방향으로 쉽게 이동시킬 수 있다.

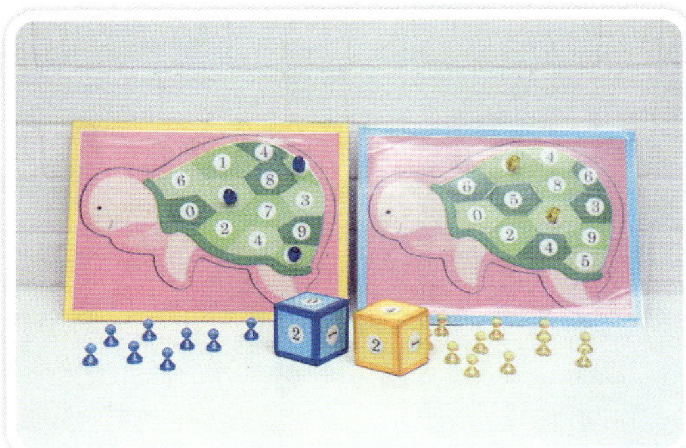

그림 7-28 체스형 자석을 이용한 게임판

그림 7-29 홀더 자석자료 1(자석이 부착된 홀더에 그림이나 스티커를 붙인다)

그림 7-30 홀더 자석자료 2(강력 원형 자석에 아이 클레이를 두른 후 그림자료를 끼운다)

그림 7-31 집게 자석자료(코팅한 그림자료를 집게로 고정 후 밑면에 자석을 붙인다)

게시판

게시판은 모든 학습자를 대상으로 자료를 전시하여 개념이나 기술, 태도를 공유하기 위해 사용하는 교수매체로, 영유아를 위한 교육현장에서 빼놓을 수 없는 매체 중 하나이다. 영유아교육기관에서 게시판은 정보전달용으로 이용될 뿐 아니라 학습주제의 동기유발이나 개념의 심화학습과정에서 더욱 폭넓게 활용되므로 그 특성과 제작 및 활용방법을 알면 유용하게 활용할 수 있다.

1. 게시판의 특성

잘 계획하여 만든 게시판은 영유아교육기관의 학습 분위기 조성에 크게 도움이 되고, 영유아가 학습경험에 직접 참여하고자 하는 의욕을 불러일으킨다. 또 학습주제나 개념에 관한 이해를 돕고 새로운 아이디어를 제공하는 데 도움이 된다. 그러나 일부 교육현장에서는 게시판이 환경미화용으로 사용되어 장식에 치우치거나 한 번 구성해 놓은 것을 주제나 계절이 바뀌었어도 그대로 방치해 두는 경우도 많다. 흔히 게시판 구성은 교사의 꾸미기 솜씨가 중요한 것으로 생각하는데, 이는 게시판의 용도나 구성 원리에 대해 잘못 이해하고 있는 것이다. 따라서 게시판의 특성과 활용도를 고려하여 교수학습과정에서 적절히 사용하면 학습의 효율성을 높일 수 있다. 게시판의 특성을 구체적으로 살펴보면 다음과 같다.

첫째, 게시물을 쉽게 볼 수 있도록 전시하므로 특정한 정보나 지식에 관하여 효과적으로 주의를 집중시킬 수 있다.

둘째, 학급 전체 또는 특정 영역에서 활동하려는 모든 영유아를 대상으로 자료를 전시하므로 많은 영유아들에게 동일한 정보를 제공할 수 있다.

셋째, 자료를 활동 중에만 일시적으로 보여 주거나 들려 주는 것이 아니므로 영유아의 관심에 따라 개별적으로 탐색할 수 있는 충분한 시간을 제공한다.

넷째, 주제나 교육내용의 흐름에 따라 다양하게 자료를 변화시켜 게시할 수 있다.

다섯째, 특별한 설비 없이 크기나 모양이 다양한 게시판을 제작할 수 있으며 제작비도 경제적이어서 큰 부담이 되지 않는다.

여섯째, 다양한 자료를 게시할 수 있다. 게시판은 게시방법에 따라 그림, 사진, 책과 같은 평면자료뿐 아니라 모형, 실물과 같은 입체자료도 게시할 수 있다. 따라서 위와 같은 특성을 고려하여 게시판을 활용하면 학습효과를 높일 수 있다.

2. 게시판의 활용

게시판은 교사의 의도에 따라 다양한 용도로 활용될 수 있다. 일반적으로 활용되는 작품 게시용이나 부모용 알림판 이외에도 개별학습, 새로운 주제의 인식과 흥미유발, 학습주제에 대한 보조적인 정보제공, 일과 운영에 필요한 정보제공, 부모교육 및 정보제공 등의 목적으로 활용될 수 있다.

1) 작품전시

게시판은 영유아의 작품 전시용으로 활용할 수 있다. 교사가 영유아의 작품을 미적으로 아름답게 구성하여 게시하기도 하지만, 영유아들이 자신의 작품을 직접 게시하는 적극적인 참여를 통해 작품을 조화 있게 놓으려는 생각을 촉진할 수 있다.

작품 전시용 게시판은 작품의 주제나 소재에 따라 다양하게 마련될 수 있다. 예를 들

그림 8-1 '동물'을 주제로 한 공동작품 게시판(복도)

그림 8-2 '바다'를 주제로 한 공동작품 게시판

어 주제가 '동물'인 경우에는 동물이 움직이는 숲과 나무 모양의 기본판을 준비하여 영유아가 만든 동물을 붙이고(그림 8-1), 바다인 경우에는 색지나 비닐 등으로 바다의 기본배경을 꾸민 후 유아들이 바닷속 생물을 만들어 붙인다(그림 8-2).

이때 교사는 게시판 자료가 평면적인지 입체적인지를 고려하여 평면 게시를 할지 입체 게시를 할지를 결정하여 공간을 마련해야 한다. 그림 8-3과 같이 유아가 만든 형태의 집을 평면게시판에 게시할 수도 있고 그림 8-33(우)와 같이 게시할 수도 있다. 사각형의 게시판 이외에도 낡은 커다란 그물이나 문발, 나뭇가지 등을 이용하여 작품 게시를 위한 공

그림 8-3 동네 견학 후 유아들과 교사가 상자로 만든 집 모형으로 우리 동네를 꾸민 게시판

그림 8-4 공룡 모양판에 종이 찢어 붙이기(공동 작품)

간을 마련해 준다. 작품이 매달 수 있는 소재인 경우에는 모빌형태로 게시할 수도 있다.

어린 유아나 영아들인 경우에는 교사가 만든 기본 모양판에 구기거나 찢어 붙여 구성해도 재미있다(그림 8-4). 이렇듯 교사는 미적이면서도 다양하고 창의적인 방법으로 영유아의 작품을 게시할 수 있다.

2) 개별적인 관찰과 탐색

게시판은 학습자료의 개별적인 관찰과 탐색을 통해 개별학습에 활용될 수 있다. 교사가 모임시간에 자료를 제시하면 모든 영유아가 동시에 볼 수 있는 장점이 있지만, 영유아들의 관심과 자료를 받아들이는 속도에 따라 개별적으로 탐색하기는 힘들다. 이때 자료를 교실의 적절한 장소에 게시한다면 개별 영유아들이 자유선택활동 시 살펴볼 수 있어 개별학습과 유아 간의 상호작용을 조성할 수 있게 되며, 필요한 경우에는 교사가 영유아와 개별적으로 이야기를 나눌 수도 있게 된다.

예를 들어 교사가 옛날 사람의 신발인 짚신을 영유아들에게 보여 주며 이야기를 나눈 후 교사실로 가져가 버린다면 유아들은 짚신의 모양이나 질감, 크기 등을 살펴볼 수 없을 것이다. 반면 여러 가지 신발을 신고 있는 그림이나 사진자료와 함께 짚신을 게시하거나 극놀이 영역에 제공해 준다면 유아들은 짚신에 대해 더 많은 탐색을 할 수 있게 된다. 또한 대집단 영유아들에게 제시하기에 너무 작은 자료인 경우에 교사는 개별적으로 관찰할 수 있도록 선반이나 벽에 게시해 주고 가까이에서 살펴보거나 확대경을 이용하여 볼 수 있게 하면 한층 심화된 학습이 이루어질 수 있다. 예를 들어 씨앗심기를 하기 전에 여러 가지 씨앗을 소개하고 살펴보게 할 때, 씨앗은 크기가 작기 때문에 여러 명의 유아들에게 멀리서 보여주는 것보다는 함께 씨앗들을 게시해 주면 유아들이 씨앗을 만지고 비교하는 경험을 가질 수 있다(그림 8-5).

3) 주제의 인식 및 동기유발

게시판은 새로운 주제를 인식시키고 관심을 이끄는 데 활용할 수 있다. 새로운 주제와 관련된 그림이나 신문, 사진, 모형, 실물 등을 벽면에 게시하거나 선반에 전시하면 영유

그림 8-5 전시된 씨앗을 관찰한 후 심고 싶은 씨앗의 이름을 우유팩 화분에 적고 있는 유아

아들의 관심과 흥미를 불러일으켜서 새로운 주제에 대한 인식을 돕게 된다. 예를 들어 '아프리카'라는 주제 전개 시 게시판에 관련 사진자료를 게시하여 관심을 끌거나(그림 8-6), '추운 나라'에 대한 동기유발을 위해 주제 전개의 초기에 벽면자료나 모형물 배경판을 주제에 어울리도록 바꿔준다(그림 8-7). 그리고 주제가 진행되면서 이러한 게시자료는 영유아의 관심변화, 아이디어에 따라 보충·변형시켜 나가도록 한다.

그림 8-6 주제 '아프리카'에 관심을 높이는 게시판

그림 8-7 주제 '추운 나라의 동물' 쌓기 놀이 영역 배경자료

그림 8-8 〈숫자풀이〉의 노랫말에 등장하는 실물자료 전시(학부모 참여활동)

4) 심화된 정보제공

진행 중인 학습주제와 관련된 자료나 유아들의 관심주제에 보조적인 정보를 제공하는 자료를 게시할 수 있다.

예를 들어 진행 중인 학습주제가 '숫자' 이고 유아들이 〈숫자풀이〉라는 전래동요를 배웠다면 숫자풀이에 나오는 물건들을 전시하여 흥미를 높이고 여러 가지 물체와 숫자이름에 관심을 갖게 할 수 있다(그림 8-8). 또는 진행 중인 주제가 '공룡' 일 때 유아들이 블록 영역에서 공룡모형을 탐색하면서 구성활동을 해보도록 게시할 수 있다. 또한 유아들

그림 8-9 작은 나무 블록 영역에 보조자료로 게시한 공룡 그림, 과학책, 모형자료

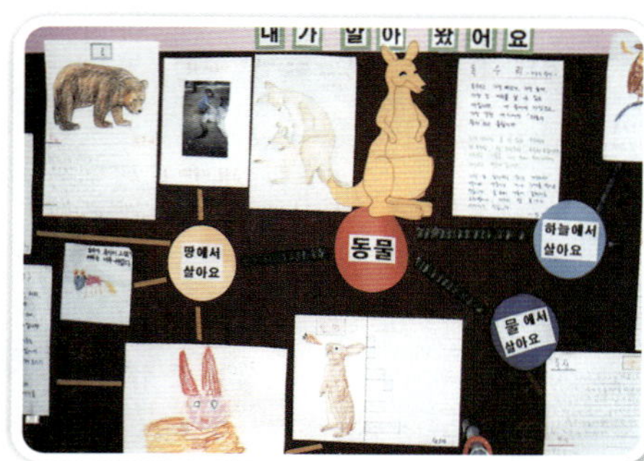

그림 8-10 '유아들이 좋아하는 동물' 에 대해 가정에서 조사해 온 것을 게시한 벽면 게시판

그림 8-11 내가 커서 엄마가 되었을 때의 모습

그림 8-12 자동차와 자전거를 타고 가고 싶은 곳

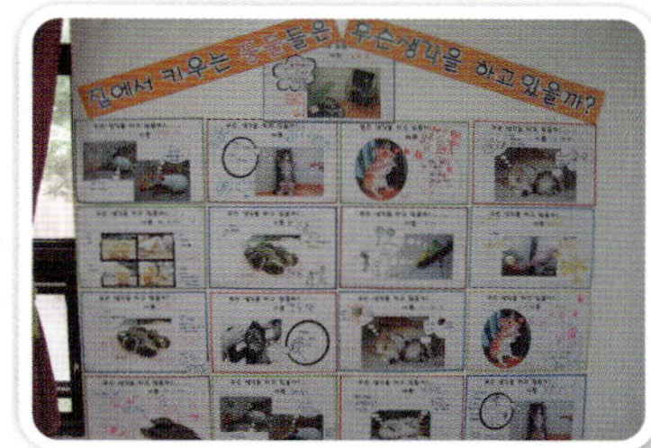

그림 8-13 토론 후 각자의 생각을 적은 기록지

이 공룡을 이용하여 블록구성 활동을 하는 과정에서 공룡에 관한 정보를 수집하고 탐구해 나갈 수 있도록 공룡에 관한 책과 그림자료를 쌓기 놀이 영역 가까이에 게시해 줄 수 있다(그림 8-9). 유아들은 그림자료나 책을 보면서 입체 모형 공룡의 이름과 특성을 알아보기도 하고, 블록으로 공룡이 사는 나라를 만들어 볼 수도 있으며, 블록 영역의 벽면을 교사와 함께 공룡의 세계로 꾸며 볼 수도 있다. 이때 교사는 교사 중심으로 정보를 선정하여 게시판을 제작하기보다는 유아 스스로 궁금한 것을 조사하여 게시하거나, 가족과 함께 알아본 것을 게시하는 기회를 마련함으로써 유아들이 서로의 경험을 공유하도록 계획한다(그림 8-10).

5) 구성원 간의 생각이나 느낌 공유

최근 영유아교육기관에서는 영유아를 일방적인 지식의 수용자가 아닌 지식 구성의 능동적 주체로 인식하고 소집단으로 프로젝트를 진행하고 있으며, 학급 구성원이 공유하는 형태의 활동 전개방법을 많이 사용하고 있다. 게시판은 서로 경험하고 생각한 것을 함께 공유하기 위한 수단으로 활용될 수 있다(그림 8-11~8-13).

6) 일과 관련된 정보제공

학급의 전체 유아들에게 제시되어야 하는 정보나 일과를 원활히 진행하는 데 필요한 정보를 나눌 때 활용할 수 있다(그림 8-14). 날짜 · 생일 · 날씨를 알려 주는 게시판, 출석

그림 8-14 놀이 계획판과 달력, 놀이용 이름표판

그림 8-15 날짜판

그림 8-16 간식 당번 게시판

그림 8-17 출석판

판, 오늘 하루의 일과 순서나 활동 게시판, 오늘의 도우미나 활동 순서가 된 유아를 알려 주는 게시판 등이 주로 사용된다(그림 8-15~17).

이러한 게시판들은 단순히 일과 정보를 제공하는 기능뿐 아니라 영유아에게 하루의 생활을 예측함으로써 안정감을 갖고 지낼 수 있도록 도와주게 된다.

7) 부모용 게시판

부모용 게시판은 행사나 공지사항을 알리는 알림판, 자녀교육과 관련된 지식 · 태도 · 기술 등과 관련된 교육용, 부모와 교사 간의 의사소통용 등으로 활용된다(그림 8-18).

부모용 게시판을 활용할 때는 첫째, 부모를 대상으로 월간일정이나 도서소개, 학부모와 교사 간의 정보교환, 자녀교육에 필요한 정보게시 등에 이용한다. 둘째, 현관이나 교실 출입구 가까이 배치하여 부모가 쉽게 읽을 수 있도록 한다. 셋째, 부모용이므로 명료하고, 간결하며, 정확하게 정보를 주고 받을 수 있는 기능 및 심미성을 고려하여 제작한다. 부모는 영유아와 달리 글자를 통해 정보를 제공받을 수 있으므로 영유아용 게시판을 제작하듯이 그림으로 표현하는 데 많은 에너지를 소모할 필요는 없다.

현관의 학부모 게시판과 부모용 도서

진행된 활동 보고용 게시판

그림 8-18 부모용 게시판

3. 게시판의 제작

게시판이 학습에 효과적으로 이용되려면 게시 목적이나 게시자료의 내용, 제시물의 양, 크기 등을 고려하는 동시에 미적인 구성과 조화를 갖추어야 한다. 게시판을 제작할 때 고려해야 할 제작원리와 게시판을 계획하고 디자인하는 방법, 그리고 적절한 크기와 모양을 살펴보면 다음과 같다.

1) 게시판 제작원리

게시판은 영유아의 흥미를 자극하고 호기심을 불러 일으켜 학습경험에 도움이 되도록

그림 8-19 게시물이 복잡하고 혼란스럽게 게시된 경우

제작되어야 한다. 효과적인 게시판을 만들려면 다음과 같은 점들을 고려해야 한다.

첫째, 영유아가 게시물에 관심을 갖고 흥미롭게 탐색하게 하려면 게시판이 영유아교육기관의 학습주제 또는 영유아의 현재 흥미와 연결되어야 한다.

둘째, 게시판에 게시된 자료의 내용이 하나의 주제로 연결되어야 한다. 한 게시판을 여러 개의 아이디어 또는 여러 개의 주제로 구성하거나 너무 복잡하게 밀집해서 게시하면 오히려 영유아에게 혼란을 초래하게 되며, 학습효과도 떨어진다.

셋째, 전달하고자 하는 메시지를 분명히 하여 영유아가 게시판을 보고 개념, 사실을 알고 아이디어를 얻을 수 있도록 한다. 따라서 간단 · 명료하면서도 의도하는 메시지를 정확히 반영하고 시각적으로 혼란스럽지 않도록 자료를 구성해야 한다.

넷째, 게시판의 제작 및 활용과정에 영유아가 직접 참여할 기회를 제공한다. 게시내용에 따라서는 교사가 능숙한 솜씨로 구성해서 일방적으로 정보를 전달하는 게시판보다는 영유아의 관심 내용을 토대로 교사가 기본적인 형태를 구성하고 영유아와 함께 구성해 나가는 것이 학습효과가 높다. 만 4~5세반 유아들의 경우에는 유아 스스로 게시판을 계획 · 제작할 수 있으며, 이러한 과정은 양질의 능동적인 학습기회를 제공하게 된다(그림 8-20). 2~3세반에서도 교사가 기본 틀을 구성하고 영유아가 첨가하는 형태로 함께 구성할 수 있다. 특히 작품 게시판은 영유아들이 참여하도록 격려하기 용이하다(그림 8-21).

다섯째, 게시판을 미리 완성하여 제시하는 형태뿐 아니라 주제의 흐름이나 영유아의 흥미, 개념이나 아이디어의 전개, 개별 또는 집단활동을 통한 조사하기 등의 방법에 따라

작품 게시판과 준비물

유아가 게시판에 그림을 붙이는 모습

그림 8-20 여러 가지 공을 관찰하고 그린 그림 게시하기

내용을 점차 첨가해 나갈 수 있다.

예를 들어 그림 8-22에서는 유아들이 자신의 동네에 관심을 가지고 동네를 견학하며 사진을 찍어와 게시하였다. 여기에 유아들이 동네 견학 시 또는 등·하원 시 본 여러 기

그림 8-21 마블링 자료를 바닷속 생물로 재구성하여 만든 게시판

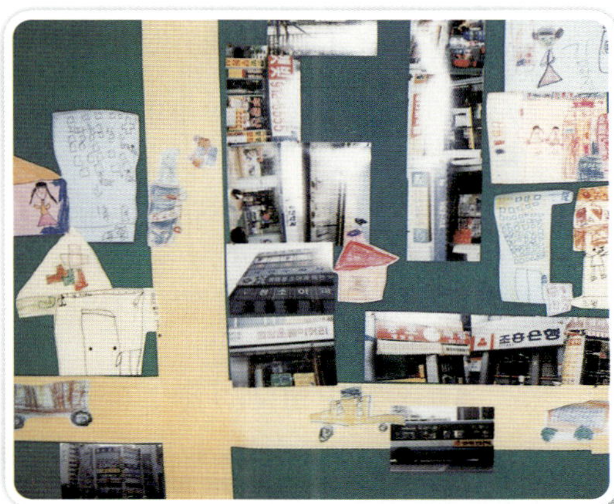

그림 8-22 동네를 돌아보면 찍은 사진과 유아의 그림으로 우리 동네 게시판 만들기

그림 8-23 발바닥 종이에 발로 그린 그림을 길 모양 배경에 붙인 게시판

그림 8-24 유아들이 만든 종이배로 구성한 벽면 게시물

관들을 그림으로 그린 후 게시하여 우리 동네 지도를 구성하였다. 며칠 동안 유아들 스스로 조사하고 자료를 구해 게시판을 구성해 보는 과정을 통해 능동적인 탐구 태도뿐 아니라 자신이 무엇을 알고 싶어 하는지, 그리고 알아낸 것이 무엇인지 더욱 명확히 경험하게 될 것이다. 이는 교사가 미리 완성하여 제시한 게시판보다 유아들에게는 더욱 의미 있는 자료가 될 수 있다.

여섯째, 미적 구성을 고려한다. 게시하고자 하는 자료들의 전체적인 배열, 색상의 조화를 고려하여 자료가 매력적으로 돋보이도록 한다. 발바닥 그림을 길모양 배경 게시판에 붙이거나(그림 8-23), 종이배 접기 작품을 모아 만든 액자는 유아의 작품을 돋보이도록 할 뿐아니라 그 자체로도 멋진 전시물이 된다(그림 8-24).

2) 게시판의 계획 및 디자인

학습과정에서 게시판이 효율적으로 사용되려면 영유아와 의사소통이 잘 이루어지도록 설계되어야 한다. 게시판을 제작하기 위해 고려해야 할 과정은 다음과 같다.

(1) 주제 결정하기

예측되는 학습내용의 흐름이나, 생활주제 등을 고려하여 명확한 목적에 따라 게시판의 주제를 선택한다. 너무 광범위한 주제를 선택하면 통일성 있는 제작이 어렵고 영유아에게 효과적으로 정보를 전달하지 못하므로 단일 주제를 선택하도록 한다. 게시판 주제의 예를 들면 다음과 같다.

- 계절의 변화에 따른 자연환경의 변화나 생활모습(봄, 여름, 가을, 겨울)
- 영유아가 관심을 가진 동물의 생활모습에 관련된 주제
- 지역사회 안의 특정한 공공기관이나 시설
- 명절, 행사와 관련된 주제
- 여러 가지 탈 것과 다니는 길에 관련된 주제
- 여러 가지 운동과 관련된 주제
- 집, 가족, 신체 등과 같이 유아의 생활과 밀접하게 관련된 주제
- 아프리카, 사막, 달 등과 같이 직접 경험하기 어려운 주제 등

위와 같은 포괄적인 주제는 영유아의 흥미, 게시판의 위치, 크기 등에 따라 다음과 같이 더 작은 주제들로 구성되어 개별적인 활동에 이용될 수 있다.

- 우리 집에서 키우는 동물
- 병원에서 하는 일
- 여러 가지 공룡
- 왜 음식을 먹은 후에 뛰어다니면 안 될까(위장이 하는 일)?
- 여러 가지 종류의 집
- 한복을 바르게 입으려면
- 어떻게 나비가 될까?

(2) 세부 내용의 결정

주제가 정해지면 구체적인 자료내용을 결정한다. 예를 들어 동물에 관련된 게시판을 구성할 때 유아교육기관에서 기르는 동물을 중심으로 할지 동물원을 견학할 때 볼 수 있는 동물을 중심으로 구성할지, 동물의 어미와 새끼의 관계에 초점을 둘지, 사는 곳과 먹이에 초점을 둘지 등을 결정한다.

그림 8-25 나비의 성장과정을 나타낸 게시판(과학 영역)

(3) 자료 열람 및 수집

결정된 내용에 적합한 자료 중 현재 구비하고 있는 것은 무엇인지, 제작하거나 수집해야 할 것은 무엇인지 등을 고려한다. 그리고 현재 가지고 있거나 준비할 수 있는 자료를 중심으로 자료의 배치도를 그린다.

(4) 게시판 아우트라인의 구성

게시판에 전시할 수 있는 자료는 그림, 사진, 모빌, 실물, 표본, 지구의, 융판자료 등으로 다양하다. 이들 자료를 어떻게 배치할 것인가, 또 어떻게 만들어 전시할 것인가, 색상은 어떻게 할 것인가 등을 고려하여 스케치한다. 스케치할 때에는 실제 게시판과 같은 비율의 종이에 배열한다. 여러 개를 스케치해 본 후 그 중 가장 바람직하다고 생각하는 것을 하나 선택하여 좀 더 크게 전개하고 구체적으로 계획한다. 또한 게시판을 스케치할 때 다음의 몇 가지 디자인 원리를 알고 이러한 원리를 실제 적용할 수 있어야 한다.

① 간단 · 명료성

게시판은 말을 통한 설명을 대신하는 것이 보통이므로 언제나 전달하려는 내용이 간단 · 명료해야 한다. 여러 가지 다양한 정보를 한꺼번에 자세히 제시하기보다는 중점적인 내용을 간단 · 명료하게 제시하는 것이 훨씬 효과적이기 때문이다.

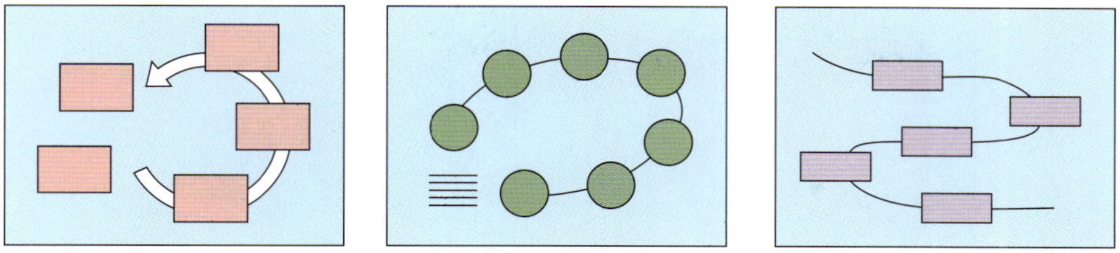

그림 8-26 단일성을 띤 디자인의 예

② 단일성

그래픽 자료의 시각적 요소들이 모두 같은 기능을 발휘할 수 있는 관계에 있을 때 단일성을 가지게 된다. 이러한 단일성은 화살표로 표시하거나 서로 겹쳐 놓는 등 선, 형태, 색, 공간 등을 변경하여 디자인할 수 있다. 흔히 단일성을 띤 디자인 구성 시에는 O형 또는 ㄹ형, Z형으로 배치하는 방법이 많이 사용된다(그림 8-26).

③ 균 형

균형에는 형식적 균형과 비형식적 균형이 있다. 그림 8-27과 같이 형식적 균형은 대체로 가운데 축을 중심으로 양쪽이 대칭이고 정적이며, 비형식적 균형은 가운데 축을 중심으

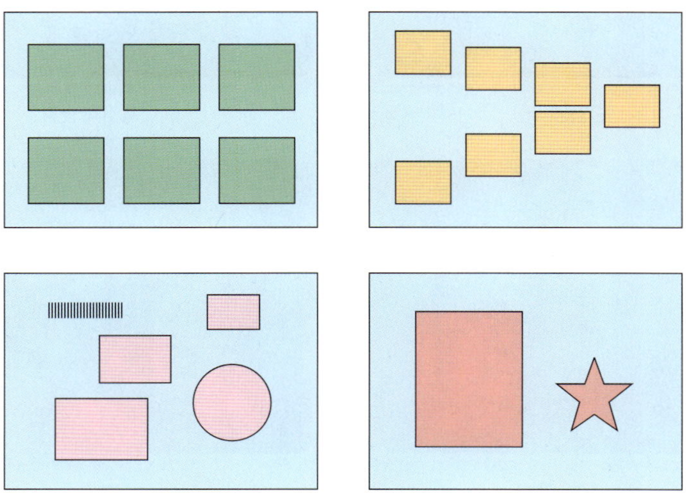

그림 8-27 형식적 균형과 비형식적 균형

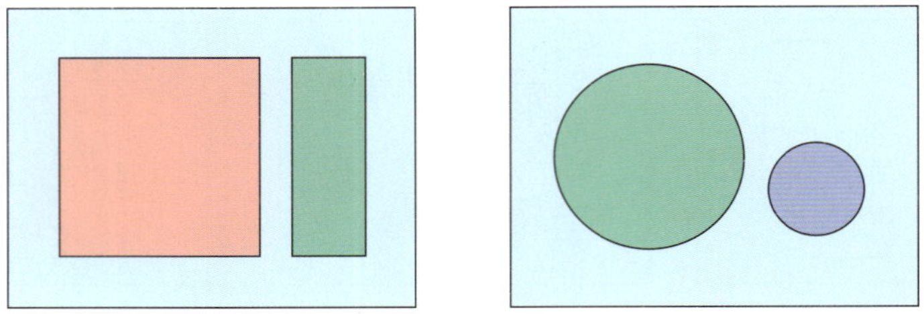

그림 8-28 강조점

로 양쪽이 다르다. 또 각 요소들이 정적이 아닌 가운데 평형을 이루고, 동적이며 보다 주의를 끌도록 배치되므로 디자인하는 사람의 창작력이 요구된다.

④ 강조성

시각자료가 단순하고 단일성이 있어도 흥미나 주의를 끌려면 어떤 한 가지 요소에 강조

단일성

형식적 균형

비형식적 균형

역동성

그림 8-29 여러 가지 디자인의 게시물

점을 두어야 한다. 크기를 다르게 하거나 색, 공간과 같은 시각적 도구를 사용하여 중요한 부분에 강조점을 둘 수 있다. 물론 강조점을 두는 요소는 특별히 주의를 끌어야 할 내용을 선택한다.

⑤ 역동성

게시판은 자칫하면 평면적이며 지루하게 구성되기 쉽다. 게시물의 내용에 따라 정적·동적인 느낌을 줄 수 있는 전시방법을 사용한다. 역동성을 높이기 위해서는 움직이는 자료나 입체자료의 사용, 영유아가 조작하거나 변화시킬 수 있는 자료와 게시방법 선택, 게시판 공간구성의 입체화 등을 고려할 수 있다.

이상으로 몇 가지 디자인의 원리를 살펴보았으며 제작된 사례는 그림 8-29와 같다. 영유아를 위한 게시판 제작에서는 가능한 한 그림이나 모형, 녹음자료 등과 같은 감각적 매체를 중심으로 그 의미전달에 노력하여야 하며, 설명이 필요한 경우에는 꼭 필요한 글자만 쓰는 것이 좋다.

3) 게시판의 크기와 모양

일반적으로 게시판이라고 하면 교실 벽면의 커다란 게시판을 생각하게 된다. 그러나 영유아를 위한 게시판은 영유아교육 프로그램의 특성이나 영유아의 학습 특성을 고려할 때 가능하면 직접 만지고 관찰할 수 있어야 하며, 신체 크기에 적절한 크기와 높이여야 하고 아울러 흥미를 유발시켜야 한다. 따라서 벽면에 높이 걸린 커다란 크기의 네모난 게시판보다는 영유아의 개별 또는 소집단 학습이 일어나는 활동 영역 내에 위치하거나 벽면, 복도, 선반 등의 낮고 쉽게 살펴볼 수 있는 위치에 제시되는 것이 바람직하다.

(1) 게시판의 크기

게시판의 크기는 제시하려는 내용, 교실 공간, 벽면 공간의 형태 등에 따라 다양하다. 교실에서 사용되는 게시판은 하드보드지, 코르크판, 스티로폼, 두꺼운 골판지 등을 이용하여 쉽게 원하는 크기로 만들 수 있다. 벽면에 게시할 경우는 110cm×80cm(전지 한 장 크기), 55cm×80cm 정도의 크기를 많이 사용하며, 영역 내에 게시하는 경우에는 교사와 영유아의 시야를 가리지 않아야 하므로 66cm(낮은 책꽂이 높이) 정도를 넘지 않도록 한다. 작은 자료를 게시할 경우에는 45cm×55cm 크기의 게시판도 사용하기 편리하다. 입체 게시물인 경우에는 책상 1~2개를 이용하거나 바닥 면을 사용하는데, 교실의 크기를 고려할 때 아주 많은 공간을 할애하기는 힘들 것이다. 그러나 운동회나 추석과 같이 여러 반이 공동의 주제에 관심이 있을 때는 복도 같은 공간을 이용하면 보다 넓은 공간에 게시할 수 있다.

(2) 게시판의 모양

게시자료의 특성이나 게시물의 주제에 따라 게시판의 형태를 다양하게 할 수 있다. 여기서는 평면자료를 위한 수직 게시판, 입체물 게시를 위한 수평 게시판, 평면 게시와 입체 게시를 동시에 할 수 있는 게시판, 자연물을 활용한 게시판으로 나누어 자세히 살펴보기로 한다.

① 수직 게시판

게시자료가 평면자료거나 평면에 걸어 제시할 수 있는 입체물인 경우 수직 게시판을 사용한다(그림 8-30). 이동식 게시판, 벽걸이식 게시판이나 가림대, 융판, 교구장 뒷면, 교실이나 복도의 벽면 등을 이용하여 게시할 수 있으며, 삼각대 형태로 만들어 선반이나 교구장에 세우거나 작은 하드보드지에 게시자료를 구성한 후 액자 받침대 등에 세워 놓을 수도 있다.

그림 8-30 벽면을 이용한 게시판

평면자료라 하더라도 영유아들이 게시자료에 보다 흥미를 가지도록 구성할 수 있는데, 몇 가지 방법을 소개하면 다음과 같다.

첫째, 평면그림자료의 게시라도 게시판의 주제에 따라 모양을 다양하게 할 수 있다. 예를 들어 여러 가지 물고기의 사진자료를 게시하고 싶다면 골판지나 스티로폼으로 커다란 물고기 모양판을 만든 후 색지나 한지로 싸서 사용할 수 있고, 주제가 여러 가지 자동차라면 자동차 모양 게시판을 사용할 수도 있다. 둘째, 게시자료 중에 일부분을 가려서 게시 후 유아가 들춰 볼 수 있게 만든다. 예를 들어 '동물들이 우리에게 주는 도움' 을 주제로 한 게시판이라면 해당되는 동물자료가 그려진 곳을 들추면 안에 동물이 주는 생산물(예 : 양털옷, 털장갑)의 그림을 볼 수 있도록 만들 수 있다. 또 나의 성장을 나이테모양책으로 표현하여 순서대로 들춰볼수 있도록 게시할 수 있다(그림 8-31). 셋째, 일부 자료를 유아가 붙였다 떼거나 이동할 수 있도록 만든다. 예를 들어 '동물들은 어디서 살까' 라는 내용의 게시판을 구성하려는 경우 교사는 물, 땅, 하늘에 몇 개의 동물 그림을 그리거나 오려 붙인 후 몇 개는 마닐라지에 붙여 단단하게 만들어 뒷면에 까슬이를 붙여 영유아가 동물이 사는 곳을 생각하며 재구성하도록 만든다. 넷째, 영유아가 일부 자료를 조사하거나 그려서

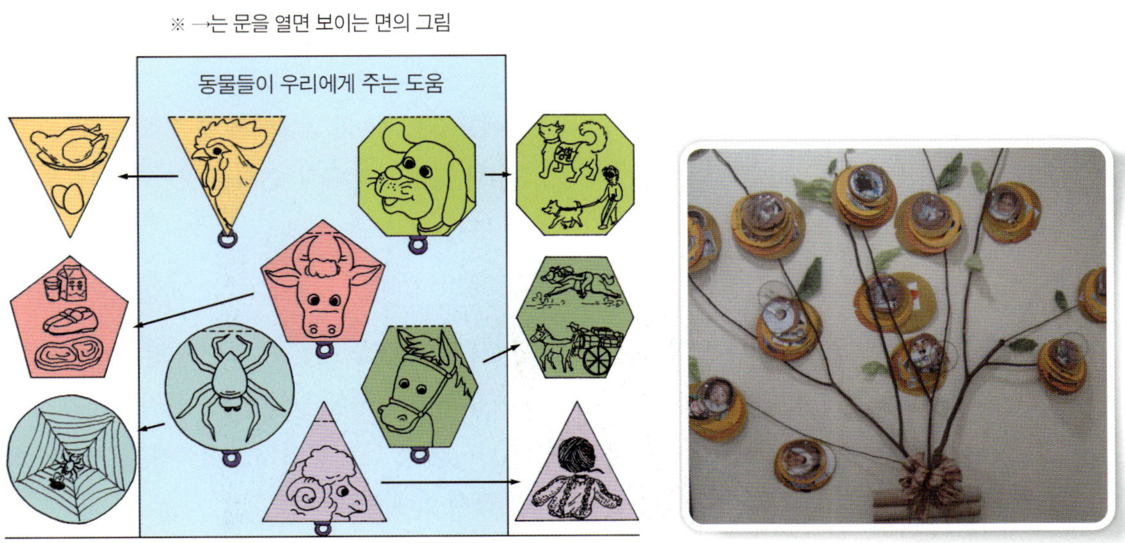

그림 8-31 문을 여닫거나 들춰보는 형태의 게시판

여러 가지 전통놀이(이동식 간이 게시판)

점토로 만든 탈(복도의 창문)

촉감도형(영아반 복도 벽면)

콜라주 작품(이동식 가림판)

그림 8-32 다양한 공간을 활용한 수직 게시판

직접 게시판에 첨가할 수 있도록 만든다. 예를 들어 '우리 동네에서 볼 수 있는 것' 에 관한 게시판에 유아들이 자신들이 본 것, 경험한 것을 그려 붙일 수 있을 것이다. 그림 8-32는 다양한 공간을 활용한 수직게시판의 예이다.

② 입체물 게시를 위한 수평 게시판

게시자료가 실물이나 모형 입체물인 경우에는 입체물을 세울 수 있는 수평 게시판을 활용하는 것이 편리하다(그림 8-33). 가을에 유아들이 수집한 열매들을 플라스틱 접시에 담아 한 책상에 전시하거나 유아들이 점토나 상자로 만든 모형물을 책상에 전시하는 것, 여러 가지 기계류를 분해하여 전시하는 것 등이 이에 해당된다.

그러나 수평 게시판을 단순히 올려놓는 용도로만 사용하기보다는 자료의 내용에 따라 적절하게 공간을 구성하면 더욱 효과적으로 자료들을 게시할 수 있다. 예를 들어 유아들

그림 8-33 수평게시판에 전시한 입체자료(좌 : 솟대, 우 : 상자로 만든 집)

이 상자로 만든 여러 가지 집을 게시하려는 경우 게시판에 건물을 놓을 수 있는 공간, 도로, 공원 등으로 나누어 밑그림을 붙여 놓으면 유아들은 자신이 만든 집을 적절한 공간에 배치하고 사람이나 나무들을 더 만들어 구성해 보려는 동기를 가질 수 있다. 여러 가지 동물모형을 게시하려는 경우 과학 영역의 게시공간을 사용할 수도 있지만, 모형을 이용하여 유아들이 블록을 구성해 보도록 조성하려한다면 블록 영역에 게시공간을 마련해줄 수 있다. 이렇게 하면 유아들이 모형을 게시판에 놓고 관찰하기도 하고 꺼내어 블록구성에 사용할 수도 있다. 이때 벽면에 동물그림을 게시하거나 책을 한쪽에 게시해주어 유아들의 놀이가 더욱 심화되도록 돕는다.

대형 입체물의 경우 교실에 전시할 수 도 있으나 복도나 현관에 전시하여 다른 유아들과 함께 볼 수 있다(그림 8-34).

③ 수평 · 수직면을 활용한 게시판

게시자료가 평면자료와 입체물인 경우에는 수평 · 수직면을 모두 활용하는 게시판을 준비한다. 이때 게시자료의 내용과 게시공간, 입체자료의 크기나 무게 등에 따라 게시하는 방법을 적절히 고안해야 한다.

그림자료와 입체 모형물들을 함께 게시하려면 그림자료 옆에 작은 선반들을 만들어 게시하여도 좋을 것이다. 좀 더 커다란 게시물인 경우 L자형 게시판의 바닥 면에 입체물을 게시하고 수직면에는 평면자료를 게시할 수 있다(그림 8-35, 그림 8-36).

그림 8-34 대형 게시물의 전시(좌 : 아프리카 조각품, 우 : 공룡)

게시내용을 더욱 강조하고 싶으면 입체모형 게시판을 사용할 수 있다. 예를 들어 우주선에 관한 자료를 게시하고자 할 때 두 개의 골판지나 스티로폼, 폼보드를 이용하여 그림 8-37과 같이 우주선 모양으로 잘라 엇갈려 끼운 후 만들어진 네 개의 공간과 바닥에 자료를 게시하면 된다. 이때 나누어진 공간에 '우주인은 우주선 안에서 어떻게 생활할까', '여러 가지 우주선', '우주선이 찍은 사진들', '우주선 조종사가 되려면…' 등과 같은 몇

그림 8-35 '공룡'에 대한 그림자료와 종이모형을 게시한 L자형 게시판

그림 8-36 세계 여러 나라의 전통의상 그림자료와 세울 수 있는 인형을 함께 제시하여 입체 인형을 꺼내서 놀이할 수 있도록 게시한 예

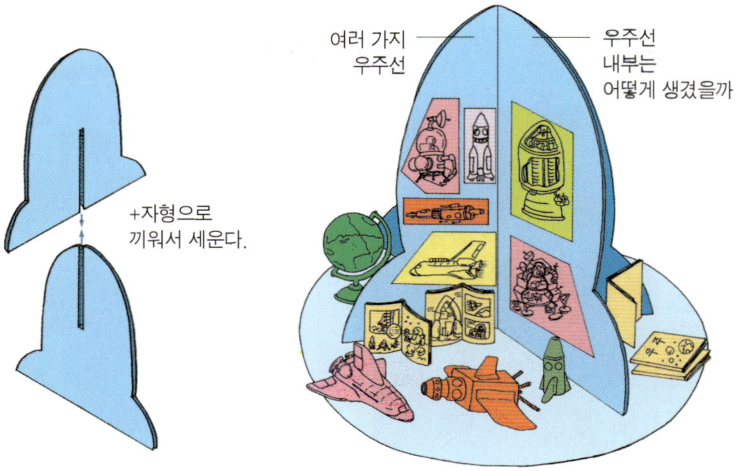

그림 8-37 우주선 모양 게시판

그림 8-38 물놀이대 위에 게시한 '바다에 사는 생물' 그림자료와 모형

개의 소주제로 나누어 게시하는 것도 효과적이다. 우주선 이외에도 교사와 유아의 아이디어에 따라 나무, 집모양 등의 게시판을 만들 수도 있다.

그림 8-38은 물놀이대에 바다에 사는 생물들의 플라스틱 모형을 게시하고, 그 위에 L

그림 8-39 탈것이 다니는 길(하늘, 도로, 바다)

그림 8-40 갯벌에 사는 생물(표본 이용)

자형 게시판을 구성하여 그림자료를 게시하였고, 그림 8-39는 탈것이 다니는 길을 입체물과 함께 게시하며 수상 교통 부분은 수조에 물을 채워 역동적으로 표현하였다. 그림 8-40은 갯벌에서 생태를 표현하기 위해 실물조개껍질로 갯벌의 위와 내부를 표현하였으며 활용하기의 그림은 그림자료와 함께 바다 생물모형과 모래놀이 상자를 함께 제시한 예이다. 이와 같이 여러 가지 주제의 게시판을 창의적인 방법으로 구성하여 학습효과를 높이도록 한다.

④ 자연물 배경 판이나 모빌을 활용한 게시판

자료의 성격에 따라 부착하는 것보다 모빌 형태로 게시하는 것이 더 어울릴 수도 있다. 여러 가지 비행기나 우주의 별, 곤충, 새 등은 공간적으로 하늘에 있는 것이 어울린다(그림 8-42). 또 나뭇가지나 휘어지는 철사 등과 같이 선을 많이 사용하거나 빛이 투사되는 재료도 모빌로 게시하면 적절하다.

일상의 자연물도 좋은 배경판이 될 수 있다. 마당의 나무에 유아들이 쓴 카드나 장식물을 게시하는 것, 낡은 그물을 펼쳐 걸고 여러 가지 바다생물이나 환경오염 관련 게시물을 전시하는 것이 그 예이다. 스웨터나 옷감 위에 여러 가지 장신구나 단추를 전시하거나 바구니 위에 곡식을 전시하는 것도 잘 어울린다. 그림 8-43은 문발(좌), 나뭇가지(상), 김

활용하기

바다는 어떤 모습일까

- **주제** : 바다, 물고기
- **활용목적** : 바다에 사는 생물에 관심을 가진 유아들에게 바다생물에 대한 정보를 제공하고 여러 가지 그림이나 모형을 탐색해보게 할 수 있으며, 모형자료를 이용하여 이야기를 꾸며보도록 한다.
- **게시 영역** : 과학 영역
- **교사의 사전준비**

  ① 수직 게시판을 바다모양으로 꾸미고 여러 가지 물고기의 그림이나 사진을 게시한다.
  ② 바닥면에 모래상자를 만들어 바다생물의 모형을 제시한다.
  ③ 게시판 가까운 책상에 책, 엽서, 확대경, 표본 등을 두어 탐색해 보도록 준비한다.
- **활용방법**

  ① 게시판을 관찰하고, 바다생물 모형을 만져보고 탐색하여 이름과 생김새를 비교해 본다.
  ② 과학책이나 사진, 그림자료를 보며 바다생물의 특성에 대해 알아본다.
  ③ 유아들이 알아보고 싶은 것에 대해 조사하여 함께 게시한다.
  ④ 미술 영역에서 바다생물의 그림이나 모형을 만들어 게시판에 첨가한다.
  ⑤ 유아들이 관찰한 것, 조사한 것에 대해 모임시간에 다른 유아들과 이야기를 나눈다.

그림 8-41 '바다는 어떤 모습일까?' 게시판과 보조자료의 배치

그림 8-42 모빌형태의 게시물 '하늘을 날아다니는 탈 것' 과 유아들이 만든 '솔방울 새'

발(하)을 활용한 게시물이다. 이와 같은 생활용품이나 자연물은 주제와 잘 어울리는 소재를 선택하면 친숙하면서도 주제에 대한 동기유발과 환경조성의 역할도 할 수 있다.

그림 8-43 나뭇가지, 문발 등을 활용한 게시자료

입체교수매체

입체교수매체는 평면자료와는 달리 길이, 넓이, 두께로 이루어진 3차원의 공간을 차지하는 자료로 오감각을 이용하여 탐색, 탐구, 활용할 수 있는 영유아의 교육자료로 폭넓게 활용되고 있다. 영유아들은 입체자료를 이용하여 구체적이고 직접적이며 감각적인 경험을 함으로써 환경을 탐색하고 사물의 특성을 파악하며 새로운 경험이나 정보를 습득한다.

영유아를 위한 입체교수매체에는 일반적으로 일상생활에서 사용되는 물건이나 자연물 등의 실물(realia)과 이의 일부를 활용한 표본(specimen), 실물을 본떠 만든 모형(model), 실세계나 상상의 세계를 확대 또는 축소한 디오라마(diorama) 로 구분된다. 이에 대한 자세한 내용을 살펴보도록 하자.

1. 실물

실물은 기존의 물체 그 자체를 의미하며, 학습상황에서 사용되는 실제 사물들이 포함된다. 예를 들어 어항 속의 금붕어나 올챙이, 병아리, 동물원의 코끼리, 거북과 계절마다 볼 수 있는 꽃, 자동차 등과 같이 영유아들의 일상생활에서 접할 수 있는 것들이 이에 속하며, 옛날 사람들이 사용했던 도구나 옷, 신발 등의 물건과 문화재도 이에 포함된다. 실물을 통한 학습은 영유아들에게 실제적이고 구체적인 경험을 제공할 뿐 아니라 오감각을 통한 직접적인 경험을 제공한다는 점에서 큰 가치가 있다.

1) 특성 및 제한점

영유아들은 오감각을 사용하여 실물자료를 직접 관찰·탐색하는 과정에서 보다 많은 개념들을 학습할 수 있다.

(1) 특 성

입체교수매체 중 실물의 특성은 다음과 같다.

첫째, 감각적인 경험을 제공할 수 있다. 영아뿐 아니라 유아들도 오감각을 활용한 학습을 경험하면서 실제적인 개념들을 형성할 수 있다. 예를 들어 솜과 모래종이를 번갈아 만져보면서 부드럽고, 거친 느낌의 차이를 이해할 수 있으며, 여러 가지 과일이나 음식의 맛을 보면서 달콤하고, 새콤한 맛 등을 알 수 있다.

둘째, 생생하고 구체적인 학습의 경험을 제공한다. 실물을 이용한 학습을 할 때에는 자연 상태나 본래의 모양대로 관찰하거나 조작이 가능하기 때문에 보다 구체적인 상황에서 개념이나 아이디어를 얻을 수 있으며 어휘를 발달시킬 수 있다. 예를 들어 영아의 경우 그림카드를 보면서 과일의 이름을 익히는 것보다는 과일을 직접 보고 만지고 먹어보면서 과일의 이름을 익히는 것이 보다 더 구체적이며, 실제적인 학습이 될 수 있다. 유아의 경우에는 과일의 형태나 색을 비교하고 자르는 방향에 따라 다른 형태의 과일 속을 비교해 보는 활동을 할 수 있다.

셋째, 사물에 대한 심도 있는 지각을 하면서 개념을 습득할 수 있다. 예를 들어 영유아에게 그림자료 '공'을 보여 주는 것보다 여러 종류의 공을 제공하여 스스로 만져보고 굴려보도록 하는 과정에서 공의 형체와 특성을 파악할 수 있다.

넷째, 관찰능력과 탐구능력을 신장시킬 수 있다. 영유아들이 주변에서 볼 수 있는 것들을 수집하고, 그것이 무엇인지를 알아보는 경험들이 누적되면서 영유아들은 자신의 주변에 있는 돌, 개미, 나뭇잎, 꽃의 변화 등에 대해 민감하게 반응하게 되고 관찰능력을 증진시킬 수 있다. 또한 직접 병아리나 올챙이를 기르거나, 씨앗을 심어서 변화과정을 확인하고 기록하거나, 자석을 가지고 자석에 붙는 물체를 알아보고 찾아내는 경험 등을 하면서 탐구하려는 태도가 형성될 수 있다.

(2) 실물의 제한점

실물은 다음과 같은 제한점을 갖는다.

첫째, 시간의 제한을 받는다. 과거에 살던 공룡이나 올챙이, 여치, 꽃 등과 같은 자연물은 그 계절이나 시기가 지나면 유아들이 관심이 있다고 해도 관찰하거나 키우기가 곤란하다. 따라서 교사는 주변환경을 민감하게 관찰하고 영유아들이 주변환경에 관심을 가질 수 있도록 해야 할 것이다.

둘째, 공간적인 제한을 받는다. 바다에 사는 고래나 하늘을 날아다니는 비행기, 수원에 있는 화성이나 경주에 있는 첨성대를 교실에 갖다 놓고 관찰하거나 조작하기는 힘들다. 그러나 유아들이 이러한 것에 관심을 갖는다면 교사가 견학을 계획하여서 유아들이 직접 보고 관찰하거나 조작해 보도록 배려할 수 있다.

2) 실물의 활용

영아들은 오감각을 이용하여 실물의 명칭을 언어화시키며 물체 간의 차이를 비교하고 느껴볼 수 있다. 유아들은 실물을 수집하기도 하고, 오감각을 이용한 관찰과 조작 활동을 한 후 토의하고 일반화시키는 과정에서 새로운 정보와 지식을 구성할 수 있다. 영유아교육 현장에서 실물은 자유선택활동이나 대 · 소집단활동, 견학 등의 활동에서 다양하게 활용될 수 있으며 주제와 관련하여 관찰자료나 활동자료로 제공할 수 있다.

(1) 자유선택활동 시간

① 감각탐색 영역/수 · 과학 영역

영아를 위한 감각탐색 영역에는 수 세기, 크기나 길이 비교하기, 색깔이나 촉감 비교하기 등의 활동 등을 할 수 있는 자료들을 제공할 수 있다(그림 9-1). 이때 제공하는 실물은 오감각을 활용하면서 입에 넣고 빨거나 던져도 안전한 것으로 한다. 예를 들면 각종 콩류, 단추 등의 실물은 영아들이 입이나 코에 넣을 수 있으므로 이들 자료는 영아보다는 유아들에게 더 적절하다.

감각 판 : 발로 느껴요　　　　촉감과 크기가 다른 공들

그림 9-1 영아들에게 제공할 수 있는 실물들

유아들에게 제공될 수 있는 실물은 유아들이 수집할 수 있으며 관찰하기, 비교하기, 수 세기, 기록하기, 토의하기, 측정하기 등의 학습활동을 이끌 수 있는 것으로 제공한다(그림 9-2).

금붕어, 토끼 등의 애완동물과 여러 가지 식물들은 영유아들에게 동·식물을 사랑하고 보호하는 방법을 배울 수 있는 기회를 제공한다. 특히 유아들에게는 동·식물의 성장과정을 위해 필요한 것들을 알아보고, 모양을 관찰·비교하며 기록하는 과정에서 과학적 탐구 능력을 증진시킬 수 있다(그림 9-3). 또한 동화에 등장하는 인물이나 사물을 제공하여 영

그림 9-2 수집한 여러 가지 돌 : 유아들이 크기를 정하고 이름을 지어 줌

표 9-1 탐색 영역/수 · 과학 영역에 영유아들과 함께 수집하거나 교사가 제공할 수 있는 실물의 예
(*은 유아에게만 해당되는 자료)

주 제	실 물
동 물	올챙이, 병아리, 오리, 토끼, 거북, 금붕어 등
식물 또는 계절	각 계절에 피는 꽃, 유아교육기관 주변에 있는 나무, 각종 씨앗*, 계절 과일과 채소, 곡식*, 나무 껍질, 각종 나뭇잎, 각종 콩* 등
곤 충	개미, 여치, 풍뎅이, 귀뚜라미, 콩벌레* 등
기계와 도구	유아들이 분해해 볼 수 있는 고장난 전화기와 시계*, 조형 영역에서 사용하는 가위 등의 각종 도구, 각종 연장, 녹음기 등
우리나라(옛날 물건들)*	항아리, 호롱불, 짚신, 갓, 키, 복조리, 박, 곰방대 등
기 타	크기나 무게, 길이를 비교하고 측정할 수 있는 물체들, 다양한 크기와 모양의 단추나 구슬*, 다양한 모양의 자석*, 확대경*, 《아기돼지 삼형제》, 〈숫자풀이〉와 같은 이야기나 노래 · 동시에 등장하는 물건들, 여러 가지 공 등

유아들이 만지거나 비교해 보고 느낌을 말하거나 기록해 보도록 하면 막연히 알고 있던 추상적인 개념을 사실적이고 구체적인 개념으로 받아들일 수 있다(그림 9-4).

요리하기 활동에서 이용되는 여러 가지 음식들과 플라스틱 칼(유아), 도마 등의 도구들은 모두 실물에 속한다. 유아들은 실제로 요리를 하면서 음식의 맛을 느끼고 각 재료가 갖고 있는 물리적 특성을 알 수 있으며 요리하기 전과 후의 변화과정을 알 수 있다. 또한

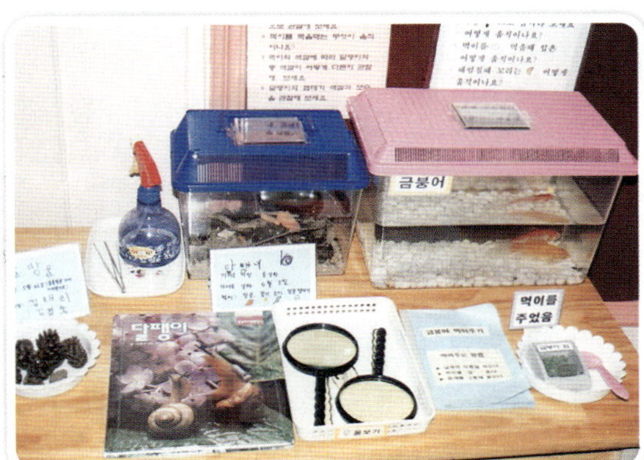

그림 9-3 과학 영역에 제공할 수 있는 실물들

그림 9-4 아기돼지 삼형제가 지은 집의 재료들

그림 9-5 가정놀이 용품들

요리에 사용되는 여러 가지 도구나 기계 등을 직접 다루어 보면서 안전하게 사용하는 방법도 터득하게 된다. 표 9-1은 영유아들에게 주제와 관련하여 제공할수 있는 실물의 예이다

② 역할놀이 영역

역할놀이 영역에 제공되는 여러 가지 옷, 전화기, 구두, 가방, 보자기 등의 실물은 영유아들이 역할을 수행하고 가작화하는 데 이용된다. 특히 실물표시자의 속성에 의존하여 가작화 놀이를 하는 영아들에게 실물은 실제적인 상황적 맥락에서 역할놀이를 할 수 있도록 도와준다. 예를 들어 엄마나 아빠 놀이를 하면서 휴대폰으로 전화를 거는 척하면서 친구를 초청할 수 있으며, 아빠처럼 넥타이를 매고 면도하는 흉내를 낼 수 있다. 역할놀이 영역에 제공될 수 있는 실물의 예는 다음과 같다.

- 가정놀이 용품 : 고장 난 드라이어기, 전화기, 카메라, 면도기, 휴대폰, 젖병 등(그림 9-5, 9-6)
- 종류별 옷 : 한복, 양복, 치마, 드레스, 의사 가운 등
- 기타 : 넥타이, 스카프, 신발, 구두, 가방, 모자, 빗, 보자기, 나뭇가지, 나뭇잎 등

③ 음률 영역

악기는 소리를 탐색하고, 리듬감을 길러 줄 수 있는 실물이다. 여러 가지 소리를 낼 수 있는 물체들도 영유아들에게는 훌륭한 악기가 될 수 있다. 예를 들어 그림 9-7과 같이 냄비, 깡통, 플라스틱통들을 매달아 놓고 막대로 두들겼을 때 나는 소리들을 탐색할 수 있으며, 비 오는 날 떨어지는 빗방울 소리에 어울리는 리듬을 만들어 볼 수도 있다.

영아에게 제공되는 악기는 유아들보다 좀 더 신체적인 요인과 악기를 다룰 수 있는 능력

그림 9-6 휴대폰으로 전화하는 영아모습

그림 9-7 여러 가지 통을 이용한 악기

등을 고려하는 것이 바람직하다. 예를 들면 실로폰의 경우 유아들에게 제공되는 것보다 음계의 수가 적은 것으로 제공하면서 실로폰 채도 길이가 짧은 것으로 선택할 수 있다(제4장 5. 활동영역에 따른 분류 중 음률 영역 참조). 그림 9-8은 제작하여 제공할 수 있는 영아용 소리탐색 악기들이다.

④ 조형 영역

조형 영역에서 영유아들은 다양한 물체를 가지고 그림 그리기, 구성하기, 콜라주 등의 활동을 할 수 있다. 이때 영유아들이 사용하는 자연물(나뭇잎, 나뭇가지 등), 노끈, 털실, 헝겊, 상자, 플라스틱 통, 풀, 투명 테이프 등은 모두 실물이라 할 수 있으며, 유아들은 이러한 자료를 탐색하고 활용하여 창의적인 표현을 하게 된다.

그림 9-8 교사가 제작한 영아용 악기들

(2) 집단활동 시간

① 이야기 나누기

영유아들이 집에서 가져온 물건이나 자유선택놀이 시간에 알아낸 것들을 다른 유아들에게 보여 주면서 이야기를 나눌 수 있다. 예를 들어 주말에 가족과 함께 등산을 가서 주워 온 돌이나, 과학활동 영역에서 몇몇의 유아들이 완두콩에 대해 알아낸 것을 다른 유아들에게 이야기할 수 있으며, 실외 놀이를 하면서 발견한 개미에 대해서 이야기를 나눌 수 있다. 실물의 크기가 작은 것은 유아들이 자유선택놀이 시간에 충분히 탐색하고 관찰하며, 조작했을 때의 변화를 발견한 후 대집단이나 중집단으로 그룹을 구성하여서 이야기 나누기를 하도록 한다.

② 견 학

견학을 하며 시·공간적인 제약으로 교실의 현장에 갖다 놓을 수 없는 것들을 영유아들에게 관찰할 기회를 제공할 수 있다. 예를 들어 코끼리, 사자, 거북 등의 동물, 비행기, 소방차 등의 여러 가지 탈 것들, 가마, 솥 등 과거에 사용하던 도구 등 시·공간의 제약상 영유아의 교실에 갖다 두기 어려운 것들은 주제와 관련한 현장학습을 하여 영유아들이 직접 관찰하거나 조작하도록 배려함으로써 보다 구체적이고 생동감 있는 학습이 될 수 있다(그림 9-9).

그림 9-9 견학 시 거북의 등을 만져보는 유아들

그림 9-10 딱따구리가 곤충을 잡아먹기 위하여 파놓은 나무 구멍 관찰하기

그림 9-11 나무의 겨울 눈 관찰하기

우리나라는 사계절의 변화가 뚜렷하여 계절에 따라 자연환경도 변화한다. 이에 공원과 같은 영유아교육 기관주변의 내의 자연환경과 인근 숲은 유아들의 관찰, 탐색, 탐구하는 능력을 증진시키고 자연의 변화에 따른 사람과 동식물의 생활에 대한 이해 능력을 증진시킬 수 있는 실물자료라 할 수 있다(그림 9-10, 9-11).

(3) 동·식물 키우기

영유아교육기관에서의 동식물 키우기 활동은 인간과 자연의 순환관계에 대한 이해를 도모할 수 있는 실물을 활용한 생태교육이라고 할 수 있다. 토끼, 닭, 기니아피그, 달팽이, 물고기, 잉꼬 등은 영유아에게 친숙하여 교실이나 실외에서 키우기에 적절하다. 유아들은 봄에 씨앗과 모종심기를 하면서 날씨의 변화에 따른 사람들의 활동과 자연의 변화에 관심을 가질 수 있다. 그러나 씨앗심기는 일정한 기간을 기다려야 싹이 나오기 때문에 영아들보다는 4세 이후의 유아들에게 적절한 활동이다. 하지만 상추, 쑥갓 등의 모종은 심은 후 어느 정도 성장하면 유아들이 직접 따거나 교사가 따는 것을 볼 수 있으므로 2세의 영아들에게도 적절한 활동이 될 수 있다(그림 9-12).

그림 9-12 상추 모종 후 관찰, 물주기, 뽑기

또한 만 5세 유아의 경우 여름방학 후에 무 씨앗심기를 한 후 성장과정을 관찰하고 가꾼 후 뽑아서 김장하기 활동으로 연결할 수도 있다.

3) 활용 시 고려할 점

교사는 실물을 이용하여 영유아들이 어떤 개념을 학습할 것인가, 어떤 장면을 관찰하게 할 것인가 등을 교육목표와 관련하여 고려해야 한다. 이를 구체적으로 살펴보면 다음과 같다.

첫째, 적합성 여부를 고려한다. 실물이라고 다 좋은 자료는 아니므로 실물자료 사용 시 위험한 요소가 있는 것, 공룡이나 문화재처럼 시·공간의 제약으로 영유아들에게 보여주기 힘든 것은 그림자료와 모형을 활용하는 것이 더 효과적일 수 있다. 동·식물을 키우는 경우 알레르기나 전염병 예방은 철저히 하여 영유아의 건강을 해치지 않아야 한다.

둘째, 실물의 특성이 잘 나타나도록 제공한다. 예를 들어 유아나 교사가 수집한 조개껍질을 단순하게 그릇에 담아서 책상에 놓기보다는 유아들이 바다를 연상할 수 있도록 배경을 만들고 모래를 준비하여 그 위에 올려놓은 후, 갖고 온 유아의 이름, 주워 온 곳, 갖고 온 날짜를 유아가 적도록 도와주고, 보다 세밀히 관찰할 수 있도록 확대경과 함께 관찰할 내용을 제공해 준다.

셋째, 효과적인 자료로 활용할 수 있도록 한다. 예를 들어 극화활동 영역에 드라이어기와 면도기를 제공할 경우 가동되지 않는 것을 확인을 하여 유아들이 다치는 일이 없도록 하며, 과학활동 영역에서 자주 사용하는 확대경은 그것을 세워서 보관할 수 있는 상자가 없다면 아우트라인을 그려서 접시에 담아 제공하면 유아들이 자료를 효과적으로 이용할 수 있다.

넷째, 다른 매체와 함께 병행하도록 한다. 실물의 제시와 함께 관련된 책, 화보, 그림, 녹음자료, 게시판 등의 자료들을 함께 활용한다면 활동이 좀 더 심화될 수 있다. 또한 실물의 크기가 작거나 좀 더 자세하게 관찰하고자 할 때에는 확대경을 이용할 수 있으며, 소수 유아들의 경험을 대집단 유아들과 함께 공유하고자 할 때에는 실물화상기를 이용할 수 있다.

다섯째, 동·식물을 키우면서 이러한 것들을 사랑하는 마음을 갖도록 한다. 영유아들에게 제공되는 실물 중에는 동·식물의 종류가 많으므로 유아들이 직접 키우면서 과학적 지식이나 개념의 형성과 더불어 이들을 보호하고 사랑하는 마음을 갖도록 하는 것이 중요하다. 또한 교사도 학습을 위해서 자연을 훼손하는 일이 없도록 해야 한다. 영유아들과 함께 봄이나 가을, 동산을 견학하면서 땅에 떨어진 꽃잎이나 낙엽을 수집하거나 유아들이 잡은 곤충이 잘 살 수 있도록 환경을 마련해 주고 키워 보도록 하거나 활동을 마친 후 잡았던 곳으로 다시 놓아 준다면 영유아들은 동·식물을 사랑하고 보호하는 마음과 자세를 형성하게 된다.

2. 표 본

표본(specimen)이란 실물의 모습을 그대로 유지하도록 인위적인 가공을 한 것으로, 물체의 전부일 수도 있고 부분일 수도 있다. 동·식물표본, 곤충표본, 광물표본, 생산품표본 외의 박제한 새, 곤충의 표본과 알코올 병에 담겨져 있는 물고기 등이 이에 속한다. 그림 9-13은 조개표본의 예이다.

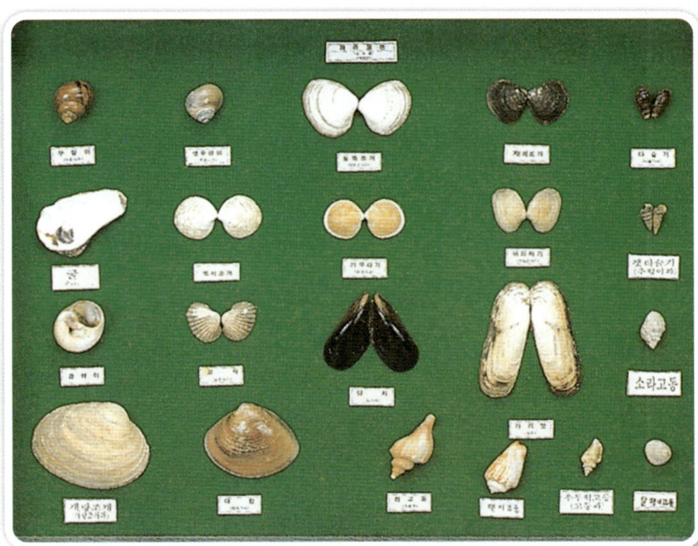

그림 9-13 조개표본

1) 특성 및 제한점

인공적으로 가공한 표본은 시각적으로 실감이 나기 때문에 유아의 흥미를 불러일으키고 관찰능력을 증진시켜 그림을 통해서 보는 것보다는 생생한 경험을 제공한다. 그러나 표본은 생물체를 자연 상태에서 벗어나서 인위적으로 처리한 것이기 때문에 영유아들에게 생명체에 대한 혐오감이나 공포감을 줄 수 있으며 자연물을 다루는 것에 대한 잘못된 생각을 갖게 할 수 있다. 이에 교사는 표본의 특성 및 제한점을 잘 파악하여서 활용해야 한다.

(1) 표본의 특성

표본은 다음과 같은 특성을 갖는다.

첫째, 장시간의 관찰이 가능하다. 예를 들어 영유아들이 주워온 꽃잎은 시간의 경과에 따라서 모양이나 색이 변하기 때문에 하루나 이틀 정도의 관찰로 그칠 수 있으나, 가공한 여러 가지 꽃잎의 표본들은 변함이 없기 때문에 장기간의 관찰이 가능하다.

둘째, 구체적인 학습의 기회를 제공할 수 있다. 표본은 구체물이기 때문에 그림이나 사진자료를 제공할 때보다 유아들에게 구체적인 학습의 기회를 제공할 수 있다. 특히 동·식물이나 광물의 특징들에 대해서 세부적인 사실을 알아낼 수 있다.

셋째, 비슷한 사물 간의 비교를 가능하게 해준다. 유아들은 꽃, 조가비, 우표, 동전 등의 여러 가지 물체를 수집하기 좋아한다. 유아들이 수집한 것들을 표본으로 만들어서 같은 것끼리 모으고 특성이나 유사점, 차이점 등에 관하여 토의하면서 사물들을 비교할 수 있는 기회를 제공할 수 있다.

(2) 표본의 제한점

표본의 제한점은 다음과 같다.

첫째, 동적인 움직임을 볼 수 없다. 예를 들면 나비나 개구리, 새 등의 동물의 움직임이나 바람의 방향 및 세기에 따라 달리 움직이는 나뭇잎의 동적인 모습을 자세하게 관찰할 수 없다.

둘째, 사실적인 느낌이 적다. 표본은 세밀히 관찰할 수 있는 장점이 있으나 실제 현장에서 떨어져 있기 때문에 사실적인 느낌이 덜하다. 예를 들어 유아들이 개미의 표본을 관찰하는 것보다 실제로 개미를 기르고 먹이를 주면서 움직임이나 특성을 알아볼 때 좀 더 사실적인 학습을 할 수 있다.

셋째, 수동적인 학습이 될 수 있다. 올챙이에서 개구리가 되기까지의 성장과정을 보여 주는 표본, 알에서 나비가 되기까지의 변화를 보여 주는 표본의 경우 유아들이 성장과정을 한 눈에 보게 한다는 장점이 있으나, 이는 시각적인 제시물로 그칠 수 있기 때문에 실제로 올챙이의 움직이는 모습을 보거나 뒷다리가 나오고 꼬리가 서서히 들어가는 과정을 관찰하고 기록하기, 먹이 주기, 개구리가 될 즈음해서 환경 변화시켜 주기 등의 활동들은 할 수 없으므로 직접 올챙이를 키울 때보다 수동적인 학습자가 되기 쉬우며 유아들의 활동이 시각적인 관찰로 그칠 수 있다.

2) 표본의 활용

영유아들은 표본의 제작과정이나 목적을 이해하기 힘들기 때문에 동물·곤충·식물표본을 이용하고자 할 때에는 교사가 숙고할 필요가 있다. 또한 표본은 영아들보다는 유아에게 제공하는 것이 더 바람직하다. 왜냐하면 영아시기에는 단순 관찰만 이루어질 수 있는 표본을 제공하는 것보다는 관찰·탐색하고 오감각을 활용하여 지각·인지할 수 있는 실물을 제공하는 것이 학습효과를 더 올릴 수 있기 때문이다. 유아기에는 동식물에 대한 과학적 지식을 보다 많이 형성하는 것보다는 생명을 존중하고 동물을 사랑하는 태도를 형성하며, 환경을 보호하려는 마음을 우선적으로 갖게 하는 것이 더 중요하다. 따라서 영유아교육기관에서는 동물이나 곤충의 표본보다는 식물이나 광물, 우표, 그림엽서 등의 사물을 표본으로 활용하는 것이 바람직하다. 식물표본을 만들 때에는 유아들과 함께 견학할 때 주워온 꽃잎이나 나뭇잎 등을 이용할 수 있다. 유아들이 자신이 직접 주워온 꽃잎이나 나뭇잎을 보존하고 싶어할 때에는 책갈피에 넣어서 잘 말린 후 교사가 코팅을 해줄 수 있다. 이렇게 코팅한 꽃잎이나 나뭇잎들은 계속 과학활동 영역에 놓고 관찰·비교할 수도 있으며, 목걸이를 만들거나 교실의 창문에 붙여서 환경을 꾸밀 수도 있고 게시자료로 활용할 수도 있다(그림 9-14). 또한 유아들의 경우 우체국놀이를 하면서 우체국을 견학하고, 편지를 써서 부치는 경험을 할 때 우표를 모으도록 유도할 수 있다. 수집된 우표들은 수학활동 영역에서 유아들이 비슷한 종류끼리 모아서 종이에 붙이고, 가져온 사람

네잎클로버를 표본한 예

애기똥풀을 표본하여 게시한 예

박물관의 암석표본을 확대경으로 관찰하는 유아

그림 9-14 식물표본과 광물표본의 예

의 이름과 날짜를 적은 후 교사가 코팅을 해주면 훌륭한 표본이 되며, 우표에 그려져 있는 그림의 모양이나 크기 등을 비교하는 자료로 활용할 수 있다.

유아가 죽은 곤충을 교실에서 계속 관찰하기를 원하는 경우에는 이미 죽은 것이므로 표본으로 만들어서 계속 관찰할 수 있도록 할 수 있다. 그러나 유아들이 기르던 곤충이 죽은 경우에는 생명을 존중하는 측면에서 유아들과 함께 땅에 묻어 주는 것이 바람직하다.

3. 모 형

모형(model)은 실물의 형태를 본뜨거나 약간의 변화를 주거나 가감하여 만든 입체자료이다. 모형은 지구와 같은 거대한 대상, 세포조직처럼 아주 미세한 것, 문화재나 건축물과 같은 무생물에 이르기까지 영유아 주변에서 흔히 접할 수 있는 사람, 동물, 사물 등을 관찰하거나 조작하기 쉽게 크기를 변형하여 만든 것이다. 예를 들어 지구본은 지구를 축소한 모형이라 할 수 있다.

유아교육기관에서는 이미 제작된 모형들을 영유아에게 제공할 수도 있지만 유아들이 직접 모형을 만들 수 있다. 예를 들면 레고블록과 같은 끼우기 자료들을 조작하여 집, 사람, 동물, 탈 것류를 모형화시킬 수 있으며 상자곽을 이용하여 자동차나 동물을 모형으로 만들 수 있다.

1) 특성 및 제한점

(1) 모형의 특성

모형의 특성은 다음과 같다.

첫째, 교육적 의도에 따라서 크기를 조절할 수 있다. 실제의 비행기나 자동차 등의 탈 것들은 그 크기가 너무 크기 때문에 교실에서 영유아들이 활용하기에 적합하지 않다. 따라서 이러한 경우에는 크기를 작게 하여 제공할 수 있다.

둘째, 시·공간을 초월할 수 있다. 과거에 살던 공룡이나 바다 속의 생물들, 옛날 집 등의 모형들은 계절이나 시기에 관계없이 유아들의 흥미나 진행되는 주제에 맞추어서 제공할 수 있다.

셋째, 의도하는 부분만을 강조하여 관찰할 수 있다. 예를 들면 이의 구조를 확대한 치아 모형은 이의 구조 및 이 닦는 방법에 대한 이해를 도모할 수 있다.

넷째, 유아들의 의도에 따라 구성하거나 직접 제작·활용할 수 있다. 예를 들면 집, 동물원, 교통공원, 박물관 등을 유아들의 경험, 개념 수준, 활동 몰입 정도에 따라 구성한 후 극놀이 시 활용할 수 있다.

(2) 모형의 제한점

모형은 다음과 같은 제한점을 갖는다.

첫째, 실물의 물리적 특성을 파악하는 학습에는 적절하지 않다. 예를 들면 거북모형을 갖다 놓고 걷는 모습이나 거북 등껍질의 딱딱함 정도에 대하여 이야기한다면 영유아들은 이해하기 어려울 것이다. 이러한 경우에는 거북을 실제로 키우면서 비디오나 책, 그림자료 등의 매체와 함께 활용하는 것이 바람직하다.

둘째, 제작이나 구입이 어렵다. 실물의 모양, 크기, 비율, 색채 등을 입체적으로 그대로 묘사하기 어려울 뿐 아니라 전문적인 제작방법이 요구된다. 따라서 교사가 제작하는 데 시간이 많이 소요되며, 실제와 비슷한 비율로 축소되거나 확대된 모형을 구하기가 쉽지 않다.

2) 모형의 활용

(1) 자유선택활동

① 대근육운동 영역

움직임이 많은 영아와 초기 유아들의 걷기, 달리기, 끌기, 밀기, 던지기 등의 발달을 도와주기 위한 모형의 예는 그림 9-15와 같다.

② 쌓기 놀이 영역

다양한 블록과 모형들은 영유아의 대근육의 발달, 공간구성능력, 표상능력의 발달을 도모할 수 있다. 이를 위한 모형으로는 벽돌 블록, 우레탄 블록, 유니트 블록을 들 수 있으며 나무로 제작된 공간블록은 영아와 유아 초기 단계에서는 신체조절이 미숙하여 위험하므로 만 5세 이후의 유아 후기에 제공하는 것이 바람직하다.

영아는 주변의 친숙한 사물의 모형을 이용하여 놀이할 수 있으며 3세 이후의 유아들은 개념화 했거나 경험, 상상한 것들을 직접 모형으로 재구성한 후 역할놀이로 확장할 수 있다(그림 9-16). 주제에 따라 제공되는 모형들은 영유아들의 블록활동을 다양하고 풍부하게 해줄 수 있다그림 9-17에서 그림 9-19는 주제와 관련하여 영유아들에게 제공하거나 유아들이 만든 모형의 예이다. 쌓기 놀이 영역에 제공할 수 있는 모형은 표 9-2와 같다.

강아지 끌기(영아)

자동차 모형(영아)

공 굴려서 동물 모형 넘어뜨리기

곰모양 바구니에 던지기

그림 9-15 대근육운동 영역의 모형자료

③ 역할놀이 영역

음식, 도구나 기계의 모형은 영유아들의 가작화 놀이를 도울 뿐 아니라 유아들끼리 공유되고 협의된 상황에서 극놀이를 할 수 있도록 돕는다. 그림 9-20처럼 소꿉놀이 영역을 목욕탕처럼 꾸며 주면 유아들은 자신이 목욕탕에 있는 것처럼 느끼기 때문에 좀 더 사실적으로 극놀이를 즐길 수 있다.

이 영역에는 소꿉놀이, 병원놀이, 집배원놀이(유아) 등의 극놀이의 형태에 따라 모형을 제공해 주는 것이 바람직하며 영유아들이 입에 넣어도 무방한 무독성 재질이나 세척이 가능한 재질의 것, 바닥에 떨어뜨려도 깨지지 않는 것으로 제공한다(그림 9-21~9-25).

자동차 모형에서 운전하는 1세 영아

찻길 만들고 자동차로 놀이하는 2세 영아

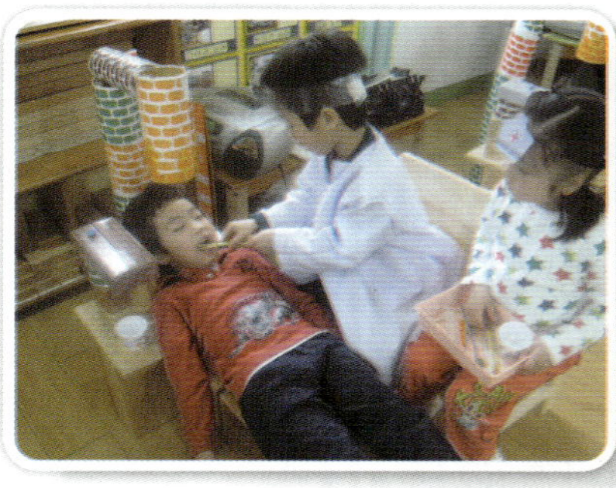

블록으로 만든 치과 진료실(5세)

블록으로 구성한 세차장(4세)

상자로 만든 미륵사지 5층석탑(5세)

그림 9-16 쌓기 놀이 영역에서 모형을 활용한 사례들

표 9-2 주제와 관련하여 쌓기 영역에 제공할 수 있는 모형들(*은 유아에게만 해당되는 자료)

주제 명	관련 모형들
봄	꽃 모형, 담장, 나무 등의 모형
겨 울	얼음 모형(단위 블록을 흰색의 모조지로 싸거나 스티로폼을 잘라서 제공한다)
동 물	동물 모형, 매표소, 나무, 벤치, 사람 등의 모형
탈 것	여러 가지 탈 것들의 모형, 신호등, 신호 표시판, 주유기, 운전대, 바퀴 등의 모형
공룡*	여러 가지 공룡 모형, 화산 모형
가 족	지붕 모형, 가족 구성원, 모형
집*	아파트, 초가집, 통나무집, 이글루, 천막집 등의 모형
우 주*	우주인, 우주선의 모형

운전대와 바퀴(유아)

유아가 상자로 만든 모형 자동차로 세차장놀이를 하는 모습

단순화시킨 탈 것 모형

사실적 탈 것 모형

그림 9-17 주제 '탈 것' 관련 모형들

영아용

유아용

그림 9-18 주제 '이웃' 관련 모형

단순화 시킨 동물 모형

사실적 동물 모형

그림 9-19 주제 '동물' 관련 모형

그림 9-20 목욕탕 모형

그림 9-21 여러 가지 음식 모형(영아)

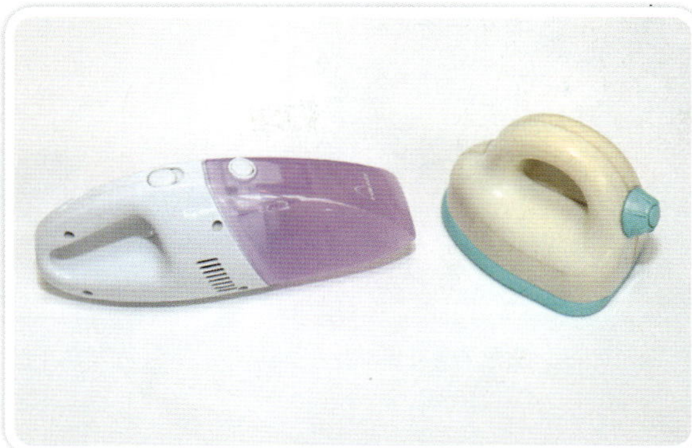

그림 9-22 청소기와 다리미 모형(영유아)

그림 9-23 여러 가지 음식 모형(유아)

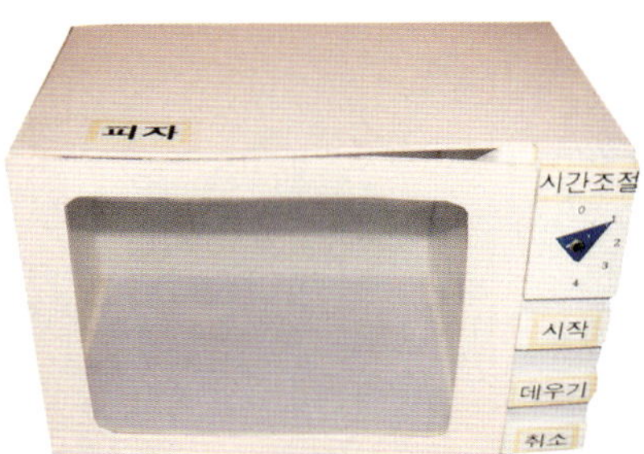

그림 9-24 전자레인지 모형

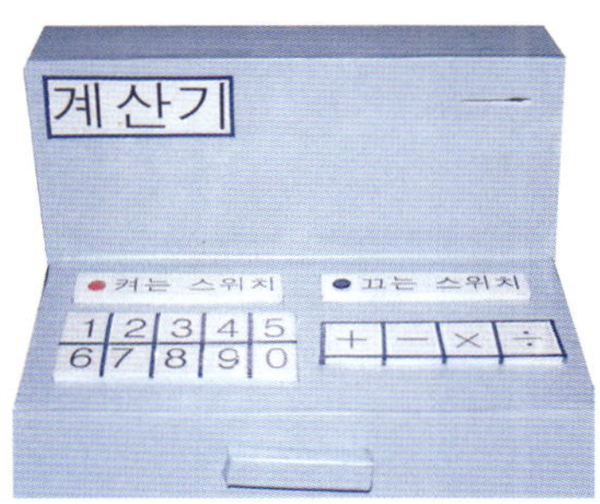

그림 9-25 계산기 모형

곰돌이 모형 : 분류하기(크기 비교, 패턴, 숫자세기 등)

경사로활동 : 모형 자동차 굴리기

끼우기 컵 : 서열하기

그림 9-26 모형으로 제작된 탐색 영역 자료(영아용)

④ 탐색 영역/수학 영역

영유아들은 조작할 수 있는 구체물을 가지고 활동하면서 수학적인 개념을 형성할 수 있다. 탐색활동 영역에 영아를 위하여 제공되는 모형들은 색깔, 1 : 1 대응, 분류, 서열, 모양익히기, 크기와 단순 패턴익히기, 수세기 능력을 증진시킬 수 있다(그림 9-26). 반면 수학 영역에 유아를 위하여 제공되는 모형들은 패턴, 수 세기, 수 조합하기, 측정하기, 수들 간의 관계 비교하기, 공간 구성하기 등의 활동을 통해 수 감각 능력과 공간구성 능력의 증진을 조장할 수 있다(그림 9-27).

⑤ 소근육운동 영역/조작 영역

영아를 위한 끼우기 자료나 블록은 손으로 쥐고 끼우거나 뺄 수 있는 것을 제공하며 유아

패턴활동을 위한 수박 모형

놀이동산 게임

토끼먹이 찾기 게임

그림 9-27 모형으로 제작된 수학 영역 자료(유아용)

들을 위해서는 손가락으로 끼울 수 있는 블록류를 제공하는 것이 바람직하다.

교사는 영유아들이 모형을 잘 구성할 수 있도록 책이나 그림, 사진, 화보 등을 제공할 수 있다. 영유아들이 만든 모형들은 정리시간에 분해하도록 하는 것보다는 만든 사람과 모형물의 이름을 적어서 책상에 전시하거나, 교사가 구성해 놓은 디오라마나 게시판에 구성하도록 하여 다른 유아들과 경험을 함께 나눌 수 있도록 배려한다(그림 9-28).

⑥ 조형 영역

유아들은 경험한 것을 표상하여 모형을 만들 수 있다. 예를 들어 '동물' 주제와 관련하여 동물원을 견학한 후 조형 영역에서 유아들이 다양한 재료를 이용하여 사자나 기린 등의 동물모형을 만들 수 있다. 이때 교사는 유아들이 자신의 아이디어를 구체적으로 표상할

구입한 공룡 모형들과 유아들이 끼우기 자료로 만든 공룡 모형

영아용 끼우기 블록

유아용 끼우기 블록

그림 9-28 영유아를 위한 끼우기 블록류와 모형

그림 9-29 유아가 조형 영역에서 만든 공룡모형과 교사가 제시한 공룡 모형으로 쌓기 놀이 영역에서 극놀이하는 모습

수 있도록 책, 그림화보 등을 제공해 주고 완성된 동물 모형을 다른 유아들과 아이디어를 함께 나눌 수 있도록 게시판에 게시하거나 쌓기 놀이 영역과 연계하여 활용하도록 유도할 수 있다(그림 9-29).

⑦ 물 · 모래놀이 영역

물개, 고래 등의 바다동물 모형이나 배를 물놀이 영역에 제공하여 물놀이활동을 촉진시킬 수 있으며, 탈 것이나 동물 모형 등을 물놀이 영역이나 모래놀이 영역에 제공하여 유아들의 경험을 확장시킬 수 있다.

(2) 집단활동

이야기 나누기 시간에 치아 모형을 이용하여 동시 〈이 닦기〉를 들려 준 후 치아의 구조나 이를 닦는 방법에 대해서 유아들에게 설명하면 그림자료를 이용하는 것보다 훨씬 쉽게 이해할 수 있다. 노래 〈기린이랑 사슴이랑〉은 그림자료나 융판자료를 이용할 수도 있지만 기린, 사슴, 나무, 바위 등의 모형을 이용하여 유아들에게 노랫말을 전달한다면 교사가 자료를 만드는 시간이 훨씬 줄어들 것이다. 또한 전이시간에 여러 가지 모형을 이용하여 바뀐 순서 알아내기 게임이나 위치 게임을 할 수 있으며 12달의 동물 모형을 이용해서 《내가 최고야》 동화를 들려 줄 수도 있다.

(3) 견 학

영유아들은 실제 상황에서 직접 경험을 할 때 가장 잘 학습할 수 있다. 하지만 안전과 관련된 학습이나 시 · 공간적으로 제약을 받을 수 있는 학습내용은 실제 상황에서의 직접 경험이 어렵다. 따라서 이런 경우에는 모형관, 박물관 등을 견학하여 영유아들이 고안된 경험을 할 수 있도록 계획할 수 있다. 예를 들면, 교통교육을 실제 도로에서 실시한다면 위험의 요소가 크므로 그림 9-30처럼 교통공원을 견학하여 모형 표지판을 읽고, 모형 도로의 횡단보도에서 길을 건너 보는 등의 고안된 경험을 제공하여 실제 상황에 부딪쳤을 때 대처할 수 있는 능력을 형성하는 데 도움을 줄 수 있다. 또한 '공룡' 주제를 전개하면서 공룡의 크기를 말해 준다면 유아들에겐 막연하고 추상적인 지식을 형성케 할 수 있으므로 그림 9-31처럼 공룡을 실제 크기로 모형화해 놓은 공원이나 박물관을 견학하여 구체적이고 인상 깊은 경험을 제공할 수 있다.

그림 9-30 교통공원에서 표지판에 대해 설명을 듣는 모습

그림 9-31 공룡을 실제 크기로 모형화시켜 놓은 모습

4. 디오라마

디오라마(diorama)란 실제 장면이나 상황적 배경을 확대 또는 축소하여 만들어 놓은 것으로 영유아교육기관에서는 축소시킨 형태가 많이 사용된다. 디오라마는 전시자료의 일종이지만 영유아교육기관에서는 전시자료로 활용하기보다는 영유아들이 모형이나 소품들을 움직일 수 있도록 제공하여 능동적으로 이용할 수 있도록 한다.

1) 특성 및 제한점

디오라마는 실세계를 모형화한 것이므로 영유아들에게 실제상황과 유사한 경험을 제공할 수 있다.

(1) 디오라마의 특성

디오라마의 특성은 다음과 같다.

첫째, 실제의 장면이나 상황을 한눈에 볼 수 있다. 집의 구조를 단순화시킨 디오라마의 경우 영유아들은 부엌, 거실, 방, 욕실 등을 총체적 시각으로 바라보면서 인형들이나 가구를 옮겨 놓으며 실제상황과 비슷한 경험을 갖거나 자신들의 경험을 재구성할 수 있다.

둘째, 시간을 초월할 수 있는 입체적인 자료의 제시가 가능하다. 디오라마로는 영유아들이 경험한 세계뿐 아니라 경험하지 못한 세계에 대한 제시가 가능하다. 예를 들어 바닷가나 산, 집 등 영유아들의 현재 경험에 기초한 배경과 함께 소품들을 제공해 줄 수 있으며 우주, 공룡 시대, 초가집 등 유아들이 직접 경험하지 못한 곳을 구체적으로 표현할 수 있어 유아들의 경험의 폭을 넓혀 줄 수 있다.

셋째, 목적에 따라서 구입하거나 제작하여 활용할 수 있다. 교사가 제작하는 경우 영유아의 발달과 관심, 흥미 정도에 따라서 디오라마의 배경과 소품을 세밀하거나 단순하게 할 수 있으며 제작하는 과정에 유아들을 참여시킬 수 있다.

(2) 디오라마의 제한점

다오라마는 다음과 같은 제한점을 갖는다.

교실배경의 디오라마와 유아들이 만든 인형들(언어 영역)

농장과 디오라마(과학 영역)

초가집과 옛날 풍경의 디오라마(언어 영역)

유아들이 집의 내부 모습을 꾸민 디오라마(조작 영역)

그림 9-32 자유선택활동용 디오라마

첫째, 보관 시 자료들의 배치 상태를 그대로 유지하면서 보관해야 하므로 그림이나 융판자료와 같은 평면자료보다 공간을 많이 차지하게 된다.

둘째, 디오라마의 배경판에 영유아들이 모형들을 직접 움직이면서 활동할 수 있도록 견고하게 제작하기 위한 기술과 시간, 노력이 요구된다.

2) 디오라마의 활용

영유아교육기관에서 활용할 수 있는 디오라마는 축소형이 대부분이기 때문에 대집단보다는 소집단활동에 많이 활용된다. 따라서 집단활동보다는 자유선택활동 시 많이 활용된다(그림 9-32). 디오라마의 배경과 소품은 표 9-3을 참조하여서 주제와 관련하여 교체

표 9-3 디오라마 배경 및 소품(*은 유아에게만 해당되는 자료)

주제	디오라마 배경 및 소품
유치원, 친구	• 교실 배경과 유아들이 만든 인형들(그림 9-32)*
가 족	• 집 안 배경과 가구모형, 가족구성원의 모형들
탈 것들	• 하늘, 바다, 땅의 배경과 여러 가지 탈 것 모형이나 막대자료들
동 물	• 바다 배경과 바다 동물 모형 • 하늘, 땅, 강물 배경과 유아들이 만든 동물 • 공룡시대 배경과 공룡 모형* • 농장과 동물 모형들
우리나라	• 옛날집의 내부 배경과 사람들*
기 타	• 동화의 배경(예 : 《서울 쥐와 시골》, 《아기돼지 삼형제》)과 등장인물들

해 주어 유아들의 활동이 심화·확장될 수 있도록, 도와줄 수 있다.

유아들이 '우리가 사는 집'에 관심을 가지고 활동이 이루어지는 과정에서 교사가 준비한 '여러 가지 집'에 대한 디오라마를 활용하여 활동이 심화·확장되도록 도울 수 있다. 실제로 주제 '집' 전개 시 디오라마가 활용된 예는 다음과 같다.

교사는 유아들이 집에 대해 생각나는 것이나 알아본 것을 적어 보기(그림 9-33의 ①), 과학책 찾아보기, 동화 《아기돼지 삼형제》를 듣고 이야기 꾸며보기, 자신이 사는 집에 대해 이야기 나누기 등의 활동을 통해 여러 가지 종류의 집에 관심을 갖도록 할 수 있다. 이때 교사는 다양한 재료를 이용해서 만든 집의 디오라마를 전시하여 유아들이 집 모형을 탐색하면서 아이디어를 확장시키도록 도와줄 수 있다(그림 9-33의 ②).

유아들은 사람이나 동물 모형, 자신들이 만든 인형 등을 이용하여 이야기를 꾸미며 여러 가지 다른 모양과 재료로 만든 집을 탐색할 수 있다. 이때 집을 지을 때 사용되는 나무, 돌, 흙 등의 재료를 탐색하는 것도 흥미 있는 활동이 될 수 있으며(그림 9-33의 ③), 교사는 유아들이 디오라마를 활용하여 블록활동을 할 수 있도록 디오라마의 위치를 쌓기 놀이 영역으로 옮겨 줄 수도 있다. 이렇게 되면 유아들은 자료를 자연스럽게 융통성 있도록 재배치하여 블록과 함께 구성활동을 하게 된다(그림 9-33의 ④).

몇몇 유아들은 자신들이 탐색하고 조사한 집의 모양을 상자 등의 입체자료로 표현할 수도 있으며, 이러한 조형작품들은 유아들의 의도에 따라 구성활동의 소품으로 활용될 수 있다(그림 9-33의 ⑤, ⑥).

교사가 제공한 디오라마는 유아들의 탐색·탐구과정에서 재배치되거나 수정될 수도 있다. 예를 들어 유아들은 놀이가 진행되는 과정에서 나무로 만든 집에 올라가는 길이 좁고 불편하다고 생각하여 옆의 빌딩에 만들어진 엘리베이터를 나무집에도 만들기로 결정하였다. 이에 유아들은 교사가 만든 엘리베이터를 관찰하고 여러 가지 재료를 이용하여 엘리베이터를 만들었다. 이 과정에서 유아들은 나무집의 높이를 측정하고, 엘리베이터가 이동할 수 있도록 필름 통 등으로 여러 차례 수정하여 도르래를 만들었는데, 이는 유아들에 의해 확장된 아주 좋은 수·과학적 경험이 되었다(그림 9-33의 ⑦, ⑧).

디오라마를 이용한 확장된 활동들은 다른 영역과 연계성을 갖고 진행될 수 있다. 유아들은 쌓기 놀이 영역에서 블록과 벽돌 블록 등을 이용하여 집을 만들어 극놀이를 하기도 하고, 집에 관한 동시나 이야기를 지어 친구들에게 들려줄 수도 있다(그림 9-33의 ⑨). 이와 같이 디오라마는 주제 전개 시 활용될 수 있으며 교사의 의도와 유아의 의도, 유아들의 활동전개에 따라서 다양하게 활용될 수 있다.

3) 디오라마의 종류 및 제작방법

디오라마의 배경은 그림 9-34처럼 크게 세 가지 형태로 구분되며 이에 관하여 구체적으로 살펴보면 다음과 같다.

(1) 디오라마의 종류

일반적으로 디오라마는 섀도 박스형(shadow box type), 톱뷰형(top-view type)으로 구분되며 영유아교육기관에서는 주로 개방형(open type)을 사용한다(그림 9-34). 개방형은 섀도 박스형이나 톱뷰형에 비해 천정이나 벽면이 없기 때문에 영유아들이 소품을 움직이고 조작하기가 훨씬 용이한 장점이 있다.

(2) 제작방법

개방형은 폼보드나 우드락, 하드보드를 이용하여 원하는 형태로 잘라서 배경판을 만든

① 집에 대한 주제 전개망 짜기

② 집 모형을 탐색하는 유아들

③ 집을 짓는 재료에 대해서 알아보고 있는 유아들의 모습

④ 디오라마를 쌓기 놀이 영역에 배치한 예

⑤ 유아들이 만든 디오라마 소품의 예

⑥ 유아들이 만든 인형과 소품을 디오라마 안에 배치한 모습

⑦ 끈으로 나무집의 높이를 측정하는 모습

⑧ 유아들이 만든 도르래를 이용한 엘리베이터

⑨ 교사가 제시한 디오라마(오른쪽) 옆에 유아들이 공간 블록으로
커다란 집(오른쪽)을 구성한 예

그림 9-33 주제 '집'의 전개에서 활용된 디오라마의 예

후 한지, 시트지, 라이넥스 등을 이용하여 배경을 꾸미거나 아크릴 물감으로 칠하면 된다. 섀도 박스형과 톱뷰형 디오라마 형태는 다르나 제작과정은 유사하다. 이에 섀도 박스형 디오라마의 제작방법을 소개하면 다음과 같다.

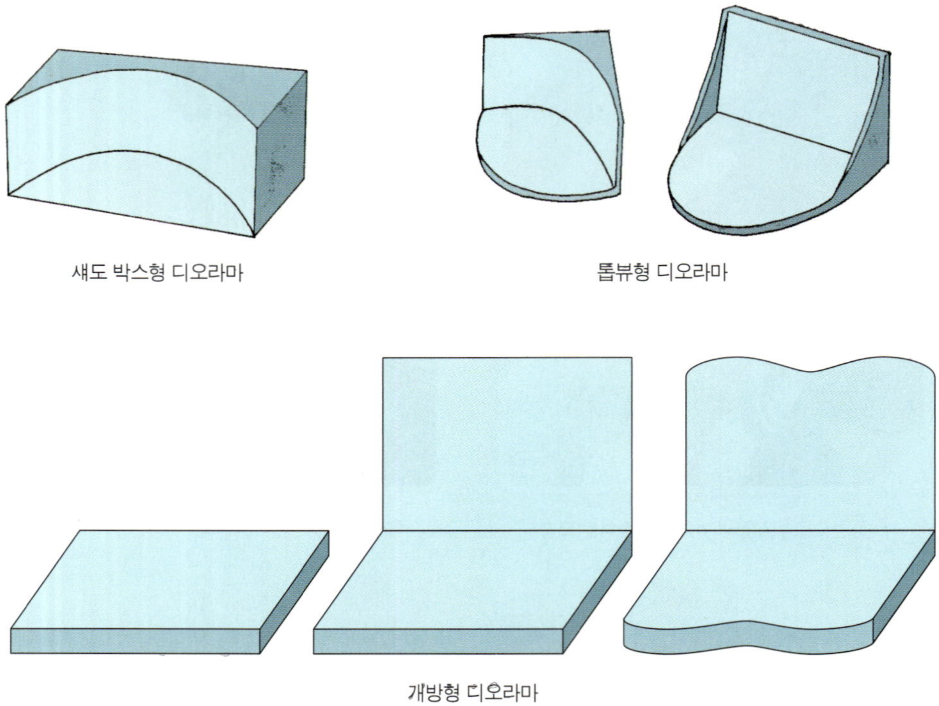

그림 9-34 디오라마의 종류

(3) 소품의 구입 및 제작

디오라마에 사용되는 소품을 구입하거나 제작할 때 교사는 우선 배경의 크기와 실제 등장인물 간의 크기, 비율, 원근법 등을 고려해야 한다. 왜냐하면 무대의 크기보다 너무 큰 사람이나 동물을 제공한다면 유아들이 배경판과 인물들을 조화롭게 사용하기보다는 배경판과 인물들을 서로 다른 용도로 활용할 가능성이 높기 때문이다. 디오라마 배경과 관련된 소품은 영유아들이 손으로 조작하며 놀이할 수 있는 입체물로 제공하는 것이 바람직하며 유아들이 만든 것을 이용할 수 있다.

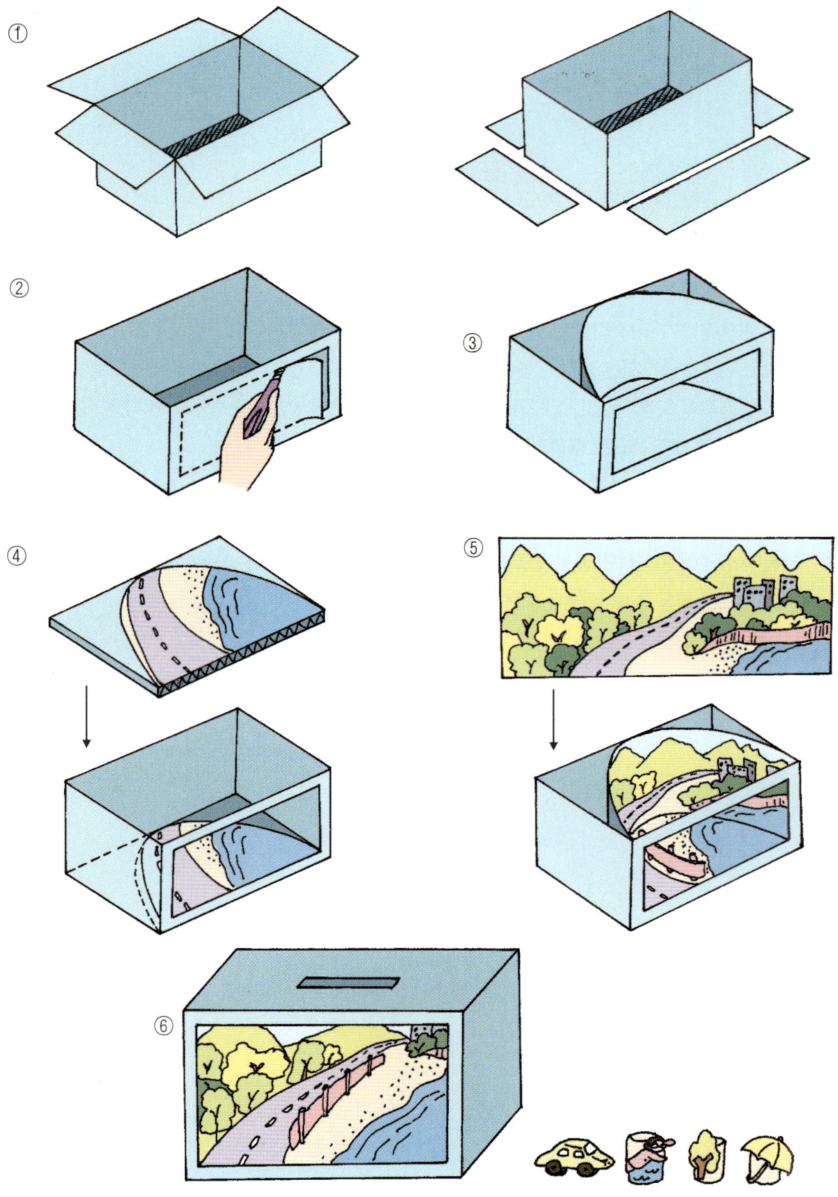

그림 9-35 섀도 박스형 디오라마의 제작과정

섀도 박스형 디오라마

● **재료**

상자, 하드보드, 우드락, 한지, 풀, 본드, 양면 테이프, 종이 테이프, 칼, 유성매직, 색연필, 톱밥, 모래 등

● **만드는 방법(그림 9-35)**

❶ 두꺼운 상자(약 가로 50cm × 세로 30cm)의 앞면과 윗면을 잘라낸다.

❷ 상자의 한쪽 면의 가장자리를 2~3cm 정도 남겨 두고 자른다.

❸ 하드보드지나 마닐라지를 상자의 높이, 길이를 같은 크기로 자른 후에 상자의 안쪽으로 반원형이 되도록 연결하여 고정시킨다. 상자가 단단해지도록 한지를 몇 겹 씌운 후에 말린 다음, 주제의 배경과 어울리는 적합한 색으로 칠하거나 색시트지나 색한지를 붙인다.

❹ 반원형 판의 크기와 동일한 도화지에 뒷배경을 그려서 붙인다.

❺ 톱밥, 모래 등을 이용하여 밑면을 꾸미거나 뒷배경과 연결되는 그림을 그려서 꾸민 후에 붙인다.

❻ 디오라마 배경이 완성되면 배경의 크기와 어울리는 소품을 준비한다. 이때 소품은 모형을 이용하거나 그림자료를 필름 통에 붙여서 활용할 수 있다.

인 형

인형은 영유아들에게 매력적인 자료이다. 특히 영아들에게 인형은 학기 초 적응기간에 정서적인 안정감을 갖게 해주는 매개역할을 한다. 영유아들은 인형을 가지고 일상생활에서의 경험을 표현할 뿐 아니라 미지의 세계, 상상의 세계 속으로 몰입할 수 있다. 또한 인형은 영유아들의 흥미와 집중을 지속시킬 수 있으며, 진행 중인 활동을 전개 · 확장할 때 인형을 이용하거나 유아들이 직접 인형을 만들 수도 있으므로 보다 능동적인 학습활동이 이루어질 수 있다.

1. 인형의 특성

인형은 다른 매체에 비해 영유아들을 사로잡는 힘이 있으며, 제작방법에 따라서 여러 종류의 인물표현이 가능하기 때문에 주제와 관련된 다양한 인형을 영유아들에게 제공할 수 있다. 이러한 인형의 특성을 좀 더 살펴보면 다음과 같다.

첫째, 영유아들에게 정서적 안정감을 줄 수 있다. 영유아들은 인형을 안고 다니면서 심리적인 친근감과 정서적인 안정감을 가질 수 있으며, 일상생활에서 겪는 갈등이나 어려움 등의 일상적 경험이나 느낌을 인형에게 투사하거나 인형을 갖고 이야기를 하면서

인형을 변기에 앉히고 소변을 보게 하는 영아

인형을 안고 있는 영아

그림 10-1 인형을 활용하는 영아들 모습

해결할 수 있다(그림 10-1). 뿐만 아니라 유아 혼자 있을 경우에도 인형은 대화의 대상이 될 수 있으며, 수줍거나 부끄러워서 다른 친구들과 어울리지 않는 영유아도 인형을 매체로 다른 친구들과 쉽게 어울려서 놀이하는 경험을 갖게 할 수 있다.

둘째, 상상의 세계로 몰입할 수 있다. 영유아들은 인형을 가지고 놀이하는 동안 무서운 도깨비나 공룡이 되기도 하며, 숲 속에 사는 호랑이나 아름다운 마음씨를 가진 요정이 되어 보면서 실생활에서는 경험하지 못한 가상의 세계를 경험하고, 그 역할을 수행하면서 상상의 나래를 펼칠 수 있다.

셋째, 교육적 효과가 크다. 교훈적인 이야기를 교사가 지속적으로 하는 것보다 인형을 이용하여 들려 줄 때 영유아들은 감정 이입이 잘 되기 때문에 인형을 활용할 때 일상생활에서 지켜야 할 규칙이나 생활습관을 보다 잘 형성할 수 있다.

넷째, 영유아들의 흥미와 관심을 지속시킬 수 있다. 인형은 영유아들이 매력을 느끼는 교수매체 중의 하나이기 때문에 교사가 인형을 가지고 학습활동을 전개하거나 영유아가 인형을 가지고 놀이하는 과정에서 흥미를 유지하면서 학습활동에 집중하도록 도울 수 있다.

다섯째, 감상능력을 신장시킬 수 있다. 인형을 이용하여 교사가 들려 주는 동화나 여러 형태의 인형극을 보고 들으면서 감상하는 능력 및 태도가 바르게 형성될 수 있다.

2. 인형의 활용

인형은 교사가 영유아들의 학습을 전개하거나 촉진시킬 때뿐 아니라 정서적 안정에도 도움이 되고 놀이에 다양하게 활용할 수 있다. 인형의 활용방법을 살펴보면 다음과 같다.

1) 자유선택활동

(1) 언어 영역

주제에 따라 다양한 인물들과 인형들에 변화를 주게 되면 영유아들이 인형을 가지고 실생활의 경험을 다른 유아들과 함께 나눌 수 있다. 예를 들어 주제가 '가족' 일 때 가족 구성원을 막대 인형으로 제공할 수 있고, 주제가 '동물' 일 때에는 여러 동물을 손인형이나 손가락 인형으로 제공할 수 있다(그림 10-2). 이렇듯 같은 인형이라도 주제에 따라서 인형의 종류를 바꾸어 주면 영유아들이 지속적으로 흥미를 가지고 인형을 이용하여 자신의 경험이나 생각을 다른 유아들과 함께 공유할 수 있을 뿐 아니라 상상의 세계로 쉽게 몰입할 수 있다. 또한 소심하거나 두려움으로 다른 유아들과 적극적인 상호작용을 못하는 유아들의 경우, 그림 10-3과 같이 교사가 인형을 이용하여 이야기를 들려 주고 난 후에 언어 영역에 인형을 제공해 주면 다른 유아들과 쉽게 상호작용하면서 언어 표현력의 증진

그림 10-2 동물 손가락 인형으로 이야기 하는 영아와 교사

그림 10-3 막대인형으로 이야기 구성하기 : 동화 《금도끼 은도끼》

그림 10-4 손인형으로 이야기 꾸미기

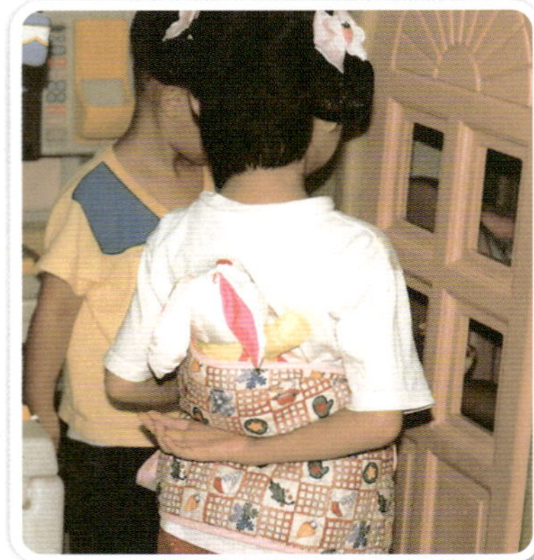

그림 10-5 인형을 업고 극화활동을 하는 모습

옷을 입히고 벗겨서 목욕시킬 수 있는 인형

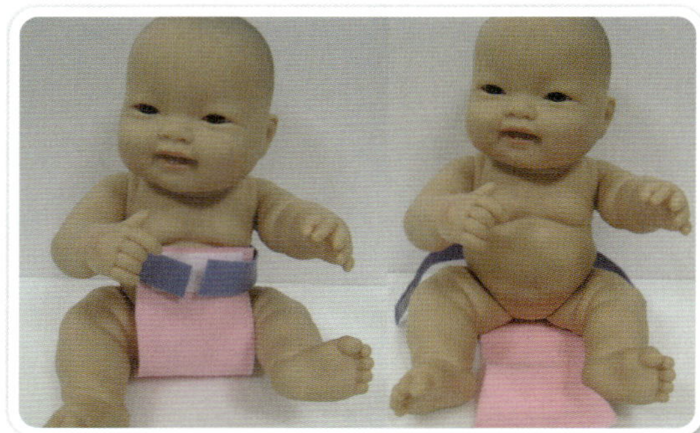

기저귀 갈이 인형(영아)

응가하는 인형(영아)

인형 옷을 갈아입히고 있는 유아

그림 10-6 영유아들의 극놀이 활동을 돕는 인형과 활동 모습

과 함께 자신감을 길러 줄 수 있다. 동화책에 나오는 등장인물이나 교사가 들려 준 이야기, 유아들이 창작하여 지은 이야기의 주인공들을 유아들이 조형 영역에서 직접 만들어 극화활동을 하도록 도와주면 유아들은 보다 적극적이고 즐겁게 활동에 참여할 수 있다.

(2) 역할놀이 영역

극놀이를 할 때 인형을 활용하면 영유아들이 자신감을 가지고 보다 적극적으로 극놀이에 참여할 수 있다. 여러 가족 구성원을 제공하거나 아기인형이나 동물을 제공하면 영유아들은 엄마나 아빠가 되어 인형을 업거나, 우유 먹이기, 목욕 시키기, 유모차에 태우고 산책하기, 응가 시키기 등의 아기 돌보기 활동을 하면서 역할을 잘 수행할 수 있다. 또한 옷을 갈아 입힐 수 있는 인형은 영유아들의 소근육의 발달을 도모할 수 있다(그림 10-6).

2) 집단활동

교사는 이야기 나누기, 동화나 동시 들려 주기, 새노래 부르기 등의 집단활동 시간에 인형을 활용할 수 있는데, 이에 대해서 살펴보면 다음과 같다.

(1) 이야기 나누기

이야기 나누기의 주제를 인형을 가지고 수수께끼를 내어서 도입하거나, 손가락인형이나 손인형, 막대인형 등을 이용하면 유아들이 오랫동안 집중하게 되며 대화에 참여하고 싶은 충동을 느끼게 된다. 특히 '주말 동안의 이야기 발표하기'나 '경험 이야기하기'를 할 때 수줍어서 이야기를 못하는 유아도 인형을 손에 들거나 끼고 이야기를 하게 되면, 자신이 이야기를 하는 것이 아니라 인형이 이야기를 하고 있다고 생각하여 자신의 경험을 친구들 앞에서 이야기할 수 있다.

(2) 노래지도

노래지도 시에는 특별한 배경이 없어도 내용전달이 잘 될 수 있을 때 인형을 이용할 수 있다. 예를 들어 〈곰 세 마리〉와 같은 노래는 특별한 배경이 없어도 되므로 손가락 인형을 활용하는 것이 좋고(그림 10-7), 〈바둑이와 고양이〉는 '멍멍멍 … 야옹'이 반복적으

그림 10-7 〈곰 세 마리〉 손가락 인형과 악보

로 나오므로 이 부분에서 강아지와 고양이가 서로 입을 벌려 노래하는 효과가 나도록 입이 움직이는 손인형을 활용하는 것이 적절하다. 또한 〈오리는 꽉악꽉악〉과 같이 동물들이 등장하는 순서가 있는 경우에는 막대인형을 스티로폼(또는 아이스링크) 무대에 순서대로 끼워 가면서 노랫말을 전달할 수 있다(그림 10-8).

그림 10-8 〈오리는 꽉악꽉악〉의 등장인물 막대자료와 악보

손가락 인형을 이용한 동화자료 : 동화 〈토끼네 집에 있는게 누구냐〉

막대인형을 이용한 동화자료 : 동화 《동물들의 나들이》

그림 10-9 인형을 이용한 동화자료들

(3) 동화 들려 주기

여러 가지 인형들을 이용하여 영유아들에게 동화를 들려주거나 인형극을 보여 주면 유아들은 상상의 세계와 동화의 세계로 몰입할 수 있다. 그림 10-9는 손가락인형과 막대인형을 이용한 동화의 예이다.

3) 활용 시 유의사항

교사가 인형을 이용하고자 할 때에는 다음의 사항들을 고려하도록 한다.

첫째, 활용목적에 부합되는 인형을 선택한다. 앞에서 언급했듯이 인형은 노래나 동화, 이야기 나누기 등에 활용할 수 있다. 따라서 교사는 영유아들에게 전달하고자 하는 메시지나 내용을 잘 표현할 수 있도록 적절한 인형을 선정한다. 손가락인형이나 손인형을 교사 혼자 조작하는 경우에는 한 번에 등장하는 인물의 수가 적고 특별한 배경이 없어도 이해가 쉬운 내용의 노래나 동화가 적절하다. 손인형을 교사 혼자서 조작하는 경우 등장인물이 둘 이내여야 무리가 없다. 또한 손가락인형의 등장인물의 수는 5~10 이내가 적절하지만, 그림 10-10처럼 등장인물의 수가 많은 경우에는 영유아들이 손가

그림 10-10 손가락 골무인형 : 백설공주와 등장인물들

그림 10-11 영아용 막대인형

락에 하나씩 끼고 동화의 등장인물을 표현할 수 있다. 〈커다란 금방울〉처럼 등장인물들이 모두 움직여야 하는 경우에는 막대인형이 적절하다.

둘째, 영유아들의 연령을 고려해야 한다. 영유아들이 인형을 좋아하긴 하지만 인형을 쉽게 조작할 수 없다면 곧 흥미를 잃기 쉽다. 따라서 연령에 따라서 잘 조작할 수 있는 인형을 제공하도록 한다. 예를 들어 손을 넣어 입을 벌렸다 닫았다 하는 손인형은 정교한 손 동작을 해야 하므로 영아보다는 유아 후기에 제공하는 것이 더 적절하다. 영아와 초기 유아들에게 제공하는 손인형은 그림 10-4처럼 동물의 입이 움직이지는 않더라도 손을 모두 넣을 수 있는 형태가 바람직하다. 또한 막대인형의 경우 손잡이인 막대로 다른 유아를 다치게 할 수 있으므로 영아의 경우 막대 대신 백업을 손잡이로 사용할 수 있다(그림 10-11). 같은 막대인형이라도 5세 유아들에게는 인형의 입이나 손을 움직일 수 있는 것을 제공하면 유아들이 지속적으로 흥미를 갖을 수 있다(그림 10-12).

셋째, 인형의 크기에 따라서 집단의 크기를 조절하도록 한다. 손가락인형은 크기가 작으므로 5~12명 정도의 집단에 적절하며, 12×20cm 정도 크기의 막대인형은 대집단 유아들에게도 적절하다.

그림 10-12 평면 막대인형(부분을 움직이게 하기)

넷째, 영유아들이 인형을 잘 볼 수 있도록 자리를 배치한다. 테이블 동화를 영유아들에게 들려 줄 때는 바닥에 앉은 영유아들보다 테이블 인형 무대의 높이를 낮게 하여 모든 영유아들이 테이블의 배경과 등장인물들을 잘 볼 수 있도록 테이블의 높이를 조절한다.

다섯째, 내용을 충분히 파악하여 등장인물에 따라서 목소리에 변화를 주도록 한다. 막대인형의 경우에는 인형 뒤에 등장인물의 순서대로 번호와 내용을 적을 수 있어서 한두 번의 연습으로도 내용을 유아들에게 전달할 수 있는 반면, 손인형이나 손가락 봉투인형 등을 이용하는 경우에는 교사가 내용을 완전히 외워야 하므로 충분한 연습이 필요하다.

그림 10-13 손가락 골무인형과 정리대

여섯째, 영유아들이 인형을 활용한 후 정리 · 정돈을 잘 할 수 있도록 제시한다(그림 10-13).

4) 인형의 종류 및 제작방법

인형은 동화의 등장인물뿐 아니라 실생활에서 유아들이 접할 수 있는 할머니, 할아버지, 집배원 아저씨 그리고 노래에 등장하는 동물 등을 다양하게 표현할 수 있으므로 활용도가 높은 교수매체라고 할 수 있다. 이에 교사는 인형의 종류별 특징과 제작방법을 잘 알아 적절하게 활용해야 한다. 인형의 종류에는 막대인형, 손가락인형(finger puppet), 손인형(hand puppet), 줄인형(marionettes, string puppet), 테이블인형(table puppet), 그림자인형(shadow puppet), 블랙라이트 인형(black light puppet) 등이 있다. 이들 인형들과 제작방법을 소개하면 다음과 같다.

(1) 막대인형과 무대

막대인형은 평면 막대인형과 입체 막대인형으로 나눌 수 있다. 이들 막대인형들은 인형의 몸체에 연결하여 막대를 움직이는 것과 인형의 손, 발 등의 부분에 막대를 달아서 부분적으로 움직이도록 조정하는 것이 있다. 막대인형을 영유아들에게 제시할 때는 인형들을 손에 들고 할 수도 있으며, 간단한 무대를 만들어서 인형들을 무대에 꽂으면서 제시하거나 무대 뒤에서 움직일 수도 있다. 제작방법을 소개하면 다음과 같다.

① 평면 막대인형

평면 그림자료 뒤에 막대를 붙여서 만드는 방법이 가장 손쉽다. 영유아도 화보나 자신이 그린 그림을 오려서 막대에 붙여서 만들 수 있다. 뒷모습을 이용할 경우에는 인형의 앞면과 뒷면 사이에 막대를 끼우면 된다(그림 10-14). 인형의 팔 , 다리, 목 등을 부분적으로 움직이게 하려면 우선 움직이려고 하는 부분을 몸체와 분리하여 오린 다음, 할핀을 꽂을 부분에 테이프를 붙인다. 그 다음 송곳으로 움직이려고 하는 곳에 구멍을 낸 후에 할핀으로 고정시키고 막대나 낚싯줄을 연결한다(그림 10-12).

그림 10-14 앞 · 뒤 모습이 다른 평면 막대인형

② 입체 막대인형

입체 막대인형은 인형을 입체화시켜서 막대를 움직이거나 철사를 연결하여 손, 다리 등의 몸을 움직이게 하는 방법이다. 인형극 공연용으로는 한지, 스폰지, 헝겊 등을 이용하여 정교하게 제작하지만 여기에서는 쉽게 제작할 수 있는 헝겊(부직포나 펠트천)과 컵을 이용한 방법을 소개하고자 한다.

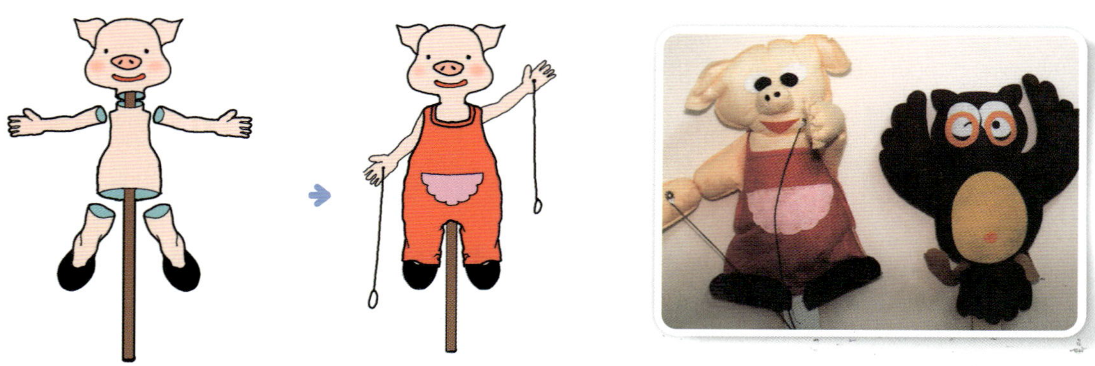

그림 10-15 부직포를 이용한 입체 막대인형

헝겊을 이용한 입체 막대인형

- 재 료

  부직포, 헝겊, 솜, 실, 바늘, 가위, 막대, 철사 등

- 만드는 방법

  ❶ 헝겊이나 부직포 등의 부드러운 소재를 이용하여 안에 솜을 넣어 가면서 인형의 각 부분을 만든다.

  ❷ 인형의 키보다 30cm 정도 긴 막대를 인형의 머리에 끼운 후 몸통과 연결하여 꿰멘다.

  ❸ 몸통과 팔 · 다리를 연결한다.

  ❹ 필요에 따라 손에 굵은 철사나 가는 막대를 달아서 움직일 수 있게 한다.

  ❺ 인물에 어울리는 옷을 만들어서 입힌다(그림 10-15).

③ 막대인형 무대

막대인형이 여러 개여서 교사나 유아가 손에 들고 조작하기 어려운 경우에는 필요에 따라서 막대인형 무대를 만드는 것이 좋다. 막대인형의 무대 판은 아이소핑크, 우드락, 폼보드, 하드보드 등을 이용할 수 있으며 펠트 천이나 부직포, 라이넥스를 이용하여 무대를 꾸밀 수 있다(그림 10-17~10-19). 무대에서 움직이는 인형들이 돋보이도록 하기 위해서는 그림 10-19처럼 등장인물에 배경색과 동일한 막대를 이용하거나 그림 10-20처럼 아크릴을 막대로 이용할 수 있다.

컵을 이용한 막대인형

- 재 료

  종이컵, 스티로폼 공, 아크릴 물감, 인형 눈알, 뿅뿅이, 크라프트지, 스티로폼 본드, 빨대, 찍찍이, 투명 테이프 등

- 만드는 방법

  ❶ 아크릴 물감으로 컵과 스티로폼 공에 칠한 후 장식을 하여 등장인물들을 만든다.

  ❷ 크라프트지를 이용하여 모자나 리본을 만들어서 붙인다.

  ❸ 스티로폼 본드로 컵과 얼굴을 연결한 후 빨대를 붙인다(그림 10-16).

이외에도 그림 10-16의 《비밀이야》와 같이 하드보드지를 삼각 형태로 만들어서 앞과 뒤에 서로 다른 배경을 그린 후에 이야기 내용에 따라서 배경을 돌려가며 이야기를 들려줄 수 있다.

비밀이야

아기 고양이들이 조끼를 입고, 모자를 쓰고 밖으로 나왔어요.
어디를 가는 걸까요? 미우는 들판을 지나 양에게 갔어요.
"양털 좀 줄래?", "어디다 쓸 건데?", "비밀이야."
양털을 주고 난 양은 몹시 궁금했어요. 그래서 몰래몰래 뒤를 따라갔어요. 미요는 언덕을 넘어 곰에게 갔어요.
"꿀 좀 줄래?", "누가 먹을건데?", "비밀이야."
그래서 어슬렁 어슬렁 뒤를 따라갔어요. 미로는 숲 속으로 갔어요. 꽃다발을 만들고 있는데 토끼가 왔어요.
"꽃 좀 줄래?", "누구에게 줄건데?", "비밀이야."
토끼도 살금살금 뒤따라갔어요. 양털과 꿀단지와 꽃다발을 들고 아기 고양이들은 집으로 돌아왔어요.
(배경을 바꾼다)
아기 고양이들은 침대에 누워있는 엄마 고양이 곁으로 갔어요. 엄마 고양이는 따뜻한 양털을 덮고 달콤한 꿀차를 마셨어요. 그리고 창가에 놓은 꽃병을 보더니 "감기가 금방 낫겠는 걸."하고 말했어요.
문틈으로 보고 있던 양과 곰과 토끼는 그제서야 고개를 끄덕였지요.

그림 10-16 앞 · 뒤 배경이 다른 무대와 컵을 이용한 막대인형 : 동화 《비밀이야》

그림 10-17 교사가 제공한 틀에 유아들이 배경을 그린 무대

그림 10-18 하드보드지를 이용하여 접을 수 있는 무대 : 동화 《뱀꼬리》

뱀꼬리

– 이솝

꼬마뱀 한 마리가 꽃구경을 나왔어요. "난 더이상 안갈테야." 갑자기 꼬리가 멈춰졌어요.

"왜 그러니? 꼬리야" 머리가 뒤를 돌아보았어요. "나는 늘 뒤꽁무니나 따라다니는게 싫어!"

"뭐라고? 꼬리는 언제나 뒤에 오는거야" 눈이 동그래지며 말했어요.

"왜 언제나 머리만 중요하게 여기는 거야. 나도 앞장서서 가고 싶단 말이야."

"꼬리야 너도 머리와 똑같이 중요해." 머리가 조심스럽게 말했어요.

"좋아! 그렇다면 이제부턴 내가 머리대신 앞장서서 갈테야. 에잇!!!" "어어어!" 갑자기 꼬리가 마구 달려가기 시작했어요.

"으아! 아이쿠"

그러다 무턱대고 가던 꼬리는 그만 가시덤불 속으로 떨어지고 말았어요. 꼬마뱀은 온통 상처투성이가 되었어요. "아야야. 아이구 아파라. 너의 말이 옳아. 역시 난 너를 쫓아가는 것이 좋겠어." 꼬리가 힘없이 말했어요.

"꼬리야 기운내렴. 이것봐. 내가 뒤따라오지 않으니 우리가 조금도 앞으로 나갈수가 없잖아. 너도 언제나 중요하다는걸 잊지마!" 입이 나즈막히 말했어요. 스르륵 스르륵 꼬마뱀은 다시 꽃구경을 나갔어요.

그림 10-19 배경색과 막대의 색을 동일하게 하여 물고기가 돋보이도록 함

그림 10-20 투명아크릴을 막대로 사용하여 등장인물이 돋보이도록 함

(2) 손가락인형

손가락에 끼워서 움직이는 인형으로 손가락 골무인형, 손가락 다리인형, 손가락 장갑인형으로 구분할 수 있다. 이들 인형들의 제작방법은 다음과 같다.

① 손가락 골무인형

손가락 골무인형은 골무의 모양에 손가락을 끼우고 움직이는 인형으로, 다음과 같은 방법으로 제작할 수 있다.

손가락 골무인형, 고리인형 만들기

- **재 료**
  부직포, 솜(또는 스타킹 조각), 인형 눈알, 실, 바늘, 종이 본드
- **만드는 방법 1(손가락 골무인형)**
  부직포로 손가락 크기의 골무를 만든 후 동물이나 사람 얼굴을 만들어서 붙인다. 이때 얼굴 부분에 솜이나 스타킹 조각을 약간 넣으면 입체감 있게 만들 수 있다(그림 10-21, 10-22).
- **만드는 방법 2(손가락 고리인형)**
  평면인형 뒤에 부직포나 고무줄로 손가락이 들어갈 수 있는 고리를 단다(그림 10-23).

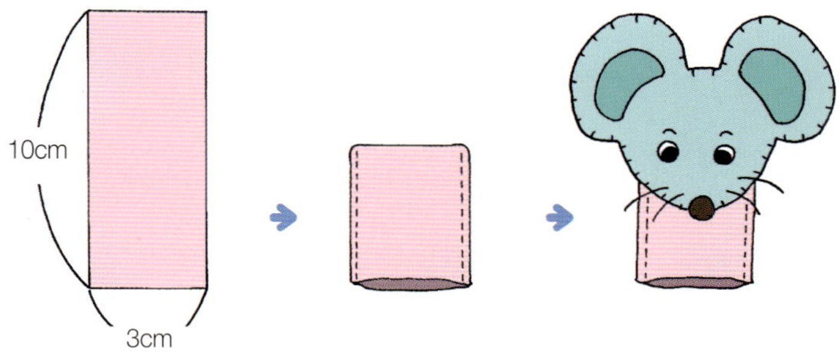

그림 10-21 손가락 골무인형 만드는 방법

동물 손가락 골무인형

손가락 골무인형 : 노래 〈무엇을 주련〉의 등장인물

그림 10-22 제작한 손가락 골무인형들

앞 면

뒷 면

그림 10-23 손가락 고리인형

② 손가락 다리인형

손가락 다리인형은 동물이나 사람의 몸에 구멍을 내고 손가락을 넣어서 걷는 동작을 나타낼 수 있으며 제작방법은 다음과 같다.

손가락 다리인형 만들기

- **재 료**

마닐라지, 색도화지, 하드보드지, 칼

- **만드는 방법**

❶ 마닐라지나 하드보드지로 동물이나 사람의 모양을 오린 후 손가락이 들어 갈 부분을 동그랗게 도려낸다.

❷ 동물이나 사람의 모습이 되도록 장식한 후 구멍에 손가락을 넣어서 걷는 것처럼 움직인다(그림 10-24).

❸ 그림 10-25와 같이 그림자료 뒤에 고무줄로 고리를 만들어 붙인후 손가락을 넣어서 움직이도록 제작할 수 있다.

그림 10-24 구멍에 손가락을 넣어서 움직이는 인형

그림 10-25 뒷면에 고무줄로 고리를 만든 인형

③ 손가락 장갑인형

손가락 장갑인형은 그림 10-26처럼 장갑을 이용하여 각 손가락이 등장인물이 되도록 꾸며서 활용할 수 있다. 손가락의 인물들을 바꾸어 주려면 장갑에 인형을 직접 붙이지 말고 인형들을 떼었다가 붙일 수 있도록 장갑에는 보슬이, 인형에는 까슬이를 붙인다. 유아들에게 손가락 장갑인형을 제공할 때에는 유아용 장갑을 이용한다.

그림 10-26 손가락 장갑인형

(3) 손인형

2~3세의 영유아를 위한 손인형은 그림10-27처럼 조작이 간단한 형태로 제작하는 것이 바람직하며, 손동작을 세련되게 움직임이 가능한 5~6세의 유아들에겐 인형의 몸이나 머리와 팔 또는 입 등을 움직일 수 있도록 제작하여 제공한다. 손인형의 제작방법은 다음과 같다.

손가락을 모두 집어 넣을 수 있는 손인형

- 재 료

  부직포, 스타킹 조각, 인형 눈알, 종이본드, 실, 바늘 등

- 만드는 방법

  ❶ 부직포로 손 전체가 들어갈 수 있는 크기의 인형 몸통을 만든다.

  ❷ 부직포로 얼굴을 두 장을 오린 후 안에 스타킹 조각을 넣고 꿰멘다.

  ❸ 몸통과 얼굴을 붙인 다음 장식한다(그림 10-27).

그림 10-27 손가락 전체를 넣을 수 있는 손인형

그림 10-28 머리와 팔을 움직이는 손인형

머리와 팔을 움직이는 손인형

- 재 료

고무공 또는 탁구공, 인형 눈알, 헝겊, 본드, 바늘, 실, 가위 등

- 만드는 방법

❶ 고무공이나 탁구공의 밑면을 손가락 한 개 정도가 들어 가도록 구멍을 낸 후에 털실, 매직 펜 등으로 얼굴과 머리를 장식한다.

❷ 천을 이용하여 손가락 두 개를 끼울 수 있도록 구멍을 낸 다음 옷을 만든 후에 얼굴과 연결시켜서 완성한다.

❸ 손가락 한 개는 목 속으로, 손가락 두 개는 옷의 구멍으로 빠져 나오게 한 후 움직인다(그림 10-28).

입을 움직이는 인형

〈양말을 이용한 손인형〉

- 재 료

양말, 부직포, 헝겊, 스티로폼, 스티로폼 공, 칼, 바늘, 실, 종이 본드 등

- 만드는 방법

❶ 양말의 어느 부분을 입과 얼굴로 할것인지를 정한 후 입 부분을 절개한다. 부직포로 입을 오린 후 양말의 절개된 부분과 꿰멘다. 이때 입 모양은 인물의 특성을 고려하여 형태를 달리 하도록 한다. 사람이나 동물은 긴 타원형이나 원으로 새나 악어는 삼각형 모양으로 할 수 있다.

❷ 하드보드지를 부직포와 같은 크기의 입과 모양으로 자른 후 반으로 접고 뒷 부분에 본드를 바르고 약간 마를 때까지 기다린 다음 부직포에 붙인다.

❸ 스티로폼 공을 양말 안으로 넣어서 입체감이 나도록 한다. 이때 사람이나 개, 소 같은 동물은 스티로폼 공을 반으로 잘라서 넣으면 되고, 말의 경우에는 스티로폼을 말의 머리 모양으로 만들어서 넣으면 된다.

❹ 부직포, 인형 눈알, 헝겊 등을 이용하여 장식을 한다(그림 10-29, 10-30).

〈봉투를 이용한 손 인형〉

● 재 료

봉투, 색도화지, 풀, 가위 등

● 만드는 방법

❶ 봉투의 접힌 선이 입이 되도록 하면서 인물의 얼굴과 몸을 장식한다.

❷ 봉투를 벌렸을 때 보이는 부분이 입안이 되므로 이곳도 장식을 하여 완성한다(그림 10-31의 돼지처럼 봉투의 접힌 부분이 눈이 되도록 하면 봉투를 벌리고 접었을 때 눈을 떴다 감았다 하는 모습을 유아들에게 보여 줄 수 있다).

〈종이 접시를 이용한 손인형〉

● 재 료

종이접시 2개, 색도화지, 포스터 컬러, 헝겊, 풀, 본드, 가위 등

● 만드는 방법

❶ 종이접시 중 한 개는 반으로 자르고, 한 개는 반으로 접는다.

❷ 반으로 접은 종이접시의 빗금 부분에 본드를 칠한 후 반원의 종이접시를 각각 연결하여 접어서 손이 들어 갈 수 있도록 한다.

❸ 장식을 한다.

❹ 헝겊을 봉투처럼 만든 후에 종이접시의 위와 밑면에 연결하여서 팔이 보이지 않도록 한다(그림 10-32, 10-33). 종이접시 대신 부직포를 이용하여 제작해도 된다.

〈상자를 이용한 손인형〉

● 재 료

우유팩, 색도화지, 유성매직, 양면 테이프, 풀, 가위 등

● 만드는 방법

❶ 우유팩의 중앙 부분의 삼 면을 자른 후에 접은 다음 손을 넣어서 움직일 수 있도록 한다.

❷ 인물의 얼굴 모양을 만든 후 코팅하여 우유팩 앞에 붙인 후 장식한다(그림 10-34, 10-35).

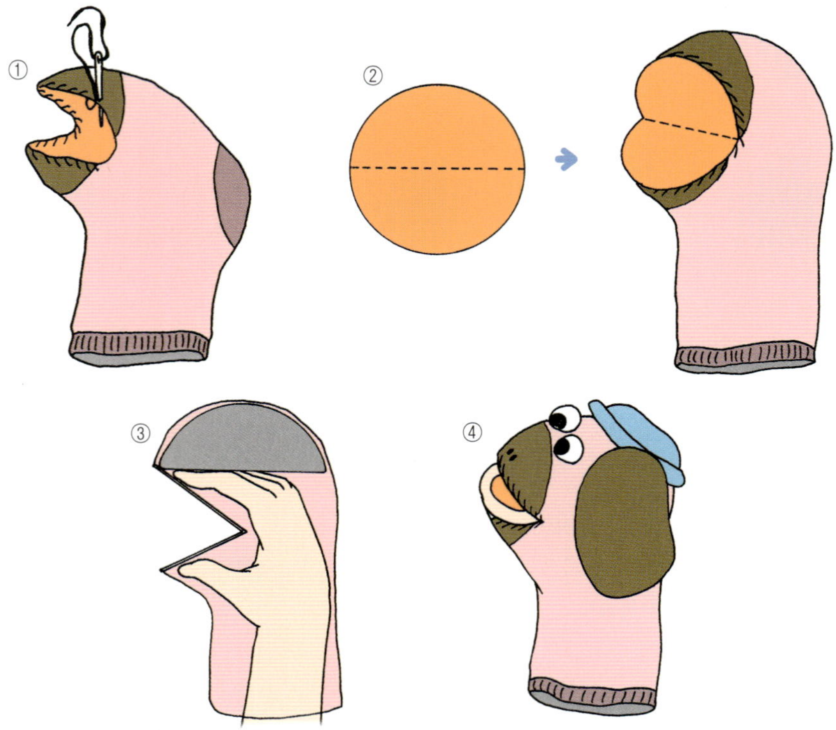

그림 10-29 양말을 이용하여 손인형 만드는 방법

그림 10-30 양말을 이용하여 만든 손인형들

그림 10-31 봉투를 이용한 손인형과 인형극 틀 : 동화 《밀알을 누가 심을까?》

그림 10-32 종이접시를 이용한 손인형과 인형극 틀 : 동화 《청개구리》

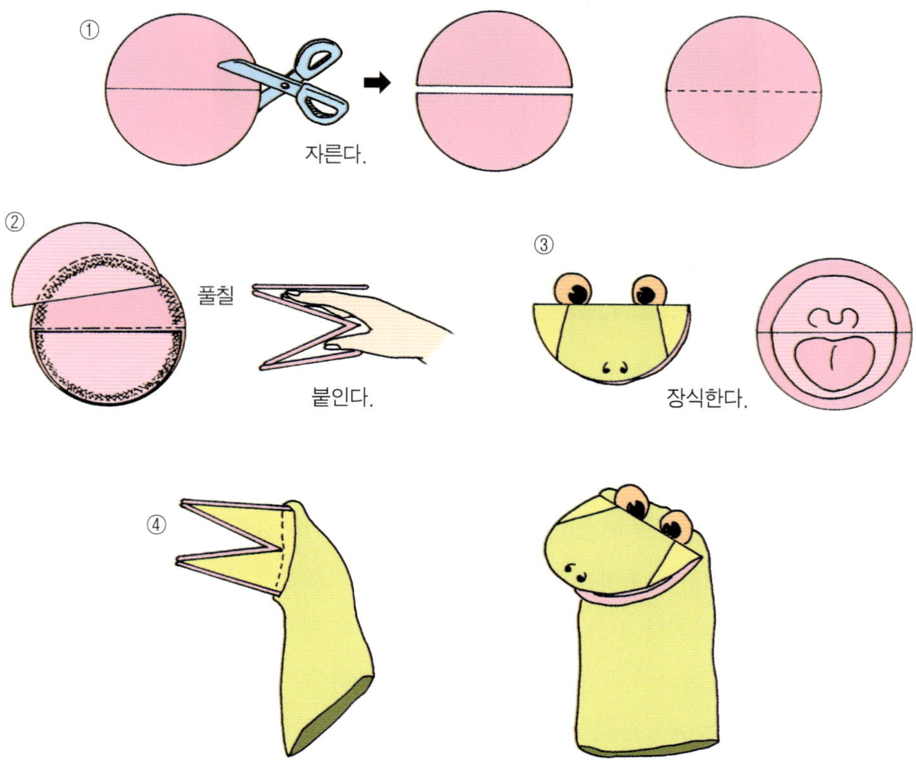

그림 10-33 종이접시를 이용하여 손인형을 만드는 방법

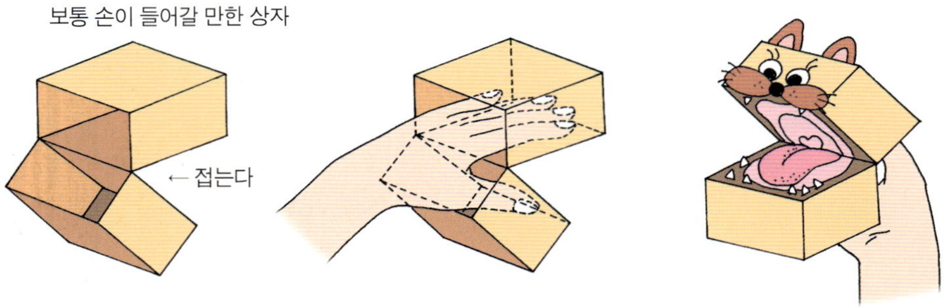

그림 10-34 상자를 이용하여 손인형을 만드는 방법

그림 10-35 우유팩을 이용하여 만든 손인형

(4) 테이블 인형과 테이블 무대

등장인물과 어울리는 무대를 이용하여 이야기를 들려 준다면 영유아들은 좀 더 이야기를 잘이해 할 수 있다. 인형극 무대는 이야기 내용에 따라서 조금씩 다르나 대개는 영유아들이 사용하는 책상을 한지나 천으로 꾸미거나, 책상 면의 형태(사각형, 반원)와 크기대로 우드락이나 폼보드를 잘라서 책상에 고정시킨 다음 그 위에 나무, 집, 울타리, 동굴, 성 등의 필요한 배경을 만들어서 올려놓을 수 있다. 이때 책상 대신 상자나 나무틀을 이용하여 테이블 무대를 꾸밀 수 있다. 여러 가지 형태의 테이블 무대와 테이블 인형들의 예는 그림 10-36과 같고, 그 다음은 원형 무대와 세우는 인형 만드는 방법이 제시되어 있다.

상자무대와 테이블 인형

상을 이용한 무대와 테이블 인형

폼보드를 이용한 무대와 테이블 인형(손인형 안에 플라스틱 통을 넣어서 세움)

스티로폼을 이용한 무대와 테이블 인형(그림자료 뒷면에 플라스틱 통을 붙임)

목공소에서 제작한 나무틀 무대

나무틀 무대와 인형 : 동화 《해와 달이 된 오누이》

그림 10-36 여러 가지 형태의 테이블 무대와 테이블 인형들

원형 무대와 세우는 인형 만들기

- 재료

폼보드, 한지, 부직포, 굵은 철사, 코르크, 가위, 풀 등

- 만드는 방법 1

❶ 폼보드를 원으로 자른 다음 한지로 싼다(폼보드 대신 원형의 베니어판 두 개를 연결하여 윗판이 돌아가도록 제작하여 활용할 수도 있다).

❷ 집의 앞면에는 여름 배경을 뒷면에는 겨울 분위기가 나도록 꾸민다. 풀이나 나무 등도 각각 여름과 겨울 분위기가 나도록 한다(그림 10-37).

❸ 등장인물은 펠트천을 이용하여 평면자료로 만든 후에 뒷면에 철사를 꽂고 코르크에 끼워서 세울 수 있도록 만든다(그림 10-38).

그림 10-37 동화 《개미와 베짱이》의 여름과 겨울배경

그림 10-38 세우는 인형 : 베짱이와 첼로

그림 10-39 동화 《개미와 베짱이》를 들려주는 모습

그림 10-40 줄인형

(5) 줄인형

그림 10-41 주제 '탈'의 줄인형

줄인형은 줄로 조정하는 인형으로, 조작적인 인형 중에서 가장 발달 된 형태이므로 영아 보다는 유아 시기에 제공하는 것이 더 바람직하다(그림 10-40). 그러나 만 4~5세의 유아들도 조작하고자 할 때에는 줄이 꼬이거나 조작이 어려워 좌절감을 느낄 수 있다. 따라서 유아를 위한 줄인형은 간단하게 한 줄 또는 두 줄인형을 만들어서 제공할 수 있다. 발 부분에는 둥근 자석이나 고무점토 덩어리를 매달아서 안정감 있게 움직이도록 한다. 그림10-41은 주제가 '탈' 이나 '우리나라' 일 때 교사가 사용할 수 있는 줄인형이다.

(6) 그림자 인형과 블랙라이트 인형극

그림자 인형은 반투명 스크린 뒤에서 슬라이드 환등기와 오버헤드 프로젝터, 무대용 라이트로 부터 빛을 받아 그림자를 만들어서 유아들에게 보여주게 된다. 반면 블랙라이트(black light ; 짙은 청색의 형광 조명) 인형극은 스크린 없이 불이 꺼진 깜깜한 무대에서 형광물질의 빛을 발산시켜 인형들의 움직임을 보여주는 인형극이다(10-42). 블랙라이트는 흰색의 장갑이나, 흰색의 옷과 형광 물질에 반응하는 특징이 있으므로 인형극의 제목을 적거나 등장인물 등을 만들 때 이점에 유의하면 된다. 그림자 인형과 블랙라이트 인형극을 하기 위해서는 인형을 다루는 숙련된 기술이 필요하기 때문에 보다 많은 준비와 연습이 필요하다.

그림자 인형과 블랙라이트 인형

〈그림자 인형〉

- 재 료

검은색 도화지, 마닐라지, 하드보드지, 색 셀로판지, 양면 테이프, 칼, 가위 등

- 만드는 방법

❶ 마닐라지나 하드보드지에 원하는 모양의 기본그림을 그린 후 오린다.

❷ 빛을 투과 시키고자 하는 부분을 도려낸 후 색 셀로판지를 붙이거나 코팅한 후 그 부분만 유성펜으로 색칠하고 아크릴 막대를 붙인다. 이때 움직이고자 하는 부분은 별도로 제작하여 할핀과 철사로 연결한다(그림 10-43의 ①).

❹ 스크린 무대도 내용에 따라서 꾸미거나 장의 변화에 따라서 배경을 바꾸어 줄 수 있다(그림 10-43의 ②, ③).

〈블랙라이트 인형〉

- 만드는 방법

❶ 형광물질이 들어가 있는 펜과 종이, 물감 등을 준비한다.

❷ 형광물질의 종이나 물감, 펜을 이용하여 등장인물을 꾸민 후 뒷면에 검은색 배지를 대거나 막대로 연결한다(그림 10-44).

그림 10-42 그림자 인형(좌)과 블랙라이트 인형극(우) 장면

자료 : www.dollstoryhouse.co.kr.

① 팔을 움직일 수 있는 그림자 인형

②《재크와 콩나무》의 그림자 배경

③ 색 셀로판지를 이용한 그림자 인형과 그림자 인형극 배경

그림 10-43 그림자 인형과 그림자 무대 배경

(7) 인형극 틀

인형극 틀과 배경이 있는 인형극 무대를 이용하여 인형극을 한다면 배경과 함께 움직이는 인형에 영유아들이 매료될 수 있다. 인형극 틀은 기본적으로 인형을 제시하는 사람은 보이지 않으면서 극에 나오는 인형들의 움직임만을 보여주기 위해서 필요하다(그림 10-31, 그림 10-32). 인형극 틀은 기본모양은 같으나 크기에 따라서 소집단용 인형극 틀, 교사 등의 성인이 조작할 수 있는 크기의 인형극 틀로 나눌 수 있으며, 교사가 임시로 사용할 수 있는 간이용 인형극 틀도 있다. 대체적으로 유아용 인형극 틀은 상품화된 것을 사용하거나(그림 10-45), 유아들과 함께 인형극 무대를 만들어 활용할 수 있다. 벽면에 배경

그림을 붙인 후, 교구장을 꾸며서 무대로 이용할 수 있다. 이때 배경은 유아와 함께 꾸밀 수도 있다(그림 10-46).

블랙라이트 장면

형광색 도화지로 꽃을 만든 후 검은색 배지를 댐

그림 10-44 블랙라이트 무대와 등장인물의 예

그림 10-45 상품화된 소집단용 인형극 틀

그림 10-46 교구장을 이용하여 만든 간이 인형극 틀

녹음자료

녹음자료는 소리를 저장하고 재생할 수 있도록 구성된 청각용 학습 자료를 말한다. 영유아를 위한 프로그램에서는 동화 듣기와 음악감상 자료로 빈번하게 활용되고 있으며, 이 외에도 여러 가지 소리 듣기, 목소리 녹음하기, 투시자료의 보조자료 등으로 이용된다. 이 장에서는 영유아교육기관에서 일반적으로 사용되는 녹음자료의 특성과 종류, 활용방법, 제작의 실제에 대해 살펴보겠다.

1. 녹음자료의 특성 및 종류

1) 녹음자료의 특성

녹음자료는 청각적 단서가 학습의 주요 수단이므로 소리가 주요 개념인 활동에 적절하고, 반복 청취가 가능하여 심화 및 개별 학습이 용이한 이점을 지닌다. 녹음자료의 특성을 구체적으로 살펴보면 다음과 같다.

첫째, 소리가 학습의 주요 개념이나 단서가 되는 활동에 유용하다. 예를 들어 새로 배울 노래에 대해 동기유발 후 노래의 음과 멜로디를 녹음하여 들려 주면 노래를 쉽게 익힐 수 있다. 또한 소리를 변별해야 하는 학습의 경우에도 효과적이다. 동물원 견학 후 여러 가지 동물 소리를 듣고 변별한 후 어떤 동물의 소리인지 그림 카드를 찾아보는 활동을 할 수 있다. 이때 영유아는 비디오로 동물의 모습(시각자극)과 소리(청각자극)를 한꺼번에 경험하는 것보다 소리의 변별에 더 주의를 기울일 수 있게 된다.

둘째, 전하려는 메시지를 동일하게 여러 번 반복하여 들려 줄 수 있다. 예를 들어 교사가 영유아에게 동화책을 읽어준 후 교사의 목소리가 녹음된 자료와 동화책을 듣기 영역에 비치하거나, 새로운 노래를 반복 녹음하여 음률활동 영역에 노래자료와 함께 준비해 주면 반복해서 들을 수 있다.

셋째, 개별학습의 도구로 사용할 수 있다. 녹음자료의 종류에 따라 언어활동 영역, 음률활동 영역, 과학활동 영역 등에 녹음자료와 함께 녹음기, 헤드폰을 준비해 주면 영유아가 개인적인 흥미에 따라 자료를 사용할 수 있는 이점이 있다. 이렇게 개별적인 학습도구로 활용하면 개개인의 학습능력에 차이가 있을지라도 개인적인 수준에 맞게 학습활동이 이루어지며, 개인의 관심에 따라 여러 번 반복해서 들음으로써 이해를 높일 수 있어 심화된 학습을 돕게 된다.

넷째, 다른 매체의 보조 자료로 사용하여 다양한 학습 분위기를 조성하고 학습의 흥미를 높일 수 있다. 예를 들어 슬라이드로 우주선이 발사되는 장면을 보여 줄 때 녹음자료를 함께 틀어주면 유아들이 우주선이 발사되는 소리나 관제탑의 소리도 함께 들을 수 있어 생동감이 있다. 또는 우주인 놀이를 하는 유아들을 위해 쌓기 놀이 영역의 한쪽에 녹음자료를 준비해주면, 유아들이 블록으로 우주선을 만든 후 발사하는 장면을 극화하고 싶을 때 녹음자료를 사용할 수 있다.

다섯째, 영유아교육기관에서 많이 사용하는 소형 카세트는 조작이 간단하여 유아가 직접 작동할 수 있다. 그러므로 교사의 도움 없이도 언어활동 영역에서 동화를 듣거나 녹음기와 마이크르 이용해 목소리를 녹음해 보고, 음률활동 영역에서 노래를 듣는 등의 개별 활동이 다양하게 이루어질 수 있다. 또 인형극 대본을 만들어 녹음한 후 친구들에게 인형극을 보여줄 수도 있다.

녹음자료 이와 같은 이점에 비해 몇 가지 제한점도 있으므로 이를 고려하여 활동을 계획한다.

- 녹음자료는 청각을 주요 학습수단으로 활용하는 자료이므로 자료의 모양이나 질감 등과 같이 시각이나 촉각의 사용이 요구되는 내용학습에는 적절하지 않다. 예를 들

어 '동물들의 무늬'에 대한 탐구는 녹음자료로는 부적절하며 실물이나 사진, 비디오, 슬라이드와 같은 시각적 자극을 제공하는 매체를 사용해야 한다.

- 사물에 대한 다양한 활동을 통해 사전에 개념이 형성된 학습자가 아닌 경우 소리만으로 메시지를 이해하기 어려울 수 있다. 또한 언어적 설명으로 전달하려는 내용을 이해할 수 있어야 녹음 자료를 활용한 활동이 가능하다. 예를 들어 영아의 경우 동물의 소리를 녹음자료로 들려준다고 가정할 때, 호랑이와 강아지에 대한 사전 지식이 없다면 녹음 자료로 동물을 구분하는 활동은 어려울 것이다.
- 원하지 않는 학습자에게도 소리가 들리게 되므로 의도하지 않은 결과를 초래하거나 다른 영유아의 활동을 방해할 수 있다. 따라서 녹음자료를 이용하는 영역은 활동을 원하는 유아들만 조용하게 들을 수 있도록 환경을 구성하고, 영역을 별도로 배치하기 어려운 경우에는 질 좋은 헤드폰을 이용하여 원하는 유아만 듣도록 한다.

2) 녹음자료의 종류

청각기기인 오디오는 축음기, 진공관을 사용한 레코드 플레이어 등의 형태에서 스테레오 방식 오디오로, 그리고 현재에는 CD를 사용하는 디지털 방식으로 발전하였으며 휴대가 간편한 소형 녹음기와 MP3, 핸드폰, USB 등과 결합된 다양한 녹음기가 사용되고 있다. 일반 학습자용과 달리 영유아들을 위한 녹음자료는 휴대용보다는 테이블에서 자료를 청취할 수 있는 레코더와 컴퓨터의 오디오 기능을 활용한 시청각자료가 일반적으로 사용되고 있다. 어학 교육용으로는 카드형 녹음자료나 터치 스크린과 볼펜형 오디오 자료 등도 활용되고 있다.

카세트 레코더는 비교적 조작이 간단하고 종류가 다양하며, 녹음이 손쉬워 영유아교육기관에서 교사용이나 영유아용으로 많이 사용된다. CD 자료는 음질이 좋아 음악자료로 많이 사용되는데, 교사가 원하는 형태로 편집해서 사용하기는 어렵다. 초소형 디지털 녹음기와 플레이어 보급률도 높아졌으나 영유아용으로 사용하기는 적절하지 않으므로 테이블용 카세트나 CD 플레이어를 사용하는 것이 편리하다.

최근에 사용되는 카세트는 테이프와 CD 플레이어 겸용인 것이 많으며, 카세트 레코더 종류에 따라 기능에 차이가 있으므로 제품 특성과 사용목적을 고려하여 선택하는 것이 좋다. 개별 학습용인 경우에는 재생 · 녹음기능과 외부출력 및 헤드폰 사용이 가능한 모델이면 적당하다. 언어활동 영역이나 과학활동 영역에서 사용하려는 경우에는 모노 카세트도 무방하지만 음률활동용인 경우에는 스테레오 카세트나 CD 플레이어 겸용인 제품이 적당하다. 음률활동 영역에는 다양한 종류의 음악을 감상할 수 있도록 음질이 좋은 오디오 시스템을 준비해 주는 것이 바람직하다. 영유아는 언어 발달이 급속도로 이루어지는 시기이므로 이를 격려하기 위해 마이크와 녹음 테이프를 준비해 주면 흥미로운 녹음활동이 이루어질 수 있다.

교사용인 경우에는 노래지도, 신체표현활동, 슬라이드나 투시자료를 이용한 수업 등에 사용해야 하므로 출력 음량이 충분한 것이 좋으며, 녹음자료의 제작과 편집을 위해 외부 마이크를 이용한 녹음 기능, 테이프 카운터 기능, 고속 복사 기능 등을 갖춘 이동 가능한 더블 스테레오 카세트가 있으면 편리하다.

카드형 녹음자료는 3 1/2″ × 9″나 4″ × 15″ 크기의 카드 형태로 되어 있다. 카드 아래 부분에 9″ 또는 15″ 길이의 자기 테이프(magnetic tape)가 부착되어 있고 위에는 단어, 문장, 그림 또는 다른 심벌이 그려져 있으며 자기 테이프에 단어, 문장, 그림에 대한 설명 또는 질문이 녹음되있어 카드 녹음기에 끼어 넣으면 자동적으로 소리가 재생되어 나오므로 유아가 그림을 보면서 설명을 들을 수 있다. 조작이 간단해서 2~3세의 어린 유아들도 사용할 수 있으며 개별 학습용으로 유용하게 쓰일 수 있으나 교사가 직접 제작하기 어렵다. 전자펜 형태의 녹음자료나 전자칠판은 대부분 어학용으로 개발되어 있어 영유아 교육과정에 알맞게 다양한 용도로 활용하는 데는 한계가 있다.

2. 녹음자료의 활용

1) 효율적인 녹음자료 활용을 위해 고려할 점

녹음자료가 효과적으로 사용되려면 무엇보다도 영유아가 자료를 잘 들을 수 있어야 하며, 교실환경은 듣기를 방해하는 요인이 없도록 준비되어야 한다. 듣기는 소리의 진동에 대한 신체적 반응으로 이루어지므로 만약 영유아에게 청각적 장애가 있다면 자료를 사

그림 11-1 음률 영역에 음악감상자료를 비치한 예

용할 수 없을 것이다. 따라서 교사는 영유아들이 듣기자료를 정상적으로 이용할 수 있는지 파악하여 자료를 준비하고 듣기자료를 잘 이용할 수 없는 영유아를 위해서 별도의 자료를 계획하여야 한다. 녹음자료를 이용한 학습이 효과적으로 이루어지려면 교사는 다음과 같은 요인에 유의하도록 한다.

첫째, 교실환경이 녹음자료를 이용하기에 적절해야 한다. 개별 활동을 위해 녹음자료를 이용하는 영역에는 필요한 자료, 질 좋은 플레이어와 헤드폰이 마련되어야 하고, 소리가 많이 발생하는 영역에 인접하여 배치하면 녹음자료를 제대로 들을 수 없으므로 유의한다. 예를 들어 소리가 많이 발생하는 컴퓨터 프로그램을 사용하는 영역 바로 옆에 녹음 동화 듣기 영역을 마련하면 헤드폰을 사용하더라도 집중하여 듣는 데 어려움이 많을 것이다. 헤드폰은 녹음자료를 이용하는 영유아가 집중해서 소리를 들을 수 있도록 해주면서 아울러 다른 활동을 하는 영유아에게 방해되지 않기 위해 사용하는 것이므로 양질의 것을 구비한다. 교실 내에서뿐 아니라 외부에서 발생하는 소음도 고려하여 활동을 진행한다. 예를 들어 외부에서 소음이 심한 공사가 진행 중일 때 '음악 듣고 느낌 표현하기' 나, '소리 듣고 변별하기' 와 같은 활동을 계획한다면 효율적인 수업이 이루어지기 힘들 것이다.

둘째, 자료가 영유아의 연령, 흥미, 어휘, 청각적 경험 등에 적절해야 한다. 영유아가 여러 가지 동물에 관심을 가지고 있을 때 동물의 소리를 듣고 그림자료를 찾아보는 활동을 한다면 소리의 차이에 주의를 기울이지만, 관심이 다른 것에 있거나 여러 가지 동물을 관찰한 적이 없는 유아의 경우에는 동물들의 소리를 구분하지 못하거나 지루해할 것이다.

셋째, 듣기자료는 청각에 주의를 기울여야 하는 자료이므로 영유아들이 오랜 시간 집중하거나 기억하기 쉽지 않다. 그러므로 자료의 길이가 너무 길거나 제시 속도가 빠르지 않도록 준비한다. 짧은 소리 자료인 경우에는 여러 번 반복 녹음하여 제시하는 것도 효과적이다. 예를 들어 동물의 목소리 녹음 자료를 듣고 그림 카드를 찾아 보는 활동을 한다면, 한 번씩만 듣고 카드를 고르기는 어려우므로 같은 소리 자료를 2~3번 반복해서 편집할 수 있다.

넷째, 녹음자료를 들려 주기 전에 교사는 영유아에게 미리 어떠한 점에 귀 기울여 들어야 할지 이야기해 주는 것이 바람직하다. 동물 소리를 녹음했을 경우에는 "여러 가지 동물 소리가 들어 있으니까 잘 듣고 어떤 동물의 소리인지 맞춰보자.", 노랫말이 문답형인 노래의 경우에는 "노랫말을 잘 듣고 동물들이 무엇이라고 대답하는지 알아보자.", 음악 듣고 그림을 그려보기 위해 각기 다른 느낌과 강약을 지닌 노래를 제시하는 경우에는 "음악을 듣고 느낌을 도화지에 그려보려고 해. 음악을 듣고 어떤 느낌이 드는지, 그림으로 그리면 어떤 모양이 될지 생각하며 들어보자. 그런데 이번 음악에서 어떤 부분은 아주 강하고 어떤 부분은 약한 소리를 들을 수 있어."와 같은 안내를 하면 유아들이 녹음자료를 들을 때 어떤 것에 주의를 기울여야 하는지 파악하기 용이할 것이다.

다섯째, 청각자료로 구성하는 것이 효과적인 학습활동에 사용하도록 한다. 청각자료는 새로운 노래지도나 동물의 소리 비교와 같이 소리의 특성이 강조되는 학습에 효과적이다. 그러나 만약 교사가 동물의 생김새에 주목하길 원한다면 녹음자료로는 제한적일 것이다. 또한 자료가 너무 많은 내용을 담고 있다면 영유아들이 지루해 할 뿐만 아니라 기억력의 한계로 효과적인 학습을 지속하기 어렵다. 그러므로 교사는 강조할 요인에 따라 적절한 형태의 학습경험으로 제공하는 것이 바람직하다.

여섯째, 개별활동 시 유아 스스로 녹음자료를 다룰 수 있도록 준비해 둔다. 조작이 간단한 녹음기의 조작단추에 색깔 표시를 하고 사용법을 가까이 적어두어 유아들이 사용할 때 참조하도록 한다(그림 11-2).

일곱째, 보조자료를 함께 활용하면 학습효과를 높일 수 있다. 예를 들어 새노래 지도 시 녹음자료만 준비하는 것보다 그림 노랫말이나 손가락인형 등이 있다면 노랫말을 이해하기 쉬워서 더욱 재미있는 활동이 될 것이다. 동물의 소리를 변별하는 자료로 이용할

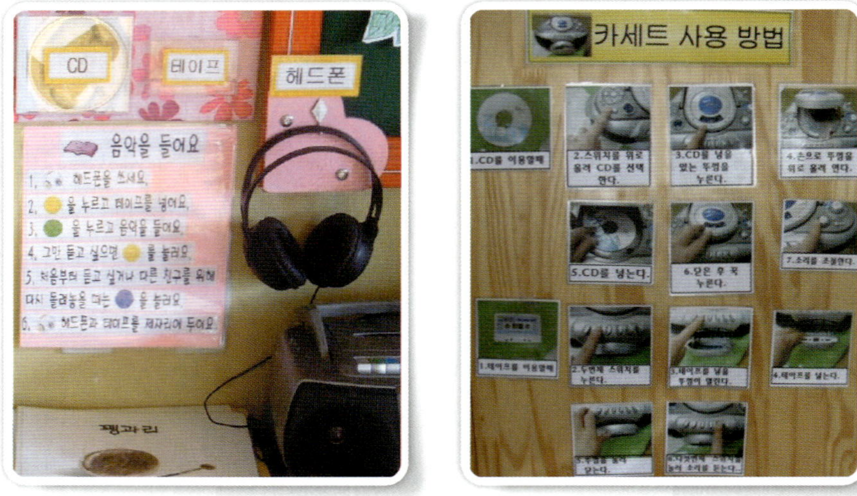

그림 11-2 녹음자료 및 레코더 사용방법 제시의 예

때는 동물의 그림이나 사진, 그림책, 동물 머리띠 등을 함께 준비해 주어 동물의 소리를 듣고 그림자료를 골라보도록 할 수 있다.

여덟째, 영유아 간 상호작용이 이루어지도록 설비를 갖추거나 자료를 구성한다. 한 가지 자료를 한 명의 영유아만이 이용할 수 있도록 하기보다는 두 명 이상이 같은 자료를 들을 수 있도록 준비하면 서로 느낌이나 생각을 나눌 수 있어 개념발달 및 사회성 발달에도 효과적이다. 이를 위해서는 듣기자료를 벽면을 향해 배치하기보다는 서로 얼굴을 볼 수 있도록 배치하고, 연결 잭을 사용하여 2~3명이 같은 자료를 들을 수 있도록 준비하며 (그림 11-3) 자료나 보조자료도 2~3명이 같이 사용할 수 있는 양을 준비한다.

아홉째, 녹음자료가 영유아의 다른 경험과 연결되거나 확장될 수 있도록 한다. 다른 자료를 이용할 때와 마찬가지로 녹음자료도 단지 소리를 듣고 반응하는 수동적 학습자료가 아니라 영유아가 듣기경험을 능동적으로 확장시키거나 다른 영역에서의 활동을 듣기활동으로 연결할 수 있어야 한다. 예를 들어 언어활동 영역에 녹음자료를 준비하여 녹음된 이야기를 듣고 그림으로 표현해 보도록 하거나, 여러 가지 이야기 꾸미기 자료를 이용하여 만든 이야기를 녹음해 보도록 할 수 있다. 과학 영역에서 유아가 발견해 낸 사실을 그림으로 그려 보거나 녹음하여 친구들에게 들려 줄 수도 있고, 반대로 교사가 필요한

그림 11-3 두 개의 헤드폰을 하나의 녹음기에 연결하는 방법

내용을 녹음해서 과학책이나 자료와 함께 제시해 줄 수도 있다. 음률 영역에서는 녹음자료를 듣고 새로운 노래나 음악을 감상할 수 있으며, 유아가 여러 가지 악기를 연주하며 녹음해 보거나 음악동화를 만들어 볼 수도 있을 것이다. 이러한 활동들 간의 연결과 확장은 유아 스스로 시도해 볼 수도 있지만, 교사의 적절한 도움이 받을 때 더 활발히 이루어지게 된다.

2) 활용의 실제

녹음자료는 여러 가지 소리의 탐색과 비교, 음악감상, 동화듣기 등과 같은 활동에서 주자료로 사용되며 게시판, 슬라이드, O.H.P 환등기 등을 이용한 활동의 보조자료로 활용될 수 있다.

(1) 소리 듣고 변별하기 · 의성어 만들기

언어 · 과학 · 음률활동 영역 등에서 친숙한 생활 주변의 소리, 동물소리, 악기소리 등을 녹음하여 소리를 변별하고, 의성어로 표현해 보는 활동을 할 수 있다. 그림자료나 모형을 보조자료로 함께 준비해 주고 소리를 듣고 찾아보게 할 수도 있다. 소리 변별용 녹음자료 제작 시에는 다음과 같은 점에 유의한다.

첫째, 직접 녹음하는 것도 좋으나 음질이 떨어지고 명료하지 못한 경우가 있으므로 잘 녹음된 음향자료에서 편집 · 녹음하는 것이 좋다.

둘째, 음색이 너무 비슷한 소리는 영유아가 구분하지 못하는 경우가 많으므로 차이를 쉽게 구분할 수 있는 자료를 녹음한다. 예를 들어 영유아에게 사자와 호랑이를 소리자료를 이용하여 구분하도록 요구하는 것은 무리일 것이다.

셋째, 한꺼번에 너무 많은 소리를 녹음하는 것보다 테이프 한 개에 하나의 주제를 정하여 녹음하고 테이프 겉면에 제목을 적어주는 것이 좋다.

넷째, 보조자료로 사용되는 그림 카드는 한 세트의 카드임을 시각적으로 알아볼 수 있도록 카드의 색, 크기 등을 다르게 만들어 표시하고 각각의 상자나 카드판에 나누어 담아 둔다. 교사가 녹음해서 제시할 수 있는 소리는 다음과 같은 것들이다.

- 친숙한 동물의 울음소리(개, 고양이, 말, 돼지, 새 등)
- 탈 것들이 움직일 때 나는 소리(기차, 자동차 경적, 뱃고동 소리, 자전거 벨소리 등)
- 집 안에서 들을 수 있는 소리(초인종, 도마질 소리, 시계소리, 전화 벨 소리 등)
- 자연에서 들을 수 있는 소리(비, 천둥 번개, 시냇물소리, 바람소리 등)
- 여러 가지 악기소리(피아노, 북, 트라이앵글, 바이올린 등)
- 생활 주변에서 들을 수 있는 소리(시장에서 물건을 사라고 외치는 소리, 교회 종소리, 농악대의 행진소리, 지하철역에서의 안내방송 등)

그림 11-4 여러 가지 자연의 소리 듣고 의성어로 표현하기

(2) 녹음된 동화·동시감상

영유아의 연령과 흥미에 알맞은 동화나 동시를 교사가 직접 읽어주는 것도 좋지만, 녹음자료로 제시하여 들어보도록 할 수도 있다. 녹음자료로 제시하면 같은 내용을 영유아가 원할 때 마다 반복해서 들을 수 있고, 교사가 다른 활동 영역에서 상호작용할 때라도 교사의 목소리를 들을 수 있는 장점이 있다. 그러나 듣는 중간에 상호작용이 어렵고 속도를 조절하기 힘든 단점이 있으므로 교사는 영유아의 수준에 적합한 녹음자료를 선택하는 것이 중요하다. 교사가 직접 녹음해서 들려줄 수도 있는데 카세트레코더에 동화를 녹음할 때는 다음과 같은 점을 고려한다.

- 성능이 좋은 마이크와 녹음기, 테이프, 신호음을 낼 악기(실로폰, 음감벨, 트라이앵글과 같이 간단하고 짧은 소리를 명료하게 내는 악기)를 준비한다.
- 테이프를 진행 방향으로 약간 감은 후 제목을 녹음하고, 2~3초 후 신호 악기를 이용하여 책장 넘기는 신호음을 짧게 넣는다. 이때 앞부분에 "＊＊이 소리가 나면 책장을 넘기세요."와 같은 안내말을 넣는다.
- 각 장마다 신호음을 넣고 책장을 넘길 시간(2~3초)적 여유를 준 후 적당한 속도로 읽는다.
- 대화가 나오는 부분은 목소리를 꾸며 재미있게 읽어준다.
- 짧은 문장으로 된 이야기 책이라도 유아들이 그림을 보며 이야기를 생각할 시간이 필요하므로 여유를 두고 다음 신호음을 넣는다.
- 듣기활동은 읽기능력의 발달과 연관되므로 글자가 있는 책인 경우 책에 나오는 글자를 정확히 읽고 다른 설명은 덧붙이지 않는 것이 좋다.
- 이야기가 끝나면 신호음을 길게 넣거나 음악을 넣어 끝났음을 알린다.
- 짧은 동화는 녹음한 것을 테이프 한 면에 2~3회 연속 복사하여 영유아들이 반복해서 듣고 싶어 할 경우 쉽게 들을 수 있게 한다.
- 테이프 앞면에 동화제목을 적어 붙인다. 연령이 어린 유아를 위해서는 동화책과 녹음 테이프에 같은 그림 표시를 해두어 찾기 쉽도록 만든다. 만 5세경이면 스스로 녹음기 조작을 할 수 있으므로 스위치에 '켜기', '끄기', '되감기', '빨리감기', '녹음' 등의 표시를 붙이고 조작방법이 적힌 종이를 게시한다.

(3) 목소리 녹음하고 듣기

영유아가 직접 자기 자신의 목소리나 노래를 녹음하여 들어보게 하면 발음이나 적절한 언어의 사용에 도움을 준다. 다른 사람이 말해 주지 않아도 자신의 말소리를 정확히 들을 수 있어 너무 빠르게 말했는지, 정확하게 말하지 않아 알아들을 수 없는지, 너무 작은 소리는 아닌지 등을 스스로 평가할 수 있기 때문이다. 또한 친구들의 목소리를 들으면서 누구의 목소리인지, 서로 어떻게 다른지를 변별할 수 있으며, 녹음하는 것이 즐거워서 활발하게 이야기하거나 이야기를 꾸며보고 싶게 되어 언어 표현을 장려하게 된다. 학급 영유아의 목소리를 조금씩 모두 녹음한 후 녹음기로 들으며 사진을 찾아보는 활동도 흥미롭다. 목소리나 노래의 녹음은 언어활동 영역이나 음률활동 영역에서 이루어질 수 있는데, 녹음용 테이프와 감상용 테이프를 혼돈하지 않도록 테이프에 '녹음할 수 있는 테이프' 라고 쓰고 마이크 그림을 그려 붙이는 등 시각기호로 표시한다.

(4) 음악감상

음악감상은 개별 또는 집단활동으로 이루어질 수 있다. 개별활동인 경우에는 음률활동 영역에 양질의 헤드폰과 감상을 도울 수 있는 그림책이나 그림·사진자료를 함께 준비해준다(그림 11-5, 11-6). 녹음 테이프에는 곡명과 시각적 표식을 그려서 영유아가 선택하기 쉽도록 하며, 반드시 녹음방지장치를 하여 작동 중에 지워지는 일이 없도록 한다. 집단으로 음악을 감상할 경우에는 감상할 노래의 제목이나 주제를 소개해 주고, 소리의 크기를 처음부터 적절하게 조절하여 중간에 음악의 흐름이 깨어지지 않도록 한다.

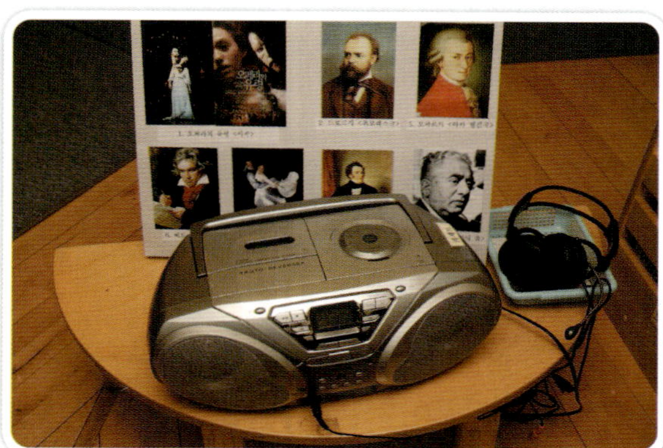

그림 11-5 음악가별로 음악감상하기

음악감상 시간을 별도로 마련하지 않더라도 활동의 분위기 조성을 위해 음악을 준비해 줄 수 있다. 예를 들어 영유아들이 핑거페인팅을 할 때 속도나 느낌이 다른 부드러운 음악을 준비해 주면 음악을 들으며 자연스럽게 손가락을 움직일 수 있다. 등원 시간에 틀어

그림 11-6 〈동물의 사육제〉 음악감상을 위해 동물에 따라 보조자료(녹음자료, 도서, 동물머리띠와 인형)를 바꿔서 준비해 준 예(좌 : 사자, 우 : 거북)

줄 경우에는 경쾌하고 밝은 음악이 좋으며 놀이 시간에는 오히려 방해될 수 있으므로 필요한 공간에만 틀어준다.

(5) 새노래 지도

새로 소개할 노래의 녹음자료를 노래 지도 전 날의 정리·정돈 시간이나 간식 시간 등에 배경음악으로 틀어주면 영유아들이 노래에 친숙해지므로 쉽게 배우게 된다. 노래 지도 시 교사의 음이 부정확하거나 다소 어려운 노래이기 때문에 반주가 필요한 경우에도 녹음자료를 준비하면 효과적이다. 반주가 서툰 경우 중간에 잘못된 반주로 오히려 노래를 배우는 데 방해가 될 수 있으므로 미리 녹음하여 4~5번 복사해 놓는 것이 좋다. 이때 처음 2~3번은 음만 정확히 연주하고, 나머지 2~3번은 반주를 함께 녹음해도 좋다. 노래 지도 시 사용한 녹음자료와 노래 지도자료를 음률활동 영역에 준비해두면 영유아가 개별 또는 소집단으로 들으며 노래를 불러볼 수 있다.

(6) 표현활동을 위한 자료

녹음자료는 음악을 듣고 다양하게 표현해 보기 위한 자료로 사용할 수 있는데, 음악을 듣고 신체로 표현하거나, 그림 그리기, 이야기 꾸미기 등이 그 예이다(그림 11-7). 이때 중요한 것은 목표로 하는 활동이 잘 이루어지도록 적당한 음악을 선곡하는 것이다. 예를

여러 가지 빗소리 녹음자료 듣고 느낌 표현하기

〈빗방울 전주곡〉을 들으며 빗방울 그림 그리기

음악의 박자에 따라 풍선팝콘 움직이기

음악의 빠르기에 따라 걷기

그림 11-7 녹음자료를 활용한 여러 가지 표현활동

들어 리본춤을 추려는 경우에는 부드럽고 연속적인 흐름의 음악과 경쾌한 느낌의 음악을 편집하는 것이 좋지만, 걷기 활동인 경우에는 연속적인 느낌보다는 다양한 속도로 걸을 수 있는 행진곡이 적절하다. 그림을 그릴 때에는 부드러운 느낌, 강하고 거친 느낌 등 다양한 요소들이 포함된 음악을 한 종류에 20~30초 정도의 길이로 2~3번 정도 반복 녹음하면 사용하기 편리하다. 이야기로 표현해 보려는 경우에는 너무 막연한 것보다는 주제가 있는 음악을 선정하고, 유아들에게 작곡가가 음악을 작곡한 의도나 주제를 이야기해 주고 유아들이 나름대로 이야기를 구성해 보도록 한다. 이때 원곡을 그대로 이용하면 너무 길어지므로 대표적인 부분들을 편집하며, 편집 시 전체적인 흐름이 자연스럽도록 한다.

녹음용 대본만들기를 위해 인형을 조작해보는 유아들 (만 5세)

녹음자료를 들으며 동극 〈커다란 무우〉를 하는 유아 (만 3세)

그림 11-8 인형극(좌) 및 동극용 녹음자료(우)

(7) 인형 및 동극용 녹음자료

간단한 인형극인 경우에는 교사나 유아가 직접 인형을 조작하며 대사를 말할 수 있지만, 등장인물이 많거나 줄인형이나 그림자 인형과 같이 조작이 복잡한 경우에는 인형조작과 구현을 동시에 하기 힘들므로 녹음자료를 미리 준비하는 것이 바람직하다. 이때 배경음악이나 효과음을 이용하면 더욱 효과적인 청각자료를 제시할 수 있고 인형자료와 녹음자료를 인형극 놀이 영역에 준비해 주어 유아가 직접 조작해 보도록 할 수도 있다.

이 밖에도 지역사회 인사의 음성을 들려 주거나 직접 유아교육기관에 초대하거나 유아가 방문하기 힘든 사람들의 말을 간단히 녹음하여 들려 주는 것도 유아에게 특별한 교육적 의미를 부여할 수 있다. 예를 들어 유아들이 좋아하는 동화나 동시작가, 소방서 대원이나 경찰관 등과 같이 유아들이 관심을 가진 기관에 종사하는 사람들의 말을 녹음하여 들려 줄 수 있다.

3) 활용 후 평가

녹음자료의 선정이나 제작단계에서 자료의 적절성을 고려하지만, 활용 후에도 녹음자료를 통한 학습경험에 대해 다음과 같이 평가하여 다음 학습에 반영하도록 한다.

- 영유아의 학습에 도움이 되었는가? 즉, 의도하는 목적을 달성하는 데 적절한 자료였는가?
- 녹음자료를 이용한 방법이 다른 방법을 이용한 것에 비해 효과적이었는가? 다른 매체를 사용하는 것이 더 효과적이지는 않았는가?
- 활동 지도 시 녹음자료의 특성을 충분히 활용하였는가?
- 녹음자료 준비에 미흡한 점은 없었는가?
- 듣기에 방해되는 환경적 요인은 없었는가?
- 유아가 자료를 활용하고 상호 토의하며 다른 활동과 연관시킬 수 있는 기회를 제공하였는가?
- 보완하거나 개선할 점은 무엇인가?
- 연관되거나 확장될 수 있는 활동은 무엇인가?

3. 녹음자료의 제작

1) 녹음자료의 제작 계획

교사가 의도한 활동에 적합한 상품화된 녹음자료가 있다면 음질도 좋고 시간과 노력도 줄일 수 있을 것이다. 그러나 상품화된 자료는 제한적일 뿐 아니라 영유아의 연령이나 주제의 흐름, 활동 특성 등에 부합되는 것을 찾는 것이 쉽지 않다. 때문에 교사는 필요한 경우 직접 녹음자료를 제작하여야 한다. 녹음자료의 제작 계획 시에는 몇 가지 단계를 거치는데, 자세한 사항은 다음과 같다.

첫째, 어떤 학습활동에서 어떤 목적을 위하여 이용할 자료인지 명확히 한다. 즉, 동화 감상용 자료인지, 신체로 나뭇잎을 표현할 자료인지 등을 결정해야 한다. 아울러 이 단계에서는 개별활동용인지, 집단활동용인지, 주제는 무엇인지, 활동 시간은 어느 정도가 바람직한지, 보조자료를 함께 사용할 것인지 등도 계획되어야 한다.

둘째, 영유아의 연령, 사전 경험과 지식, 흥미 수준 등 학습자의 특성을 파악한다. 만약 동물의 소리를 녹음할 계획이라면 2세와 5세가 알고 있는 동물의 종류나 특성에는 차이가 있을 것이다. 또 같은 연령이라 하더라도 현재 관심이 야생동물에 모아져 있을 수도 있고 동물원에서 보고 온 동물에 관심이 있을 수도 있다.

셋째, 녹음자료에 포함시킬 내용을 선정하고 어느 정도 자세히 다룰지, 어느 정도의 길이로 할지 등의 구체적인 아우트라인을 생각한다. 포함시킬 내용을 선정하기 위해서 교사는 관련된 자료를 다양하게 수집 · 검토해 보아야 한다. 예를 들어 박물관에서 볼 수 있는 물건들에 대해 사진자료와 함께 녹음자료를 제시하려고 한다면 사전에 박물관에 있는 자료에 대한 조사가 충분히 이루어진 후에 내용을 선정해야 한다. 또한 시각자료를 함께 제시할 경우에는 눈으로 볼 수 있는 장면에 대한 설명을 녹음자료에 길게 포함시킬 필요는 없다.

넷째, 아우트라인이 결정되면 대본(script)을 작성하기 전에 필요한 음악, 효과음 등의 자료를 수집하고, 포함시키거나 삭제할 내용은 없는지 다시 검토한다.

다섯째, 내용의 아우트라인이 결정되면 녹음용 대본을 작성한다. 녹음자료가 슬라이드나 그림 등과 함께 사용되면 각각의 장면을 번호로 표시하며 작성하고, 단독으로 쓰이는 자료인 경우에는 청각적 해설, 대사, 효과음, 음악 등을 중심으로 대본을 작성한다. 대본이 완성되면 녹음을 위한 연습을 하고 연습과정에서 어색하거나 장면구성이 서툰 경우에는 수정한다. 녹음교재를 위한 대본에서 공통적으로 사용되는 대표적인 용어의 의미와 대본의 예를 소개하면 다음과 같다.

- **효과음**(Sound Effect : S. E.)
- **음악**(Music : M)
- **배경음**(Back-Ground : B. G.) : 어떤 음악이나 효과음의 청각적 배경으로 쓰인 경우
- **점점증가**(Fade In : F. I.) : 음악이나 청각효과가 점점 크게 들려오는 경우
- **점점감소**(Fade Out : F. O.) : 음악이나 효과음이 점점 작아져 사라지는 경우
- **스니크 인**(Sneak In : S. I.) : 음(音)이 모르는 사이에 들어오는 경우
- **스니크 아웃**(Sneak Out : S. O.) : 음이 모르는 사이에 사라지는 경우
- **교차 페이드**(Cross Fade : C. F.) : 하나의 음악이나 효과음이 점점 사라지면서 다른 음악이나 효과음이 점점 뚜렷이 들리게 하는 방법
- **세구에**(Segue) : 한 음악이 다른 음악으로 사이를 두지 않고 같은 음량(音量)으로 바뀜

- **브리지(Bridge)** : 음악이나 효과음이 한 장면과 다른 장면의 연결을 위해 사용하는 경우
- **비즈(Biz)** : 두 개 이상의 복잡한 음이 들려옴[예 : (BIZ)오리떼들이 한꺼번에 꽥꽥거리는 소리]
- **신호(Cue)** : 연기, 음악, 음향효과에 대한 신호. 연출담당자 또는 제작자가 담당
- **마이크 온(Mike On)** : 마이크로폰 가까이
- **마이크 오프(Mike Off)** : 마이크로폰 멀리
- **에코(Echo)** : 메아리, 반향음
- **끼어들기(Cut In)** : 소리가 갑자기 삽입되는 경우
- **잘라내기(Cut Out)** : 소리가 갑자기 사라짐
- **코드(Chord)** : 짱! 하고 피리어드와 같이 쓰이는 짧은 음악
- **수신호(Hand Signal)** : 녹음 중에는 소리를 내어 연출을 할 수 없기 때문에 제작자나 연출자가 사용하는 손신호를 말함

녹음용 대본의 예 : 미운 아기오리

화면내용	슬라이드 화면	대 본
타이틀 : 미운 아기 오리	미운 아기오리	Title MUSIC IN : 백조의 꿈 ↓ BG ↓ MUSIC UP and Down To BG
엄마오리와 아빠오리가 새로 태어난 아기오리들을 보며 즐거워함		해설 : 하늘은 푸르고 따뜻한 햇살이 내리쬐던 어느날 아침에 엄마오리가 알을 품고 있었어요. 며칠이 지나자 알 속에서 귀여운 아기오리들이 알껍질을 깨고 나왔어요. SE : 아기오리 우는 소리(예쁜 소리로 꽥꽥)

(계속)

BG : OUT

해설 : 엄마오리는 대견한 듯이 아기오리들이 나오는 것을 지켜보고 있었어요.

엄마오리 : 아이, 귀여운 우리 아기들!

아빠오리 : 오~. 정말 예쁘군. 하나, 둘, 셋, 넷, 모두 네놈이군.

해설 : 아빠오리도 엄마오리도 몹시 기뻐했어요. 그런데 둥우리에는 또 하나의 알이 남아 있었답니다.

엄마오리와 아빠오리가 늦게 태어난 미운 아기오리를 보고 깜짝 놀람

엄마오리 : 빨리 나와라!

해설 : 엄마오리가 말하자 남아있던 알도 갈라졌어요. 그런데 이상한 일이 벌어졌어요. 다른 형제들과는 조금도 닮지 않은 못 생긴 오리가 태어난 것이었어요(SE : 투박한 아기오리 소리로 꽉꽉).

엄마오리 : 아니, 이 아기는 왜 이렇게 못생겼을까?

아빠오리 : 글쎄… 남의 집 아기인지도 모르겠는 걸.

해설 : 아빠오리는 고개를 갸우뚱하며 말했어요.

엄마오리와 아기오리들이 미운 아기오리 목소리에 깜짝 놀라며 듣기 싫어함

해설 : 며칠 후 엄마오리는 아기오리들을 데리고 나들이를 갔어요.

엄마오리 : 자아, 우리 모두 노래하면서 놀러 가자.

BG : 즐거운 음악

여럿의 합창 : 우리들의 소풍 꽥꽥 줄을 맞춰서 가(SE : 꽥꽥 꽥꽥 꽥꽥 꽥꽥 꽉꽉).

꽥꽥 우리들의 소풍(SE : 꽥꽥 꽥꽥 꽥꽥 꽥꽥 꽉꽉)

오늘은 즐거운 소풍 날

아기오리 ① : 아이 시끄러워라.

아기오리 ② : 시끄러워!!

해설 : 미운 아기오리의 목소리가 듣기 싫다고 다른 아기오리들은 모두 귀를 막고는 엄마를 따라 연못으로 달려갔어요.

(계속)

아기오리들과 미운 아기오리가 엄마오리 등에 타고 연못을 건넘		엄마오리 : 얘들아, 저 건너까지 태워다 줄테니 엄마등에 타려무나. 아기오리 ① : 아이, 좋아라!(박수를 치면서) 아기오리 ② : 신난다. 아기오리 ③, ④ : 야, 신난다. 해설 : 엄마오리는 네 마리의 아기오리들을 등에 태웠어요. 미운 아기오리도 얼른 엄마 등에 올라탔어요. 미운 아기오리 : 야, 정말 신난다. 꽥꽥
아기오리들이 엄마오리 등에서 연못으로 미운 아기 오리를 밀어서 떨어뜨림		해설 : 그러자 다른 아기오리들이 소리쳤어요. 아기오리들 : 너처럼 시끄러운 소리를 내는 못생긴 애는 태울 수가 없어. 빨리 내리란 말야. 해설 : 네 마리의 아기오리들은 미운 아기오리를 밀어서 연못에 떨어 뜨리고 말았어요. SE : 1. '첨벙' 물소리 2. 오리 우는 소리(꽉꽉) 3. 오리들 깔깔대고 웃는 소리(꽥꽥)
아기오리들이 연못에 빠진 미운아기오리를 놀려 댐		아기오리 ① : 하하, 저게 무슨 꼴이람! 아기오리 ② : 정말 바보 같은 아이야. 이제 너 같은 건 우리 형제가 아니란 말이야. 해설 : 웃으며 놀리던 아기오리들은 엄마오리 뒤를 바쁘게 따라갔고, 미운 아기오리는 버림받은 외톨이가 되었어요. MUSIC FADE IN AND OUT
미운 아기오리는 아기새들과 만남		해설 : 그때 수풀 속에서 아기새들이 지저귀는 소리가 들려왔어요. SE : 새소리(Biz) 해설 : 미운 아기오리는 낮은 나무 위의 새들의 보금자리까지 찾아갔어요. 미운 아기오리 : 얘들아. 나도 너희들과 함께 놀도록 해주지 않겠니?

(계속)

아기새들 : 응, 그래 너도 우리집에 들어와 같이 놀아.
해설 : 마음씨 고운 아기새들은 고맙게도 미운 아기오리에게 친절하게 말했답니다.

미운 아기오리는 엄마새에게 아프게 물어 뜯기고 쫓겨남

해설 : 그런데 그때 엄마새가 돌아왔어요. (Cut in : 새소리)엄마새는 미운 아기오리를 보고 화가 났어요.
엄마새 : 못된 녀석! 당장 나가지 못해! (SE : 퍼덕이며 꽥꽥 거리는 소리)
해설 : 미운 아기오리는 아프게 물어뜯기고 서글프게 쫓겨 났답니다.

미운 아기오리가 연못 위에 자신의 얼굴을 비춰보며 서글퍼함

미운 아기오리 : (힘없는 목소리로) 아, 나는 정말 형제들을 닮지 않았어. 나는 외톨이야. 엄마도 날 싫어하고, 모두들 날 싫어해.
해설 : 이렇게 서글픈 생각을 하면서 미운 아기오리는 눈물을 글썽이고 있었어요.
BG : 슬픈 음악

연못에서 미운 아기오리는 장난감 새를 만남

해설 : 그때 예쁜 물새가 흔들거리며 떠내려왔어요.
미운 아기오리 : 나의 엄마일지도 몰라. 아니면 친구가 되어 줄지도 몰라…. 아줌마! 혹시 나의 어머니가 아니신가요?
해설 : 미운 아기오리는 예쁜 물새에게 물어봤지만 아무런 대답이 없었어요. 그 물새는 고무로 만든 장난감 물새였답니다.

미운 아기오리는 커다랗고 멋진 부리를 가진 펠리칸과 만남

해설 : 이번에는 커다랗고 멋진 부리를 가진 펠리칸이 나타났어요. 미운 아기오리는 가만히 다가갔어요.
미운 아기오리 : 당신이 우리 엄마인가요?
펠리칸 : 무슨 말이니? 난 너의 엄마가 아니야.

(계속)

해설 : 펠리칸은 무뚝뚝하게 대답했어요.

미운 아기오리가 슬픈 표정으로 쓸쓸히 풀밭을 걷고 있음

BG : 슬픈 음악

해설 : 미운 아기오리는 쓸쓸히 풀밭을 걸어갔어요. 미운 아기오리는 너무나 슬퍼져서 울음을 터뜨리고 말았어요.

미운 아기오리 : 흑흑, 엄마, 흑흑….

미운 아기오리가 연못에서 노는 아기백조들과 만남

아기백조 : 얘! 넌 어째서 혼자 울고 있니? 이리 와서 함께 놀자.

미운 아기오리 : 정말? 너희들 정말이니?

아기백조 : 그래, 너도 백조잖니?

미운 아기오리 : 뭐? 내가 백조라고?

MUSIC

BG : MUSIC

엄마백조를 만난 미운 아기오리는 아기백조들과 같이 집으로 돌아감

엄마백조 : 어머나! 내 아가야. 그 동안 어디 있었니? 알이 하나 없어져서 이 엄마가 얼마나 찾았는지 모른단다. 다신 헤어지지 말자.

미운 아기오리 : (울면서) 정말 너무 기뻐요! 흑흑….

MUSIC UP AND DOWN TO BG

엄마백조 : 자, 집으로 돌아가자.

해설 : 미움만 받아오던 아기백조는 엄마백조와 함께 즐겁게 헤엄쳐 나갔어요. MUSIC UP AND FADE OUT.

2) 녹음자료의 제작

녹음자료를 제작하려면 구비하고 있는 녹음기의 종류에 따른 기능을 파악하여 효과적으로 사용해야 한다. 컴퓨터를 이용하여 제작할 수 있으며, 카세트 테이프 레코더를 사용할 수도 있다. 마이크를 연결하거나 마이크가 원래 장착된 모델은 음질이 뛰어나지는 않아도 유아들과 함께 음성을 녹음하는 데 편리하다. 유아들과의 녹음은 한 번에 완벽하게 이루

어지기는 어려우므로 부분적으로 녹음한 후 하나의 테이프에 편집하는 것으로 계획한다. 음향 효과음이 필요한 경우에는 레코더가 한 대 더 필요하다. 전문 녹음장비가 있으면 외부 잡음 없이 깨끗하게 녹음할 수 있지만 영유아교육기관에서 보유하고 있는 기자재로도 훌륭한 녹음자료를 준비할 수 있다. 대본과 역할이 정해지고 효과음이 준비되면 녹음실과 자료 준비, 녹음 및 편집, 녹음자료 평가의 세 과정을 거쳐 녹음한다.

(1) 자료 및 녹음실 준비

자료및 녹음실 준비 사항은 다음과 같다.

- 자료를 준비하고 점검한다. 녹음기, 음향 재생용 녹음기, 마이크, 음향효과용 도구와 테이프, 대본, 카세트 레코더인 경우 녹음할 공테이프를 2~3개 정도 준비한다. 컴퓨터를 이용하는 경우에는 곰녹음기 같은 녹음프로그램, 헤드셋 또는 마이크와 음향이 녹음된 파일이 필요하다.
- 녹음기는 사용방법을 완벽하게 익히고, 음향이 삽입되는 경우에는 재생용 녹음기를 더 준비한다. 오디오 세트가 잘 구비된 경우에는 오디오 시스템을 서로 연결하여 음향이나 배경음을 자연스럽게 녹음할 수 있다. 컴퓨터를 녹음기로 사용하는 경우에는 사운드카드가 있는지 확인한다. 오디오나 카세트 레코더에 녹음한 후 라인을 연결하여 컴퓨터에서 편집할 수도 있다. 컴퓨터는 마이크를 이용한 녹음, 라인을 연결한 녹음, 컴퓨터 자체에서 얻을 수 있는 음향의 녹음 모두 가능하므로 유용하다. 녹

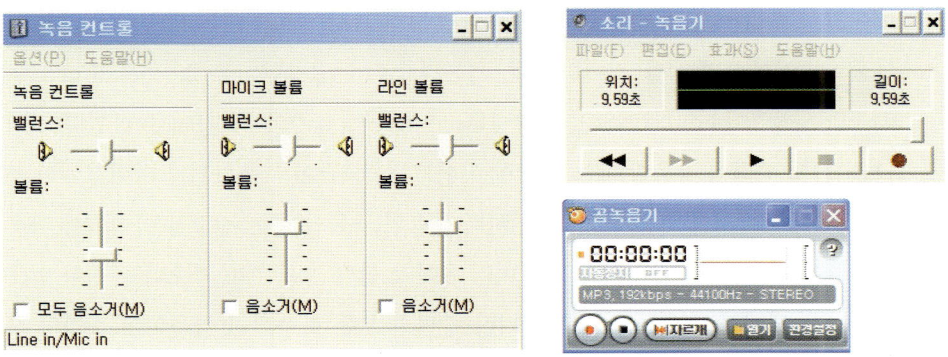

그림 11-9 컴퓨터 프로그램의 소리 녹음기와 녹음 컨트롤, 곰녹음기

음과 편집이 제대로 이루어지려면 사운드 프로그램이 필요하다. 참고로 파워포인트 슬라이드 등 멀티미디어용 녹음자료를 제작하려는 경우에는 컴퓨터나 디지털 녹음 프로그램을 이용하는 것이 편집 시 편리하다.

- 마이크를 준비한다. 마이크는 입력의 첫 단계에서 음향의 질을 결정하게 되므로 그 중요성이 높다. 일반적으로 소형 녹음기에 내장된 것은 음질이 떨어지므로 별도로 고성능 마이크를 준비한다. 이 경우에 마이크의 전자적 성격과 녹음기가 일치해야 하므로 마이크 설명서에 표시된 주파수(frequency response), 출력 정도(output level), 저항(impedence) 등을 읽어보고 선택한다. 마이크를 선택할 때는 마이크의 유형, 소리 픽업 패턴(pick-up pattern) 등을 참조한다. 마이크의 종류에는 전자(electron), 카본(carbon), 크리스털형(crystal type), 다이내믹형(dynamic type), 콘덴서용(condenser type), 리본(ribon) 마이크 등이 있는데, 카본형이나 크리스털형은 기계식 전화기, 수중 마이크 등에 보급되는 유형으로 음의 충실도가 낮고 저항이 높아 일반적인 마이크로는 잘 사용되지 않는다. 다이내믹형은 소리 녹음 영역이 넓고 저항이 낮으며 음의 충실도가 높아 실내외에서 활용이 가능하다. 노래를 녹음할 때도 효과적이어서 일반적으로 많이 보급되어 있으나 고음과 같이 에너지가 적은 소리를 잘 잡지 못하는 둔감한 마이크이다. 콘덴서형은 녹음 영역이 아주 넓고 감도가 높으나 가격이 비싸서 녹음 스튜디오 등 전문가용으로 많이 쓰이며, 소형은 통신 장비와 녹음기, 캠코더 컴퓨터 등에도 많이 쓰이나 습도와 충격에 약하므로 다이내믹형을 별도로 준비해 두는 것이 좋다.
- 마이크의 소리 픽업 패턴을 고려한다. 쉽게 말하면 마이크가 어느 방향의 소리를 받아들이는지의 지향성을 의미하는데, 기본적으로 단일방향(uni-directional or cardioid), 양방향(bi-directional), 전방향(omni-directional)의 세 가지로 나뉜다(그림 11-10). 두 사람이 녹음할 때는 양방향 마이크, 한 사람이 녹음하거나 마이크에서 조금 떨어져 이야기할 때는 단일방향, 여러 사람이 녹음할 때는 전방향 마이크를 사용하면 효과적이다. 전방향 마이크는 여러 유아가 함께 녹음할 때 좋으나 특정한 인물이나 피사체에서 나오는 소리뿐 아니라 주변의 모든 소음까지 녹음되어 소리의 주인공 목소리가 제대로 구분되지 않는 경우도 있으므로 소리 울림이 없고 조용한 공

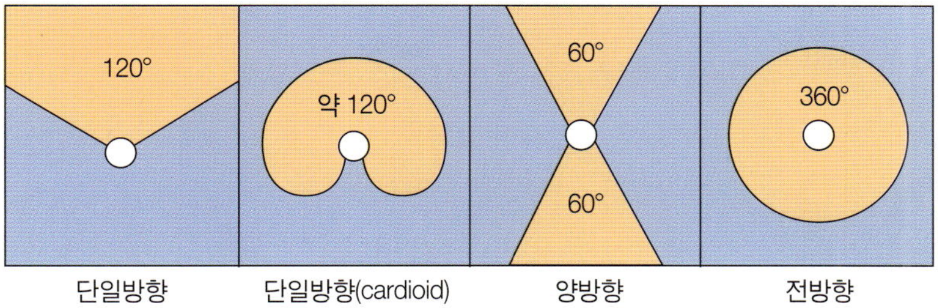

그림 11-10 마이크의 지향성

간에서 사용하는 것이 좋다. 유아들과 함께 녹음하는 경우에는 쉽게 구할 수 있고 소리 픽업이 잘 되며 저항이 낮은 전방향의 다이나믹 마이크가 무난할 것이다.

- 음향효과는 즉석에서 만들어 녹음하거나 녹음된 효과음이나 배경음을 사용할 수도 있다. 즉석 효과음이란 문소리, 손뼉 치는 소리, 전화 벨 소리 등을 말하는데, 잘 만들어 사용하면 실제소리를 녹음하는 것보다 더 음질이 깨끗하고 효과적이다. 그러나 즉석에서 만들기 어려운 효과음은 음향효과가 녹음된 테이프나 효과음 보급 사이트에서 다운로드 받아 이용한다. 여러 사람이 녹음하여 두 개 이상의 마이크를 사용할 경우나 다른 녹음자료를 삽입할 경우 등에 믹서(audio mixer)를 사용하는데, 각각의 소리를 적당한 음량으로 조정해주는 역할을 한다. 믹서로 소리의 볼륨, 톤의 조절이나 소리 점점 크게하기(F. I.), 점점 작게하기(F. O.) 등이 가능하다. 컴퓨터의 녹음 프로그램에 있는 믹서 기능을 이용하면 편리하다.
- 녹음실을 준비한다. 방음이 잘 되어 있는 녹음실에서 녹음할 때에는 별 지장이 없으나 교실이나 집에서 녹음할 때에는 녹음 전에 수돗물 흐르는 소리, 문 여닫는 소리, 다른 환등기나 녹음기 조작소리, 차소리, 의자 끄는 소리, 방문객의 벨 소리 등과 같은 잡음의 원인이 되는 요인을 확인·제거한다. 녹음하는 방은 가능하면 좁고 바닥에 카페트 등 반향음을 없애주는 재질이 깔려 있으며 커튼을 칠 수 있는 곳이면 좋다. 이러한 방이 없으면 그림 11-11과 같이 가림대나 커튼, 담요 등으로 녹음 부스(recording booth)를 임시로 만들어 소리의 반향을 줄이고 녹음한다. 영상자료에 사용할 녹음일 경우 직접 영상자료를 보며 장면에 알맞게 녹음하면 좋은데, 이때 기계 작동음이 녹음되지 않도록 주의한다. 인형극을 위한 녹음인 경우, 인형극의 등장인

물 등장 속도와 동작에 잘 맞추려면 미리 인형극 공연을 연습하여 동영상으로 찍은 후 음소거 상태에서 화면을 보며 녹음하면 효과적이다.

그림 11-11 가림대로 가려서 만든 간이 녹음실

(2) 녹음 및 녹음편집

① 녹음과정

녹음 시에는 기재를 다루는 사람과 신호(cue)를 주는 사람이 별도로 있으면 편리하다. 해설자와 녹음할 사람은 테이블 앞에 마이크와 대본을 둔다. 대본은 각 낱장이 떨어져 있게 하여 종이 넘기는 소리가 들리지 않도록 한다. 녹음하는 경우 녹음과정에서 알아두어야 할 점은 다음과 같다.

첫째, 카세트 테이프를 이용하는 경우 녹음하기 전에 테이프를 미리 조금 감아둔 뒤 녹음을 시작하며 끝부분에도 같은 양 만큼의 테이프를 남겨두어 녹음한 내용의 첫 부분이 손상되지 않도록 한다. 카세트 테이프의 경우에는 미리 5~10초 동안 진행시킨 후 녹음을 시작한다.

둘째, 마이크와 녹음기 사이는 적어도 30~45cm는 떨어져 있어야 한다. 리허설을 하면 녹음하는 사람이 마이크의 위치나 정확한 시간 등 여러 면을 점검할 수 있다. 만일 스피커에서 나오는 소리가 윙윙거리면 마이크를 약간 떨어지게 놓는다. 그리고 녹음하는 동안 마이크를 스치지 않도록 주의한다.

셋째, 녹음하는 동안 음악과 소리효과가 필요하면 사전에 녹음자료 또는 소도구를 이용하여 삽입한다. 별도로 녹음하여 믹서할 수도 있고, 음성 녹음용 마이크를 이용하여 직접 녹음할 수도 있다. 유아들과 음악 동화를 만들거나 효과음을 내는 경우에는 마이크를 이용하여 직접 녹음하면 유아들이 녹음과정을 경험할 수 있다.

넷째, 녹음이 잘 되고 있는지 중간중간에 확인한다. 만일 녹음이 안 되는 경우에는 녹음 버튼이 눌러져 있는지, 마이크가 잘 꽂혀 있는지 등을 확인한다.

다섯째, 배경음악(background music)은 꼭 필요한 부분에만 넣는다. 흔히 해설자가 해설하는 동안 배경음악을 넣는 경우가 많은데 연구에 의하면 이 배경음악은 청각적 자료를 이용한 효과적인 커뮤니케이션에 꼭 필수적인 요소가 되지는 않는다. 오히려 전달하려는 메시지에 방해 역할을 할 때도 있다. 따라서 분위기 조성이나 전체적 연결에 도움이 되는 곳에만 자연스럽게 배경음악을 넣도록 한다. 또한 음악이 해설의 배경음악으로 쓰일 경우 레벨을 아주 낮추어서 해설이 분명하게 들리도록 해주며, 배경음악이 너무 친근할 경우 아동의 주의가 내용보다 오히려 음악에 쏠리기도 하므로 유의하여 선곡한다.

여섯째, 슬라이드나 동화책 등의 시각자료용으로 녹음할 때는 화면 바꾸는 신호를 어떻게 할지 결정한다. 녹음과 시각자료를 연결시키려면 녹음시 화면을 바꾸는 신호도 함께 녹음되어야 한다. 이때 귀에 들리는 신호녹음과 귀에 들리지 않고 화면을 바꿔줄 수 있는 신호녹음, 두 가지 방법으로 녹음될 수 있다. 들을 수 있는 신호녹음방법은 신호가 제시자의 귀에 들리어 제시자가 화면을 바꾸게 하는 방법으로 보통 벨, 트라이앵글 등의 기구를 사용한다. 그러나 이 신호들이 유아의 주의력을 분산시키는 원인이 되기도 하므로 소리가 너무 크거나 길지 않아야 한다. 자료가 영유아의 개별학습 활동에 이용되거나 동화책의 세트인 경우에는 "다음부터 ○○○ 소리가 나면 책장을 넘기세요." 또는 "다음 장으로 넘기세요."와 같은 말을 녹음하여 알려 줄 수도 있다.

일곱째, 녹음 중에 불필요한 소리, 즉 대본을 넘기는 소리, 기침소리 등이 녹음되지 않도록 유의한다. 녹음이 된 다음에는 다시 한 번 처음부터 들어보며 대본과 대조해 보아 빠진 곳이나 잡음이 없는지 확인한다. 유아와 녹음하는 경우에는 처음부터 끝까지 한 세트의 완벽한 녹음 자료를 얻기는 힘들므로 부분으로 나누어 녹음한 후 편집한다.

② 녹음의 편집

녹음의 편집은 더블 데크가 달린 카세트 테이프 레코더를 이용하거나 컴퓨터의 사운드 프로그램을 이용한다. 카세트 테이프 녹음자료는 잘라서 연결하기 힘들며, 부분 재녹음 시 녹음이 매끄럽지 못하다는 단점이 있다. 편집한 자료는 새로운 테이프에 복사해서 사용해야 활동과정에서 파손되더라도 원본을 잃지 않는다. 컴퓨터용 사운드 프로그램을 이용하면 완성도가 높은 녹음자료를 얻을 수 있지만, 프로그램에 대한 숙련이 필요하다. 녹음 프로그램으로는 흔하게 사용하는 곰녹음기 등이 있으며, 편집을 할 수 있는 프로그램으로는 프로툴, 누엔도 등이 있으나 높은 수준의 사운드 카드가 필요하다. 컴퓨터용 사운드 편집기를 이용하면 어떠한 사운드도 녹음하고 병합하며, 추출하고 잘라낼 수 있어 편리하다. 컴퓨터에서 들리는 소리나 목소리를 MP3, WAV 등에 파일로 녹음하거나 변환, 편집하는 등 녹음과 편집 기능을 모두 할 수 있는 프로그램도 있다.

(3) 녹음자료의 평가

녹음이 된 후에는 녹음자료가 원하는 대로 녹음이 되었는지 평가한다. 평가 시 검토해 볼 내용은 다음과 같다.

- 모든 사람이 듣고 이해할 수 있도록 분명한 소리로 녹음되었는가?
- 소리의 크기가 적절한가?
- 음질이 좋은가? 즉, 녹음된 목소리나 효과음이 실제 그 사람의 목소리나 사물의 소리에 가깝고, 맑고 깨끗하며 잡음이 없는가?
- 주위 잡음이나 방해소리, 다른 기계소리 등 거슬리는 소리가 없이 분명하고 뚜렷한가?
- 음악효과나 소리효과가 원하는 곳에 잘 들어갔는가?
- 인형극이나 슬라이등 등 다른 매체와 함께 사용하는 경우, 제시 속도와 녹음자료의 진행 속도가 잘 맞는가?

위와 같은 사항을 점검해 본 후 실제 현장에서 사용하거나 수정할 사항이 있으면 수정하여 활용한다.

OHP와 슬라이드 프로젝터

오버헤드 프로젝터(Over Head Projector : OHP)와 슬라이드 프로젝터(slide projector)는 벽이나 스크린에 빛을 반사하여 화면화할 수 있는 영상 기구이다. 오버헤드 프로젝터는 투명아세테이트지에 그려진 그림을 유리판에 올려 놓고 빛을 투사하여 보는 자료이고, 슬라이드 프로젝터는 슬라이드 필름을 환등기로 투사하여 보는 평면 시각영상자료이다.

1. 오버헤드 투시기와 투시자료

1) 오버헤드 투시기의 특성

오버헤드 투시기는 슬라이드처럼 특별한 암막장치가 없어도 투시자료를 투영할 수 있기 때문에 장소에 구애받지 않고 사용할 수 있는 특징이 있는데, 좀 더 구체적으로 살펴보면 다음과 같다.

첫째, 교사와 영유아가 마주보고 앉아서 학습을 진행할 수 있다. 오버헤드 투시기는 슬라이드 환등기와 달리 교사가 영유아와 마주앉은 상태에서 투시기 위에 투시자료를 올려놓으면서 학습을 진행할 수 있다. 따라서 교사는 영유아들의 반응을 관찰할 수 있으며, 반응에 따라서 학습의 속도를 융통성 있게 조절할 수 있다.

둘째, 조작이 간단하다. 오버헤드 투시기는 전원을 꽂은 후 투시자료를 유리판 위에 올려 놓은 다음 스위치를 누르면 자료가 투시되는데, 이때 초점조정 나사로 초점을 조정하면 되므로 다른 기기보다 조작이 쉽다.

셋째, 투시 그림자료를 다양한 방법으로 보여 줄 수 있다. 투시 그림자료는 다른 투시자료들에 비하여 학습내용에 따라서 한 장 이상 겹치기, 가려 가면서 보여 주기, 움직이는 효과내기 등의 다양한 제시를 할 수 있어 유아의 관심과 흥미, 학습의욕을 고취시킬 수 있다. 예를 들어 옷을 입고 벗는 순서는 겹치기 방법과 가리기 방법으로 제시를 할 수 있으며, 《피터 팬》(그림 12-14)이나 《황금거위》와 같은 동화는 겹치기 방법으로 제시할 수 있고, 《토끼와 거북》(그림 12-15)의 동화는 기본배경 위에 토끼와 거북을 움직이는 방법을 이용할 수 있다.

2) 오버헤드 투시기의 구조 및 조작법

오버헤드 투시기의 구조는 그림 12-1과 같으며, 요즈음은 간편하게 들고 다닐 수 있는 오버헤드 투시기도 있다. 오버헤드 투시기의 조작은 기종에 따라서 다소 차이가 있으나 대

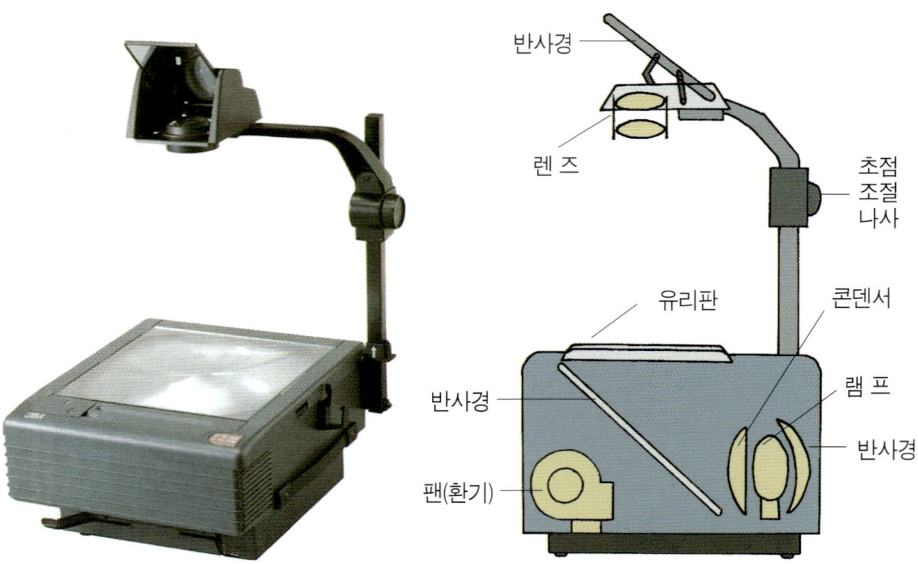

그림 12-1 오버헤드 투시기의 구조

그림 12-2 오버헤드 투시기의 조작순서

체로 다음과 같은 절차를 따르면 된다.

첫째, 전원 코드를 연결한다.

둘째, 작동 스위치(lamp-on)를 켠다(그림 12-2 좌).

셋째, 유리판(스테이지)에 투시자료를 올려 놓은 후 초점 조절나사를 움직여서 스크린에 화면이 뚜렷하게 나오도록 조정한다(그림 12-2 중).

넷째, 헤드 미러로 화면의 위치와 각도를 조절한다(그림 12-2 우).

다섯째, 사용 후에는 송풍장치(fan)를 작동시켜서 오버헤드 투시기를 식힌 후에 스위치를 끈 다음 전원을 빼고 정리한다.

3) 오버헤드 투시기의 활용

투시자료는 오버헤드 투시기를 이용할 경우 주로 동화를 들려 줄 때 많이 활용된다.

색깔의 혼합과 관련된 동화(예 : 《색깔 도깨비》, 《노랑이와 파랑이》 등), 《피터 팬》과 같은 환상적인 동화, 《황금거위》, 《빗물 웅덩이》와 같이 일정 배경에 등장인물들이 첨가되거나 퇴장하는 동화를 투시자료로 만들어서 유아들에게 보여주면 유아들의 상상력을 자극할 수 있다.

또한 투시용 아세테이트지에 유성펜으로 쉽게 그릴 수 있기 때문에 유아들이 직접 그린 그림이나 유아들이 만든 동화를 투시기에 비추어 볼 수 있으며 여러 가지 색의 셀로판지를 이용한 색의 혼합에 대한 학습경험에 유용하게 활용할 수 있다(그림 12-3).

오버헤드에서 나오는 빛을 탐색하는 모습

유리판에 색 셀로판지를 겹쳐보는 유아들 모습

그림 12-3 오버헤드 투시기를 활용하는 모습

4) 활용 시 유의사항

오버헤드 투시기의 활용시 유의사항은 다음과 같다.

첫째, 유아와 오버헤드 투시기의 위치와 거리, 교사의 자세를 고려하여 유아들과 교사 모두가 편안한 위치에서 학습활동이 진행될 수 있도록 한다. 그림 12-4와 같이 오버헤드 투시자료를 볼 때 교사는 유아와 서로 마주 보고 앉아서 자료를 제시하면 된다.

유아들에게 바르고 정확한 영상을 보여 주기 위해서는 그림 12-5와 같이 광축이 스크린 면에 대해 항상 직각이 되도록 투영을 하고, 스크린을 오버헤드 투시기보다 높게 설치를 하면 된다(조성선, 1993). 이를 위하여 교사는 스크린의 위치와 각도를 고정해 두고 거기에 대응하는 투시물 환등기의 위치를 정한 다음 바닥에 색 테이프로 표시를 해두면 사용할 때마다 조절해야 되는 수고를 덜 수 있다.

둘째, 스크린 화면의 크기를 조절한다. 화면의 내용이 알아 볼 수 있는 크기로 투영되지 않으면 영상의 의미가 반감된다. 이에 교사는 스크린 폭을 고려하여 유아들을 앉게 하는 것이 좋다. 대개 스크린과 가장 중앙에 앉은 유아와의 거리는 15m 이내로 하는 것이 좋으며, 스크린도 1변이 1.2m 이상의 것을 사용하는 것이 좋다.

그림 12-4 투시자료를 볼 때의 교사와 유아의 좌석배치

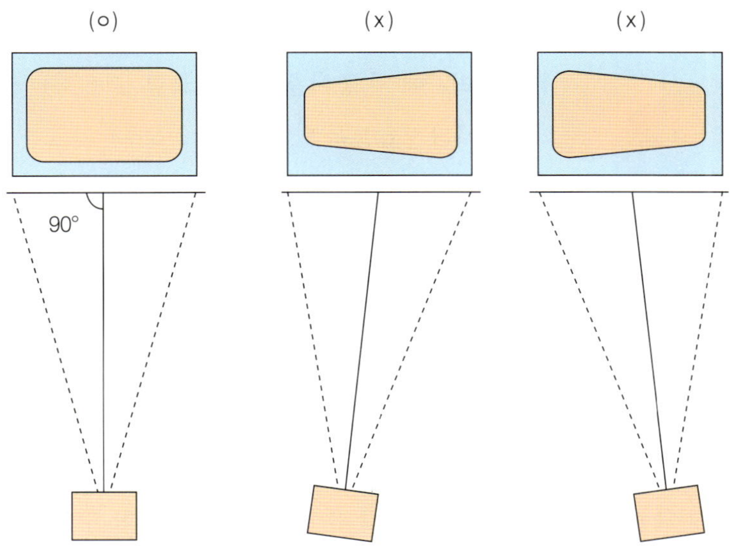

그림 12-5 오버헤드 투시기의 투사 각도에 따른 화면 형태

유리판에 빛이 새어 나오는 간격만큼 종이 대기 바르게 투영된 모습

그림 12-6 유리판 위해 투시자료 올려 놓기

그림 12-7 헤드미러 닦기

셋째, 유리판(스테이지) 위에 투시자료를 바르게 올려놓는다. 투시자료를 균형 있게 올려놓지 않으면 그림이 스크린에 기울어져 투영된다. 또한 유리판 가장자리에서 빛이 새어 나오는 경우는 유리판에 흰 종이를 붙여서(그림 12-6 좌) 불필요한 빛이 화면에 나타지 않도록 한다(그림 12-6 우). 자료를 투시할 때 아세테이트지를 직접 손으로 만지면 교사의 지문이나 손의 그림자가 화면에 비칠 수 있다. 그러므로 교사는 프레임 부분을 만지면서 자료를 제시하도록 한다.

넷째, 사용 전후에는 헤드미러(그림 12-7)와 유리판을 닦는다.

5) 오버헤드 투시자료의 제작방법

영유아교육기관에서 특수시설 없이 교사나 유아가 간단히 제작할 수 있는 투시화로 투명 아세테이트지에 손으로 그리는 방법과 컴퓨터를 이용한 제작방법이 있다.

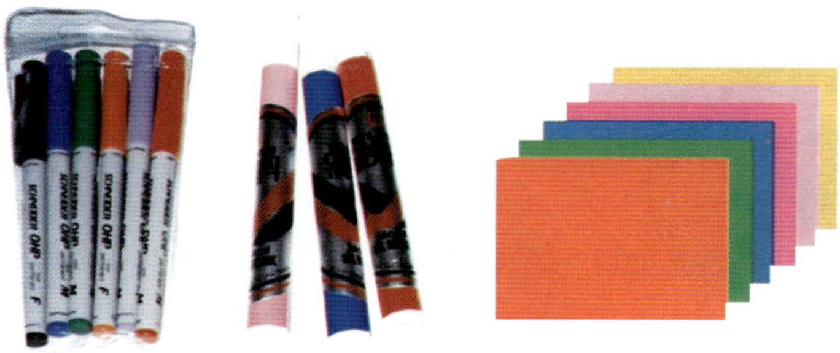

그림 12-8 투시화 제작 시 이용되는 자료들

(1) 손으로 그리는 방법

OHP용 투명 아세테이트지 및 펜, 투명 컬러 접착지, 셀로판지, 유성펜, OHP용 마운팅지, 투명 테이프 등을 이용하여(그림 12-8) 다음과 같이 제작할 수 있다.

첫째, 우선 원본 그림을 구상한다. 원본 그림은 책이나 화보를 이용할 수 있다. 원본 그림을 아세테이트지에 직접 옮겨 그리고자 할 때는 아세테이트지 위에 손자국이 나지 않도록 그림 12-9와 같이 손 밑에 깨끗한 흰 종이를 받치는 것이 좋으며, 손자국 나는 것을 방지하기 위하여 그림의 아웃트라인을 흰 종이에 그린 후 복사용 아세테이트지에 복사하면 된다(그림 12-11의 ①). 그림의 아웃트라인을 아세테이트지에 복사하는 경우 라인이 번지지 않아서 깨끗한 그림을 얻을 수 있다.

그림 12-9 보호용 종이를 대고 그리기

그림 12-10 투시화 화면

둘째, 화면에 비칠 투시화의 그림 크기를 고려한다. 화면(image area)이란 그림 12-10과 같이 스크린에 비치는 전면을 의미한다. 투시화를 그릴 때에는 화면의 가장자리와 실제 그림 내용과의 사이를 약 6~12mm 정도 남겨두는 것이 바람직하다.

셋째, 필요한 부분은 유성 매직으로 색칠을 하거나(그림 12-11의 ②), 투명 컬러 접착지를 붙인다. 유성펜으로 그리거나 색칠한 부분을 수정할 때에는 아세톤이나 에나멜 리무버(remover)를 사용할 수 있다. 그러나 유성펜으로 칠할 경우에는 여러 번 반복하여 칠하게 되므로 화면에 비추게 되면 자국이 나타나서 지저분해 보일 수 있다. 이를 방지하기 위해서는 투명 컬러 접착지를 붙이면 매우 효과적이고 깔끔한 자료를 만들 수 있으며 접착지를 서로 겹쳐 붙여서 2차색이 나오는 효과를 낼 수 있는 장점이 있는 반면 비용이

① 복사기에 복사하기

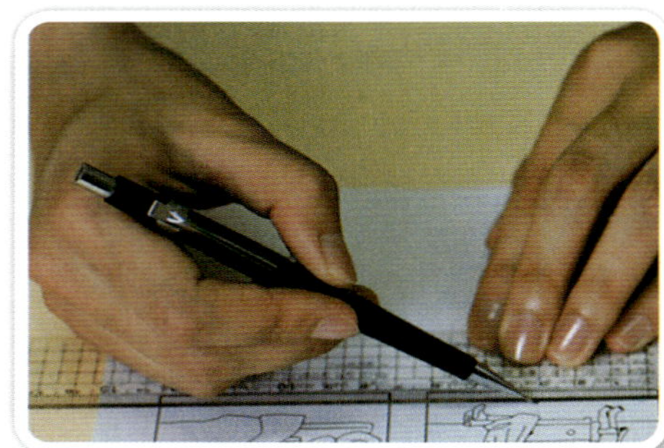

② 유성 매직으로 색칠하기

③ 투명 컬러 접착 색지를 원하는 크기로 오리기

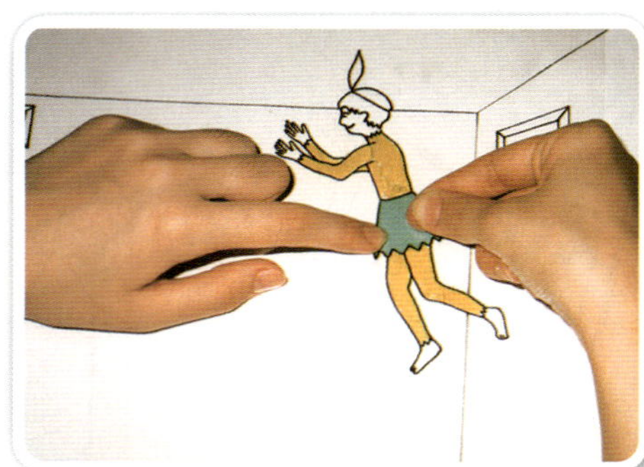

④ 투명 컬러 접착 색지 붙이기

그림 12-11 투시화의 제작과정

많이 드는 단점이 있다. 투명 접착 색지는 붙이고자 하는 면적보다 조금 크게 잘라서 색지 위에 모양을 그려 오린 다음 뒷쪽의 보호막 종이를 벗겨낸 후 원하는 곳에 완전히 접착이 되도록 손톱이나 손가락으로 문질러서 기포가 생기지 않도록 한다. 만일 기포가 생겼을 때는 바늘로 구멍을 내어 공기를 빼 주도록 한다(그림 12-11의 ③, ④).

넷째, 전체 배경에 색 효과를 내고자 할 때는 원하는 색의 셀로판지를 아세테이트지 뒤에 대면 환상적인 효과를 얻을 수 있다. 그러나 색 셀로판지는 시간이 경과함에 따라 변하여 오래 사용하지 못하는 단점이 있다.

다섯째, 보여 주고자 하는 내용에 따라 겹치기 방법, 분해법, 움직이는 방법의 제작법을 선택한다. 겹치기 방법은 오버랩(overlap)법, 합성법(그림 12-12)이라고도 하는데, 투시자료를 두 개 또는 세 개 이상을 겹쳐가면서 보여 주는 방법이다. 분해법은 겹치기 방법의 반대로 보여주는 방법으로 전체합성 분해법과(그림 12-13) 부분합성 분해법(그림 12-17)이 있다. 이들 분해법은 여러 장으로 된 복잡한 내용을 간단한 부분부터 복잡한 부분으로 단계적으로 제시하거나, 기본배경은 같고 등장인물이 첨가되거나 퇴장하는 동화를 제시하고자 할 때에는 이 방법으로 제작하는 것이 효과적이다. 이러한 방법으로 제작하고자 할 때에는 우선 전체 내용이 담긴 그림이나 배경을 흰 종이에 그려놓고, 기초 그림과 그 위에 겹쳐 놓을 그림들의 원본 그림을 구상한 후 복사기용 아세테이트지에 복사한 다음 색을 칠하거나 컬러 접착지를 붙이면 된다(그림 12-14).

움직이는 효과를 주기 위해서는 아세테이트지에 기본배경을 그린 후 배경 위에서 움

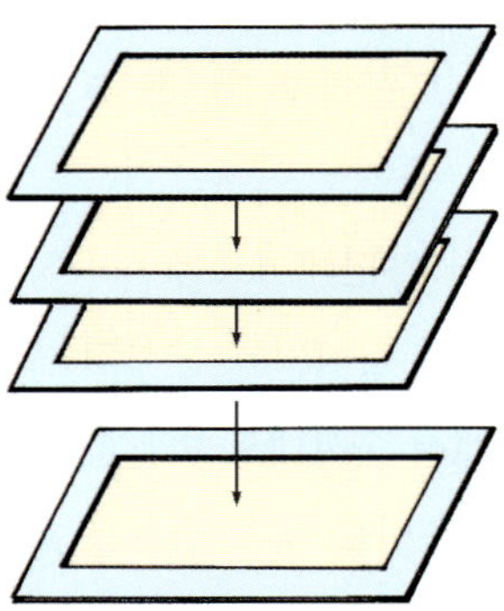

그림 12-12 합성법

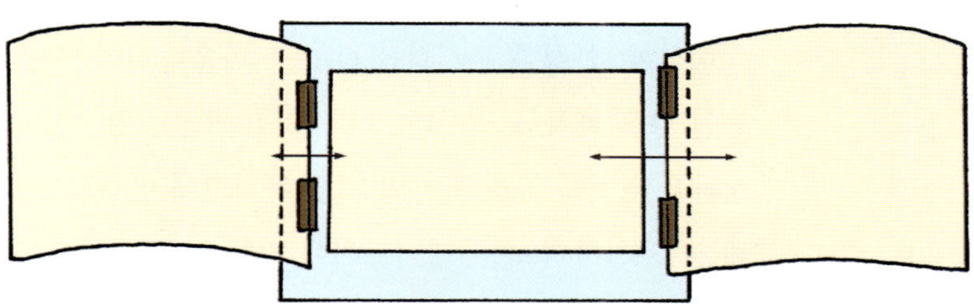

그림 12-13 전체합성 분해법

그림 12-14 전체합성 분해법의 예

직이게 될 인물들을 따로 만들면 된다. 이때 등장인물에는 투명 아세테이트지나 투명 아크릴로 손잡이를 붙인다. 예를 들어 토끼와 거북의 경주하는 모습에 움직임의 효과를 주려면 그림 12-15와 같이 먼저 배경을 만든 다음 토끼와 거북의 모습에 손잡이를 길게 연결하면 된다.

여섯째, 완성한 투시화는 OHP용 마운팅지에 투명 테이프나 양면테이프를 이용하여 붙인 다음 제목을 적는다(그림 12-16의 ①, ②). 이때 한 장면에 겹치거나 분해되는 그림들은 위치를 고려해 가며 기초 투시화에 연결되도록 하고 제시 순서대로 번호를 기입해 놓도록 하며, 아세테이트지에 지문이 묻지 않도록 보호용 종이를 대고 번호를 기입한다(그림 12-16의 ③, ④).

투시자료 배경

거북과 토끼의 투시화 자료 움직이기

그림 12-15 《토끼와 거북》의 투시자료

① 양면 테이프 이용하여 붙이기

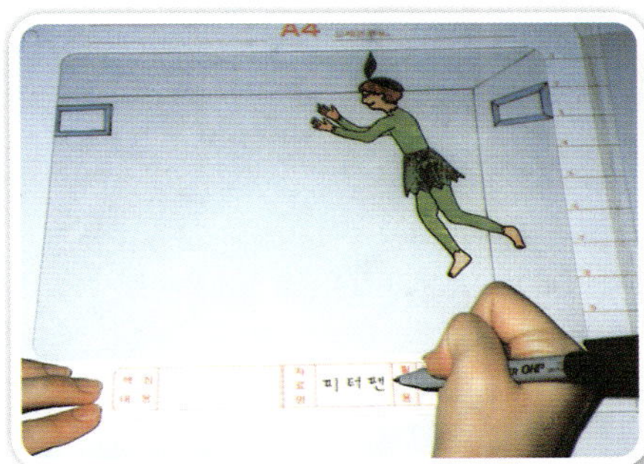

② 제목 적기

③ 번호 적기

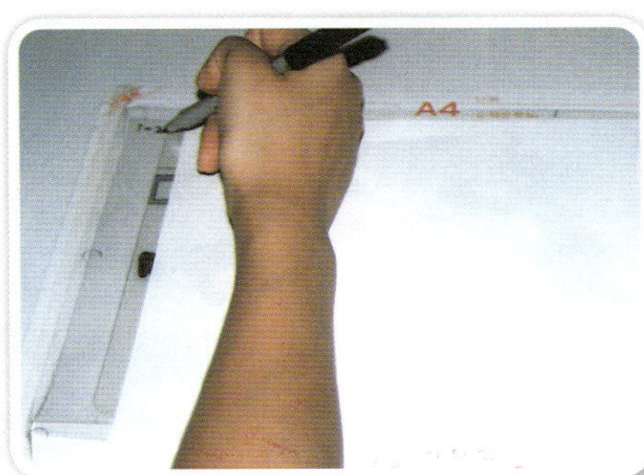

④ 보호용 종이 대고 번호 적기

그림 12-16 마운팅한 후 순서대로 번호 적기

(2) 컴퓨터를 이용한 제작법

컴퓨터를 이용하여 투시화를 제작하게 되면 별도로 채색을 하거나 컬러 시트를 사용하지 않아도 되기 때문에 제작시간이 절약되며, 한 번 만든 자료들은 컴퓨터에 입력이 가능하기 때문에 자료가 손상되었을 경우 손쉽게 다시 출력할 수 있는 장점이 있다. 컴퓨터를 이용하여 투시화를 제작할 때는 컴퓨터용 아세테이트지를 이용하면 된다(그림 12-17).

스캔 후 그림 외선을 수정하고, 제목과 관련 그림으로 표지를 만듦

그림을 스캔한 후 글자를 지우고 배경에서 움직이는 인물에 투명 손잡이를 붙임

부분합성으로 제작

그림 12-17 컴퓨터를 이용하여 제작한 투시화

그림 12-18 바인더를 이용하여 투시 자료 보관하기

6) 오버헤드 투시자료의 보관

오버헤드 투시자료는 아세테이트지가 구겨지면 그림의 상이 화면에 제대로 비춰지지 않기 때문에 각별히 보관에 신경을 써야 한다. 오버헤드 투시자료를 보관할 때에는 파일박스나 보관 상자, 바인더(그림 12-18)를 이용할 수 있다. 겹치기법으로 제작한 투시자료를 보관상자에 정리할 때에는 아세테이트지 사이사이에 종이를 끼워서 보관해야 그림이나 색칠한 부분이 손상을 입지 않는다.

2. 슬라이드

1) 슬라이드의 특성

슬라이드 프로젝터는 조작이 간편하고, 정지된 이미지를 연속적인 순서로 제시할 수 있다는 장점이 있으나 암막장치를 해야 하는 불편함이 있다. 또한 낱장으로 되어 있으므로 이미지의 순서를 재배열할 수 있으나 이미지 자체를 편집하기는 어렵다. 슬라이드를 제작하려면 계획 단계에서부터 슬라이드용 필름을 사용해서 촬영해야 하며 일반 필름으로 촬영한 이미지를 슬라이드 자료로 제작하면 비용이 더 많이 소요된다.

영유아교육기관에서 슬라이드는 사진자료를 커다란 크기로 연속적으로 제시할 수 있으며, 내용이나 유아의 연령에 따라 장수를 조절하여 제시할 수 있다는 매력적인 특성 때문에 선호도가 높았으나, 한편 어두운 상황에 대한 두려움이 있는 영유아의 경우에는 교실의 불을 끄는 것에 대한 불안 반응을 보이기도 하여 사용 시 주의가 요구되었다. 최근에는 멀티미디어의 발달로 손쉽게 대형 화면의 그림이나 사진 자료를 저가로 제작하고 편집하며, 손쉽게 제시할 수 있어서 슬라이드 프로젝터의 사용량이 많이 감소하였다. 이미지를 슬라이드로 제시하는 매체의 특성과 제작방법 등은 제14장 컴퓨터의 '파워포인트 슬라이드' 에서 다루도록 하며, 여기서는 마운트한 필름을 사용하는 슬라이드 프로젝터를 중심으로 알아본다.

2) 슬라이드 자료의 종류

(1) 슬라이드 필름자료

슬라이드 필름 자료는 그림영역의 크기에 따라 보통 35mm 슬라이드 또는 표준형 슬라이드, 125mm 슬라이드, 1/2 프레임 슬라이드, 127mm 슈퍼 슬라이드 등으로 분류할 수 있고, 그 밖에 특수 전문적 목적으로 쓰이는 랜턴 슬라이드류가 있다. 랜턴 슬라이드를 제외한 다른 슬라이드들은 모두 2″×2″ 하드보드 프레임에 마운트한 슬라이드로 표준형 슬라이드 환등기를 이용하고, 랜턴 슬라이드는 사진이나 그림 감상, 분석 등의 특수목적으로 사용하며, 흔히 큰 강당에서 대그룹으로 슬라이드를 볼 때 많이 활용한다. 슬라이드 화면 영역이 큰 종류일수록 슬라이드 환등기로 투사하였을 때 투시된 그림, 즉 투시화의 질이 좋으나 보통 교실에서는 표준형 슬라이드면 무난하다.

(2) 슬라이드 환등기

슬라이드 환등기(slide projector)는 주요 기능에 따라 몇 가지 종류로 나누어 볼 수 있다. 일반적으로 많이 사용하는 환등기는 스크린에 슬라이드 필름을 투사하는 기능만을 갖춘 모델이며, 뷰어가 장착되어 있어 스크린에 투사하지 않고도 슬라이드 화면을 볼 수 있는 모델, 뷰어 기능뿐 아니라 카세트 테이프 기능도 별도로 내장되어 음성신호와 슬라이드 신호를 동시에 감상할 수 있는 오디오 뷰어(audio viewer) 등으로 나뉜다. 이 밖에도 연속적으로 촬영한 필름을 마운팅하지 않고 촬영 순서대로 볼 수 있도록 고안된 슬라이드

자동식 원반형 환등기

일자형 환등기

뷰어가 부착된 환등기

그림 12-19 여러 종류의 슬라이드 환등기

필름 스트립과 필름 스트립용 오디오 뷰어도 있다. 가장 많이 사용되는 종류는 원반형의 트레이에 80개 정도의 필름을 한꺼번에 끼워놓고 사용하는 자동식 원반형 슬라이드 환등기(그림 12-19 좌)와 일자형 트레이에 50개 정도의 슬라이드를 넣을 수 있으며 가격이 경제적인 일자형 환등기이다(그림 12-19 중). 유아를 위한 자료의 경우에는 한꺼번에 10~20장 정도의 필름을 사용하므로 영유아교육기관에서는 원반형이나 일자형 어떤 모델이든 사용이 가능하다. 소집단이나 개별 학습용으로는 9~10인치 크기의 뷰어가 장착된 환등기(그림 12-19 우)와 음성신호를 동시에 조작할 수 있는 오디오 뷰어가 효과적이다. 멀티미디어용 빔프로젝터에 연결하여 대집단 수업에서 활용할 수도 있다.

3) 슬라이드 자료의 제작

(1) 사진 촬영으로 제작한 슬라이드 자료

슬라이드 자료를 제작하는 가장 손쉬운 방법은 슬라이드용 필름을 이용해서 직접 촬영한 후(그림 12-20) 마운트하는 것이다. 디지털 카메라와 파워포인트 슬라이드의 일반화로 필름을 사용한 슬라이드 제작이 많지는 않으므로 여기서는 슬라이드용 필름을 간단히 소개하고, 슬라이드 제작계획에 대한 부분은 컴퓨터의 파워포인트 슬라이드 설명 부분에서 살펴보기로 한다.

슬라이드 필름은 포장에 〈-CHROME〉으로 표시되며, 〈SLIDE FILM〉 또는 〈FILM FOR

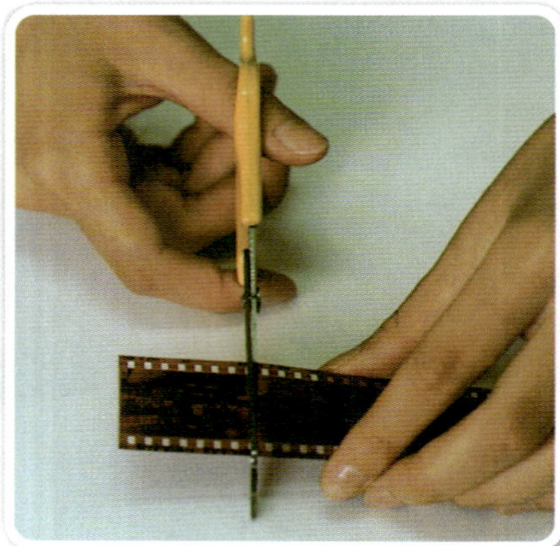

① 연결된 긴 필름의 각 프레임을 따로 따로 자른다.

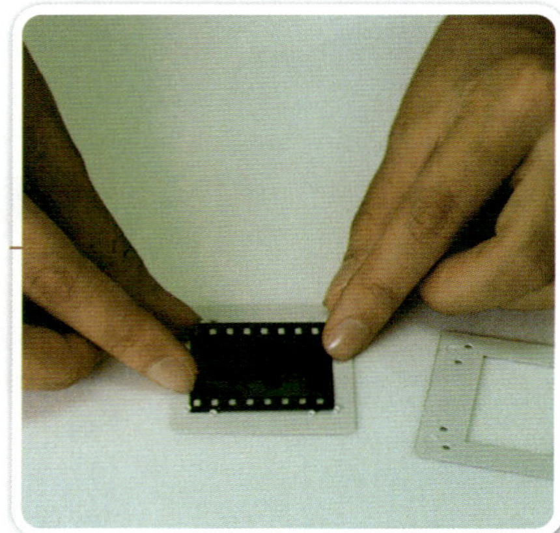

② 필름을 프레임의 가운데에 잘 맞게 배치한다.

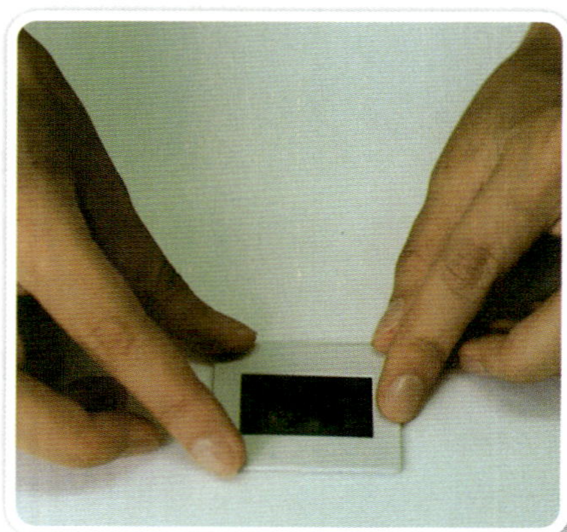

③ 플라스틱 프레임을 겹쳐서 가장자리를 골고루 눌러 버튼이 잘 맞도록 한다.

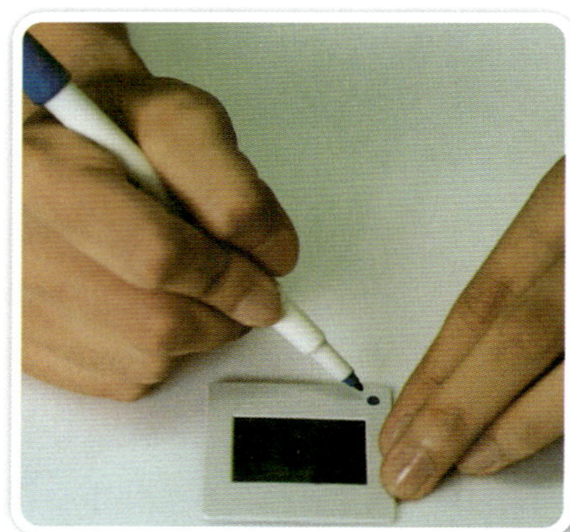

④ 장면이 바로 보이도록 놓고 왼쪽 하단을 색펜으로 표시한다.

그림 12-20 슬라이드 자료를 마운트하는 순서

그림 12-21 현장 장면을 촬영하여 제작한 슬라이드 자료 : 〈편지는 어떻게 전해지나〉

COLOR SLIDES〉라고 적혀 있다. 일반적으로 사용하는 컬러 · 흑백 네거티브 필름으로도 슬라이드를 만들 수 있으나 소량의 장면이 필요한 경우가 아니면 슬라이드 필름을 사용하는 것이 경제적이다. 일반 필름은 현상단계에서 필름을 보면 네거티브 상태로 보여서 얼굴이 검고 검은 머리가 하얗게 나타나는데, 슬라이드 필름은 실제의 색채대로 볼 수 있다. 이 상태에서 그림 12-20처럼 필름을 잘라 마운트하여 슬라이드 프로젝터에 장착하고 투시하는 것이다.

슬라이드 자료는 사진 촬영의 대상이 될 수 있는 장면을 모두 제작할 수 있다. 지역사회 기관의 일하는 모습이나 동물원, 농장 등의 현장 모습 중 중요한 장면을 사실적으로 보여줄 수 있으며(그림 12-21), 모형이나 막대자료, 융판자료등을 이용하여 슬라이드 동화로 제작할 수도 있다(그림 12-22). 작은 그림자료를 촬영하여 큰 그림자료로 제시할 수

모형을 촬영하여 제작한 슬라이드 자료

막대인형을 촬영하여 제작한 슬라이드 자료

그림 12-22 모형이나 막대인형을 촬영하여 제작한 슬라이드 자료

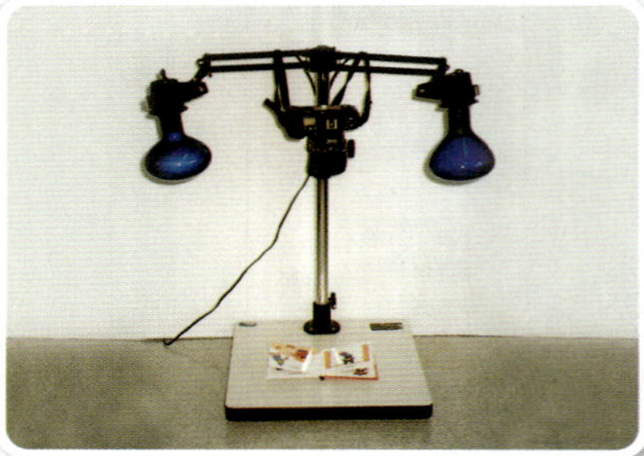

그림 12-23 복사대를 사용하여 근접 촬영하기

도 있는데 이때 복사대를 이용하면 안정감있는 촬영이 가능하다(그림 12-23).

(2) 투명 아세테이트지를 이용한 슬라이드 자료의 제작

직접 슬라이드 필름으로 촬영하여 제작하는 방법 이외에도 복사기나 컬러 프린터기를 이용하여 자료를 아세테이트지에 축소 복사하여 마운트하는 방법을 이용할 수 있다. 복사기를 이용하는 방법은 특히 원자료가 작은 흑백 그림이거나 손쉽게 그릴 수 있는 내용일 때 적절하다. 예를 들어 교사가 슬라이드로 제작하고 싶은 그림이 작은 책에 소개된 동화라고 할 때, 직접 촬영하려면 도안그림을 슬라이드 화면 크기 비율로 그린 후 채색하여 촬영하고 현상, 마운트의 과정을 거쳐야 하므로 많은 노력이 필요하다. 이때 도안그림을 슬라이드 필름 크기 비율에 적절하게 수정한 후 복사기를 이용하여 아세테이트지에 실제 필름크기로 축소 복사하여 사용하면 손쉽고 빠르게 슬라이드 자료를 제작할 수 있다. 구체적인 제작과정을 살펴보면 다음과 같다.

- 예시된 원본 자료 중 사용할 장면을 고르고 화면을 구성한다. 예를 들어 그대로 사용할지, 특정 부분만 클로즈업 시킬지, 첨가해 넣을지, 삭제시킬지 등을 결정한다(그림12-24의 ①). 선택한 원본 그림을 슬라이드용 자료로 적절하도록 재구성한다. 복사할 자료이므로 검정색 펜과 수정액을 이용하여 손쉽게 수정할 수 있다. 원자료의 재구성시에는 원본 그림의 내용이 너무 복잡하거나 필요 없는 부분이 첨가되어 있을 경우 원본 그림을 복사한 후 수정액으로 지우거나 필요한 부분만 가위로 오려내어 하얀 종이에 재구성한다. 반대로 환등기로 크게 확대하였을 때 너무 단순해 보일 경우에는 검은펜으로 세부 묘사를 첨가할 수도 있다. 이때 원본 상에는 작은 선이라도 확대하여 제시하면 크게 보이므로 깔끔하게 선처리 한다.
- 자료의 가로 · 세로 크기 비율을 슬라이드 화면 크기(약 3.4×2.3cm) 비율과 같게 만든다. 원자료의 크기가 6.4×5cm로 슬라이드 필름의 화면 비율 3 : 2에 맞지 않아서, 세로 방향을 7.5mm 정도 잘라내어 6.4×4.25cm로 만들었다(그림 12-24의 ②).

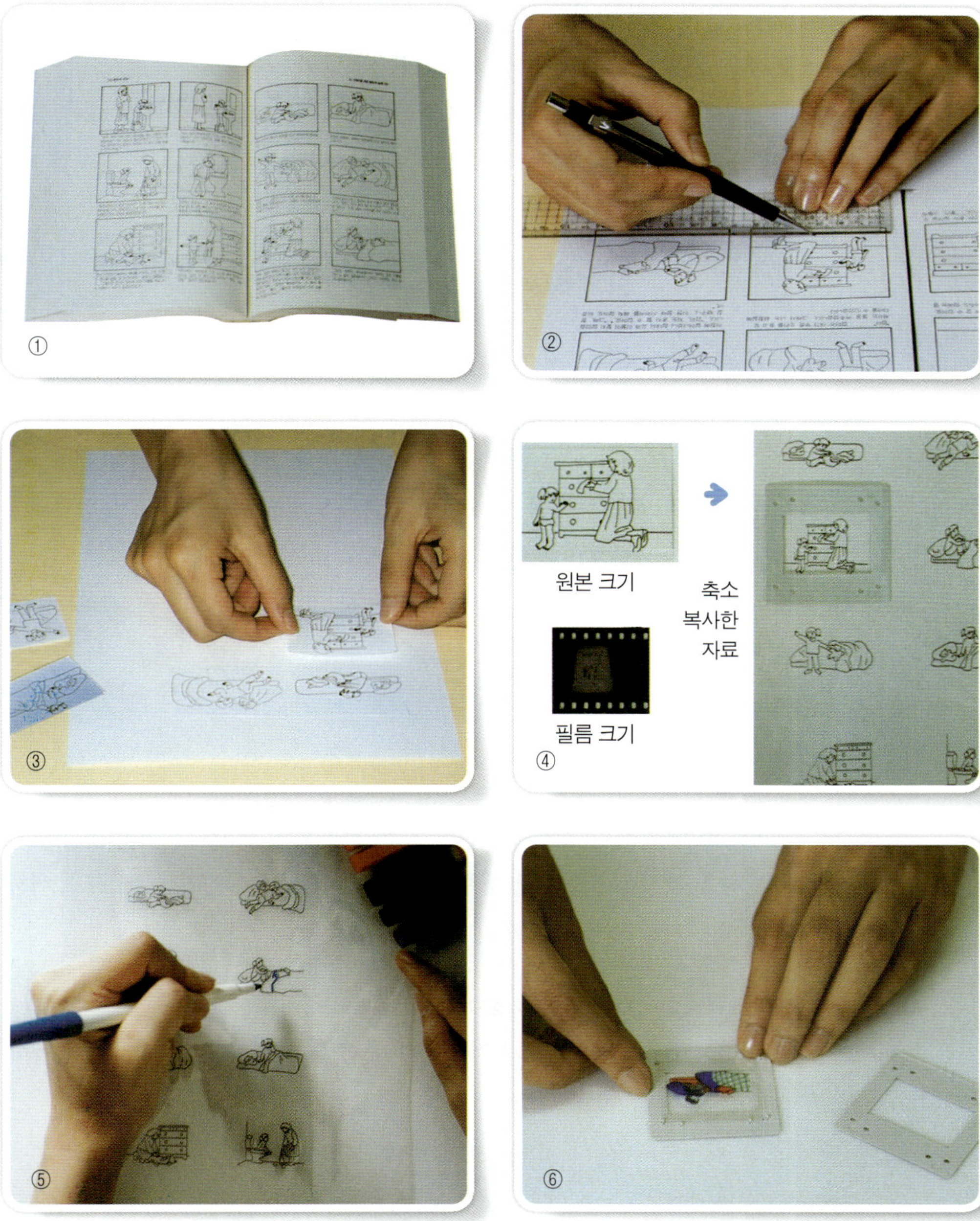

그림 12-24 투명 아세테이트지를 이용한 슬라이드 자료의 제작과정

- 그림을 깨끗한 종이에 편집한 후 약 슬라이드 화면 크기로 축소 복사하고 잉크 잡티가 조금이라도 묻어있으면 수정액으로 손질한다(그림 12-24의 ③, ④).
- 재구성한 그림을 아세테이트지에 복사한 후 가는 유성 컬러펜을 이용하여 필요한 부분에만 곱게 채색한다. 아세테이트지에 복사해서 슬라이드 자료를 제작할 때 가장 처리하기 힘들며 효과도 떨어지는 부분이 이 채색과정이다. 왜냐하면 유성 컬러펜의 색이 제한되어 있고 작은 공간에 효과적으로 채색하기가 어렵기 때문이다. 따라서 색개념 형성이 주요 목적인 자료의 제작에는 적절하지 못하므로 이점을 유의하고, 전체 채색보다는 부분적으로 채색하여 자료가 지저분해지지 않도록 제작한다(그림 12-24의 ⑤).
- 필름을 슬라이드 프레임에 마운트할 때와 마찬가지로 아세테이트지를 필름 한 장 크기(약 3.4×3.8cm)로 자른 후 프레임에 끼운다음 하드보드 프레임에 일련번호를 기입한다(그림 12-24의 ⑥). 원자료가 컴퓨터로 처리할 수 있는 이미지면 필름크기로 편집한 후 컬러프린트용 OHP 필름에 프린트하여 마운팅 한다.

4) 슬라이드 자료의 제시

(1) 슬라이드 제시 전

슬라이드 제시 전에 먼저 교사는 그 슬라이드를 유아들이 보면서 또는 본 후에 생각이나 행동에 어떤 변화를 가져올 것인가를 생각해야 한다. 즉, 어떤 목표를 달성하기 위하여 슬라이드를 제시하는가를 분명히 해야 한다.

① 제시 전에 교사가 준비 · 점검해야 할 일

- 내용 및 장면 수가 대상 유아에게 적절한지 재검토한다. 시리즈물이라도 영유아의 연령이나 흥미에 따라 재편성하거나 장면수를 조정한다.
- 슬라이드를 제시하기 전, 제시 중, 제시 후에 유아에게 들려 주거나 질문할 내용을 정리하여 기록해 둔다.
- 슬라이드 제시를 위한 방의 준비를 참고하여(그림 12-25, 12-26) 수업상황에 따라 스크린과 환등기의 위치를 결정한다.

- 슬라이드 필름을 트레이에 순서대로 끼우고, 환등기로 스크린이나 흰색 벽에 비추어 보아 바르게 꽂혔는지 확인한다.
- 제시 중에 발생할 수 있는 문제들에 대한 대처방법을 익혀 둔다. 예를 들어 트레이가 환등기 위에 잘 끼워지지 않거나 필름이 꽂힌 채 트레이가 회전하지 않는 경우, 두 장이 한꺼번에 투사되어 나타나는 등의 문제가 자주 발생한다. 작동 중 램프가 꺼지는 수도 있으므로 여유분 램프의 위치와 교체방법을 알아둔다.
- 슬라이드 자료가 오래되면 마운트가 뒤틀리거나 벌어져 작동시 트레이에 걸리는 경우가 있으므로 미리 확인하고 접착이 떨어진 것은 양면테이프 등으로 붙인다.

② 암막장치

슬라이드는 어두운 방에서 사용하는 자료이므로 반드시 암막 시설이 된 방이 있어야 한다. 일반적인 커텐이나 블라인드가 설치된 방은 빛이 새어 들어와 화면의 선명도가 떨어지지만 덜 어두우므로 영유아들이 공포감을 갖지 않을 수는 있다.

③ 스크린 · 슬라이드 환등기 · 스피커의 배치

스크린 · 환등기 · 좌석의 배치 시 직사광선이 스크린에 닿지 않도록 유의하여 스크린을 설치한다. 스크린의 높이는 스크린에 비춰진 그림의 밑부분이 유아가 앉았을 때의 눈높이와 같게 한다. 이보다 높을 경우 유아의 목이 뒤로 젖혀진 자세로 화면을 올려다보아야 하므로 피로하여 집중하지 못할 수 있다. 유아와 스크린과의 거리는 보통 스크린 두 배 길이, 즉 약 2.5~3m 정도가 좋으며, 유아는 스크린 중앙선을 중심으로 45~60°범위 안에 위치하게 한다. 부모회를 위하여 의자를 몇 줄로 겹쳐 놓을 경우에는 맨 뒷좌석에서 스크린까지의 거리가 스크린 넓이(화면에 비친 그림의 크기)의 여섯 배 이내가 되도록 조정한다.

일반적으로 환등기와 유아의 좌석배치는 일렬식으로 배치하는 방법과 환등기를 뒤에 배치하는 방법이 있다. 일렬식 배치는 환등기를 뒤에 배치하는 방법에 비해 유아가 감상하는 화면 크기가 작지만 교실공간을 적게 차지하며 교사가 유아와 가깝게 앉을 수 있는 장점이 있다. 유아 수가 15명 이내인 경우는 일렬식 배치로 자료를 감상하는 데 불편함이 없다(그림 12-25). 그러나 유아가 많거나 커다란 화면을 원하는 경우에는 환등기를 좌

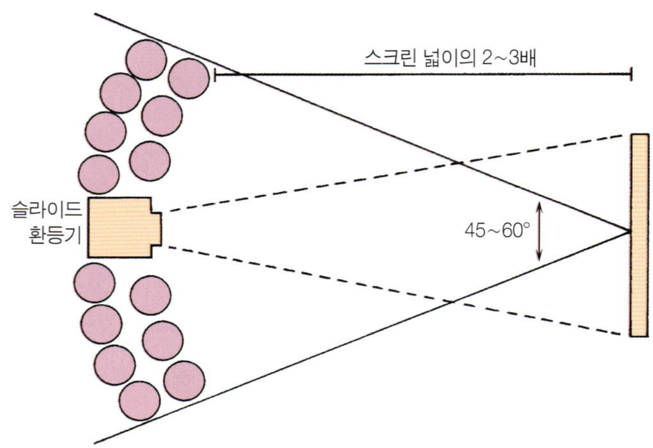

그림 12-25 스크린과 환등기의 일렬식 배치방법

석 후면에서 유아 머리보다 높게 배치하는 것이 적절하다(그림 12-26). 스피커는 바닥에 놓지 말고 유아의 귀 높이에 두도록 한다. 스크린과 환등기는 서로 일직선으로 마주보도록 배치하며 화면에 투사했을 때 삐뚤어지지 않아야 한다. 일직선으로 마주 보지 않은 경우에는 좌우 화면 크기가 다르게 투사되며, 높이가 맞지 않은 경우에는 화면 위 · 아래 크기가 다르게 투사된다.

④ 슬라이드 환등기의 사용방법

보통 2″×2″용 자동식 슬라이드 환등기가 많이 사용된다. 자동식 슬라이드 환등기는 매

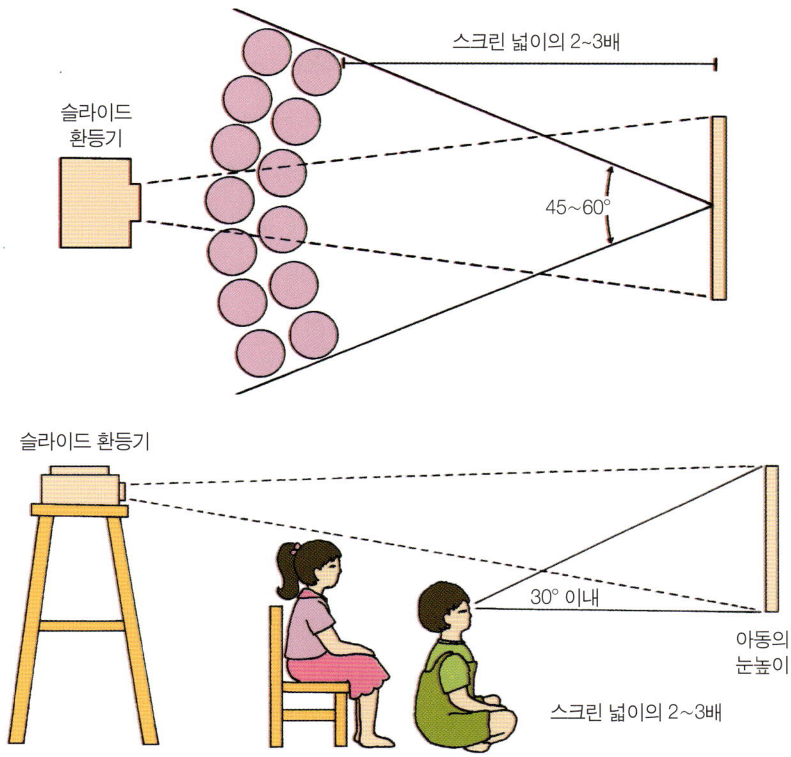

그림 12-26 환등기를 유아의 후면에 배치하는 방법

번 슬라이드를 끼었다 뺐다 할 필요 없이 한번에 50~80개의 슬라이드를 넣고 사용할 수 있다. 램프는 종류에 따라 70~200시간 정도까지 사용할 수 있다. 환등기의 램프 버튼을 LOW로 사용하면 HIGH로 사용하는 것보다 램프를 몇 시간 더 사용할 수 있으나, 암막장치가 잘 안 된 방에서는 화면이 흐려 좋지 않다. 사용 중 램프가 나가서 급하게 램프를 교체하려는 경우에는 화상을 입을 수 있으므로 반드시 'FAN' 버튼에 놓고 램프를 완전히 식힌 후 조작한다.

(2) 슬라이드 제시

슬라이드 시리즈 제시방법에는 교사가 대그룹 · 소그룹의 유아에게 슬라이드를 보여 주면서 직접 설명하는 방법, 설명 없이 슬라이드만 보여 주고 나중에 유아들에게 그 내용에 대해 이야기를 꾸며 보게 하거나 교사가 전체적 내용을 설명하는 방법, 슬라이드의 설명을 녹음해 두었다가 녹음설명을 동시에 틀어 주는 방법 등이 있다. 그러나 슬라이드 자료의 내용이나 준비되어 있는 자료에 따라 제시 전에 미리 계획한 것에 의해 적당한 방법을 택한다. 일반적으로 제시 중에 교사가 고려해야 할 점은 다음과 같다.

첫째, 슬라이드를 보여 주기 전에 슬라이드 내용에 대한 사전 설명이나 동기 유발을 위한 설명을 하여 유아가 무엇을 볼 것이지를 분명하게 한다. 만일 교사가 어떤 정해진 개념을 유아에게 분명하게 이해시키기 위해 슬라이드 시리즈를 제시할 경우에는 미리 몇 가지 질문을 하여 유아가 질문과 연관지어 슬라이드를 보게 하면 개념이해에 보다 도움이 될 것이다.

둘째, 슬라이드와 함께 제시하는 녹음자료에 생소하거나 이해하기 어려운 말이 있으면 미리 그 말의 의미를 설명해 주도록 한다.

셋째, 슬라이드 제시속도를 적절히 조절한다. 슬라이드 제시속도는 교사가 달성하려는 목표, 유아의 반응 등에 따라 다르다.

넷째, 녹음자료를 사용하지 않을 경우에는 교사가 속도를 융통성 있게 조절할 수 있으나, 녹음자료를 함께 사용할 경우에는 속도조절이 쉽지 않을 뿐만 아니라 중간에 끊기게 되므로 내용이해가 어렵게 된다. 따라서 녹음자료를 함께 사용하는 경우에는 유아들에게 사전에 이야기하여 자료제시 후에 질문하도록 하고, 녹음기와 슬라이드 환등기를 반드시 교사가 쉽게 조작할 수 있는 위치에 인접하게 놓아 동시에 조작하도록 한다. 자동 오디오 조절 기능이 있는 슬라이드 환등기는 이런 점에서 훨씬 수월하다.

(3) 사후 활동

슬라이드 제시 후에는 슬라이드 내용에 대해 토의하거나, 슬라이드를 보며 경험한 것을 미술활동, 극화활동, 음악활동 등을 통해 표현해 보도록 확장할 수 있으며 유아들이 흥미 있어 하는 내용에 대해 견학, 그림책 보기, 관찰, 실험 등을 통하여 좀 더 알아볼 기회를 가질 수도 있다.

TV/DVD 및 실물화상기

요즘에는 과거와 비교할 수 없을 만큼 테크놀로지가 발달하여 영아기 때부터 디지털 카메라, 텔레비전에 자주 노출되고 유아기만 되어도 컴퓨터를 다루기 시작한다. 교육기관도 교육환경 개선의 핵심 분야로 멀티미디어를 지원하고 있어 각종 디지털 기자재를 이용한 교수학습이 이뤄지고 있다. 신경생물학 분야의 연구들은 컴퓨터, TV, 캠코더, 첨단 오락기 등 최신의 미디어들이 아동의 뇌를 발달시키는 방법을 바꾸고 있다고 설명하고 있다. 한편 일반적인 오락물에 노출되는 것은 아동의 폭력성과 관련이 있으며 성격 발달에서 부정적인 영향을 미친다고 우려하는 목소리도 높다(Frost, Wortham, & Reifel, 2005). 그럼에도 불구하고 아동용 첨단 미디어는 빠른 속도로 진화하고 있으며, 인기도 매우 높으므로 첨단 미디어의 교육적 장점과 단점을 잘 가려서 활용하려는 노력이 필요하다. 이 장에서는 텔레비전, DVD 등의 영상 및 녹음자료와 멀티미디어를 교수매체로 활용하기 위한 효과적인 방법을 알아본다.

1. TV 매체의 특성

텔레비전, DVD, 캠코더 등의 진화로 동영상자료는 교육자료로서 그 비중과 이용도가 높아지게 되었다. 텔레비전은 유아의 생활과 가장 친숙한 일상적 매체 중에 하나이다.

영유아교육기관에서는 텔레비전에서 방송되는 자료를 직접 시청하기도 하지만 실물화상기와 연결하여 작은 자료를 크게 확대하거나 DVD나 비디오레코더, 컴퓨터, 디지털카메라와 연결하여 동영상자료를 제공하는 용도로 더 많이 활용하고 있다.

텔레비전은 사물의 광학적인 상(像)을 전파에 실어 보내어 수신장치에 재현시키는 전기통신 방식으로, 인간의 시청각적 능력을 공간적 · 거리적으로 확대하는 목적으로 활용되어 왔다. 요즘에는 기존의 아날로그 텔레비전이 디지털 텔레비전으로 대체되면서 보다 나은 수준의 화질과 음성을 제공하고 있으며, 다른 매체들과의 호환적 기능도 다양해졌다.

영유아의 발달과 텔레비전 시청의 관계를 분석한 연구들은 텔레비전의 정보가 일방적이며 지나치게 강한 시청각적 자극을 제공하고, 영유아가 적절하지 않은 내용을 시청하고 모방하게 되며, 장시간의 시청은 주의집중력이나 이후 학습에 부정적 영향을 미친다는 점 등을 우려하고 있다. 2001년 미국 소아과학회는 2세 이하의 영아들은 TV를 전혀 시청하지 말 것을 권장하고 있다. 영유아교육기관에서는 가정에서처럼 방송되는 오락물을 그대로 시청하도록 하지는 않을 것이므로 가정에서 텔레비전에 장시간 노출되는 것과 같은 부정적 현상은 적을 것이다. 그러나 가정과 기관에서의 미디어 이용률이 높아지고 영유아용 영상매체도 많이 개발 · 보급되고 있으므로 부모와 교사는 시청을 계획, 평가하고 발달적으로 적합한 활동을 제공하는 등 책임감 있는 역할을 수행하여 바람직하게 활용될 수 있도록 노력해야 한다(Frost, Wortham, & Reifel, 2005). 텔레비전을 활용하는 경우 내용의 선정과, 시청 시간, 제시 방법 등에 신중을 기하여 유아의 성장에 도움이 되도록 하는 것이 필요하다. 이를 위해서는 텔레비전 등을 통해 전달되는 동영상자료의 매체 특성을 파악하는 것이 필요하다.

TV 프로그램은 동적이고 현실감 있는 영상자료를 제공함으로써 영유아의 흥미를 강하게 유발시키며, 움직임이 주요 내용인 학습에 효과적으로 활용될 수 있다. 시청각매체로서 TV의 장점을 구체적으로 살펴보면 다음과 같다.

첫째, 시공을 초월하여 다양한 사건이나 사물에 대한 정보를 있는 그대로 제공해 준다. 가정이나 교실에서 다른 나라에서 열린 운동경기의 모습이나 문화행사 장면을 텔레비전을 통해 자세하게 보고 들을 수 있다.

둘째, 동적인 대상의 움직임을 그대로 표현해 줄 뿐 아니라 가깝거나 멀리, 빠르게 또는 느리게 촬영하여 관찰하기 쉽도록 자료를 제공해 준다. 예를 들어 날아가는 독수리의 모습을 가까이서 보거나, 몇 시간 동안 이루어지는 알의 부화장면을 빠른 속도로 볼 수도 있다.

셋째, 영상자료는 동적이며 현실감이 있기 때문에 학습자의 강한 흥미를 유발시키며 따라서 역동적인 움직임이 학습의 주된 내용인 자료로 적절하다. 예를 들어 말이 힘차게 달리는 장면이나 바닷가에 밀려오는 파도의 모습은 정적인 자료로는 얻기 힘든 시청각적 정보를 유아에게 전달한다.

넷째, 방영 스케줄을 미리 알 수 있으므로 계획한 시간에 시청할 수 있는 예견성이 있다. 영유아교육기관에서 자주 활용되지는 않으나 특별한 운동경기나 우주선 발사 등 교육적으로 의미를 지닌 프로그램은 교육 시간에 시청하는 시간을 포함시킬 수도 있다.

다섯째, 텔레비전 보급이 보편화되어 익숙하므로 다른 매체에 비해 준비가 용이하고 조작이 간단하며 특별한 훈련이 없어도 사용할 수 있다.

여섯째, DVD/비디오 레코더, 디지털카메라, 컴퓨터, 음향기기, 실물화상기 등 다른 매체들과 연결하여 시청각 자료를 제공할 수 있다.

한편, TV는 유아의 흥미가 높아 잘 활용하면 발달에 도움을 줄 수 있는 자료이지만, 학습자의 연령이나 반응에 따라 융통성 있게 대처할 수 없으며, 직접적이고 감각적인 경험을 제공하지 못하고, 편집이 어려우며 화면 크기를 집단의 크기에 따라 조절할 수 없는 등의 제한점이 있다. 그러므로 다음과 같은 TV의 제한점을 파악하고 활용해야 할 것이다.

첫째, 텔레비전 프로그램은 방송국에서 보내주는 일방적인 자료이므로 교사가 학습자의 반응에 따라 자료를 임의로 조작할 수 없으며, 정해진 순서와 속도에 따라 수동적으로 반응해야 한다. 따라서 프로그램을 보는 도중에서 교사-유아, 유아-유아 간의 상호작용이 어렵고 중간에 상호작용을 하게 되면 그 사이에 진행되는 프로그램을 볼 수 없게 된다.

둘째, 일정 시간에 방영되므로 예견하기는 좋으나, 다른 일과를 방영시간에 맞추어 조정해야 하므로 불편하다. 특히 텔레비전 프로그램은 주로 가정의 유아를 대상으로 제작되므로 기관에서는 방영되는 시간대에 그대로 시청하기는 곤란하다. 이러한 경우에는 프로그램을 녹화해 두었다가 필요한 부분만 사용하는 것이 효과적이다.

셋째, 텔레비전 프로그램은 편집이 곤란하여 학습자의 개별적인 요구나 수준을 반영하기 힘들다. 편집하려면 먼저 녹화하여 다시 편집해야 하므로 번거로우며, 특히 음향자

그림 13-1 TV와 연결할 수 있는 주변기기

료가 동시에 녹음되어 있으므로 편집에 많은 주의가 요구된다.

넷째, 생생한 시청각적 경험을 제공하지만 직접 만지거나 맛보거나 참여할 수 없는 매체이므로 직접 경험이나 능동적인 참여가 요구되는 학습상황에는 부적절하다. 예를 들어 과수원이 가까이 없는 경우 과일이 자라나는 과정과 과수원에 대한 영상자료는 유아들에게 과수원에 대한 간접적인 경험을 제공하지만, 과일의 맛이나 향, 크기 등에 대한 경험을 제공하기에는 제한적이다. 따라서 교사는 실제 과일을 만지고 맛볼 수 있는 과일가게 견학이나 요리하기 등의 활동을 연계하여 계획하는 것이 바람직하다.

다섯째, 화면 크기를 마음대로 줄이거나 키울 수 없는 제한점이 있다. 최근 대형 화면 제품이 많아 대집단 활동에도 유용하게 사용될 수 있으나 집단 크기에 따라 그때그때 화면 크기를 조절할 수는 없으며, 대형 화면의 텔레비전은 공간을 많이 차지하는 단점이 있다. 이와 같은 제한점들을 고려하여 활용하면 TV와 DVD는 일반화된 기재로서 현장에서 다양하게 활용될 수 있다.

2. TV 연결매체 : DVD, 캠코더, 실물화상기

영유아교육기관에서는 TV프로그램을 직접 시청하기보다는 DVD나 비디오테이프 녹화자료가 많이 활용된다. TV와 녹화기를 연결하여 작동하면 원하는 시간에 쉽게 시청각 자료를 제공할 수 있다. 또한 디지털 캠코더나 카메라에 담긴 영상자료를 TV와 연결하여 확대된 영상으로 시청할 수 있다. 학습하려는 자료가 작은 크기의 실물인 경우에는 실물화상기와 연결하면 확대된 영상자료를 얻을 수 있다. 여기서는 TV와 연결 매체로 자주 활용되는 DVD, 캠코더, 실물화상기에 대해 알아본다.

1) DVD와 비디오자료

(1) DVD와 비디오자료의 특성

DVD와 비디오자료는 일반적으로 TV 매체와 비슷한 특성을 지니지만 특히 다음과 같은 장점이 있다.

첫째, 텔레비전 프로그램은 일반적으로 방영시간에 맞춰 시청해야 하지만 DVD자료나 녹화자료는 시청 시간을 쉽게 조절할 수 있다.

둘째, 방영 중에 손쉽게 잠시 멈추거나 되감기 또는 빨리감기 기능을 이용하여 원하는 부분을 찾아 볼 수 있어 교사가 상황에 따라 대처하기 용이하다. 따라서 유아의 관심, 질문, 돌발적 상황 등에 융통성 있게 대처할 수 있다.

셋째, 필요한 장면을 쉽게 편집해서 시청할 수 있다. 방영되는 프로그램의 내용이 유용하지만 너무 길어서 영유아가 주의집중하기 힘들거나, 일부분만을 사용해야 할 경우 편집하여 보여 줄 수 있다. 교육용으로 미리 제작된 자료 이외에도 텔레비전에서 방영되는 프로그램 중에 유아용 자료로 활용할 수 있는 장면들이 많이 있다. 이 경우 필요한 부분만을 짧게 녹화, 편집하여 사용한다.

넷째, 직접 자료를 제작할 수 있다. 최근에는 손쉽게 조작할 수 있는 디지털캠코더가 많이 보급되어 있어 원하는 장면을 촬영·편집할 수 있다. 예를 들어 동물농장을 견학하기 전에 사전 답사 시에 영유아의 흥미를 끌만한 장면이나 사전 활동이 필요한 장면을 촬영하여 보여 줄 수 있다. 또는 유아들이 만나고 싶어하지만 지역사회 인사가 직접 방문해 주기 어려운 경우에 인터뷰장면을 녹화하여 보여 줄 수 있다. 또한 영유아의 관찰과 평가를 위해 사진자료와 동영상자료를 이용한 기록화가 많이 이루어지고 있다. 영유아의 개별활동이나 집단활동 장면을 촬영해 두면 발달상황을 이해하거나 학부모와의 상담자료로 유용하게 사용할 수 있다. 그러나 교육자료로 사용할 수 있을 만큼 좋은 상태의 자료를 직접 제작하는 것이 쉽지 않으며 상품화된 동영상자료의 대다수가 컴퓨터용 CD 형태로 제작되므로 자료가 다양하지 못한 편이다.

(2) 영유아용 DVD/비디오자료의 선정

영유아용으로 제작된 DVD자료는 학습 내용의 전개에 맞춰 선택할 만큼 충분하지는 않다. 따라서 영유아교육기관용으로 제작될 자료가 아니어도 교사가 내용을 미리 보고 적절한 것을 선정해서 사용해야 한다. 자료 선정 시 고려할 점은 다음과 같다.

첫째, 현재의 활동주제와 연결되거나 영유아의 일상경험과 흥미에 알맞은 내용인지 고려해야 한다. 영유아들은 어떤 영상자료든지 처음에는 흥미를 보이는 경향이 있는데, 집중해서 시청한다고 해서 좋은 자료는 아니라는 것을 기억해야 한다. 영유아의 이해력과 정서에 적절하면서 다른 경험들과 통합되도록 계획하는 것이 좋다.

둘째, 자료의 난이도가 대상 영유아에게 적절한지 생각한다. 영유아교육기관에서는 영아 혹은 유아용으로 개발된 검증된 자료가 아니라면 신중하게 선정해야 한다. 주제와 연관된 내용이라고 해도 난이도, 이미지와 삽입된 음성자료, 진행 속도 등이 영유아에게 맞지 않을 수 있다. 더구나 영아용인 경우에는 영상자료를 통해 이해하는 데 한계가 있을 뿐 아니라 구체물을 통해 놀이하기 시작하는 단계이므로 가급적이면 오감각을 활용할 수 있는 구체물을 준비해주어야 한다.

셋째, 방영시간이 영유아의 주의집중 시간의 한계를 넘지 않는지 고려한다. 영유아에 따라 주의집중 시간의 길이가 다르므로 교사는 평균적인 집중시간을 고려한다. 같은 대집단 수업이라 하더라도 이야기 나누기 시간에 비해 영상매체를 보여 주는 시간에는 어린 유아들도 집중을 잘하는 편이다. 그러나 이것도 유아의 수준에 맞거나 영상이 매력적인 경우이므로 교사는 미리 자료를 보고 유아의 관심이 가장 많고 현재의 활동과 관련된 부분만을 보여 주도록 계획해야 한다. 1편에 40분~1시간 정도 길이의 일반적인 과학 비디오를 한 번에 모두 보여 주는 것으로 계획하는 것은 무리가 있다. 자료에 따라 다르지만 영유아들은 재미있는 동화자료의 경우에는 사회학습이나 과학자료 보다는 주의집중을 더 잘하는 경향이 있다. 학습용 자료인 경우 영아는 5~10분, 유아는 10~20분 정도로 편집하고, 동화자료인 경우에도 너무 길이가 길지 않은 자료를 선정한다. 만 5세 정도가 되면 이야기에 대한 회상능력이 증가하므로 길이가 다소 긴 프로그램은 2일로 나누어 시청할 수 있다. 교사가 직접 제작한 것은 아무래도 영상이나 녹음이 상품화된 것에 비해 떨어져 유아의 주의를 오래 끌기 어려우므로 짧게 만드는 것이 좋다.

필요한 자료를 직접 제작할 수도 있다. 최근에는 디지털 캠코더를 이용한 동영상 촬영과 컴퓨터를 이용한 편집이 일반화되어 기본적인 촬영기술만 익히면 손쉽게 간단한 프로그램을 제작할 수 있다.

2) 캠코더/카메라와 TV

캠코더(comcorder)는 비디오카메라와 비디오카세트리코더(VCR)을 일체화한 소형 전자기기이다. 디지털캠코더와 카메라는 촬영, 녹화뿐 아니라 간단한 편집도 가능하다. 또한 배터리를 이용하므로 전기 시설이 없는 실외에서도 얼마든지 촬영이 가능하다. 특히 디지털 캠코더로 촬영한 동영상자료는 대형화면 TV와 연결하여 훌륭한 영상자료로 활용할 수 있으므로 동물의 움직임, 지역사회의 생활 모습, 문화 행사, 자연 현상 등에 대한 생동감 있는 장면을 촬영하여 교육자료로 활용해 보도록 한다.

(1) 영상자료 촬영하기

영상자료의 제작은 계획, 촬영, 편집의 과정을 거친다.

① 계 획

양질의 영상자료를 제작하려면 사전에 제작계획이 잘 이루어져야 한다. 무엇보다도 활용 목적과 내용을 분명히 하고, 콘티를 작성하며, 준비물과 촬영방법도 계획한다. 계획단계에서 거쳐야 할 과정을 살펴보면 다음과 같다.

첫째, 목표를 설정한다. 영상자료를 제작하는 목적을 명료히 하고, 중심 목표와 부수적인 목표를 선정한다. 예를 들어 우리나라의 전통적인 생활모습에 대한 이해를 돕기 위해 민속촌에서 촬영하려 한다고 가정할 때 목표는 다음과 같다.

- **중심 목표** : 옛날 우리나라 사람들이 생활했던 집과 생활모습을 안다.
- **부수적 목표** : 옛날에 사용했던 물건들의 종류와 쓰임을 안다.

둘째, 핵심내용을 선정한다. 즉, 목표를 달성하기 위해 어떤 내용을 다룰지 결정한다.

그림 13-2 디지털 카메라로 촬영한 사진 및 영상자료를 텔레비전과 연결하여 활용하는 장면

이 과정에서는 영유아의 연령, 관심, 비디오자료로 만들 가치가 있는지 등을 고려한다. 여기에서의 핵심 내용은 옛날 집의 모양, 집의 내부와 생활 모습, 대문, 마당(빗자루, 널어 놓은 농작물, 농기구), 안방(장농), 부엌(가마솥, 아궁이, 절구), 사랑채, 탈 것들(가마, 마차) 등이 될 수 있다.

셋째, 내용을 구성하는 단계로, 다루려는 내용을 가장 잘 표현할 수 있는 방법을 정하는 단계이다. 즉, 제목은 무엇으로 할까, 각 장면은 어떻게 할까, 장면에서 장면으로 넘어갈 때는 어떻게 처리할까, 해설은 어떤 방식으로 할까 등을 결정하는 과정이다. 예를 들어 제목은 '옛날 옛날에는' 으로 정하고, 해설은 목소리만 삽입하는 것이 아니라 교사가 한복을 입고 사회자로 등장하여 해설하기로 결정하였다. 이 단계에서는 중요한 소재들을 선별해서 어떤 순서로 구성할지도 메모한다.

넷째, 구성 메모를 기초로 콘티를 작성한다. 콘티에는 각 장면의 화면구도, 카메라 기법, 나레이션 등을 적는다.

다섯째, 보조 장비 준비 및 촬영기재 점검 단계로 콘티를 작성하고 난 후 필요한 보조 장비를 준비하고 촬영기재를 점검한다. 예를 들어 위의 경우에는 사회자가 입을 한복과 무선 마이크가 필요하다. 교사가 제작 계획을 수립해 볼 수 있는 동영상자료의 예는 다음과 같다.

- 견학할 동물원의 동물들을 먼저 만나요(동물원 견학 전 사전활동으로 활용하면 체

험 활동 시 영유아의 관심이 증가한다).

- 병원에서는 어떤 분들이 일을 하고 계실까요?(위생 문제가 있으므로 직접 방문하기보다는 교사가 방문하여 동영상자료를 만들어 볼 수 있다)
- 우리나라 지방의 문화를 소개해요(교사가 여행 중 촬영한 지방 문화축제나 장터, 생활모습 등을 편집하여 활용할 수 있다).
- 엄마, 아빠의 말씀을 들어보세요(유아 모르게 부모님이 유아에게 당부하고 싶은 말이나 애정을 표현하는 영상편지를 찍어서 가족 관련 주제에 활용할 수 있다. 유아의 영상편지를 담아 부모님께 선물할 수도 있다).
- 학부모 오리엔테이션 자료 '유치원(어린이집)에서는 어떤 활동을 할까'

② 촬 영

영유아교육기관 주변의 기관에서 하는 일이나 여러 가지 직업에 종사하는 사람들과 같이 실제 모습을 직접 촬영하는 경우에는 비교적 쉽게 제작할 수 있다. 촬영 전에는 다음과 같은 절차를 거쳐 촬영을 준비한다.

첫째, 촬영목적 및 내용과 대략적으로 작성한 콘티를 준비하여 촬영지를 미리 방문하고 협조를 구한 후 촬영일을 예약한다. 필요한 경우 공문을 발송한다.

둘째, 촬영지를 자세히 둘러보고 사전 콘티를 수정하고 최종 콘티를 작성한다. 즉, 어떤 장면들을 담을지, 어떤 순서로 구성할지, 인터뷰가 필요하다면 누구와 어떤 이야기를 나눌지, 어느 정도의 거리에서 촬영할지 등을 계획한다.

셋째, 필요한 장비를 점검한다. 촬영 시간이 예정보다 오래 걸릴 수 있으므로 장시간 촬영이 가능한 배터리를 준비하는 것이 좋다. 또한 실내 촬영이 계획되어 있으면 작동이 간단한 보조조명을 준비하고, 안정된 화면을 위해 삼각대를 준비하는 것이 바람직하다. 테이프나 메모리의 저장공간을 확인하고 여유분을 가져가는 것이 좋다.

넷째, 촬영 전에 전자 확인창을 통해 실제로 촬영하고자 하는 내용을 살펴본다. 이때 구도는 좋은지 밝기는 적절한지, 조명을 사용해야 할 경우 반사되는 곳은 없는지, 불필요한 장면은 없는지 등을 살펴본다.

다섯째, 콘티에 따라 촬영한다. 한번에 촬영이 잘 되지 않을 수도 있으므로 같은 장면을 다른 구도나 조명 상태에서 2~3회 촬영한다. 예를 들어 자동으로 편지에 도장을 찍는

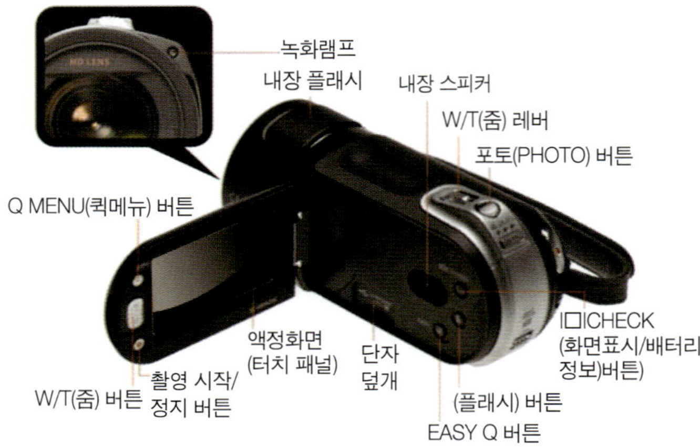

그림 13-3 디지털 캠코더의 구조

장면을 촬영하려는 경우 기계의 움직임을 잘 나타내 주는 구도를 골라 여러 각도에서 찍어본다. 같은 내용이라도 촬영기술에 따라 화면에 대한 흥미를 높이고 메시지를 효과적으로 전달할 수 있다. 무엇보다도 카메라의 사용에 익숙해야 하며, 비디오 쇼트(video shot), 구도, 컷의 길이, 카메라 높이 등에 대한 기초적인 지식을 가지고 있으면 좋은 영상자료를 만들 수 있다.

- 일반 배경이나 풍경 촬영의 경우 원경(롱 쇼트), 중경(미디엄 쇼트), 근경(업 쇼트)으로 나뉜다. 보통 '원경에서 근경으로' 의 원칙으로 촬영한다. 사물이나 인물인 경우에는 전신을 촬영하는 풀 쇼트(FS), 허리에서 위를 찍는 웨이스트 쇼트(WS), 특정 부위만 가까이 찍는 클로즈업(CU) 등이 있다. 보여 주려는 내용에 따라 적당한 쇼트로 잡는데, 앞의 〈옛날 옛날에는〉에서 사회자의 경우에는 얼굴 표정이나 목소리가 중요하므로 FS보다는 허리 위(WS)나 가슴 위(BS)를 찍는 것이 좋다.
- 화면이 안정감이 있고 시선을 끌려면 구도를 잘 잡아야 한다. 한쪽으로 너무 치우치거나 대상의 일부가 잘려나가는 것은 좋지 않다. 주요 등장인물뿐 아니라 배경도 구도에 중요하다.
- 한 장면의 길이는 평균 6~7초가 표준이다. 너무 짧으면 안정감이 없고 너무 길면 지루하다. 그러나 보여 주려는 내용에 따라 다르게 조정해야 하는데, 예를 들어 절구만 10초 이상 보여 주면 지루하지만 절구질하는 모습과 소리가 함께 제시된다면

재미있게 느낄 수 있다.

- 카메라의 높이는 기본적으로 피사체의 눈높이에 맞춘다. 그러나 때로는 다른 관점에서 찍는 것도 재미있다. 예를 들어 아래쪽에서 절구대를 올려보며 찍으면 절구가 내리 찍히는 힘이 더 느껴질 수 있고 위에서 촬영하면 반죽이나 곡식의 움직임도 볼 수 있다. 다른 예로 개미에 대한 비디오를 촬영할 때 우리가 개미를 보는 시각에서만 찍기보다는 개미의 눈으로 바닥에 떨어진 과자 조각이나 나무를 보는 것처럼 낮은 자세로 클로즈업해서 찍어도 재미있을 것이다.
- 광선의 방향이 역광인지 순광인지, 강도는 어떤지 등을 파악해서 찍어야 하는데 보통 순광을 이용하면 피사체가 밝게 나오므로 무난하다. 카메라는 강한 광선이 렌즈에 닿으면 손상될 수 있으므로 태양을 정면으로 직접 촬영하면 안 된다.

③ 편 집

편집은 촬영한 자료를 용도에 적합하게 정리·수정하고 음성을 교환하거나 타이틀을 넣는 과정을 말하며 간단한 복사부터 전문적인 편집까지 장비와 기술에 따라 그 방법은 다양하다. 가급적 필요한 장면을 콘티대로, 또 순서대로 촬영하면 편집이 편리하지만, 컴퓨터용 편집 프로그램을 이용하면 원하는 장면만 제대로 촬영되어 있다면 촬영 순서는 크게 문제되지 않는다.

실내 촬영을 위해 필요한 사항

- 형광등을 조명으로 사용하면 화면에 강한 빛이 들어가 반짝거리는 듯한 현상이 일어나므로 가급적이면 끄는 것이 좋다.
- 라이트의 반사물이 있는지 살펴본다. 뷰파인더를 통해 조명이 거울이나 유리 등에 반사되지는 않는지 살펴본다. 만약 촬영대상을 이동시킬 수 없을 때에는 촬영 각도나 조명각도를 변화시키는 것이 바람직하다. 코팅된 재질의 동화나 그림자료를 촬영할 때는 특히 가까이에서 찍게 되어 화면에 반사광이 나타나게 되므로 유의한다.
- 햇빛이 들어오는 실내에서 인공조명을 사용하게 되면 인물의 얼굴빛이 푸르거나 붉게 된다. 그러므로 직사광선이 들어오지 않도록 가리는 것이 좋다.
- 나무나 꽃을 찍을 때는 먼지를 잘 닦아 내고, 물뿌리개로 잎에 물을 뿌린 후 찍는다. 먼지가 쌓인 채로 찍으면 조명을 비춰도 선명하게 촬영되지 않는다.

동영상으로 촬영하지 못한 내용이 사진 자료로 있는 경우에는 사진 자료를 동영상자료와 함께 편집하여 이용할 수도 있다.

④ 녹 음

녹음은 내장 마이크나 외장 마이크를 사용하여 동시녹음을 하는 방법과 녹화가 끝난 후 후시녹음을 하는 방법이 있다. 휴대용 캠코더에는 마이크가 내장되어 있어 자연스런 상황을 소리와 함께 동시녹음을 할 수 있다. 내장 마이크는 편리하게 다룰 수 있고, 마이크를 별도로 들고 다니지 않아도 되므로 편리하지만 필요 없는 외부음이 녹음되기도 하므로 유의해야 한다. 또한 원거리 촬영의 경우에는 내장 마이크로 녹음하기 어렵다. 이때는 연장 코드를 이용하여 마이크를 음원에 가깝게 근접시키는 방법을 사용할 수 있다. 나레이션이나 배경음악, 효과음, 자막이나 이미지를 삽입할 경우에는 후시녹음을 하는 것이 적절하다. 후시녹음은 녹음된 영상자료에 음성만을 녹음해 넣는 것으로 멀티미디어의 발달로 컴퓨터용 프로그램과 연결하면 전문가가 아니어도 간단한 교육용 자료를 만들 수 있다(녹음자료는 제11장 참조).

⑤ 타이틀 및 자막 넣기

영상 편집이 끝나면 타이틀과 자막을 넣는다. 자막은 영상자료에 대한 이해를 높여 주는 역할을 하지만, 유아들은 빠르게 글을 읽는 것이 어려우므로 꼭 필요하다면 짧게 넣고 가급적이면 음성자료를 함께 넣어준다. 학부모용 자료는 영상에 대한 설명이나 부족한 영상자료에 대한 보완, 핵심적인 내용에 대한 집중을 위해 자막을 적절히 사용할 수 있다. 화면에서 자막이 나오는 방법은 가급적이면 통일성 있게 만든다. 자막의 제시 방법이 요란하면 오히려 주의 집중을 떨어뜨릴 수 있다. 글자의 색은 배경화면의 색을 고려하여 결정하되 이것 역시 너무 화려하고 변화가 많으면 오히려 영상자료에 대한 집중을 방해할 수 있다는 점을 기억해 둔다.

3) 실물화상기와 TV

실물화상기(video presenter)는 그림책, 우표, 나뭇잎 등과 같은 빛을 투과하지 않는 불투명한 자료뿐 아니라 슬라이드 필름이나 오버헤드 투시자료와 같은 매체를 자료 제시대

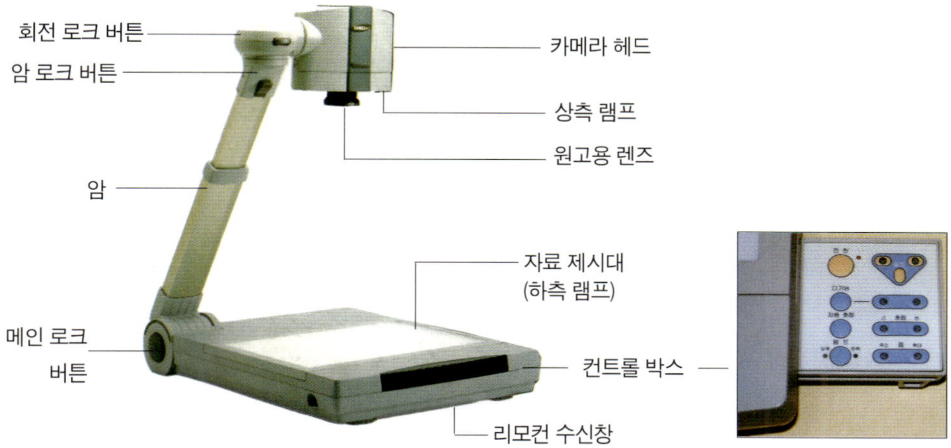

그림 13-4 실물화상기의 구조

에 올려놓은 후 TV 모니터에 투영하여 물체를 확대·영사해서 볼 수 있는 영상매체이다. 자료가 멀티미디어에 입력할 수 있는 상태가 아닌 실물의 상태일 때 이용할 수 있으므로 영유아들이 관심을 가진 실물을 직접 눈으로 보고 만지며 그 상태에서 확대해서 볼 수 있다. 따라서 구체물과 시각자료로 영상화된 자료를 연결해서 이해하기 어려운 어린 유아들에게도 활용이 용이하다.

(1) 실물화상기의 특징

실물화상기는 불투명한 자료나 작은 우표 등의 시각자료들을 확대해서 볼 수 있는 장점이 있다. 실물화상기의 장점에 대해 좀 더 구체적으로 살펴보면 다음과 같다.

첫째, 물체를 확대하여 영상화할 수 있다. 작은 나뭇잎, 조개껍질, 불가사리, 잠자리의 날개 등 유아들이 관심 있어 하는 물체나 사물들의 구조를 확대하여 좀 더 세밀한 부분까지 영상화하여 볼 수 있으므로 매우 인상적인 학습을 할 수 있다.

둘째, 사진이나 동화책 등의 불투명한 자료뿐 아니라 슬라이드 자료, 오버 헤드 투시용 자료 등도 투시가 가능하다. 따라서 교사는 다양한 자료의 제시가 가능하며 보다 많은 유아들의 호기심이나 관심을 충족시켜 줄 수 있다.

셋째, 시간과 경비가 절감된다. 실물화상기에 사용되는 것들은 주변에서 쉽게 구하거나 교사-유아가 수집한 것을 자료로 활용할 수 있기 때문에, 자료를 제작하는 데 소요되는 시간이 적으며, 자료를 구입하는 비용도 거의 들지 않는다.

넷째, 조작이 간편하다. 실물화상기를 사용하기 위해서는 메인 로크 버튼을 눌러서 암을 세운 후 전원 스위치를 켜고 자료를 제시하면 되기 때문에, 기기를 다루기 위한 특별한 기술을 요하지 않는다. 유아들도 자료대에 자신들이 보여 주고 싶은 물체를 놓아서 친구들에게 소개할 수 있다.

(2) 실물화상기의 활용방법

① 실물을 자세히 관찰하기

작은 크기의 실물을 대집단의 유아가 함께 관찰하며 이야기를 나눠야 할 경우, 자료가 작아서 유아들이 잘 보이지 않으면 실물화상기에 자료를 투영해 가면서 이야기를 진행할 수 있다. 예를 들어 주제가 '가족' 일 때에는 가족사진을 실물화상기의 자료대에 올려 놓고 유아들이 자신의 가족에 대해서 소개할 수도 있으며 수집해 온 조개껍질이나 기르고 있는 달팽이의 생김새를 자세히 보고 싶을 때 이용할 수 있다. 우표나 동전과 같이 내부에 그림이나 디자인이 정교한 자료를 확대해서 볼 때에도 유용하다. 집단활동이 아니어도 작은 물체를 크게 보고 싶을 때는 과학영역 등에 설치를 해주고 유아들이 실물화상기를 통해 확대해서 보도록 준비해 준다. 그림 13-5는 딸기에 대한 주제 진행 시 딸기를 실물화상기의 자료대에 올려놓고 표면을 함께 관찰하는 모습이다.

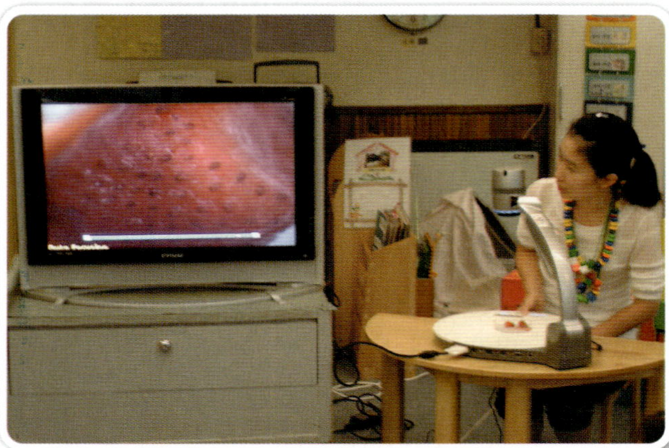

그림 13-5 딸기의 표면을 확대해서 함께 관찰하고 있는 모습

② 동화책, 명화 등 그림자료 감상하기

작은 크기의 동화책이나 그림책, 오버헤드 투시기용 투시동화자료를 활용하여 유아들에게 들려 줄 수 있다. 책이나 엽서에 작게 그려진 화가들의 작품을 유아들에게 감상시키고자 할 때 이용할 수 있다. 특히 작품의 전체를 본 후 특정 부분을 확대하여 보여 주면 보여주고자 하는 부분만 모니터에 나타나므로 유아들이 그 부분을 집중하여 볼 수 있다.

실물화상기에 이용될 수 있는 자료는 다음과 같다.

- 작은 크기의 책, 백과사전의 그림 자료
- 사진, 신문에서 오린 그림과 글자 도안
- 우표, 다른 나라의 지폐와 동전
- 조개껍질, 돌멩이 등의 광물
- 꽃잎, 나뭇잎, 열매 등의 식물
- 잠자리 날개, 개미 등의 작은 곤충
- 오버헤드 투시자료, 슬라이드 필름 등의 투시자료 등

(3) 실물화상기 활용 시 유의사항

실물화상기를 활용할 때에는 다음과 같은 사항에 주의한다.

첫째, 영유아들이 실물을 직접 다루어 보는 경험이 중요하다. 실물화상기에 여러 가지

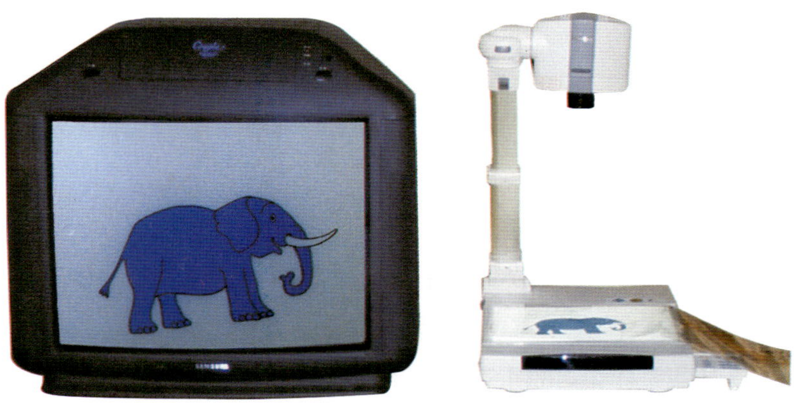

그림 13-6 오버헤드 투시자료를 투영시킨 모습

물체를 놓아 보면서 물체의 구조나 자세한 부분을 보는 것도 의미있으나 그 전에 오감각을 이용하여 실물을 직접 다루어 보는 것이 반드시 필요하다. 또한 관찰과 함께 기록해 보기, 책 찾아보기 등의 활동을 하는 것이 중요하다. 따라서 교사는 실물화상기를 활용하기 전에 유아들이 충분히 실물을 다루어 볼 수 있는 기회를 제공하도록 한다.

둘째, 실물화상기에 비춰지는 자료들을 TV 화면을 통해서 보게 되므로 화면의 크기가 작으면 실물화상기를 활용하는 의미가 별로 없을 것이다. 집단의 크기에 따라 다르나 눈으로 직접 보는 것에 비해 확대된 깨끗한 영상을 보여 줄 수 있는 텔레비전을 준비한다.

셋째, 자료를 어떻게 제시할 것인가를 충분히 검토한다. 예를 들어 교사가 나비 날개를 자료 제시대에 놓을 때 손으로 집어서 놓는 것보다는 하얀색이나 투명색 접시에 담아서 놓는 것이 좋다. 작은 우표나 그림엽서와 같은 크기의 자료들을 제시할 때는 원고용 렌즈의 위치에 맞추려고 자료를 이리저리 움직이다 보면 TV 화면으로 교사의 손이 보여서 학습활동을 방해할 수 있다. 이런 경우에는 흰 종이에 제시할 자료들을 미리 고정시킨 후 제시하면 자료 조작을 쉽게 할 수 있다.

넷째, 자료의 어떤 부분을 제시할 것인지 계획한다. 실물화상기로 확대하면 실물보다 크고 섬세하게 나오므로 곤충의 경우 머리 부분을 확대하게 되면 어린 유아들에게는 확대된 머리 부분이 괴물처럼 느껴져 공포를 느낄 수도 있다는 점을 감안한다. 따라서 연령이 어린 유아들의 경우에는 작은 꽃잎이나 나뭇잎 등을 확대한 화면을 통해 아름다움을 느낄 수 있도록 자료를 제시하는 것이 좋다.

3. TV 시청 공간의 준비 및 시청 지도

1) 시청 공간의 준비

TV 및 TV 연결기기를 활용한 활동 시에는 다음과 같은 사항을 고려하여 시청 공간을 준비하도록 한다.

첫째, 영유아의 수를 고려하여 적절한 크기의 화면을 준비한다. 개별 또는 소집단의 영유아가 시청할 경우에는 소형 화면을 이용해도 무방하나 10~20명 이상 대집단을 대상으로 할 경우에는 크기가 큰 화면을 설치하는 것이 바람직하다. 반대로 좁은 보육실에서 대형 텔레비전을 이용하는 경우에는 적절한 시청거리를 유지하기 어려우므로 주의해야 한다.

둘째, 화면과 영유아의 거리와 화면의 높이를 고려한다. 화면에서 적당한 거리에 영유아를 앉도록 해서 눈의 피로도를 줄이고 바른 시청 자세를 취할 수 있도록 한다. 화면의 크기에 비해 너무 가깝거나 멀리 앉으면 화면이 잘 보이지 않을 뿐 아니라 눈과 목의 피로도가 높아 건강에 해가 된다. 21인치를 기준으로 2m 이상 거리를 유지하도록 하고, 대형화면은 화면 크기의 네 배 정도 떨어져 앉는 것이 좋다. 대집단으로 시청하는 경우에는 좌우 시청각도가 너무 벌어지지 않도록 60~90° 이내에 좌석을 배치한다(그림 13-7). 거치식 텔레비전의 경우 높이가 너무 높아지지 않도록 하고, 부득이하게 높게 설치되는 경우 거리를 조절하여 편안한 자세에서 볼 수 있도록 한다(그림 13-8).

셋째, 조명과 광선을 조절한다. 화면에 직사광선이 비치지 않도록 배치한다. 창문에서

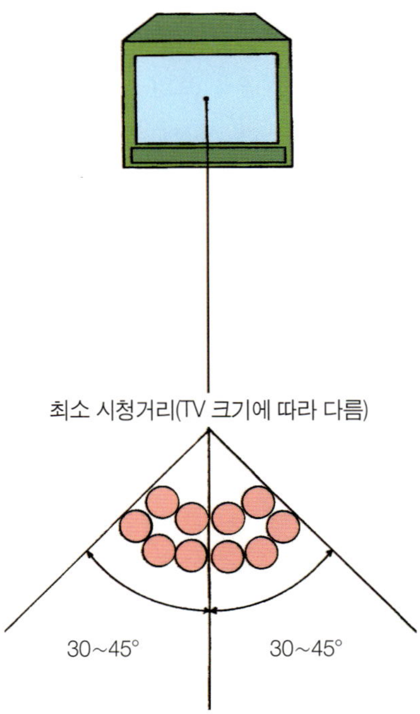

그림 13-7 TV 시청 시 좌우 시청각도

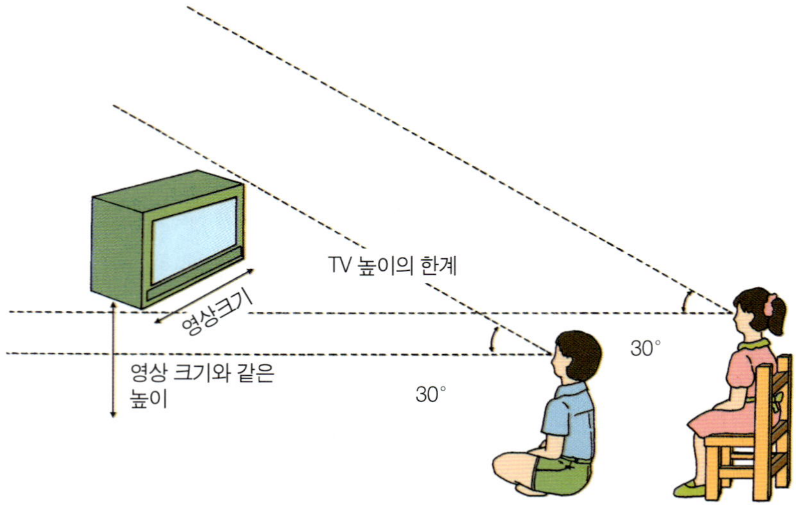

그림 13-8 TV의 높이와 시청 시의 좌석배치

햇빛이 직접 비치는 시간대에 시청할 경우에는 블라인드나 커튼을 쳐서 화면이 잘 보이도록 한다. 그러나 지나치게 어두운 방에서 시청하는 것 또한 눈이 쉽게 피로해지고, 어린 영유아의 경우 어두운 방 자체에 두려움을 보일 수도 있으므로 직사광선이나 눈부심을 방지할 수 있는 정도로만 조명을 낮춘다. TV화면 위나 뒷편의 조명을 부분적으로 조절할 수 있으면 영유아 쪽은 켜고 TV쪽은 끄는 것도 좋다.

2) 시청 시의 지도

TV/DVD 등과 같은 동영상 매체를 사용하는 경우에도 계획과 준비가 필요하며, 적절한 상호작용이 이루어지면 교육 효과를 더 높일 수 있다. 시청 전, 시청 중, 시청 후의 지도 방법으로 나누어 살펴본다.

(1) 시청 전

텔레비전과 DVD 등의 전원 연결 상태, 선택 버튼, 음향 등을 사전에 점검하고 활동을 바로 시작할 수 있도록 미리 준비해 둔다. 영유아들이 이미 모여 앉은 후 작동이 제대로 되지 않거나 비디오테이프의 보여 주려는 장면을 찾아 빨리감기나 되감기를 하게 되면 학습자의 주의가 분산되게 된다. 그리고 교사 또한 당황하여 수업을 성공적으로 마치지 못하는 경우가 있다.

동영상자료는 연속성이 있으므로 방영 중에 교사가 설명을 하기 어렵다. 그러므로 사전에 영유아들에게 어떤 내용을 보게 될 것인지 알려 주는 것이 좋다. 시청할 프로그램이 어떤 내용인지 중심주제와 유아들이 주목해서 보아야할 점이 무엇인지 말해 주고, 특별하거나 생소한 어휘가 나오는 경우에는 미리 무슨 뜻인지 설명해 주어 유아들의 이해를 돕는다.

(2) 시청 중

시청 중에 교사는 영유아와 함께 프로그램을 시청하면서 반응을 관찰하여 흥미 있어 하는 것이 무엇인지, 어떤 장면에서 주의집중이 잘 안 되는지, 혼돈스러운 개념은 없는지 등을 파악하도록 한다. 영유아의 반응에 따라 일시정시 기능을 활용할 수 있다. 보조설명을 하거나 다시보기, 다음 장면으로 넘어가기 등의 기능을 사용할 수 있으나, 지나치게 자주 개입하는 것은 연속적인 장면을 단절시키게 되므로 유의한다. 특히 동화, 음악자료 등은 가급적이면 원본 그대로 감상할 수 있도록 한다. 영유아들이 프로그램에 몰입하다 보면 가까이 나와서 보게 되는 경우가 있으므로 적당한 거리에서 시청하도록 지도한다.

(3) 시청 후

동일한 프로그램을 본 후라도 영유아마다 관심을 가진 점이나 생각이 다를 것이다. 교사는 시청 후에 유아들과 비디오 자료를 토대로 하여 이야기를 나누거나, 중요한 개념을 회상해서 말해 보거나, 확장될 수 있는 활동에 대해 토의해 볼 수 있다.

4. TV 영상자료의 활용

교육용 TV 방영 프로그램 이외에도 DVD와 비디오 자료를 이용하여 동화감상, 노래 및 동작활동, 카메라로 촬영한 영상자료와 실물화상기를 활용하여 이야기 나누기, 관심 주제에 대한 심화된 학습에 활용할 수 있으며, 부모교육용 자료로도 이용될 수 있다.

1) 동화나 영화 감상

DVD/비디오테이프 동화는 영유아교육기관에서 자주 활용된다. 상품화된 동화자료뿐 아니라 TV에서 방영되는 유익한 동화자료나 인형극을 녹화하여 보여 줄 수 있다. 뿐만 아니라 그림동화, 융판동화, 인형극 등을 캠코더로 촬영하여 동영상자료로 보여 줄 수 있다.

만 5세 반 유아들이 동화를 들려주는 장면을 찍어 친구들에게 동영상으로 보여 줄 수도 있다. 영아반은 간혹 영아의 주의를 잠시 동안 끌어주는 용도로 활용되기도 한다. 예를 들어 영아의 용변처리 등을 교사가 도와주어야 하는 경우에는 다른 영아들의 주의를 잠시 동안 안전하게 집중시키기 위해 짧은 동화자료를 틀어주기도 한다. 그러나 이러한 용도로 자주 활용되는 것은 절대 바람직하지 않으며, 반드시 시청계획을 수립하여 지도하도록 한다.

2) 교육용 텔레비전 프로그램 시청

진행되는 교육내용이나 주제, 유아의 흥미와 발달에 적절한 텔레비전 프로그램이 방영되는 경우에는 유아들에게 시청하도록 할 수 있다. 프로그램을 녹화하였다가 적절한 시간에 보여 주면 일과의 흐름을 자연스럽게 유지하면서 텔레비전 프로그램을 활용할 수 있다.

장시간 운영되는 종일반의 경우 가정에서와 같이 아침이나 저녁 시간대의 어린이 방송을 선별하여 시청할 수도 있다. 단, 텔레비전의 시청 시간은 아동기의 주의집중이나 학습장애와 연관성을 보인다는 연구결과가 있으므로, 20~30분 이내로 시청하도록 한다.

영유아용 방송이 아닌 경우에도 자연환경, 동물, 여러 가지 직업의 세계, 문화행사, 운동 등과 관련된 내용을 필요한 부분만 편집하여 사용하면 다양한 자료를 얻을 수 있다. 예를 들어 로켓 발사에 관한 뉴스에서 발사장면을 녹화해 두었다가 유아들이 우주와 우주선에 관심이 있을 때 사용하거나 자연환경이나 동·식물 다큐멘터리, 세계 여러 나라의 문화 프로그램은 유용한 자료가 된다. 단, 영유아 대상 프로그램이 아닌 경우 나레이션의 속도가 너무 빠르거나 어려운 어휘를 사용하며, 영상물의 내용이나 이미지 등이 영유아의 학습 특성에 맞지 않을 수 있으므로 엄선하여 선정한다.

3) 동적이고 사실적인 영상자료를 활용한 이야기 나누기

동적 움직임이 포함된 비디오 자료는 유아들의 공통 관심을 유도하는 도입자료나 개념·아이디어의 형성을 돕는 탐색·탐구자료로서 활용될 수 있다. 예를 들어 동물원 견학을 계획하는 사전답사시에 견학할 동물원의 모습을 비디오 카메라로 촬영한 후 견학할 장소와 견학 시 하게 될 일들을 소개하는 자료로 사용한다. 또는 유치원 마당에 개미가 한창 집짓기를 하여 유아들이 개미의 집에 관심을 보인다면 개미집의 내부와 개미의 생활에 관한 과학 비디오 자료를 보여 줌으로써 개미의 생태에 대한 이해를 도울 수 있다. 5세반 유아들이라면 교사와 함께 동네를 돌아보며 아름답고 보기 좋은 것과 지저분하고 보기 싫은 모습을 조사하고 촬영한 후 교실로 돌아와서 함께 보며 우리 동네의 환경을 위해 우리가 할 수 있는 일에 대해 토의해 볼 수도 있을 것이다.

그러나 아무리 잘 만든 동영상도 영유아가 직접 체험하고 관찰하는 것만큼 생동감 있지는 못하므로 유치원이나 어린이집 인근에서 직접 접할 수 있는 것은 직접 체험해보도록 하고 동영상자료는 보조자료로 사용하는 것이 바람직하다.

4) 동적 움직임의 제시를 통한 신체표현활동

비디오자료는 움직임을 자세하게 보여 줄 수 있으므로 신체표현활동을 할 때 영유아에게 움직임에 관한 정보를 생생하게 제공할 수 있다. 예를 들어 비디오 자료로 동물이 움직이는 모습을 보고난 후 움직임을 표현하면, 그림자료나 슬라이드 자료와 같은 정적인 자료를 보았을 때보다 더욱 생동감 있는 정보를 제공하고, 유아가 신체를 움직여보도록 동기유발시키기가 용이하다. 특정한 동작이 필요한 활동의 경우에는 비디오로 움직이는 모습을 정확히 찍어 보여 줌으로써 신체를 어떻게 움직여야 하는지에 대한 아이디어를 줄 수 있다. 예를 들어 자신의 신체를 어떻게 움직이는지에 대해서는 교사의 시범을 통해 동작을 알려줄 수 있지만, 운동회 때 여러 명이 둥글게 원을 만든 후 움직여야 하는 동작을 알려줄 경우에는 비디오자료를 보여준 후 어떻게 움직일지 이야기해주면 훨씬 쉽게 협동하여 움직일 수 있다. 노래지도 시에도 비디오 자료를 활용할 수 있다. 상품화된 노래지도용 비디오자료로 영유아들에게 영상과 함께 노래를 들려주거나, 노랫말의 내용과 관련되는 장면을 촬영(예 : 수박을 파는 모습)하여 보여주고 노래(예 : 노래 '시장잔치')를 들려주어 도입자료로 활용할 수도 있다.

5) 자유선택활동 영역에서의 개별 또는 소집단용 자료

주제를 중심으로 접근하다보면 몇몇 유아들은 보다 자세한 정보를 얻고 싶어할 경우가 많다. 예를 들어 교실에서 개미를 키우며 개미의 땅 속에서의 집짓기 과정에 대한 비디오를 보여주었을 때, 다시 비디오를 보고 싶어하고 그림으로 옮겨 그리고 싶어하는 유아도 있을 것이다. 이러한 유아들을 위해 교사는 과학 영역에 탐구활동을 지속시킬 수 있는 공간을 조성해 줄 수 있다. 이때 다양한 과학책을 제공해 주는 것뿐 아니라 개미에 관한 비디오테이프를 볼 수 있도록 비디오를 설치해 주면 관심 있는 유아들은 자유선택활동 시간에 더 심화된 경험을 할 수 있게 된다. 소집단을 위해 비디오를 준비할 때는 크기가 작은 TV를 준비하고 적정거리를 유지하여 시청하도록 지도한다.

6) 부모 및 교사교육용 자료의 시청

비디오 동영상자료는 영유아교육기관에 새로 입학하는 영유아의 학부모에게 자녀가 어떻게 하루를 보내게 되는지, 교육 프로그램은 어떻게 구성되어 있는지 등을 소개하는 오리엔테이션 자료로 사용하면 효과적이다. 이 외에도 영유아의 발달에 관한 정보제공, 영유아의 상호작용 기술훈련 등을 위해 비디오 자료를 사용할 수 있다. 특히 영아의 경우 자신의 활동을 부모에게 직접 설명하지 못하므로 촬영한 자료를 보여 주며 상담을 하게 되면 자녀에 대한 이해를 도울 수 있다.

이러한 부모용 자료는 영유아교육기관에서 영유아와 교사를 직접 촬영하거나, 상품화된 부모교육용 비디오를 사용할 수 있으며, TV에서 방영되는 프로그램 중에서 필요한 부분을 편집하여 부모교육 시 보조자료로 사용할 수 있다. 교사교육을 위해 원내 장학자료로도 유용하게 활용된다.

5. 분류 및 보관

비디오테이프나 DVD는 주제에 따라 분류하고 별도의 식별표지와 함께 번호를 기입하여 정리해 두면 찾아 쓰기도 편리하다. 하지만 영상자료는 책이나 그림자료처럼 쉽게 들춰볼 수 있는 것이 아니므로 어떤 내용이 들어 있는지 알아보려면 일일이 비디오 레코더에 꽂아 보아야 하는 번거로움이 있다. 그러므로 보관 시 내용개요를 적은 목록카드를 만들어 함께 보관하고 테이프와 케이스에 제목과 일련번호를 적어둔다. 목록 카드는 독서카드와 같은 단단한 재질의 종이를 이용하는 것이 바람직하며, 자료의 번호와 제목, 제작 또는 구입연도와 구입처, 활용 가능한 주제 또는 세부제목, 소요시간, 내용개요, 화질상태나 특별한 기록사항 등을 적어 둔다.

비디오테이프와 같은 자기 테이프를 오래 사용하기 위해서는 보관에 주의를 기울여야 한다. 비디오테이프를 보관하기 위해서는 설명서나 표준에 따라 품질에 맞춰 녹화하고, 사용하기 편리하도록 한쪽으로 끝까지 감는다. 테이프 겉에 식별표지(번호와 제목)를 붙이고, 오염 및 파손을 방지하기 위해 상자나 테이프 용기에 넣고 상자에도 식별표지를 한다. 테이프가 찌그러지거나 물리적인 힘을 받지 않도록 서랍이나 비디오테이프장에 분류 목록순으로 정리하고, 자기를 내는 자석이나 라디오를 가까이 두면 화면에 노이즈(noise)가 생기거나 화면이 사라지는 경우도 있으므로 주의한다. 또한 적절한 온도와 습도를 유지한다. 비디오테이프만을 보관하는 특별 보관실이라면 21°C 이하의 온도를 계속 유지하는 것이 바람직하지만, 일반적인 자료실에서는 온도 21±5%, 습도 ±20% 정도를 유지하면 된다.

DVD는 물리적 충격에 의해 파손되기 쉬우므로 반드시 케이스에 넣어 보관한다. 비디오테이프나 DVD는 그 자체로 보관하면 되지만 최근 디지털 캠코더는 대부분 메모리칩에 저장하게 되어 있으므로 컴퓨터의 하드나 외장 하드에 보관하게 된다. 이 경우 물리적 공간을 차지하지 않는 장점이 있으나 분실 및 삭제, 손상 등의 문제도 자주 발생하므로 주의가 요구된다. 중요한 자료의 경우는 DVD로 두 장을 만들어서 한 장은 원본으로 보관하고 한 장은 수업용으로 사용한다.

컴퓨터

다양한 소프트웨어의 발달로 컴퓨터는 교육매체로 일반화되었으며, 최근에는 컴퓨터를 이용하여 시청각 정보를 통합 조정하는 멀티미디어라는 개념이 일반화되었다. 교육공학적 측면에서 컴퓨터를 매개로 디지털화된 영상, 음성, 문자 등의 다양한 매체를 복합적으로 처리할 수 있는 멀티미디어는 기존의 영화, TV, 오디오 등의 매체에 비해 정보처리와 표현 능력이 우수하여 교육현장에서 핵심적 매체로 자리 잡고 있다.

1. 컴퓨터의 특성

컴퓨터는 기본적으로 아날로그형과 디지털형으로 분류되는데, 요즘에 교육기관에서 통상적으로 활용되는 컴퓨터는 개인용 디지털 컴퓨터이다. 개인용 콤퓨터는 1970년대 중반에 등장하였으며, 1981년 IBM의 PC 이후 대중화가 본격화되었으며 콤팩트디스크(CD)의 보급과 자료의 디지털화로 멀티미디어의 개념이 일반화되었다. 퍼스널 컴퓨터는 중앙처리장치(CPU)의 발전에 따라 그 성능이 비약적으로 향상되어 1990년대에는 종전의 텍스트 위주의 소프트웨어에서 윈도라는 그래픽 환경의 소프트웨어가 등장하여 윈도 호환기종이 급속히 확산되었으며 소형화·고성능화·컬러화가 급속히 진전되었다. 요즘에는 인공지능, 대용량화, 고속화, 소형화와 통신 및 네트워크 기능이 빠르게 발전하고 있는 추세이며 통신망과 결합한 콘텐츠 개발도 활발하다.

멀티미디어는 동영상이나 오디오 데이터의 양이 많으므로 대용량 저장매체로 CD-ROM이 등장하였으며, 1990년대 중반부터는 우리나라도 CD-ROM을 사용한 디스크책이 대중화되기 시작하였다. 최근에는 고속통신망을 이용한 인터넷의 발달로 컴퓨터만 있으면 손쉽게 대용량 콘텐츠를 제공받아 수업에 활용할 수 있게 되었다. 요즘에는 학습의 통제권을 학습자에 대폭 이양한 한 차원 확장된 멀티미디어 표현기능으로서 하이퍼미디어가 발달하였다. 하이퍼미디어는 텍스트 · 음성 · 도형 · 애니메이션 및 비디오 화상 등 복수의 정보를 노드(node)와 링크(link)로 유기적으로 연결한 네트워크(그물망)구조로 인간의 사고 유형이나 의식의 흐름과 유사성이 높고, 문자나 그림뿐만 아니라 소리, 동영상 등 여러 가지 유형의 멀티미디어 정보를 포함하고 있다. 전자출판이나 사고지원 시스템, 비주얼한 가이드시스템, 학교의 전산망 등이 활용된 예이다.

그러나 컴퓨터의 미디어 기능이 진화하였다고 컴퓨터를 활용한 수업의 질이 우수해지는 것은 아니다. 교사는 영유아를 위한 교수매체로서 컴퓨터의 특성과 제한점을 파악하고 목표와 유아의 특성에 알맞게 활용해야 한다. 교수매체로서 컴퓨터의 특성을 살펴보면 다음과 같다.

첫째, 영유아를 위한 교육은 영유아의 사회 · 인지 · 정서 · 신체 · 언어발달의 모든 측면을 자극하는 경험을 포함하는데, 컴퓨터는 이러한 발달 영역을 자극할 수 있는 활동을 제공하는 융통성(flexibility)을 지닌다. 컴퓨터 사용에서 늘 문제의 초점이 되어왔던 사회성 발달에 대한 비판에 대해서도 최근에는 연령에 적합한 질 높은 소프트웨어를 사용하는 경우 오히려 컴퓨터를 교대로 사용한다든지, 경쟁이 감소하며 돕는 행동이 증가하는 등의 사회적 능력이 증진되었다고 한다. 컴퓨터를 사용하는 것 자체가 문제라기보다 영유아기 발달에 필요한 사회적 활동을 다양한 형태로 제공하지 않는 것이 원인이라고 볼 수 있다.

둘째, 컴퓨터는 TV나 비디오자료처럼 영상, 소리, 색채, 도표 등을 나타낼 수 있을 뿐 아니라 사용자와 자료 간의 상호작용이 이루어지므로, 사용자의 의도에 따라 조정하거나 변화시킬 수 있다.

셋째, 좋은 소프트웨어를 선정하는 교사의 안목에 따라 유아와 자료 간에 활발한 상호작용을 불러일으킬 수 있는 능동적 매체로 활용할 수 있다. 유아들은 컴퓨터 앞에 앉아 자료와 의사소통을 할 수 있으며, 컴퓨터를 이용하여 다른 유아와 상호작용할 수도 있다. 따라서 잘 구성된 프로그램을 사용하면 유아들에게 협동적으로 문제를 해결하는 경험을 제공하게 된다.

넷째, 대부분의 컴퓨터 프로그램은 선택하고 결정하는 기회를 제공할 뿐 아니라 선택과 결정에 대해 빠르게 반응하므로 학습자가 흥미를 가지고 활동을 지속할 수 있게 한다.

다섯째, 프린터와 연결하여 다양한 크기 · 색깔 · 모양의 그림자료나 글자자료를 만들 수 있으며, 같은 자료를 손쉽게 여러 장 복사할 수 있다. 또한 프린터용 OHP 필름에 복사하여 컬러 프린터로 출력하면 투시화 자료를 만들 수 있다.

여섯째, 컴퓨터 통신망을 이용하면 영유아와 교사용 그림정보나 교육관련 정보를 빠르고 손쉽게 얻을 수 있다. 융통성과 발현성을 강조하는 영유아교육과정 특성상 교사는 영유아의 활동과 반응에 따라 새로운 주제의 자료를 준비해야 하는데, 인터넷과 연결된 컴퓨터는 교실 안팎에서 유용하게 활용될 수 있다.

일곱째, 컴퓨터는 단독 매체로 뿐 아니라 디지털카메라와 캠코더, TV 등 다른 매체와 연결하여 멀티미디어로 활용할 수 있다. 예를 들어 유아들이 언어 영역에서 소집단으로 손가락 인형극을 하였다고 가정하면, 교사는 이 장면을 디지털 캠코더로 찍은 후 컴퓨터와 연결된 대형 TV화면이나 빔프로젝터를 이용하여 모임시간에 다른 유아들에게 보여줄 수 있다.

2. 컴퓨터의 활용

컴퓨터 프로그램은 일반적으로 영유아의 학습과정에 직접 활용하는 프로그램과 영유아교육 관련 업무나 교재제작에 도구적으로 활용할 수 있는 프로그램으로 구분한다. 영유아가 직접 활용하는 프로그램으로는 컴퓨터용 소프트웨어를 이용한 언어, 인지활동, 조사활동, 그림 그리기, 음악감상 및 영상자료 감상하기 등이 있으며, 최근에는 컴퓨터의 형태는 보이지 않지만 컴퓨터의 기능을 활용한 다양한 가상체험 프로그램이나 놀이 프로그램이 개발되어 있다.

학습의 보조자료로 사용되는 경우에는 오락용 프로그램과 구분하여 CAI(Computer Assisted Instruction) 프로그램이라고 불리는데, 최근에 제작되는 프로그램들은 교육적 가치와 즐거움을 줄 수 있는 오락적 요소들을 함께 포함하고 있는 경우가 많다. 도구적인 프로그램은 주로 교사에 의해 교육 관련 정보를 처리하거나 글자, 그림자료, 파워포인트 자료, 동영상자료 등을 제작하는 데 활용된다. 컴퓨터와 프린터를 연결하면 다양한 그림자료를 얻을 수 있어 시각자료를 많이 사용하는 영유아 교사에게는 중요한 업무 보조매체의 기능을 하고 있다.

컴퓨터활동의 가치는 컴퓨터 자체에 의해서라기보다는 프로그램의 종류와 질에 따라 좌우된다. 따라서 무엇보다도 질 높은 프로그램을 선정하고, 이를 이용한 개별 또는 소집단 학습이 효과적으로 이루어지도록 물리적인 환경을 준비하며, 효과적으로 상호작용하는 것이 필요하다. 학습자가 직접 컴퓨터를 조작하며 컴퓨터에서 사용되는 상징을 이해하는 능력이 요구되므로 영아보다는 유아용 학습 보조자료가 더 많이 활용되므로 여기서는 유아를 중심으로 기술하도록 한다.

1) 컴퓨터자료의 선정 기준

유아용 컴퓨터 프로그램은 주로 CD-ROM(Compact Disc-Read Only Memory)의 형태로 제작되고 있다. CD-ROM은 많은 자료를 거의 영구적으로 저장하면서도 제작비용이 저렴한 편이어서 학습용 CD-ROM 타이틀이 상당히 많이 상품화되어 있다. CD-ROM은 정보를 쉽게 읽고 프린터를 이용해 복사할 수 있으나 내용을 편집·삭제할 수는 없다. 이와 유사하지만 일반 컴퓨터가 아닌 자체 하드웨어를 별도로 사용해야 하는 프로그램도 있다. 자료의 형태보다 더욱 중요한 것은 소프트웨어의 질인데, 컴퓨터 활동이 유아의 학습경험으로 적절하려면 컴퓨터를 이용한 활동이 즐겁고 정서적 만족을 제공하며, 유아의 이해도나 조작기술의 발달수준에도 적절해야 한다.

유아의 발달에 적합한 질 좋은 소프트웨어를 선택하려면 유아들이 컴퓨터를 사용할 때 협동적으로 놀이할 수 있으며, 단순히 정답을 찾아 응답하기보다는 변인을 조작하고 변화를 탐색하는 반성적 사고를 조장하는 프로그램인지를 살펴보아야 한다. 소프트웨어가 제시하는 문제의 유형 및 특징에 따라 개방적인 것과 폐쇄적인 것으로 구분할 수 있는데,

개방적 소프트웨어(open-ended software)는 유아 자신이 선택의 가능성을 가지고 조절할 수 있거나 최소한의 선택의 여지를 제공하는 소프트웨어이다. 이에 비해 정해진 답이 있어 유아가 그것을 맞추기 위해 단순하게 반응하는 연습지와 같은 프로그램을 폐쇄적 소프트웨어(close-ended software)라고 한다. 유아를 위해서는 개방적 소프트웨어가 적절한데 유아를 위한 소프트웨어가 갖추어야 할 몇 가지 기준을 요약하면 다음과 같다.

- 유아가 사용하기 쉬워야 한다. 즉, 그림 메뉴가 있고 키를 몇 개만 사용하여 혼자 활동할 수 있어야 한다. 요즘 많이 쓰이기 시작하는 터치식 화면은 어린 유아들도 쉽게 사용할 수 있어 효과적이다. 커서를 이용하는 경우에는 커서를 마음대로 움직여서 유아들이 관심 있는 그림 가까이 클릭하면 반응을 얻을 수 있어야 하며, 좁은 범위를 정확히 클릭해야 하는 프로그램은 어린 유아에게 부적절하다.
- 연습지처럼 주어진 문제에 수동적으로 정답을 찾아 반응하는 식의 프로그램을 주로 제공하는 것은 바람직하지 않으며, 자기표현을 격려하는 개방적 프로그램이 바람직하다.
- 유아와 프로그램 간의 상호작용이 활발히 이루어지도록 조장하는 내용이어야 한다. 유아가 선택하고 결정내리며 빈번히 반응할 수 있고, 창의적으로 입력할 수 있는 것이 좋다.
- 내용이 충실해야 한다. 발달단계에 적합한 교육적 내용을 포함한 것이 바람직하다. 좋은 내용을 담고 있어도 지루하면 활동이 지속되기 어려우므로 구성이 흥미 있어야 한다. 그러나 흥미 있다고 해서 모두 좋은 프로그램은 아니며, 프로그램 사용이 유아에게 유익한 결과를 초래하는지 평가해야 한다.
- 시작하기, 다른 화면으로 넘어가기, 끝내기가 용이하게 제작되어야 한다. 다른 내용으로 넘어가거나 활동을 그만두고 싶을 때 금방 끝낼 수 있는 그림 단서가 화면에 있어서 유아 스스로 활동의 진행과 종료를 조절할 수 있어야 한다.
- 유아 스스로 자신의 수준에 맞추어 난이도를 조절하거나 선택할 수 있어야 한다. 따라서 여러 수준의 프로그램이 준비되어야 하며, 하나의 프로그램이 여러 수준으로 구성되어 있는 경우 수준별로 단계를 거쳐 나가야 하는 고정된 스타일보다는 각 수준으로 쉽게 선택해서 들어갈 수 있도록 제작된 것이 좋다.

- 재미있는 효과음이나 정보음이 있어 유아의 흥미를 끌면서 아울러 너무 소란스럽지 않은 것이어야 한다.
- 컴퓨터 그래픽이 아름답고 색깔도 선명해서 인식하기 쉬워야 한다. 최근에는 동화뿐 아니라 명화감상 자료나 박물관 자료와 같이 그래픽의 질이 주요 요소인 프로그램들이 많이 보급되고 있으므로 구입하기 전에 그래픽을 평가한다.
- 유아 간의 상호작용을 조장하거나 두 명 이상의 유아가 협동하는 경험을 제공하도록 설계된 것도 좋다.
- 유아의 일상적 경험이나 관심, 학습주제 등과 연결될 수 있어야 한다.

이에 덧붙여 NAEYC(1996)에서는 폭력적인 장면이 포함된 것을 피하고, 다양한 문화, 가족, 연령이 포함된 프로그램을 선정할 것을 권고하고 있다. 위와 같은 기준을 고려하여 좋은 프로그램을 선정하도록 한다. 그러나 좋은 프로그램을 선정한 것만으로는 부족하며, 유아의 상호작용이 바르게 일어날 수 있도록 컴퓨터 영역을 효과적으로 배치해야 한다.

2) 컴퓨터 영역의 준비

흔히 컴퓨터를 특별한 학습도구로 생각하여 일상의 경험과 분리되는 별도의 시간과 공간에서 활동하기도 하는데, 이는 유아를 위한 활동방법으로는 바람직하지 않다. 학급에서의 경험과 분리되어 별도의 컴퓨터를 이용하여 일정시간 동안 학습을 하게 되면, 교사와 유아, 유아와 유아 간에 새로운 기술과 개념을 배우는 데 필요한 개별 또는 소집단의 사회적 상호작용을 할 수 없을 뿐 아니라 유아마다 주의 집중력이나 흥미를 고려할 수 없고, 학급에서의 경험과 통합되도록 활용하기 힘들다. 이에 비해 교실에 컴퓨터 영역을 두고 유아가 개별적으로 활동하도록 하면 유아는 안정감을 갖고 활동하게 되며 교사는 유아를 관찰하고 지도하기 용이하다. 교사는 컴퓨터를 그림판이나 동물모형 자료 등과 마찬가지로 컴퓨터도 일상의 교수매체로 인식하고, 유아의 일과 속에서 여러 가지 활동들과 상호연관될 수 있도록 지도하는 것이 바람직하다. 따라서 컴퓨터활동이 효율적으로 이루어지려면 좋은 소프트웨어의 선정과 아울러 컴퓨터 영역 배치 및 기기 설치가 잘 이루어져야 한다. 전원을 사용하고 인터넷 연결선도 있어야 하므로 위치를 자주 옮기기 어려우므로 신중하게 배치한다. 영역 배치 시 고려할 사항은 다음과 같다.

- 컴퓨터 영역은 전원의 연결이 가능하며 건조한 공간에 배치해야 한다. 컴퓨터, 스캐너, 스피커, 프린터 등 여러 개의 플러그를 꽂아야 하므로 전용 콘센트를 설치하고 전원 연결선이 바닥에 늘어지지 않도록 한다. 사용하지 않을 때 전원을 끌 수 있도록 연결선에 ON/OFF 버튼이 있는 것이 좋다.
- 프로그램에 따라 차이는 있으나 대체로 음성자료가 포함되어 있으므로 다른 유아에게는 방해되지 않으면서 작동 중인 유아는 소리를 잘 들을 수 있어야 한다. 따라서 음률활동 영역이나 목공 영역과 같이 너무 소리가 많이 나는 영역이나 책읽기 영역처럼 조용한 영역에 인접하게 배치하는 것은 좋지 않다.
- 유아 간의 상호작용을 격려하며, 유아들이 기다리는 시간을 소모하지 않게 하려면 유아 열 명당 한 대 정도의 컴퓨터를 준비하고 한 학급에 최소한 두 대 이상 설치하는 것이 바람직하다. 이때 유아들이 활동을 하면서 서로의 화면을 보거나 얼굴을 쳐다보며 이야기 나눌 수 있도록 자리를 배치하는 것이 좋다.
- 프린터기는 두 대의 컴퓨터와 함께 연결하여 가운데 배치해도 무방하며 자료를 원본에 가깝게 출력할 수 있는 컬러프린터가 좋다. 또 스캐너 겸용을 준비하면 다양한

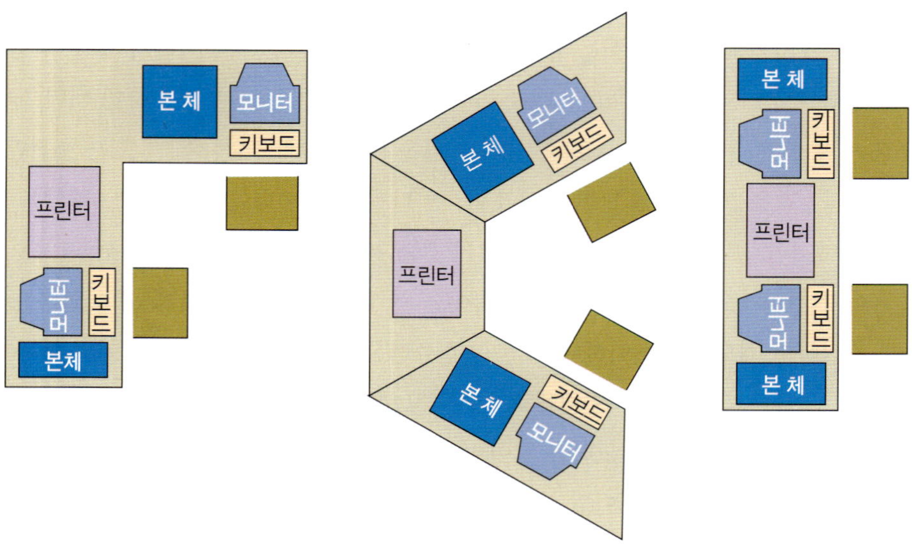

그림 14-1 컴퓨터와 프린터의 배치방법

활동을 할 수 있다.

- 유아가 편안하게 활동하려면 컴퓨터와 키보드, 마우스의 높이가 유아의 신체 크기에 적절해야 한다. 유아용 컴퓨터 책상을 설치하도록 하고, 부득이하게 일반 유아용 책상을 사용하는 경우 모니터와 눈의 거리가 너무 가깝지 않도록 큰 책상을 사용하거나 두 개의 책상을 붙여 놓는다. 유아들에게 알아서 거리를 유지하라고 하는 것은 무리가 있으므로 책상의 크기와 모니터의 배치로 거리를 조절해 놓는 것이 좋다.
- 컴퓨터는 유아의 개별활동에만 사용되는 것이 아니라 교사 주도의 집단활동 시에도 대형화면의 TV나 빔프로젝터와 연결하여 사용하게 되므로 배치 시 이를 고려하면 편리하다.
- 컴퓨터 영역은 유아가 무엇을 하는지 성인이 볼 수 있는 장소에 설치한다.

3) 활동지도 원리

컴퓨터를 이용한 활동을 지도할 때는 다른 활동과의 연계성, 유아 간의 상호작용과 협동적인 문제해결, 연관된 활동으로의 확장, 기재 사용기술의 발달 등이 이루어지도록 배려해야 한다.

첫째, 컴퓨터 사용이 교실에서의 다른 활동과 연계성을 가질 수 있는가를 고려한다. 예를 들어 주제 '동물' 이 진행되는 경우, 컴퓨터를 이용하여 동물가면을 그려 프린트한

그림 14-2 컴퓨터 프로그램을 하면서 상호작용하는 유아들(좌 : 서울특별시 유아교육진흥원 체험활동, 우 : 유치원의 컴퓨터 영역)

후 이를 미술활동 영역에서 장식하여 동작활동에서 활용할 수 있다.

둘째, 컴퓨터를 이용한 활동이 유아들의 자발적인 상호작용과 협동적 문제해결을 촉진하도록 지도한다. 이를 위해서는 두 대 이상의 컴퓨터를 인접하게 배치하며, 하나의 프로그램을 두 명 이상이 할 수 있는 소프트웨어를 사용하는 것도 좋다.

셋째, 컴퓨터 영역에서 활동 시 지켜야 할 몇 가지 기본규칙을 의논하고 정해서 유아들이 자발적인 분위기에서 활동할 수 있도록 한다. 소수의 인원으로 제한되는 활동이므로 순서표와 활동영역 이름표 등을 사용하면 교사의 지시나 유아 간 갈등 없이도 질서 있게 진행될 수 있다(그림 14-3). 컴퓨터 영역의 규칙을 보면 다음과 같다.

- 활동 전에 손을 씻고 물기를 닦은 후 키보드와 마우스 만지기
- 바른 자세로 앉고 모니터를 가까이에서 보지 않기
- 친구가 컴퓨터 할 때 키보드를 마음대로 만지지 않기
- 소리가 나는 활동은 헤드폰을 사용하기
- 두 명이 함께 놀이 할 때는 서로 할 일을 의논하여 정하기
- 다음 친구가 놀이할 수 있도록 정리하기
- 너무 오래하지 않고, 순서에 따라 하기 등

셋째, 컴퓨터 활동 시작 전에 교사는 유아의 연령, 발달수준, 학습준비도 등을 고려하여 컴퓨터 활동에 대한 흥미를 불러일으키고 준비시키기 위한 활동을 마련한다. 예를 들어 컴퓨터 영역 설치, 컴퓨터에 대한 이야기 나누기, 컴퓨터 관련 그림전시, 컴퓨터 용어

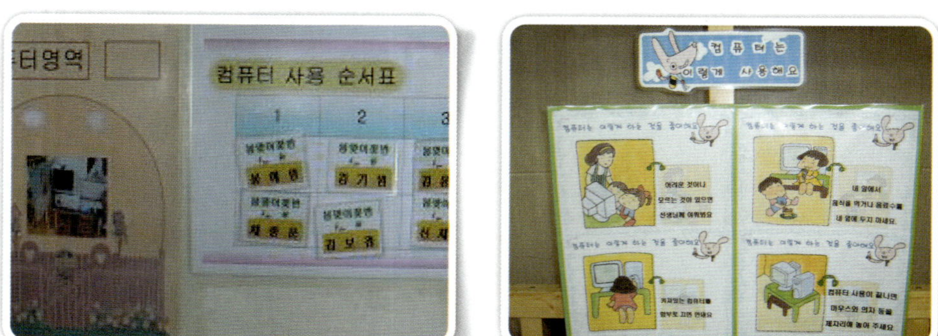

그림 14-3 컴퓨터 영역의 놀이 이름표, 순서표, 사용 안내문

소개, 컴퓨터에 대한 그림 그리기, 컴퓨터 전시장 견학, 컴퓨터 사용 경험이 있는 유아의 이야기를 듣거나 프로그램 작동에 대한 시범 보여 주기 등이 있다.

넷째, 컴퓨터 사용 기술을 발달시키는 데 도움을 주는 여러 활동들을 시도해 본다. 예를 들어 컴퓨터를 켜고 끄는 것에 대해서는 활동 카드를 사용한 연습, 키보드에 대한 지식을 알도록 하기 위한 활동, 선택화면(menu)을 다루는 기술을 돕는 활동들, 그림의 지시 따르기를 돕는 준비활동들을 그림, 책, 게임자료, 시범 보이기, 직접 연습하기 등의 방식으로 해본다.

다섯째, 컴퓨터 사용에 대한 기본 오리엔테이션이 이루어지면 교육과정 내용, 교실의 활동 또는 개념을 풍부하게 해줄 수 있는 소프트웨어를 선정한다. 예를 들어 우리나라에 관한 내용을 다룰 때는 CD-ROM이나 인터넷 자료를 이용하여 '박물관' 의 물건들에 대해 정보를 수집하고 프린트하여 게시하거나 그림자료나 융판자료로 이용할 수 있다. 주제가 '음식' 인 경우에는 극놀이 영역에 음식점 표지판을 만들거나 세계 여러 나라의 음식 관련 자료를 찾고 출력하기 위하여 컴퓨터를 사용할 수 있다.

여섯째, 교사는 유아와 컴퓨터 간의 상호작용을 매개하는 역할을 한다. 유아는 마우스를 클릭하여 컴퓨터 아이콘을 조작할 수는 있지만 아직 논리적으로 이러한 상징을 이해하지 못하기 때문이다. 따라서 교사는 유아의 이해 정도를 파악하여 수준에 적절하게 설명하거나 질문하기, 모델 보이기, 격려하기 등의 방법으로 개입한다.

일곱째, 컴퓨터로부터 제공 받는 이로운 점도 많지만, 영유아기에는 구체물을 통한 놀이가 발달에 적절하다. 따라서 너무 일찍부터 학급에 개인용 컴퓨터 활동을 제시할 필요는 없으며, 만 4~5세반 유아가 자신이 계획한 놀이나 또래 간 협력적 활동을 지원하기 위한 보조 매체로 사용하도록 한다. 또한 컴퓨터가 주는 강렬한 시각적 자극이나 빠른 피드백에 지나치게 몰입하지 않도록 다른 활동을 균형잡히게 제공한다.

여덟째, 인터넷을 사용하는 경우 교육적 용도로 활용하도록 계획하고 유아기에 필요한 인터넷 에티켓을 알려 준다. 컴퓨터로부터 제공받는 정보는 유아가 실제로 경험하는 세계는 아니므로 유아가 가상과 실제를 구별하도록 도와주고 가정에서도 보호자와 함께 컴퓨터를 사용하는 규칙을 생활화하도록 도와준다.

그림 14-4 파워포인트 슬라이드 동화 듣고 입체책 만들기(학부모 참여수업)

4) 활용의 실제

교실에서 컴퓨터를 어떻게 활용하는가는 소프트웨어의 종류와 질에 따라 다르다. 일반적으로 컴퓨터는 동화·동시감상, 이야기 나누기, 특정 주제와 관련된 정보의 검색, 음악감상 및 노래 부르기 활동에 많이 활용되며, 이 밖에도 그림 그리기, 글자자료 만들기, 상품화된 프로그램을 활용한 인지적 학습, 어학 연습 등의 자료로도 활용된다. 최근에는 컴퓨터를 활용한 가상체험 프로그램이 많이 만들어져서 유아들의 흥미가 높은 활동으로 제공되고 있다.

(1) 동화 및 동시감상

컴퓨터를 이용해 동화나 동시와 관련된 문해활동의 경험은 문해자료에 대한 흥미를 높

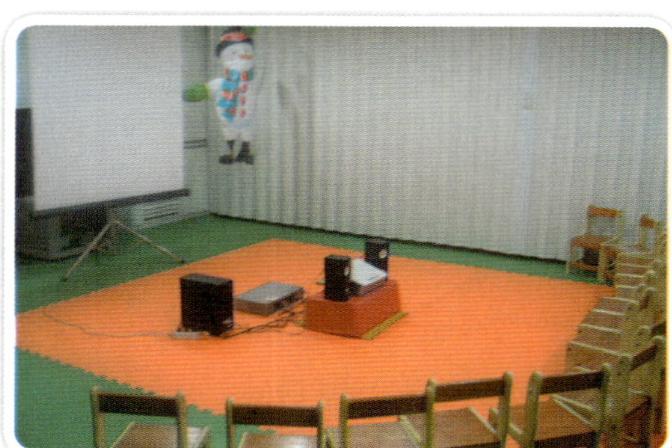

그림 14-5 빔프로젝터와 연결한 CD-ROM 동화시간의 좌석 배치

이고 자료의 내용을 이해하는 데 도움을 줄 수 있다. 이때에는 유아용으로 상품화된 CD-ROM 자료를 이용할 수 있으며, 그래픽이 선명하고 아름다운 그림책은 그래픽을 처리할 수 있는 별도의 프로그램과 스케너를 이용하여 컴퓨터용 자료로 제작할 수 있다. 동화나 동시의 내용은 카세트테이프에 녹음한 후 컴퓨터 특성에 맞게 변화시켜 음성 카드를 이용하면 음성이 나오도록 할 수 있다. 유아용 사이트에서 제공하는 동화자료 중 우수한 것은 미리 목록을 만들어 두고 활용할 수 도 있다.

(2) 주제와 관련된 정보의 검색

유아들이 관심 있는 주제나, 알아보고 싶은 내용이 있는 경우 CD-ROM 백과사전이나 박물관자료 등을 이용하여 정보를 얻을 수 있으며 프린터로 인쇄하여 과학책이나 게시판을 구성해도 유익한 활동이 된다. 예를 들어 '옛날 우리 나라의 모습' 에 대해 관심이 높은 경우 민속촌이나 박물관을 견학하고 여러 가지 그림이나 슬라이드자료, 모형자료 등을 이용하여 활동하는 것과 함께 컴퓨터로 박물관에 있는 문화재에 대해 정보를 얻을 수 있다.

주제의 변화에 따라 유아들의 관심과 발달에 적절하게 상호작용하려면 교사 자신이 여러 분야에 대한 지식을 가지고 있어야 한다. 인터넷을 이용하면 여러 분야에 대해 광범위한 지식을 얻을 수 있으므로 교사가 직접 자료를 찾는 시간과 노력을 줄일 수 있다. 교육뿐 아니라 미술, 스포츠, 역사, 음악, 생물, 지리 등의 다양한 분야의 정보와 사진자료를 얻을 수 있으므로 교사는 이를 잘 활용하여 경제적인 방법으로 유아의 관심 영역과 관련된

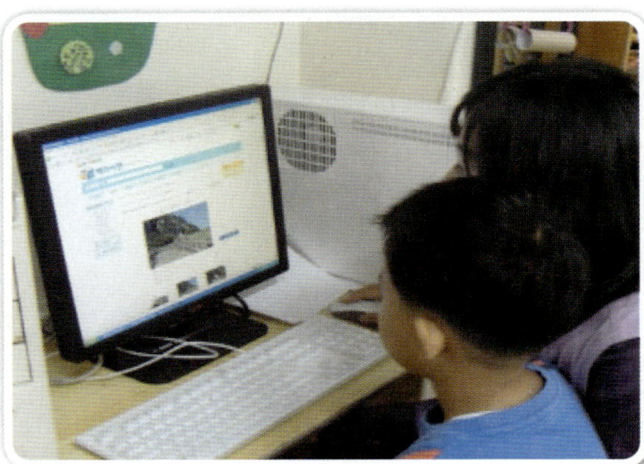

그림 14-6 관심 있는 위인의 유적지와 문화재를 검색하는 만 5세 유아와 교사

분야에 대한 광범위한 정보를 얻도록 한다. 이러한 컴퓨터 활용 지식은 유아들에게 직접 교수하지는 않지만 교사가 유아들의 관심에 더 민감하게 반응하고, 창의적인 아이디어를 격려할 수 있는 자원이 된다. 주의할 점은 인터넷으로 검색된 자료는 신뢰성이 떨어질 수 있으므로 출처가 정확하고 전문성이 있는 기관으로부터 얻은 자료를 사용해야 한다.

(3) 이야기 나누기

컴퓨터를 활용하면 손쉽게 대집단을 위한 자료를 제작할 수 있고, 자료의 원천이 많기 때문에 다양한 주제 관련 사진을 제작하여 활용하기 용이하다. 이러한 이점 때문에 컴퓨터와 주변기기를 활용한 이야기 나누기가 많이 이루어지고 있다. 특히 사진자료는 시·공간을 초월하는 시각적 경험을 제공하는 특징이 있는데 바닷 속 또는 다른 나라의 문화나 역사와 같이 시·공간의 제약으로 직접 경험하기 어려운 내용, 병원과 같이 직접 견학하기 부적절한 장소와 관련된 내용을 학습하고자 할 때에는 목표로 하는 내용을 잘 설계하여 슬라이드자료로 만들어 제시하면 효과적이다. 예를 들어 그림 14-7은 직접 관찰하기 어려운 지구의 모습을 슬라이드 화면으로 제시하여 커다랗고 동그란 지구에 대한 유아

그림 14-7 파워포인트 슬라이드로 제작한 '지구'에 대한 이야기 나누기 자료

그림 14-8 컴퓨터용 자료 : 쉽게 구할 수 있는 과일은 컴퓨터용 자료(좌)보다 실물을 직접 제시하는 것이 더 효과적이다. 이에 비해 가마는 박물관에 가기 전에 미리 시각자료(우)로 경험하는 것도 효과적이다.

의 흥미를 높인 슬라이드자료이다. 그러나 유아들이 직접 경험할 수 있고 손쉽게 구할 수 있는 자료의 경우에는 오감각으로 체험할 수 있도록 계획하는 것이 바람직하다. 예를 들어 과일의 속 모양은 그림과 같이 영상자료로 제시하는 것보다는 직접 관찰하고 요리하는 등의 활동으로 개념을 학습하는 것이 바람직하다.

(4) 그림 그리기

유아용 그림 그리기 프로그램은 자유롭게 그림을 그리고 채색할 수 있는 종류, 그려진 그림을 변형시켜 조합시킬 수 있는 종류, 색칠만 할 수 있는 종류 등으로 구별된다. 이러한 컴퓨터를 이용한 그리기 활동은 유아들이 간단한 조작기술만 익히면 다양한 그림을 만들어낼 수 있으며, 도화지에 그릴 때와 달리 모양과 색을 쉽게 변형·대칭시키고 다양한 기하학적 모양을 만들고 패턴을 구성하며, 복사할 수 있어 유아들이 창의적인 아이디어를 쉽게 그래픽으로 시도해 볼 수 있는 장점이 있다.

만 3세경에는 마우스를 움직여서 원하는 위치를 클릭할 수 있을 정도로 손가락 사용이 능숙해지므로 손의 움직임에 따라 마음대로 선을 그어 보고 색을 변화시키는 프로그램을 사용하여 그림을 그릴 수 있다. 만 5세 유아는 마우스를 이용하여 간단한 모양의 그림도 그릴 수 있게 되며, 원하는 색을 자유자재로 선택해서 채색할 수 있고, 그림에 설명이나 제목을 덧붙일 수도 있다. 또한 도형이나 대칭을 이용하여 그림을 그리는 방법도 쉽게 익힐 수 있으므로 여러 가지 기하학적 무늬를 접할 수도 있다. 처음에는 컴퓨터를 이용하여 그림을 그리는 것 자체를 신기해하나 익숙하지 않으므로 교사는 유아에게 기본적인 사용방법만 알려준 후 충분히 탐색해 볼 시간을 제공한다. 특히 컴퓨터로 그림 그리기 활동 초기에는 완성된 형태를 그리기 보다는 좌·우, 위·아래 등의 방향으로 손을 마음대로 움직이면서 손의 움직임과 모니터에 나타난 그림의 관계를 파악하도록 돕는다. 유아가 그린 그림을 프린터로 인쇄하여 벽면에 게시하거나 막대자료, 융판자료, 가면 등으로 만들어 다른 영역의 활동과 통합적으로 연결하도록 돕는다.

그림 14-9 포털사이트의 어린이용 그림 그리기 툴과 유아가 그린 그림으로 만든 막대인형

그림 14-10 터치식 화면을 이용한 그림 그리기(서울특별시 유아교육진흥원)

(5) 수와 글자의 인식을 돕는 활동

컴퓨터를 활용한 활동으로 유아의 초기 문해나 수학적 경험을 강화시켜 줄 수 있어 다른 종류에 비해 비교적 많은 자료들이 상품화되어 있다. 이러한 기초적인 개념이나 기술학습을 돕기 위한 프로그램을 선택할 때에는 다음과 같은 점을 신중하게 고려해야 한다.

첫째, 이미 정해진 정답을 찾아 반응해야 하는 훈련식 프로그램인지, 유아가 다양하게 반응하거나 상호작용을 빈번히 할 수 있고 창의적으로 입력할 수 있는 프로그램인지 고려한다.

둘째, 유아의 수준에 따라 반응할 수 있는 프로그램인지 고려한다. 특히, 정답을 찾아야 다음 단계로 넘어갈 수 있는 프로그램인 경우에는 유아들의 개인차를 수용하지 못하므로 금방 싫증을 내거나 좌절감을 줄 수 있다.

셋째, 게임 형식으로 구성되어 있어 즐겁게 놀이하는 과정에서 자연스런 학습이 이루어지도록 유도하는지 고려한다.

넷째, 중간에 쉽게 다른 수준의 활동으로 옮겨갈 수 있어야 한다. 한 단계를 완수해야 다음 화면으로 넘어갈 수 있는 폐쇄적인 교수형 프로그램은 유아에게 심리적 부담감을 주게되고, 창의적인 사고를 제한하게 된다.

이와 같이 컴퓨터를 이용한 활동이 유아의 일상적 경험과 자연스럽게 통합되려면, 융통성을 지닌 프로그램이 바람직하다. 즉, 문해자료의 경우 주어진 낱말을 기계적으로 조합해야 하는 학습지 형태의 프로그램보다는 그림을 우연히 클릭하면 글자와 음성이 나타나거나 노래와 글자가 조합되는 등 재미있는 게임 형태로 구성된 프로그램을 제공하도록 한다. 유아가 컴퓨터를 이용한 쓰기에 관심을 보이는 경우에는 유아용 한글 프로그램을 이용해 직접 글자나 문장을 만들어 볼 수도 있다.

(6) 가상 체험활동의 제공

컴퓨터의 발달로 유아 및 성인 학습자를 위한 다양한 시뮬레이션 프로그램도 다양하게 개발되었다. 유아가 직접 경험하기 힘든 다양한 내용을 컴퓨터를 이용한 가상적 체험활동으로 제공할 수 있으나 이러한 시뮬레이션 프로그램은 교사가 직접 제작하기는 쉽지 않으며 상품화된 프로그램이나 체험학습장의 프로그램을 이용할 수 있다. 예를 들어 소

그림 14-11 소방서의 화재 진압 가상체험(노원 소방서)

그림 14-12 체험학습장의 슬라이드자료(서울특별시 학교보건진흥원)

방서의 화재진압 프로그램은 유아의 행동에 반응하고 상호작용을 유발하므로 흥미와 학습효과가 높다(그림 14-11).

(7) 노래감상 및 음악활동

컴퓨터용 DVD나 CD를 이용해 음악감상이나 노래 부르기와 같은 음악적 활동을 할 수 있다. 음악 소리만 필요한 경우에는 모니터를 OFF로 하고 사용할 수 있고, 영상 자료가 포함된 경우에는 영상을 보며 활동할 수 있다. 직접 보기 힘든 다른 나라의 춤과 공연을 소개하거나, 유아들이 배울 춤을 영상자료로 미리 보는 것도 효과적이다. 단, 소리의 크

그림 14-13 CD를 활용한 '뻐꾸기' 뮤직맵 활동

그림 14-14 컴퓨터를 이용한 사진 편집 프로그램 (서울특별시 유아교육진흥원)

그림 14-15 노트북과 빔프로젝터, 간이 스크린을 활용한 학부모 참여 수업(유아가 만든 동화감상)

기나 박자 등 소리 신호에 집중하려고 할 때는 영상자료가 방해가 될 수도 있다는 점에 유의한다. 그림 14-13은 유아들이 뮤직맵 영상자료로 음악을 감상하며 리듬에 맞춰 인형을 조작하는 장면으로 컴퓨터로 지원되는 프로그램은 속도를 조절하거나 전후로 이동하기 쉬워서 유아의 반응에 따른 융통성이 높다.

(8) 기 타

디지털 사진기나 캠코더를 활용하면 신체 표현이나 동극 등의 장면을 촬영하고 편집하여 여러 가지 영상을 만들 수도 있다. 사진 편집 프로그램을 활용하면 재미있는 사진도 제작할 수 있다(그림 14-14). 그림 14-15는 유아들의 동극 장면을 찍어 제작한 자료를 부모 참여 수업에서 활용하는 모습이다.

3. 컴퓨터를 활용한 교수매체의 제작

컴퓨터는 교수매체의 기초 자료를 제작할 수 있으며, 영유아의 발달 관찰기록, 교육계획이나 평가서, 교수매체 목록 등의 자료를 저장·편집할 수 있고 여러 가지 전자 매체들과 연결하여 교수활동에 사용될 수 있다. 여기에서는 교수매체 제작에 활용할 수 있는 예를 중심으로 살펴보기로 한다.

1) 컴퓨터로 그림자료 제작하기

영유아용 자료는 그림이 많이 사용되므로 교사가 그림을 잘 그리지 못하면 자료 제작에 불편함을 겪게 된다. 컴퓨터를 이용하면 첫째, 다양한 방법으로 그림자료를 손쉽게 제작할 수 있다. 둘째, 직접 그리기 힘든 복잡한 그림을 스캐너 등을 이용하여 그림자료로 만들 수 있다. 셋째, 쉽게 구하기 힘든 그림자료도 인터넷 검색을 통해 구할 수 있다. 컴퓨터를 이용하여 그림자료를 제작할 수 있는 방법은 다음과 같이 다양하다.

- 컴퓨터의 그림판 등에 있는 그림을 가져온 후 편집한다.
- 원본 그림이나 사진이 외부에 있는 경우 스캐너로 스캔하여 편집한다.
- 디지털카메라로 촬영한 자료를 컴퓨터와 연결한 후 편집, 프린트한다. 번거로운 현상과 인화과정을 거치지 않고 바로 그림자료로 제작할 수 있어 편리하다.
- 인터넷을 통해 원하는 그림을 다운로드 받아 편집한다.

그림 14-16 컴퓨터와 주변기기를 이용해서 출력한 그림 자료로 만든 교재 교구

이와 같이 컴퓨터를 이용하여 그림 자료를 제작하면 직접 그리는 번거로움이 없을 뿐 아니라 색채, 크기 등의 조절이 용이하고 같은 그림을 필요한 만큼 얻을 수 있는 이점이 있다. 교사는 컴퓨터로 제작한 그림자료를 이용하여 작은 그림책, 융판이나 자석판자료, 세울 수 있는 그림자료, 배경 그림판 등을 만들 수 있다. 스캐너를 이용하면 동화책이나 과학책, 사진자료 등에 실린 원본 그림을 스캔 받아 수정한 후 종이나 OHP용 아세테이트 필름에 프린트하여 사용할 수 있다. 그러나 프로그램에 내장된 그림에 의존하는 경우 다음과 같은 한계가 있다는 점도 고려해야 한다.

- 원하는 그림을 모두 컴퓨터를 통해 구할 수 있는 것은 아니다. 그림의 종류가 다양하지 못하며, 한 세트의 그림이 필요한 경우 이곳저곳에서 다운로드한 그림은 통일성이 없어 혼란스러울 수 있다. 예를 들어, 동물 그림 분류 카드를 만들려고 하는데, 어떤 그림은 선그림이고 어떤 것은 채색화이고 또 어떤 것은 사진자료이면 영유아가 그림 자료를 통해 동물의 특성을 비교하기 어렵다.
- 직접 그리는 그림은 편안하고 친숙한 느낌을 주며, 또한 유아에게 그림을 그려서 표현할 수 있다는 모델을 제시한다. 또한 그림 그리기가 능숙한 교사는 자료의 용도에 따라 다양한 표현 기법을 이용하여 아름답게 그릴 수 있으며, 그림을 그리는 종이도 여러 가지 재질과 크기를 사용할 수 있을 것이다. 프린터로 출력한 그림은 프린터용 잉크로 색채를 표현하는 것으로 제한되며 무엇보다도 프린터용 화지를 사용할 수밖에 없으므로 크기가 제한되고 그림의 느낌이 획일적이다.
- 프린터로 출력해야 하므로 두꺼운 종이에 그린 그림이 필요한 경우에는 출력하여 다시 두꺼운 종이에 붙여야 하는 번거로움이 있다. 시간이 지나면 접착면이 떨어져서 자료의 수명이 짧아지기도 한다. 견고성과 보존을 위해 코팅을 하게 되면 시각적으로나 촉감상으로 그 질이 떨어지게 된다.

2) 컴퓨터로 글자자료 제작하기

컴퓨터로 다양한 서체와 크기, 색깔, 모양이 다른 글자를 쉽게 만들 수 있으므로 글자·그림 카드, 게시판의 설명자료, 동시판, 그림 노랫말 등과 같은 글자자료를 제작할 때 다양하게 사용할 수 있다. 그러나 교사가 직접 쓴 글씨나 유아의 서툰 글씨는 컴퓨터로 출력한 글자에 비해 단정하지는 않지만 자연스럽게 글자쓰기의 모델을 보이는 것이므로 모든 글자자료를 프린트해서 사용할 필요는 없을 것이다.

3) 파워포인트 슬라이드 제작하기

(1) 파워포인트 슬라이드자료의 특성

최근에는 앞에서 소개한 슬라이드 프로젝터의 사용이 줄어들고, 컴퓨터와 파워포인트를 활용한 슬라이드를 많이 사용하고 있다. 파워포인트 슬라이드자료는 개별활동이나 소집단활동 시에는 개인용 컴퓨터를 이용할 수 있으며, 대집단 활동일 경우에는 빔프로젝터나 대형화면의 텔레비전에 연결하여 제시할 수 있다. 이러한 파워포인트 슬라이드의 교수매체로서의 특성은 다음과 같다.

- 슬라이드는 사진이나 그림과 같이 정적인 화면이지만 크기를 확대하여 제시할 수 있어 대집단활동자료나 커다란 그림의 제시가 필요한 활동자료로 효과적이다. 유아용 뿐 아니라 학부모 교육용으로도 폭넓게 사용된다.
- 슬라이드자료는 연속적으로 제시할 수 있기 때문에 빠르게 이루어지는 동작을 나누어 순서대로 보거나, 사건이 이루어지는 복잡한 과정을 몇 개의 대표적인 장면으로 나누어 이해하는 것이 목적인 경우 유용하게 사용할 수 있다. 예를 들어 편지가 배달되는 과정, 알에서 개구리가 되기까지의 과정, 소방 대피훈련 방법 등에 대한 이해를 돕기 위한 자료로 사용할 수 있다.
- 한 장면을 정지된 상태로 오랫동안 투시해 보여 줄 수 있으므로 교사가 영유아의 흥미, 이해도에 따라 속도를 조절하면서 보여 줄 수 있다.
- 슬라이드 시리즈는 편집이 간단하므로 수업의 목표나 해당 영유아의 관심, 연령에 따라 재배열하여 보여 줄 수 있다. 전기작동 슬라이드 프로젝터에 비해 컴퓨터를 활용한 파워포인트 슬라이드는 필름 순서를 재배열하는 번거로움 없이 손쉽게 순서를 재배열할 수 있다. 그림 14-17과 같이 옛날 우리나라의 물건에 대해 알아보려는 경우 영유아의 연령과 관심사에 따라 좌측에 제시된 여러 장의 슬라이드 중에서 필요한 장면으로 쉽게 이동하거나 골라서 보여 줄 수 있다.

그림 14-17 이야기 나누기를 위한 슬라이드자료의 예

그림 14-18 동화 《돼지책》을 스캔해서 만든 슬라이드 동화

- 자료의 제작과 조작이 용이하기 때문에 교사 스스로 제작할 수 있으며 수업 중 제시하는 데 어려움이 적다.
- 녹음자료와 함께 사용될 수 있다. 특히 파워포인트 슬라이드 각 장면에 음향효과를 삽입하여 제작할 수 있으므로 별도의 녹음자료로 만들어 녹음기로 제시하는 것에 비해 편리하고 무엇보다도 장면을 재배열하였을 때 녹음자료의 순서도 같이 바뀌므로 융통성 있는 제시가 가능하다.
- 전기 작동 슬라이드는 한 장에 한 가지의 정지된 장면만 제시하는 데 비해 파워포인트 슬라이드자료는 한 장에서도 여러 개의 그림이나 글자를 순서대로 나타나도록 제시할 수 있고 동영상도 삽입할 수 있어 내용에 따른 정교한 제시가 가능하고 영유아의 흥미를 높일 수 있다.
- 원본 그림이 아름답거나 복잡해서 따라 그리기가 어려운 경우 그림을 그대로 스캔하거나 촬영하여 파워포인트 자료로 만들면 원본과 같은 이미지를 제공할 수 있다. 그래픽이 멋있는 작은 크기의 동화책을 대집단 유아에게 제시하고 싶거나 세계 여러나라의 아름다운 문화재를 엽서 상태의 원본으로 가지고 있다면 파워포인트 슬라이드로 만들면 유용하다(그림 14-18).

한편 슬라이드자료는 여러 가지 이점이 있는 반면 다음과 같은 몇 가지 제한점도 있으므로 교사가 잘 판단하여 사용해야 한다.

- 영화나 동영상 자료에 비해 동적인 메시지는 약하다. 부분적 움직임을 표현해줄 수

는 있으나 제한적이므로 움직임이 중요한 학습 내용일 경우에는 한계가 있다.

- 슬라이드자료는 교실에 반암막장치를 하고 봐야 하므로, 영유아의 수업에 활용 할 때는 신중하게 계획해야 한다. 어린 영아나 유아의 경우에는 방을 어둡게 하는 것에 공포반응을 보이기도 하기 때문이다.
- 크게 보여 줄 수 있는 장점이 있으나 내용에 따라 영유아들에게 공포감을 일으키기도 한다. 예를 들어 '곤충', '우리 몸의 병균' 등과 같은 내용에서 스크린에 크게 비춰진 곤충이나 기생충의 모습을 보면 공포감을 갖게 되므로 자료선정에 유의한다.
- 화면으로 제시되는 특성상 교사가 손으로 가리키며 상호작용하기 어렵다. 따라서 유아들이 화면을 통해 중심 메시지를 찾아내고 이해하기 쉽도록 한 화면에 너무 여러 가지 내용을 담고 있지 않아야 한다.

(2) 파워포인트 슬라이드 시리즈의 제작

파워포인트 슬라이드 시리즈는 초보적 수준에서도 간단한 자료를 만들 수 있다. 자료 제작 시에는 일반적으로 다음 절차를 거친다.

① 목표 설정

구체적으로 슬라이드 시리즈를 제시하려고 하는 이유, 즉 슬라이드 시리즈를 제시하여 달성하려는 학습목표를 명확하게 한다. 이 목표가 분명해야 슬라이드의 내용이 분명하고 조리 있게 제시될 수 있기 때문이다. 이때 여러 가지 목표를 하나의 슬라이드 시리즈로 모두 달성하기가 힘들므로 하나 또는 두 개의 주된 목표로 제한하도록 한다. 하나의 슬라이드 시리즈에서 너무 많은 것을 기대하여 복잡하거나 광범위하게 제작하면 오히려 활동이 효과적으로 진행되지 못할 수 있다. 목표 설정의 예를 들면 다음과 같다.

- 우체국의 역할과 편지가 배달되는 과정을 알려주기 위해 편지 쓰기, 우체통에 넣기, 우체국에서의 편지 수합, 분류, 배달 과정을 슬라이드로 제작한다. 단, 우체국의 우편 업무 이외의 업무는 포함시키지 않는다(만 5세반 이야기 나누기 자료).
- 그림책 《무지개 물고기》를 대집단용 슬라이드 동화로 제작한다(만 4세용 동화).
- 학부모가 유아의 하루 생활을 이해할 수 있도록 영유아의 하루 일과를 소개한다(신입생 학부모 오리엔테이션용).

② 내용의 아우트라인 구성

관계 분야의 전문가와 의논하거나 필요한 기관을 방문하거나 도서실의 자료를 이용하여 주제에 대해 탐구한 후 목표를 달성할 수 있는 내용의 아우트라인을 작성한다. 이때 어떤 내용을 자세히 다루고 어떤 내용을 제외시킬지는 영유아의 연령·경험을 고려하여 결정한다. 내용을 메모하다가 시각적 아이디어가 떠오르면 이러한 시각적 표현내용을 적어 놓는다. 산발적으로 작성한 내용을 슬라이드자료로 만들 수 있도록 간추리거나 재구성하여 아우트라인을 작성한다.

③ 콘티 작성

내용의 아우트라인을 기초로 실제 촬영을 위한 콘티를 작성한다. 자료를 조직화하기 위해서 필요한 각 장면을 스케치하고 제작방법, 내용에 대한 안내 등을 기록한다. 콘티에는 다음의 내용이 포함되도록 한다.

첫째, 기본적으로 각 장면에 어떤 내용을 포함시킬 것인가를 결정한다. 이때 한 장면에 여러 가지가 나타나도록 하기보다는 주로 의도하는 핵심적인 내용에 초점을 맞춘다. 정지된 한 가지 장면을 보여 주면서 설명은 여러 가지 상황을 포함하고 있다면 유아가 이해하는 데 어려움을 느끼게 된다.

둘째, 총 몇 장면으로 구성할지 결정한다. 장면 수는 유아의 연령과 자료의 내용에 따라 다르다. 자료의 내용이 순서와 관계없이 나열식인 경우(예 : 여러 가지 탈 것의 종류)에는 많은 장면을 계획한 후 촬영 시 첨가 또는 삭제하거나, 보여 줄 때 편집하여도 무방하다. 그러나 순서가 중요한 개념인 경우(예 : 편지가 전해지는 과정)에는 핵심적인 과정을 골라내어 의도하는 개념이 명확히 전해질 수 있도록 시리즈를 계획해야 한다. 그림책으로 슬라이드 동화를 만드는 경우, 그림책의 전체 장면을 그대로 사용할 수도 있으나 페이지를 재조직하거나 내용을 줄일 수도 있다. 내용을 어떻게 줄이고 장면을 통합할지 결정한다. 전체 장면 수는 연령과 내용을 고려하되 보통 10~20장 정도로 구성하면 적절하다. 다양한 연령의 학급이나 주제에 따라 편집해서 사용할 수 있도록 장면 수를 넉넉하게 계획하는 것도 좋다.

셋째, 의도하는 내용을 잘 반영할 수 있는 이미지의 형태를 결정한다. 장면을 직접 촬영해서 사실적인 영상을 넣어야 할 경우도 있지만, 간략화된 그림을 넣는 것이 더 적합한 경

편지가 전해지는 과정

- 장면번호 : 12
- 제작방법

그래픽 : 사진촬영

특기사항 : 근접촬영 – 집배원 아저씨 뒷편으로 우체국이 보이도록 촬영한다.

- 내용 : 우편배달을 하러가는 집배원 – 집배원 아저씨가 배달할 우편물을 자전거(또는 오토바이)에 실고 우체국을 나오는 장면

그림 14-19 콘티 작성의 예와 콘티에 따라 촬영한 사진

우도 있다. 어떤 장면에서는 영상은 없이 글자나 상징적 기호만을 제시할 수도 있다.

넷째, 유아에게 자료가 최대한 매력적으로 보일 수 있는 제작방법이나 장면을 선택한다. 예를 들어 공룡에 대한 자료를 만들 때 교사가 작은 공룡모형이나 사실적인 그래픽 자료를 가지고 있다면 이것을 활용할 수 있다. 작은 공룡 모형이지만 정원의 돌멩이, 풀, 나뭇가지 사이에 놓고 근접 촬영하면 유아에게 슬라이드자료로 제시할 때에는 커다란 공룡이 숲풀 속을 걷는 모습으로 보인다. 또 다른 예로 교사가 가진 과일 막대자료를 이용하여 슬라이드 동화를 만들려고 한다면 자료를 채소밭이나 잔디밭에 꽂아 연출을 해가며 촬영하면 그림으로 그려서 제작한 것보다 더 효과적이다.

콘티가 완성되면 차례로 두고 자세히 검사하여 빠진 내용이 없는가, 중복되는 내용은 없는가, 순서는 제대로 되어 있는가 등을 확인하고, 콘티상의 그림장면을 실제 슬라이드로 구성했을 때 메시지가 시각적으로 잘 전달될지, 지루하거나 번잡해 보이지 않을지 등

을 검토한다. 장면을 미리 결정할 수 없는 상황인 경우, 예를 들어 지방 문화제의 일환으로 거리축제가 열리는 곳을 방문하여 촬영하려 한다면 내용과 장면을 미리 세밀하게 결정하기 힘들 수도 있다. 이 경우에는 사전 정보 검색을 통해 꼭 담고 싶은 장면을 계획하여 촬영하고 그 외의 장면은 촬영되어진 장면을 보고 편집한다.

④ 그래픽 디자인

영유아들이 슬라이드자료를 접했을 때 가장 강렬한 자극은 시각적 메시지이다. 따라서 그래픽 디자인이 메시지의 전달과 흥미 유지에 매우 중요한 요소이다.

첫째, 슬라이드로 제시했을 때 화면이 아름다우려면 색채나 구도가 좋아야 한다. 특히 원본이 그림인 경우 큰 슬라이드 화면으로 제시했을 때 매력적인 그래픽이 되려면 원본 그림의 완성도가 높고 이미지가 뚜렷한 것을 선정해서 촬영하거나 스캔한다. 원본 그림의 특성을 그대로 살펴서 사용할 수도 있지만 컴퓨터로 만드는 슬라이드자료의 장점 중 하나는 제작자의 의도에 따라 그래픽을 수정할 수 있다는 점이다.

둘째, 가로·세로 비율이 슬라이드 화면 비율에 적합해야 한다. 물론 파워포인트 슬라이드의 장점이 그림을 자르고 줄이는 기능이 있다는 것이지만, 이런 과정에서 자연스러운 구도가 깨지는 경우가 많다. 동화책을 촬영하는 경우 글자와 그림이 혼재되어 있는 디자인은 한 장면에 원하는 메시지를 담으면서 안정적인 구도로 제작하기 쉽지 않다. 그림 14-20과 같이 한 장의 그림이 좌우면으로 나눠진 경우 그대로 스캔하면 책의 접착면이

그림 14-20 책의 접착면이 그대로 나와서 손상된 이미지(좌), 여백이 적어서 답답한 느낌이 드는 이미지(우)

나타나서 보기 좋지 않고 두 장으로 나누면 이야기와 잘 맞지 않고 원본의 이미지가 손상된다. 편집과 애니메이션 기능을 사용할 수는 있으나 초보자는 가급적이면 원본 상태에서 촬영이 용이한 비율의 자료를 선택한다.

셋째, 큰 화면으로 보여줄 때 영상미가 있는 장면이어야 한다. 농장풍경, 바닷속 모습, 그래픽이 뛰어난 그림동화 등을 커다란 화면으로 보면 인상적이지만 주변에서 직접 만져볼 수 있는 물체나 확대해서 혐오감이나 공포심이 들 수 있는 이미지는 슬라이드자료로 만드는 것이 불필요할 수 있다.

넷째, 전달하려는 중심 내용이 통일성 있게 제시되도록 구성한다. 중심 메시지와 거리가 멀거나 오히려 방해가 되는 내용이 포함될 수도 있다. 사진자료의 경우 가장 큰 장점이 사실성이지만 그로 인해 불필요한 메시지가 너무 많이 포함되는 문제도 있다. 컴퓨터 프로그램을 이용해 이미지를 수정할 수는 있으나, 시간이 많이 소요되므로 교수매체 제작시간이 부족한 영유아교사에게는 부담스러울 수 있다.

다섯째, 평면적인 그래픽 자료이지만 메시지의 전달과 학습자의 흥미를 높이기 위해 순서적 등장, 부분적 움직임, 동영상의 삽입 등의 방법으로 자료에 동적 특성을 부여할 수 있다.

전체 그래픽 및 각 장면에 대한 디자인이 끝나면 콘티에 기록하고, 촬영을 준비한다.

⑤ 사진촬영 또는 스캔 및 편집

같은 내용의 자료라도 어떻게 촬영하느냐에 따라 유아의 학습효과에 차이를 가져올 수 있다. 질 좋은 슬라이드자료를 만들려면 자신이 사용할 카메라나 캠코더의 여러 가지 기능을 잘 알고 능숙하게 사용할 수 있어야 하며, 사진촬영에 대한 기본적인 지식을 가지고 있어야 한다. 슬라이드 촬영 시 고려해야 할 요인들은 다음과 같다.

첫째, 촬영 전에 찍으려는 장면이 콘티 내용과 일치하는지 확인하고 어떻게 하면 효과적인 장면을 찍을 수 있을지 잘 생각한다. 예를 들어 직업과 관련된 자료로 농부의 장면이 필요하다고 할 때, 농부가 서 있는 모습을 찍는 것보다 땅을 파거나 씨를 뿌리거나 가래질을 하는 장면을 찍는 것이 더 효과적이다. 영유아용 자료는 의도하는 메시지가 정확히 전달되도록 화면 구성을 단순하게 하고 배경이 필요 없는 경우에는 가까이 찍는 것이 바람직하다. 디지털 카메라 촬영 이미지는 편집이 가능하므로 초점과 구도를 잘 맞춘 후 근경과 원경을 모두 찍어두는 것도 좋다.

둘째, 장면에서 나타내고자 하는 주제에 적절하게 화면을 구성한다. 이를 위해 강조하고자 하는 메시지가 영유아의 눈에 잘 띄도록 피사체를 적절한 거리에서 찍는 것이 필요하다. 물체를 근접 촬영할 때는 화면이 너무 꽉 들어차거나 너무 작아 보이지 않도록 여백 공간과 물체가 차지하는 공간의 미적 구성을 고려한다. 원거리 촬영의 경우에는 잘못하면 영유아에게 무엇을 보여주려 하는지, 즉 장면이 목표로 하는 내용이 무엇인지 파악이 되지 않는 경우가 있으므로 유의한다. 예를 들어 민속촌에서 전통혼례 장면을 촬영하는 경우 화면에 구경하는 관광객들이 가득하고 가운데 조그맣게 신랑 · 신부의 모습이 보인다면 의도하는 전통혼례의 장면을 표현할 수 없다. 또는 키가 큰 기린의 특성을 강조하고자 한다면 화면을 세로로 구성하고 옆에 비교대상(사육사, 큰 나무 등)이 보이도록 촬영하면 가로로 기린만 촬영한 것보다 더 강하고 정확한 메시지를 전달하게 될 것이다.

셋째, 초점과 노출, 피사체 거리 등을 잘 맞춘다. 일반적으로 교사들은 자동 디지털 카메라를 많이 사용하므로 어렵지 않게 촬영할 수 있으나, 이 경우에도 초점, 손떨림, 빛의 방향 등을 고려하지 않으면 좋은 이미지를 얻기 힘들다. 같은 장면을 여러 번 찍거나 움직임이 있는 피사체는 연속촬영 기능을 활용하여 촬영하고 편집 시 가장 좋은 장면을 고르는 것이 좋다. 실내 사진의 경우에는 플래시를 잘못 사용하면 반사, 적목현상(red eye, 피사체의 눈이 빨갛게 나오는 것), 일부분 노출부족 등의 문제가 생기기도 한다. 이를 방지하기 위해서는 유리, 거울, 코팅 자료 등의 반사되는 소재가 없는지, 실내가 너무 어둡지 않은지 등을 고려한다.

다섯째, 그림책을 근거리에서 촬영하여 슬라이드를 제작하는 경우, 책의 접착면 쪽은 반듯하게 놓여지지 않는다. 그림자료는 요즘에 코팅처리된 것이 많아 촬영하면 반사가 발생하기도 한다. 접사대나 삼각대를 이용하여 그림자료의 균형이 깨지지 않고 화면이 반듯하게 나오도록 찍는다. 사진이 반듯하게 잘 찍히면 잘라내기 기능을 이용하여 가상자리의 필요 없는 부분을 정리할 수 있으므로 원본보다 작게 찍지 않도록 한다. 원자료가 평면적인 그림이나 사진의 상태이면 스캐너를 사용할 수 있는데 원본이 작은 크기여도 스캔 후 크기를 확대할 수 있으며 고정된 상태에서 스캔하는 것이므로 카메라로 직접 찍는 것보다 더 깨끗하고 원본 모양 그대로의 이미지를 얻을 수 있다.

그림 14-21 컴퓨터의 카메라 프로그램으로 모니터에 보이는 이미지를 촬영하여 저장할 수 있다.

여섯째, 입체자료나 모형물 등을 찍는 경우 바닥이나 벽 뒷면에 잘 어울리는 색의 넓은 배경지를 깔고 촬영하면 화면 가장자리에 불필요한 부분이 지저분하게 찍혀 나오지 않고 시리즈물에 통일감을 줄 수 있다.

일곱째, 인터넷에서 구한 이미지를 사용하려고 하는 경우 우선 사용이 허락된 이미지인지 확인한다. 이미지를 다운 받아 저장하거나 모니터상에서 촬영하는 프로그램(그림 14-21)을 이용해서 원하는 부분만 찍어서 저장할 수도 있다.

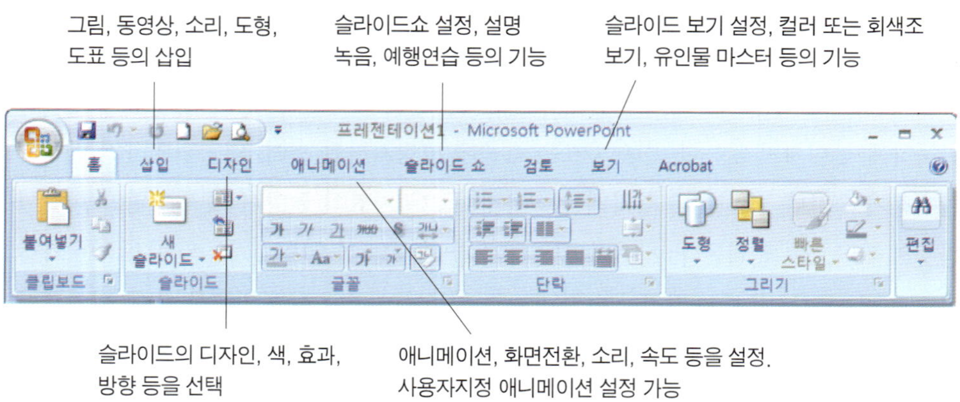

그림 14-22 파워포인트 2007의 기능 버튼

⑥ 파워포인트 슬라이드 제작하기

사진 촬영과 스캔이 끝나면 파워포인트 슬라이드를 제작한다. 파워포인트의 시작 화면을 띄우면 상단에 그림 14-22와 같이 여러 가지 기능이 표시된다.

- **그림과 글의 삽입** : 삽입 기능은 촬영한 사진, 동영상, 녹음자료, 텍스트 등을 삽입할 수 있는 기능이다. 삽입하려는 개체가 저장된 형태에 따라 '그림'이나 '클립아트' 또는 '도형', '차트' 등을 누르고 원하는 개체를 삽입하면 된다(그림 14-23 좌). 한 장에 여러 개의 그림이나 텍스트를 삽입할 수도 있으므로 페이지가 너무 많은 동화나 장면이 좌우에 펼쳐져 있어 한 장으로 담기 어려운 이미지는 이야기의 전개에 어

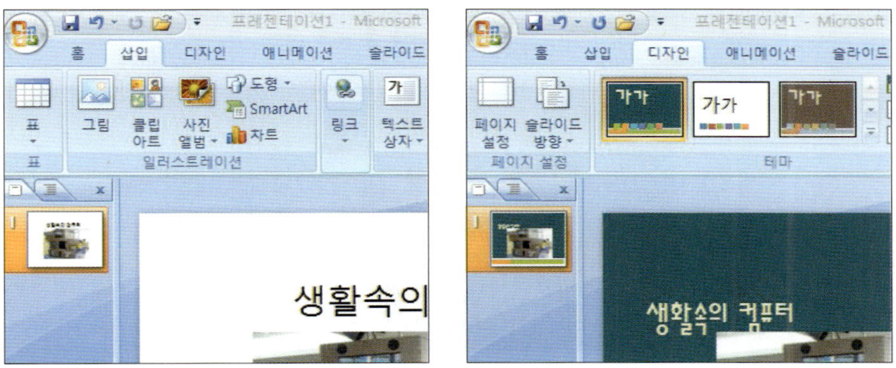

그림 14-23 파워포인트 슬라이드에 그림 삽입하고 화면 디자인하기

그림 14-24 한 장의 슬라이드에 두 장의 그림을 삽입한 슬라이드

그림 14-25 삽입한 연 그림(좌)의 배경색을 '투명색 칠하기' 처리한 화면(우)

그림 14-26 유아의 동극장면촬영 사진에 말풍선을 넣어 슬라이드 동화로 제작한 예

울리도록 2~3장을 하나의 슬라이드에 구성할 수도 있다(그림 14-24). 하나의 그림 위에 다른 그림을 덧붙이려면 그림 14-25의 왼쪽과 같이 삽입 후 그림을 클릭하면 '서식' 창이 뜬다. 여기서 '다시칠하기' 의 '투명색' 을 선택하면 오른쪽과 같이 배경이 투명해지면서 자연스럽게 겹쳐지게 된다. 그림 14-26은 유아의 동극 장면을 디지털카메라로 촬영한 후 파워포인트 동화로 제작한 예이다. 이때 목소리를 녹음하여 별도로 삽입할 수도 있고 그림과 같이 말풍선 모양으로 텍스트를 삽입할 수도 있다. 삽입-도형-설명선의 과정을 거치면 말풍선의 모양, 색, 크기를 원하는대로 만들 수 있다.

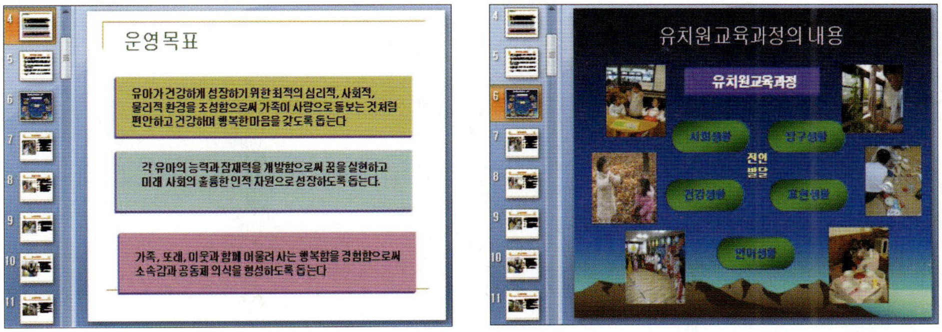

그림 14-27 학부모 교육용 슬라이드자료

- **디자인** : 디자인 기능으로 슬라이드 디자인을 선택하고 색조, 글꼴, 효과 등의 디자인을 결정할 수 있다(그림 14-23). 텍스트와 사진을 이용하여 제작한 부모교육용 슬라이드(그림 14-27)와 같이 성인의 경우 제시하려는 메시지를 간략하게 텍스트로 제시하거나 사진 자료와 함께 제시하면 효과적이다.

  슬라이드를 디자인할 때 색조는 메시지 전달에 중요한 역할을 한다. 색조를 사용할 때는 기본색을 정하여 통일성을 유지하고, 한 장의 PPT 안에 너무 다양한 색을 사용하면 혼란스러우므로 가급적이면 3색 이하로 사용하고 유사색 주변색으로 이동하면서 색을 표현해야 자연스럽다.

- **애니매이션 효과** : 애니매이션은 화면 전환, 소리 효과 등을 결정할 수 있다. 사용자 지정 애니매이션 기능을 통해 시작과 끝, 강조하기 등의 제시방법을 정한다. 그림 14-28은 연꽃 사진을 강조하기 위해 '회전'으로 제시하고 그림에 어울리는 소리를 표현하기 위해 미디어 클립으로 곰녹음기에 녹음해 둔 자연의 소리를 삽입하였다.

  파워포인트의 여러 가지 기능을 사용하여 표현 방법을 다양하게 할 수 있겠으나, 그림이나 텍스트가 너무 혼란스럽게 제시되면 학습자가 내용에 집중하는 데 방해가 될수도 있다. 제시하려는 핵심 내용과 학습자로서 영유아의 특성을 고려하여 구성하고 꼭 필요한 부분을 강조하는 것이 바람직하다. 그림 14-29는 말풍선 수수께끼와 부분보고 알아맞히기 형태의 화면 구성을 통해 영유아의 흥미와 참여를 극대화시키고 있다.

  '사용자지정 애니메이션' 기능을 활용하면 삽입한 그림과 텍스트, 소리 등의 제

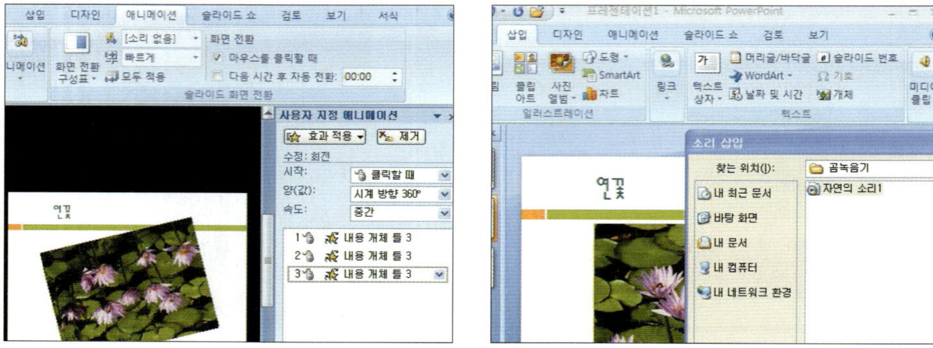

그림 14-28 그림이 회전하며 제시되도록 설정하고, 배경음악을 삽입한 슬라이드

장면 1　　　　장면 2

그림 14-29 유아들의 흥미를 높일 수 있도록 부분 보고 알아맞추기 형태로 제시한 슬라이드

시 순서(순서조정 버튼 이용), 속도, 방향(위, 아래, 좌, 우) 등을 설정할 수 있다. 그림 14-30은 별도로 스캔하여 삽입한 기린의 얼굴에 대한 애니메이션 효과의 예이다. '애니메이션-애니메이션-사용자지정'을 누르고 원하는 조각 그림을 클릭하면 오른쪽과 같은 사용자지정 애니메이션 효과를 설정할 수 있다. 기린의 그림은 왼쪽에서 매우 빠르게 등장하도록 설정되었다. 이에 비해 그림 14-25의 연그림은 아래에서 매우 느리게 하늘로 올라가도록 효과를 설정하면 어울릴 것이다.

이와 같은 방식으로 제작한 슬라이드는 검토 작업을 거친 후 슬라이드쇼로 보여 준다. 학부모교육 시 유인물이 필요한 경우에는 메뉴판에서 '보기' 기능의 유인물마스터로 원

그림 14-30 조각 그림(기린)을 별도로 스캔하여 삽입하고 '사용자지정 애니메이션' 효과로 등장을 동적으로 표현한 슬라이드

하는 형태로 설정한 후 인쇄하면 된다. 슬라이드의 녹음자료 제작은 제11장 녹음자료를, 자료의 제시와 방의 준비는 제12장 OHP와 슬라이드 프로젝터를 참고하기 바란다.

Chapter 15

주제에 따른 교수매체의 선정 및 활용

교수매체를 선정·제작하고 활용하는 과정은 프로그램 유형에 따라 차이를 보일 수 있다. 본 장에서는 주제를 중심으로 진행되는 프로그램에서의 교수매체 선정 및 활용과정을 살펴보고, 연령별 주제에 따른 교수매체 활용계획과 실제를 알아보기 위해 만 2세 '우리가족', 만 3세 '동물', 만 4세 '탈 것', 만 5세 '우리나라 문화와 역사' 전개 시의 관련 활동과 교수매체의 예를 소개 하였다.

1. 주제의 전개 및 교수매체의 활용과정

주제에서 가르치려고 하는 기본 교육내용, 교수매체의 역할과 유형 등은 그 주제에서 다루는 개념에 따라 달라진다. 그러므로 주제 중심으로 교육내용이나 교수매체의 역할과 유형을 결정할 때에는 우선적으로 주제의 전개가 필요하다. 따라서 주제를 선정한 후에는 개념을 진술하고 이를 교육과정에 통합하여 조직하여야 한다. 이를 토대로 주제를 전개시키고 계획안을 작성하게 되며, 계획한 활동을 구체화하여 교수매체를 선정·제작하게 된다. 선정·제작한 교수매체는 수업에 사용하기 전에 활용과정을 연습하여 수정·보완하고 아울러 적절히 활용할 수 있는 물리적 환경을 마련해 준 후 흥미 영역에서의 개별활동 또는 소집단이나 대집단활동을 통해 활용하게 된다. 자료를 활용한 후에는 평가하

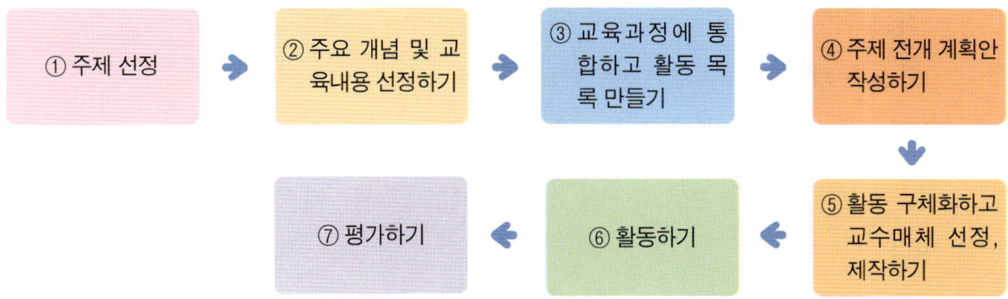

그림 15-1 교수매체 활용과정

여 보완하고 활동이 심화·확장될 수 있도록 도와주어야 한다. 이 과정을 교수매체의 제작과 평가를 포함한 과정으로 제시하면 다음과 같다.

이 장에서는 만 5세 반의 주제 '탈 것' 전개 사례를 중심으로 위의 과정을 살펴보기로 한다.

1) 주제 선정

주제는 유아 개인 또는 집단의 흥미로부터 도출될 수 있으며 교사의 계획에 의해 선정될 수 있다. 하나의 주제를 몇몇 유아들의 공동의 관심사로 부각시키고, 심화된 활동이 이루어지도록 하는 것은 교사의 중요한 역할 중 하나이다. 교사는 주제 선정 시 다음과 같은 점들을 고려한다.

- 학급 유아들의 나이와 발달에 적절한가? 또는 이 주제를 선정한다면 영유아들의 발달수준을 고려할 때 우리 학급에서 전개해 나갈 가능성이 있는가?
- 유아가(또는 유아들이) 흥미를 가지고 있는가? 또는 적절한 교수전략을 사용한다면 흥미를 가질 가능성이 있는가?
- 현재 유아들의 생활이나 일과와 관련될 수 있는가? 너무 막연하고 추상적이거나 유아의 삶과 동떨어진 내용은 아닌가?
- 유아들이나 교육기관이 속한 지역사회 또는 우리 사회의 문화나 가치가 반영되어 있는가? 또는 긍정적인 변화에 도움이 되는가?
- 여러 교과와의 관련성이 있으며, 장기적인 학습 잠재력을 제공할 수 있는가? 교과와 관련성을 가지면서 주제를 중심으로 통합하여 조직할 수 있는가?

- 유아교육기관에서 다루는 것이 유익한 주제인가? 가정이나 종교단체 등 다른 사회 집단을 통해 다뤄져야 할 주제는 아닌가?
- 그 주제를 다룸으로써 유아의 태도, 기술, 지식의 발달에 유익하겠는가?

위와 같은 사항을 기준으로 주제를 선정할 때도 교사는 다음과 같은 몇 가지 고민을 할 수 있다.

첫째, 주제는 하나만 선정해야 하는가 아니면 동시에 몇 가지 주제가 병행될 수 있는가? 학습주제의 전개는 전체 유아를 중심으로 이뤄질 수도 있고, 특별히 관심을 가진 몇몇 유아들을 중심으로 다뤄질 수도 있다. 즉, 유아들이 여행경험을 많이 한 방학 후에는 교사가 계획한 전체 학급의 주제가 '탈 것' 이라 해도, 어떤 유아들은 탈 것보다는 유아교육기관 앞의 공사장에 관심을 가질 수 있고, 몇몇 유아들은 과학활동영역에서 '자석' 이나 '매미 허물' 에 흥미를 보일 수 있다. 교사는 집단 유아들이 관심을 가진 주제 '탈 것' 과 개별 또는 소집단 유아들이 흥미를 보이고 있어 학습의 중요한 기회를 보이는 주제들을 동시에 격려하고 교수·학습과정에 반영해야 한다.

둘째, 누가 새로운 주제에 대해 처음으로 이야기하거나 제안하는 사람이 되어야 하는가? 유아나 교사 누구든 학급에서 주제를 제안할 수 있다. 유아가 방학 동안 여행한 경험을 이야기할 때 무엇을 타고 다녔는지 질문할 수도 있고, 교사가 찍은 사진이나 사용한 기차표를 보여줄 수도 있다. 때로는 동화책 속의 주인공이나 새로 산 미니카도 주제를 인식시키는 좋은 매개체가 될 수 있다. 유아들이 자발적으로 주제를 전개시켜 나가기도 하지만 다양한 형태의 교사 개입도 중요한 역할을 한다. 교사는 유아들이 관심 있어 하는 것이나 이 시기에 학습해야 할 것에 대해 동기를 유발시키고 심화된 활동으로 이끌어 주는 중요한 역할을 해야 한다.

셋째, 하나의 주제를 언제까지 지속할 것인가? 하나의 주제는 특정 영역을 중심으로 한두 시간에 다뤄질 수도 있고, 한 달 이상 지속될 수도 있다. 여행경험의 이야기로 출발한 '내가 타본 탈 것들' 이라는 주제가 '우리가 탈 수 있는 것들', '미래의 자동차', '우주선' 등의 주제로 연결되어 나가면서 전개될 수도 있지만, 유아들의 관심이 유아교육기관 주변의 공사장에 더 있다면 며칠 만에 다른 주제로 변화될 수 있다. 이때에는 공사에 사용되는 자동차들이 선행주제와 연결되어 다루어질 수 있을 것이다. 또 몇몇 유아들이 등원길에 주워 온 매미 허물에 관심이 높다면 과학활동영역에서의 1~2일 동안의 탐구주제로 별도로 다뤄질 수도 있다.

넷째, 특정 주제와 관련하여 떠오르는 모든 내용이 골고루 이뤄져야 하는가? 아니면 더 관심 있는 내용을 중심으로 활동이 전개되어도 무방한가? 주제를 중심으로 한 학습은 유아들이 공동으로 관심 있는 주제를 깊이 있게 조사하는 과정 속에서 개념, 기술, 태도 등이 발전되어 나가는 과정에 의미가 있다. 유아들이 '탈 것' 이라는 주제를 다루는 과정에서 바퀴에 관심을 가졌다면 여러 가지 바퀴를 조사하기 위해서 육상교통, 해상교통, 항공교통들을 알아보게 될 것이고, 그 탈 것들이 다니는 길의 종류에 따라 바퀴모양이나 크기가 다르다는 것도 알게 될 것이다. 즉, 단지 바퀴라는 작은 부분이지만 그것을 중심으로 유아들은 탈 것에 대한 이해의 폭이 넓어지며 다양한 활동을 통해 언어, 인지, 사회, 정서, 신체발달을 이루게 된다.

2) 주요 개념 및 내용 선정하기

주제를 선정하여 교육과정을 전개하는 이유는 영유아교육의 목표를 달성하기 위해서이다. 이를 위해 생활주제를 통해 다룰 수 있는 개념을 진술해 보고 주제를 통해 달성할 수 있는 목표와 주요 내용을 선정한다. 예시한 만 5세반 학급교사는 주제 '탈 것' 에서 다룰 수 있는 주요 개념이나 아이디어를 선정하기 위해 다른 교사와 브레인 스토밍을 하고 탈 것과 관련된 어휘들을 유목화 해본 후 그림 15-2와 같이 개념도를 작성하고 이를 토대로 몇 가지 개념을 선정하였다. 이 개념들은 주제에서 반드시 다뤄야 하는 내용이나 목표가 아니며 유아의 관심의 방향과 깊이에 따라 변화될 수 있다. 그러나 사전에 교사가 다룰 수 있는 개념을 진술해 보는 것은 교사의 교수행동이나 교수매체의 준비에 중요한 영향을 미친다. 프로젝트 접근법을 적용하는 경우에는 교사가 사전에 주제에 대한 사전경험과 지식을 검토하는 개념망 작성하기, 즉 브레인스토밍과 유목화 과정이 이 단계를 대신할 수 있다.

주제 '탈 것' 의 개념망 만들기를 통해 교사가 선정한 개념의 예는 아래와 같다.

- 탈 것에는 여러 가지 종류가 있다(이름, 모양, 움직이는 방법, 다니는 길).
- 탈 것들은 우리들의 생활을 편리하게 해준다.
- 탈 것들을 이용할 때는 지켜야 할 규칙과 예절이 있다.
- 탈 것을 안전하고 편리하게 이용할 수 있도록 일을 하는 사람들이 있다.

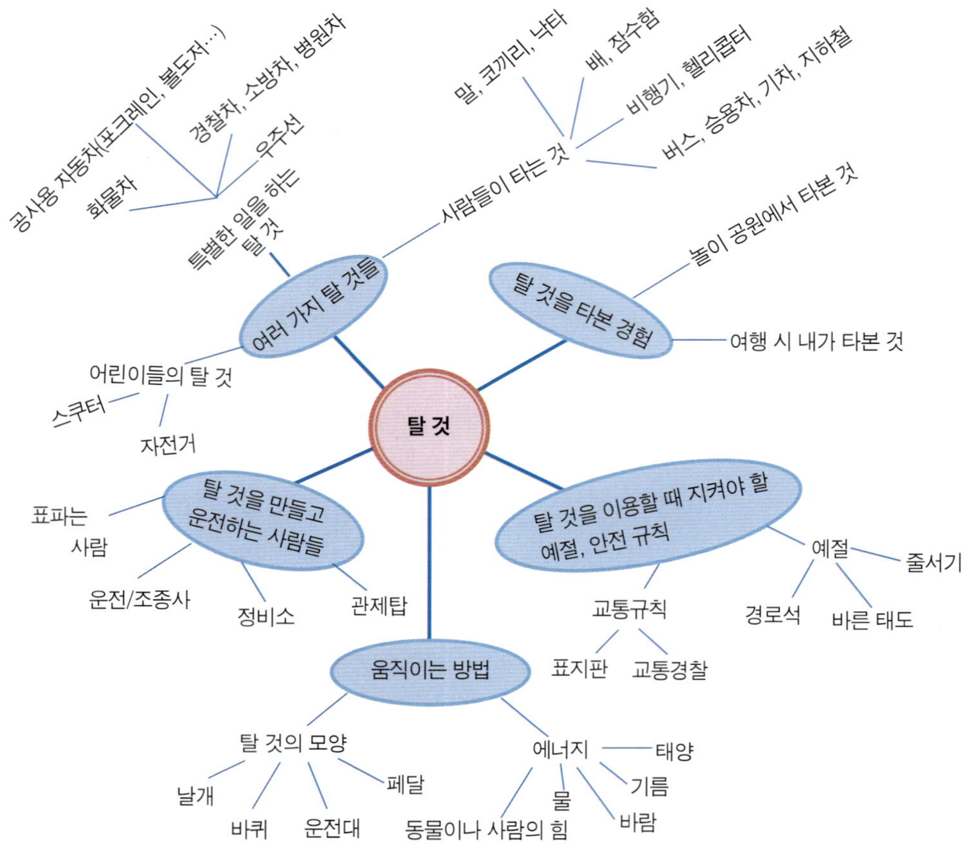

그림 15-2 주제 '탈 것'의 개념망

3) 교육과정에 통합하고 활동목록 만들기

선정한 개념이 유아들의 학습에 반영되려면 각 개념을 다룰 수 있는 활동들을 교육과정 틀에 맞추어 선정하고 목록을 작성하는 과정이 필요하다. 이 과정 없이 그냥 계획안을 작성하면 주제를 다룰 때 포함될 수 있는 것으로 생각하여 선정한 개념들이 활동과정에서는 제대로 반영되지 못하게 된다. 따라서 개념별 활동목록을 선정하다 보면 교사는 각 활동들이 주로 어떤 개념을 다룰 수 있는지 숙고하게 되고, 활동이 개념을 다루기에 부족한 경우 새로운 자료를 찾게 된다. 교사가 작성한 개념별 활동목록표는 표 15-1과 같다.

표 15-1 주제 '탈 것' 의 개념 관련 활동목록

개 념	활동종류/영역	내용 및 활동	교수매체 구분
① 탈 것에는 여러 가지 종류가 있다.	자유선택활동/ 언어 영역	• 동화책 〈굴러라 바퀴야〉 등 • 탈 것에 관한 작은 그림책 • 탈 것 수첩 만들기 • 부직포 자모음과 그림 카드 • 수평 아크릴판 이야기 꾸미기(자석 미니카, 손잡이 자석, 상자로 만든집 등) • 자석 깡통 이야기 꾸미기(바다 · 육지자석, 하늘) • 기차 모양 수수께끼 그림 카드 • 교통기관 모으기 빙고게임 • 이야기 꾸미기 자료 (탈 것들)	그림 그림 그림 융판 자석, 모형 자석 그림 그림 융판 · 자석판
	수 · 과학 영역	• 패턴 블록과 탈 것 모양 그림 카드 • 케이블카 놀이(도르래, 상자 케이블카) • 〈탈 것이 다니는 길〉 게시판과 탈 것의 소리 녹음자료, 탈 것에 대한 책 게시물 • 〈어디로 다닐까〉 게임 : 자석 깡통과 자석 분류판	그림 그림 실물모형, 게시판 그림과 사진, 모형, 녹음자료
	컴퓨터	• CD-ROM 백과사전〈탈 것〉	컴퓨터
	조 작	• 블록으로 탈 것 만들어 구성하기〈탈 것들의 세계〉 (공동작업), 벽면에 탈 것 그림자료 게시 • 그림맞추기 : 〈기차〉, 〈버스〉, 〈비행기〉, 〈배〉 • 내가 만든 퍼즐 이용하여 놀이하기	모형, 그림 그림 그림
	쌓기 놀이	• 탈 것이 다니는 길 구성하기(모형배, 비행기, 자동차, 사람, 신호 등, 나무모형, 주유소 디오라마 등), 벽면에 여러 가지 도로와 항구, 비행장 그림이나 사진게시 • 기차(버스)놀이 : 미술 영역에서 만든 큰 상자기차(버스), 매표소 표지, 종이돈, 역할옷, 모자 등	모형, 그림, 디오라마 실물, 모형
	역할놀이	• 여러 가지 역할옷 입고 극놀이 하기(운전기사 모자, 기관사 모자와 옷, 오토바이, 헬멧 등), 역할을 나타내는 사람들의 사진이나 그림	실물, 그림

(계속)

개 념	활동종류/영역	내용 및 활동	교수매체 구분
	음률	• 탈 것 모형 만들어 게시판에 게시하기 • 탈 것 그림 그려 퍼즐 만들기 • 노래 〈간다 간다〉 부르기 : 그림 노래말판, 자석깡통	게시판, 그림, 사진, 모형 그림, 자석
	집단활동/이야기 나누기	• 내가 타본 탈 것들 • 탈 것들은 어디로 다닐까? • 옛날 사람들은 무엇을 탔을까?	융판 슬라이드 그림
	노래지도	• 노래부르기 : 〈간다 간다〉, 〈비행기〉, 〈자전거〉	자석 아크릴판, 녹음자료, 모형, 그림
	신체표현	• 〈높고 낮게〉 탈 것이 되어 신체 표현하기 : 유아가 만든 탈 것 가면, 탈 것이 움직이는 소리 녹음자료, 빠르고 느린 음악 테이프	그림, 녹음자료
	동 화	• 굴러라 바퀴야	입체그림
	게 임	• 우리는 하나 : 상자배 타고 반환점 돌기	모형
② 탈 것들은 우리들의 생활을 편리하게 해준다.	자유선택활동/조형	• 상상화 그리기 : 탈 것이 없다면 먼 곳을 어떻게 갈까?	
	과학	• 여러 가지 탈 것들은 우리에게 어떤 도움을 주나?	게시판
	쌓기 놀이	• 여러 가지 탈 것 모형과 사람 모형	모형
	언 어	• 여행경험 그리거나 써서 게시판 만들기 • 실외 : 버스놀이, 기차놀이	게시판 모형
	집단활동/이야기 나누기	• 탈 것을 타본 경험 이야기 나누기 • 옛날 사람들은 무엇을 타고 다녔을까?	그림자료 사진(OHP)
③ 탈 것들을 안전하고 편안하게 이용할 수 있도록 일을 하는 사람들이 있다.	자유선택활동/블록활동	• 주유소놀이 • 정비소놀이	모형, 블록
	언 어	• 책 《라이트 형제》 • 역할 카드 짝짓기	그림 그림
	역할놀이	• 교통 경찰 모자, 경찰복, 정비복 등 첨가	실물
	대집단 활동/이야기 나누기	• 교통질서를 위해 수고하시는 분은 누구인가	융판, 사진자료

(계속)

개 념	활동종류/영역	내용 및 활동	교수매체 구분
④ 탈 것들을 안전하게 이용하기 위해서 지켜야 할 규칙이 있다.	자유선택활동/수학	• 〈어디로 가야 할까요〉 게임	그림
	언어	• 그림책 《교통 안전》	그림
	쌓기	• 신호등 이용하여 도로 구성하기 • 신호등 게시판	모형 게시판
	컴퓨터	• 교통 규칙에 대한 CD-ROM 자료	컴퓨터
	실외	• 교통놀이(자전거 길, 교통 표지판, 횡단보도, 횡단보도)	모형
	대집단 활동/이야기 나누기	• 교통 사고는 왜 일어날까? • 길을 건널 때 지켜야 할 규칙 • 안전띠는 왜 착용해야 하나? • 차 안에서 지켜야 할 예의	그림(융판) 슬라이드 그림(칼집) 손인형
	노래	• 〈건너가는 길〉 • 〈길조심〉	그림 그림(자석판)
	동화	• 꼬마 자동차 덜컹이 • 덜렁이의 소원	슬라이드 TV동화

4) 주제 전개 계획안 작성하기

유아의 주요 관심을 중심으로 주제 전개 계획안 또는 주간계획안을 작성한다. 즉, 목록에 열거한 많은 활동 중 학급에서 다룰 활동을 선정하고, 학습주기를 고려하여 시간적으로 먼저 다룰지 나중에 다룰지에 따라 배열해야 한다. 학습주기는 인식, 탐색, 탐구, 활용으로 이루어지는 순환적 사이클이다.

(1) 인 식

인식(awareness)은 학습의 매개 변수인 물체, 사람, 사건 또는 개념에 대한 광범위한 자각과정이다. 교사는 물리적 · 심리적 환경을 구성하고, 새로운 물체나 사건 등을 소개하며, 문제를 제공하거나 질문을 하여 흥미를 유발시키거나 유아의 흥미나 경험에 관심을 표현하고 반응을 보임으로써 인식과정을 도와야 한다. 예를 들어 여러 가지 탈 것 그림자

그림 15-3 가족 여행 경험 게시판(그림, 사진자료 게시판)

그림 15-4 탈 것 이름 찾기(그림자료)

료로 벽면을 꾸미거나, 탈 것 모양의 모형 및 퍼즐 등의 교수매체를 눈에 띄도록 전시해 놓음으로써 유아의 관심을 유도할 수 있으며, 주말을 지내며 있었던 일이나 가족여행경험을 이야기하는 동안 여행을 한 유아가 있으면 어떤 것을 타고 다녀왔는지 말해 보도록 할 수 있다. 주제연관 그림, 낱말카드 등도 제시해 놓을 수 있다.

(2) 탐 색

탐색(exploration)은 유아가 여러 가지 감각기관을 이용하여 사건, 물체, 사람 또는 개념의 구성요소나 속성을 파악하는 과정으로 이러한 개인적 경험을 통해 나름대로의 의미를 구성하게 된다. 교사는 유아의 능동적 탐색을 지지하고 탐색환경을 조성해 주며, 놀이를 확장하고 유아의 활동을 설명해주거나 이야기를 나누고, 여러 가지 개방적인 질문을 해보며 유아의 생각이나 아이디어를 존중해 주어야 한다. 또한 유아는 실수를 통해 새로운 경험을 할 수 있게 되므로 구성적인 실수를 허용하는 분위기를 마련해 주어야 한다. 예를 들어 새노래 배우기나 동화 듣기 여러 가지 탈 것 모형 및 디오라마를 관찰하거나, 탈 것에 대한 비디오나 슬라이드 자료를 보며 탈 것의 종류, 움직이는 모습을 살펴보는 등의 활동이 탐색과정이 될 수 있다.

그림 15-5 탈 것이 다니는 길(입체모형 게시판)

그림 15-6 새노래 〈간다 간다〉부르기(아크릴 자석판)

(3) 탐 구

탐구(inquiry)는 유아가 개인적으로 형성한 이해를 실험해보고 다른 사람의 생각이나 객관적 현실에 비추어 비교해보는 과정으로, 물체, 사람, 사건, 개념에 대한 이해가 이루어지며 일반화시키기 시작한다. 교사는 유아가 개인적인 탐색을 통해 이해한 내용들을 구체화시켜보도록 탐구할 기회를 제공하고, 흥미를 가진 주제에 관심을 집중시키도록 안내한다. 또 사고를 유발하는 핵심적인 질문을 하고 필요한 경우에는 여러 가지 정보를 제공하여 개념이나 정보·사건들에 대한 이해를 넓히고 상호 관련성을 파악하도록 안내한다. 예를 들어 탈 것이 움직이는 모습을 비디오로 보고, 모형차를 움직여 보는 경험을 통

그림 15-7 경사로에 탈 것 굴리기(모형)

그림 15-8 주유소 견학

해 탈 것마다 움직이는 방법이 다름을 이해할 수 있다. 교사는 바퀴가 달린 탈 것을 만들어 움직여 보고 비교하거나, 여러 가지 날개의 비행기를 만들어 날려보고 비교하는 활동들을 통해 유아들이 탈 것의 움직임과 바퀴나 날개의 모양에 대해 관심을 집중하도록 도울 수 있다. 또한 세계 여러 나라의 비행기와 자동차의 사진이나 그림, 자동차 내부의 모양에 대한 사진 게시판을 교사와 유아가 함께 구성하는 활동을 통해 유아들이 새로운 정보를 접하고 탈것에 대한 이해를 증진시키는 기회를 갖도록 할 수 있다.

(4) 활 용

활용(utilization)은 유아가 나름대로 이해한 것을 적용하거나 활용하는 과정이다. 교사는 유아가 학습한 것을 새로운 상황에 적용하도록 도우며, 학습한 것을 활용해 볼 수 있는 의미 있는 상황을 제공한다. 예를 들어 유아들이 탈 것의 종류에 따라 모양의 차이를 이해하게 되면 상자와 같은 입체물이나 그림을 통해 탈 것을 표현할 수 있을 뿐 아니라, 자신이 만든 탈 것들을 이용해 기차놀이나, 버스놀이 등의 극놀이를 하거나, 블록으로 도로를 구성하고 상자로 만든 미니카들을 움직일 수도 있다. 또한 탈 것마다 각각의 움직임의 특성을 이해하면 신체로 탈 것을 표현하거나 극화해 볼 수 있게 된다. 교통규칙이나 예절에 대해 알아 보았다면 이를 이용한 게임도 활용활동이 될 수 있다.

이러한 인식, 탐색, 탐구, 활용으로 이어지는 학습주기는 순환적 사이클로서, 한 가지 활동을 진행해 나가는 동안에 이러한 사이클이 이루어지기도 하고, 주제를 전개해나가는 초기, 중기, 후기의 활동 속에서 순환적으로 나타나기도 하며, 학기 초와 학기 말에 걸

그림 15-9 상자 기차를 만들어 놀이하기(모형)

그림 15-10 안전벨트 게임(그림자료)

친 장기간의 학습기간 동안 이루어지기도 한다. 따라서 교사는 하나의 활동을 계획할 때 어떻게 그 활동을 인식하게 하여 동기유발을 시킬지, 탐색은 어떠한 방법으로 조장할지, 탐구를 위한 질문이나 보조자료는 무엇을 사용할지, 어떻게 활용하도록 도울지 등을 계획해야 한다. 주제 '탈 것' 을 전개하는 동안에 교사는 먼저 다루어져야 할 활동은 무엇이고 이를 토대로 후기에 다루어져야 할 활동은 무엇인지, 그리고 유아들이 주제를 다루면서 학습한 것들이 어떻게 활용되게 할 것인지에 대해서 총체적으로 계획해야 한다. 예를 들어 유아들이 만든 탈 것 모형물들을 이용한 쌓기 활동은 탈 것에 대한 탐색과 탐구의 결과로 만든 미술품을 활용하는 과정인데, 이는 또 탈 것이 다니는 길에 대해 탐색·탐구하는 활동으로 연결된다. 이러한 계획은 그 주제를 다루는 시기가 학기 초인지, 학기말인지, 또는 사전에 어떠한 개념을 다루었는지에 따라 달라지게 된다. 즉, 같은 '탈 것' 이라는 주제라도 학기 초에 다룰 경우와 유아들이 여러 가지 경험을 하고 난 학기말에 다룰 때는 개념, 아이디어, 태도 등의 측면에서 다른 계획이 요구된다. 이러한 학습주기 사이클을 고려하며, 개념별로 작성해둔 목록에서 각 홍미 영역과 집단활동별 활동을 선정하고 날짜의 진행에 따라 먼저 다루어져야 할 활동과 후속적으로 이루어져야 할 활동들을 배열하도록 한다.

주로 이러한 계획은 주간계획의 형태로 이루어지게 된다. 주간계획이 이루어지면 새로운 주제에 대해 유아들이 관심을 모을 수 있는 방법으로 주제전개를 시작하여 매일의 활동을 전개해 나간다. 매일의 프로그램 계획과 실행·평가는 일일계획표에 기록한다. 교사는 일과가 끝난 후에 미리 작성한 주간계획표와 당일 유아들의 관심의 방향을 참조하여 다음날의 구체적인 일일계획표를 작성하고 이에 맞추어 교수매체를 준비한다. 즉, 교사는 유아들의 관심과 활동진행 상태에 따라 융통성 있게 주간·일간계획을 조정해 나가야 하며 이에 맞추어 교수매체를 적절히 준비해야 하는데 이때, 다음날 필요한 교수매체를 항상 전날 준비하는 것은 무리이므로 예측되는 활동과 관련된 자료는 미리 준비해두었다가 필요할 때 바로 꺼내 사용할 수 있도록 한다. 표 15-2에서는 여름방학을 지낸 여행 경험과 연관 지어 계획한 주제 '탈 것' 에 대한 주간계획안을 예시하였다.

→ (단기간 제시)
⇝ (장기간 제시)

표 15-2 주제 '내가 타본 것' 의 주간계획안

환경구성	• 벽면게시판 : 여러 가지 탈 것이 다니는 모습(바다, 도로, 하늘구성) • 여러 가지 탈 것의 모형전시 • 생일판 : 탈 것 모양판으로 구성 • 벽면 : 여러 가지 탈 것의 사진, 그림자료-

활동 \ 전개일		제1일	제2일	제3일	제4일	제5일
자유선택활동	계획	개별놀이계획				
	언어	• 책 :《즐거웠던 여름방학》 • 자동차 모양 종이에 쓰기 →	• 사진책 꾸미기(방학동안 찍은 사진을 가져와 책으로 꾸민다) →	• 배모양 종이에 쓰기 →	• 철가루 글자쓰기 →	• 부직포 자모음과 낱말 카드(배, 비행기, 헬리콥터, 잠수함, 포크레인 등)
	수학		• 조개껍질 분류, 기록하기		• 〈배에 손님 태우기〉 게임: 주사위 수만큼 인형 태우기 ⇝	
	과학	• 방학 동안 모은 것을 관찰하세요(전시용 작은 접시, 이름 카드, 확대경) ⇝	• 여러 가지 조개껍질 관찰하기 • 책 :《바닷속의 생물》,《조개》등			• 요리 : 탈 것 모양의 과자 만들기
	역할	• 여행놀이 ⇝ 여러 가지 모자, 배낭, 돗자리, 여행하는 사람의 그림, 사진자료		• 자동차 핸들과 바퀴 첨가 ⇝ • 매표소, 차표 첨가		
	쌓기			• 작은 나무 블록 : 미니카(승용차, 고속버스), 고속도로 톨게이트 모형 이용하여 고속도로 만들기 ⇝	• 주유소(디오라마)이용하여 블록활동 ⇝	
	조작	• 퍼즐 : 자동차, 배 ⇝			• 퍼즐 : 비행기, 포크레인 ⇝	• 레고, 렉스 블록으로 여러 가지 탈 것 만들기

(계속)

활 동 \ 전개일		제1일	제2일	제3일	제4일	제5일
자유 선택 활동	음률		• 노래 부르기 : 참 재미 있었지(음악 활동 자료첨가)			• 노래 부르기 : 우리들의 탈 것(전날 사용한 장갑자료첨가)
	미술	• 방학 동안 지낸 일 그리기(4절지)	• 콜라주 : 조개껍질, 색모래, 조각 헝겊 등 이용		• 게시판 꾸미기 : 내가 타본 것을 만들어 붙여 보세요	
간 식		• 우유, 컵케이크	• 오렌지주스, 치즈, 크래커	• 포도	• 수프, 빵	• 우유, 탈 것 모양 과자
집단 활동	이야기 나누기	• 선생님 · 친구들과 인사나누기 • 친구들이 달라진 곳 찾아 이야기 하기	• 방학을 지낸 이야기나누기(미술영역에서 그린 그림을 이용할 수 있다) • 방학을 지낸 일 그림책 제목 정하기	• 작업평가 : 오늘 즐거웠던 놀이에 대해 이야기 나누기	• 내가 타본 것에 대해 이야기 나누기(융판자료 : 여러 가지 탈 것의 그림)	• 작업평가 : 요리 경험 이야기 나누기
	동화 · 동시		• 동시 : 〈매미〉			• 융판동화 : 〈보람이의 자전거〉
	게 임	• 노래 : 〈참 재미있었지〉		• 조개껍질 줍기 게임		
	신체 · 음악				• 노래 : 〈우리들의 탈 것〉	
	기 타	• 모래놀이		• 새로운 손유희 : 〈오늘의 그림책〉(방학 동안 지낸 일 그림책 이용)		
실 외			• 모래놀이에 미니카, 조개 껍질 첨가		• 모래놀이에 미니카, PVC 파이프, 신호등 첨가	

5) 활동 구체화 및 교수매체 선정, 제작하기

주제를 어떻게 전개할 것인가를 계획하는 동시에 각각의 활동을 어느 영역에서 어떠한 방법으로 전개할 것인지에 대한 구체적인 활동계획이 이루어져야 한다. 예를 들어 동화책 《굴러라 바퀴야》를 들려 주려고 한다면 교사는 먼저 동화를 언제, 어디에서 사용할지, 동화의 내용을 잘 표현할 수 있는 방법은 무엇인지 등을 생각해야 한다. 즉, 동화책을 디지털카메라로 찍어서 파워포인트 동화로 들려 주거나 그림으로 그려서 제시할 수도 있으며, 테이블 동화로 들려 줄 수도 있다. 동화의 내용 특성을 잘 살리려면 자료를 어떻게 제작하면 효과적인지 구체적으로 계획한다. 이 과정에서는 그림책에 있던 이야기를 각색해야 한다. 각색할 때 교사는 그림동화용인지 테이블 동화용인지 등의 매체유형과 제시목적(예를 들어 여기서는 '탈 것'의 움직임에 초점을 두고 사후활동으로 신체표현을 하려 한다)을 고려하여 대사나 그래픽을 결정해야 한다. 활동을 계획하고 교재·교구를 제작하는 과정을 도식화하면 그림 15-10과 같다.

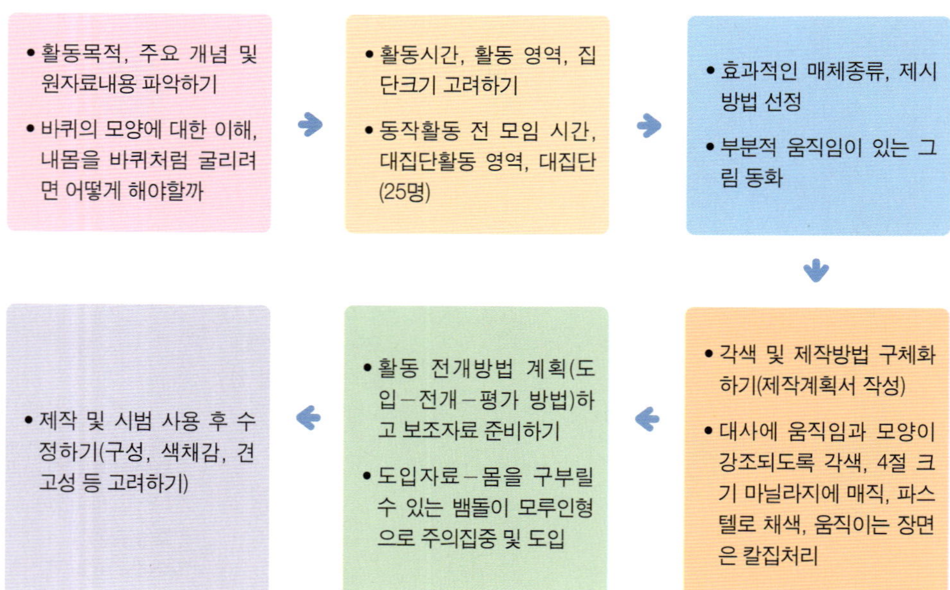

그림 15-11 교수매체 선정 및 제작이 이루어지는 과정

6) 활동하기

(1) 환경준비 및 연습하기

교수매체가 준비되면 적절한 사용환경을 마련하고 유아들에게 제시하기 전에 제시연습을 한다. 이 과정에서 고려해야 할 요소는 다음과 같다.

- 적절한 자료의 배치 위치 선정하기
- 교사의 자료제시 속도 조절하여 연습하기
- 보조 자료의 사용 여부 검토하고 준비하기
- 언어적 상호작용 내용 및 상호작용 방법 계획하기
- 동기유발이나 분위기 조성을 위한 주변 환경 조성하기
- 필요한 기기 점검하기
- 제시·활용에 용이하도록 자료 정돈하기

(2) 활동하기

계획한 활동을 실행한다. 주제의 전개과정에서는 다양한 자유선택활동과 집단활동이 이루어진다. 주제 '탈 것'과 관련된 개별 또는 집단활동 과정에서 교사 또는 교사와 유아가 함께 준비한 교수매체들을 다양하게 활용할 수 있다. 이때 하나의 활동이 특정 시간대나 한 영역에서의 활동으로 그치는 것이 아니라 다른 영역이나 시간대의 활동들과 통합되어 전개될 때 더욱 흥미 있고 심도 깊게 진행될 수 있다.

7) 평가하기

교수매체를 활용한 후에는 교수매체가 수업의 목표에 적절하였는지, 유아의 반응은 어떠하였는지 등을 평가한다. 교수매체와 관련된 평가 항목을 제시하면 다음과 같다.

- 자료는 의도한 내용을 교육하기에 적합하였는가?
- 자료는 유아들의 이해 수준 및 조작 수준에 적합하였는가?
- 자료의 크기는 집단의 규모에 적합하였는가?
- 유아들은 자료에 관심을 보이고 탐색하였는가?

- 유아의 흥미가 오랫동안 지속되었는가?
- 자료를 통해 또래 간 상호작용이 증진되었는가?
- 교사는 자료를 능숙하게 활용하였는가?
- 자료가 활동 중 파손되지 않고 견고하였는가?
- 자료를 보완하거나 수정해야 할 부분이 있는가?

2. 연령별 주제에 따른 교수매체 활용의 실제

만 2~5세반 영유아들의 주제와 관련된 활동과 교수매체 활용에 대해 몇 가지 주제로 간략히 살펴 보면 다음과 같다.

(1) 2세 : 우리 가족

- **주제** : 우리 가족
- **연령** : 만 2세
- **주제전개** : 역할놀이 영역에서 영아들이 엄마, 아빠 역할을 하면서 자연스럽게 넥타이, 앞치마, 우유병 등을 탐색하며 놀이할 때 주제를 전개할 수 있다. 주제전개 초기에는 '〈곰 세마리〉 노래 부르기', '가족 사진보며 소개하기' 등의 활동을 하여 가족의 명칭에 대해 영아들이 인식할 수 있도록 한다. 또한 청소하기, 식탁 차리기, 아기 돌보기 등의 활동이 이루어질 수 있도록 모형, 가족사진, 가족인형 등의 교수매체를 제공하여 영아들이 이들 자료를 탐색, 활용하여 극놀이를 하는 과정에서 가족구성원에 대한 역할이해와 가족마다 사용하는 물건이 다르고 할 수 있는 일이 있음을 이해할 수 있게 한다.

표 15-3 만 2세의 주제 '우리 가족'과 관련된 활동목록(*은 사진자료가 제시된 활동)

활동유형		관련 활동(교수매체 유형)
자유선택활동	대소근육 운동 영역	**대근육** • 아기처럼 기어가요*(그림자료) **소근육** • 집 모형 바느질*(입체자료-모형), 가족 모습 바느질, 우리 집 그림 맞추기 퍼즐(그림자료)
	탐색 영역	• 촉감집에서 놀아요(입체자료-모형), 엄마 얼굴 퍼즐 맞추기(그림자료), 가족 물건 분류하기*(융판과 융판자료)
	쌓기 놀이 영역	• 방 만들기(입체자료-모형)
	역할놀이 영역	• 가족의 물건 탐색하기*(입체자료-실물) • 엄마 · 아빠 놀이하기(요리하기, 청소하기, 회사가기)(입체자료-실물, 모형) • 아기 돌보기 놀이*(인형, 입체자료-모형) • 가족머리띠 쓰고 가족의 생일 축하하기*(그림자료, 입체자료-모형)
	언어 영역	• 엄마 · 아빠 목소리 듣기(녹음자료) • 가족 인형으로 이야기 꾸미기*(손인형, 융판 자료) • 가족 인형으로 인사 나누기(인형-손가락 인형) • 우리 아이(엄마, 아빠, 할머니) 무얼 하지? 이야기 책 듣기(그림자료)
	음률 영역	• 〈닮은 곳이 있대요〉 노래에 맞춰서 악기 연주하기(입체자료-실물)
	조형 영역	• 밀가루 반죽으로 엄마(아빠, 할머니) 모습 꾸미기
	실외 활동	• 생일축하 놀이 : 모래 영역(입체자료-모형)
대소집단활동	이야기 나누기	• 우리 가족을 소개해요(가족 사진 자료 이용)(그림자료, 게시판)
	동화 및 동시	• 《곰 세 마리》*(입체자료-모형) • 《토끼의 생일잔치》(그림자료) • 《우리 집 대장》(동시) • 《그래도 널 사랑한단다》*(융판동화)*
	새노래	• 〈곰 세 마리〉*(입체자료-모형) • 〈나/엄마〉(그림자료, 녹음자료) • 〈할머니의 자장가〉(녹음자료) • 〈엄마〉(녹음자료)

아기처럼 기어가요(그림자료)

집모형 바느질(입체자료-모형)

가족 이야기 꾸미기(융판자료)

가족 이야기 꾸미기(손인형)

가족의 물건 분류하기(융판자료)

〈곰 세 마리〉 노래 부르기(입체자료-모형)

가족의 물건 탐색하기(입체자료-실물)

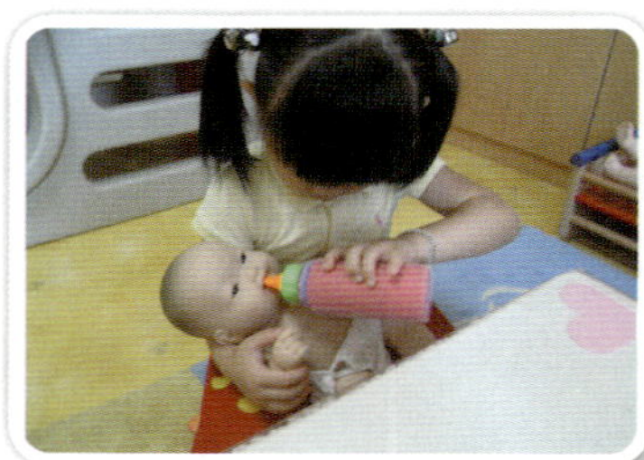

아기 돌보기(인형, 입체자료-모형)

가족머리띠 쓰고 생일 축하하기 놀이(그림자료, 입체자료-모형)

상황에 어울리는 말하기 '어떻게 말해야 할까?' (그림자료)

동시 〈엄마는 아기가 제일 좋아요〉 (그림자료)

동화 《그래도 널 사랑한단다》(융판동화)

그림 15-12 2세 '우리 가족' 주제에서 활용한 교수매체와 활동의 예

(2) 만 3세 : 동물

- **주제** : 동물
- **대상 연령** : 만 3세
- **주제 전개** : 전개 초기에는 유아들이 좋아하는 동물이나 친숙한 동물들의 이름을 소개하고 특성에 대해 알아본다. 동물원 견학을 계기로 동물에 대한 관심을 확장한 후 '여러 가지 재료로 동물 만들기', '동물원 구성하기', '동물처럼 움직이기', '동물의 소리 듣기, 먹이 알기' 등의 내용을 다룰 수 있는 교수매체를 제공하여 유아들이 각 동물의 독특한 울음소리와 움직임, 사는 곳과 먹이 등에 대해 탐구할 수 있도록 돕는다. 또한 반 유아들과 의논하여 교실에서 키우고 싶은 동물을 정하여 돌보는 과정에서 동물을 사랑하고 보호하는 방법과 태도를 형성할 수 있도록 하면서 주제를 마무리한다.

표 15-4 만 3세의 주제 '동물' 과 관련된 활동목록(*은 사진자료가 제시된 활동)

활동유형		관련 활동(교수매체 유형)
자유선택활동	쌓기 놀이 영역	• 블록으로 동물 만들기*(입체자료-모형) • 동물집 만들기(입체자료-모형) • 〈누가 내 머리에 똥 쌌어?〉에 나오는 강아지 집 만들기*(입체자료-모형)
	역할놀이 영역	• 동물병원 놀이(입체자료-모형) • 〈누가 내 머리에 똥 쌌어?〉 동극하기*(그림책, 머리띠-그림자료)
	수 · 과학 영역	• 통계 : 병아리 반에서 키우고 싶은 동물(그림, 도표)*, 나와 친구들이 좋아하는 동물 • 대칭 : 동물의 반쪽(그림자료) • 수세기 : 집게로 동물 몸 완성하기*, 토끼에게 당근주기게임*, 동물의 집으로 게임(입체자료-모형) • 분류 : 동물들의 먹이, 어디에서 살까요?(융판과 융판자료), 동물나라 게임*(그림, 모형자료) • 자석놀이 : 마카로니 속의 생쥐 찾기(그림자료, 입체자료-모형)
	조작 영역	• 끼우기 블록으로 동물원 만들고 이야기 꾸미기*(입체자료-모형) • 동물의 어미와 새끼 연결하기(사진자료) • 정육면체 그림 맞추기 퍼즐 〈누가 내머리에 똥쌌어?〉*(그림자료)
	언어 영역	• 듣기 : 동물 수수께끼(그림자료), 동물소리 듣고 카드 찾기*(녹음자료, 사진자료)

(계속)

활동유형		관련 활동(교수매체 유형)
자유선택활동		• 말하기 : 회전판 돌려 나온 동물 가면 쓰고 흉내내기*, 동물 손인형으로 이야기 꾸미기*(인형-손인형) • 읽기 : 동물의 먹이 찾기 게임, 동물 그림자 짝 찾기*, 동물책 읽기*(그림자료) • 쓰기 : 동물 이야기 책 만들기, 애완동물 이름 짓기
	음률 영역	• 큰 코끼리, 작은 생쥐 리듬 만들고 악기 연주하기(그림자료, 입체자료-실물) • 동물의 사육제 중 '사자왕의 행진' 들으며 박자 인식하며 북치기(녹음자료, 입체자료-실물)
	조형 영역	• 만들기 : 책 보면서 동물가면 만들기*(그림자료) • 꾸미기 : 우리가 기르는 애완동물 집 꾸미기(입체자료-모형), 동물 모양 도장 찍고 꾸미기(그림자료) • 그리기 : 내가 좋아하는 동물, 동물무늬 그리기(그림자료) • 판화 : 동물 모양 판화(그림자료)
	실외 활동	• 자연물로 동물 만들기(입체자료-실물)
	이야기 나누기	• 나는 누구일까요?(동물의 이름, 생김새)(오우버헤드 프로젝터와 TP자료) • 내가 좋아하는 동물 소개하기(막대인형) • 어디에서 살까요?(하늘, 땅, 물)*(융판과 융판자료) • 병아리 반에서 기르고 싶은 동물은?*(그림자료) • 우리들이 정한 동물을 잘 키우려면? • 동물을 사랑해주려면?
대소집단활동	동화 및 동시	• 《커다란 금방울》(막대동화) • 《누가 내 머리에 똥 쌌어?》(큰 책) • 《강아지 똥》(그림 책) • 《아기 코끼리 쮸쮸》(그림동화) • 《점점 커지는 물고기》(융판동화) • 《소는 못날아》(PPT 동화) • 《달팽이》(그림자료)
	새노래	• 〈우리들 세상〉(그림자료) • 〈작은 동물원〉(간이무대와 그림막대자료) • 〈아기새의 눈물〉(그림자료) • 〈숲 속의 아침〉(융판과 융판자료) • 〈어느 날〉(그림자료)
	게임	• 누구의 발자국일까?(그림자료) • 숨겨진 동물 찾기(입체자료-모형) • 토끼, 거북처럼 달려 돌아오기(그림자료)
	신체표현	• 동물의 움직임 영상자료 본 후 ~처럼 움직이기*(TV와 DVD, 그림자료) • 동물의 사육제 감상하고 표현하기(녹음자료)
	견학	• 동물원 견학*(실물자료)

동물원 견학(입체자료-실물)

토끼에게 당근주기 게임(모형)

동물 그림자 짝찾기(그림자료)

어디에서 살까요?(융판자료)

동물소리 듣고 카드 찾기(녹음자료와 사진)

빨래집게로 동물 완성하기(그림자료)

회전판 돌려서 나온 동물 가면쓰고
흉내내기(그림자료)

끼우기 블록으로 동물원 만들기
(입체자료-모형)

영상자료 본 후 동물처럼 움직이기
(TV와 DVD, 그림자료)

동물나라 게임(그림, 모형자료)

정육면체 그림 맞추기(그림자료)

동극 《누가 내머리에 똥쌌어》(입체자료-모형)

그림 15-13 주제 '동물' 전개과정에서 사용한 교수매체와 활동의 예

(3) 만 4세 : 탈 것

- **주제** : 탈 것
- **대상 연령** : 만 4세
- **주제 전개** : 탈 것은 유아의 공통적 관심 주제 중 하나이다. 크고 다양한 형태와 빠른 기동력을 가진 탈 것에 대한 탐구를 통해 유아들은 생활과 직업에 대한 이해의 폭을 확장하고 커다란 바퀴와 날개 등을 탐색하면서 기계의 구조와 특성에 많은 관심을 갖게 된다. 한편 이 주제를 통해 생활에 필요한 교통 이용규칙과 안전에 대한 지식과 태도를 형성해야 할 필요가 있다. 매력적인 자동차 모형과 시청각자료뿐 아니라 교통공원 등에서의 가상적 경험, 지역사회의 여러 관련 기관과 실물 자동차에 대한 탐구를 통해 흥미롭게 주제를 전개해 나갈 수 있다.

표 15-5 만 4세의 주제 '탈 것' 과 관련된 활동목록(*은 사진자료가 제시된 활동)

활동유형		관련 활동(교수매체 유형)
자유선택활동	쌓기 놀이 영역	• 여러 가지 탈 것 그림 게시(그림자료) • 탈 것을 이용하는 사람 모형 자료(입체자료-모형) • 도로 만들어 자동차 놀이하기(탈 것 모형, 신호등) • 주유소, 세차장 놀이(그림자료, 모형) • 대형 탈 것 모형(택시, 자동차) • 탈 것 디오라마 만들고, 블록과 연결하여 놀이하기(디오라마, 모형)
	역할놀이 영역	• 탈 것 관련 역할의상(운전기사, 주유소, 세차장, 역할 모자 실물이나 모형) • 탈 것 장난감 가게 놀이*(실물과 모형)
	수 · 과학 영역	• 탈 것의 속도 비교하기*(모형을 경사로에 굴리기, 모형) • 얼마나 멀리 갔을까 거리측정(모형) • 자석 탐색하고 자석기차 만들어 놀이하기*(모형) • 내가 알아보고 싶은 탈 것 그래프 만들기*(그림, 도표) • 자동차 구조 관찰하기*(모형과 실물) • 탈 것이 다니는 길 알아보고 그려 붙이기*(평면 게시판)
	조작 영역	• 끼우기 블록으로 탈 것 만들어 놀이하기(입체자료-모형) • 탈 것 모양 퍼즐(그림자료) • 탈 것 모양 구멍판에 끈 끼우기(그림이나 입체자료)

(계속)

<table>
<tr><th colspan="2">활동유형</th><th>관련 활동(교수매체 유형)</th></tr>
<tr><td rowspan="5">자유선택활동</td><td>언어 영역</td><td>• 관련 동화책(그림자료)
• 동시〈신호등〉(자석자료)
• 자동차 모양 종이에 쓰기
• 탈 것에 관한 동시 짓기
• 자동차 이름과 그림카드(그림자료)
• 자동차 사진 이용하여 작은책 만들기(그림자료, 컴퓨터)
• 탈 것 장판 글씨 쓰기(상징과 그림자료)
• 탈 것 소리와 영상자료 본 후, 의성어 의태어 카드 만들기(비디오, 컴퓨터)</td></tr>
<tr><td>음률 영역</td><td>• 새노래 〈간다 간다〉 부르기(낚싯줄 그림판과 그림노랫말, 녹음자료)
• 탈 것 가면 만들고 신체표현(그림자료, 입체자료)
• 탈 것의 소리 듣고 리듬 만들어 연주하기*(녹음자료, 실물악기)</td></tr>
<tr><td>조형 영역</td><td>• 여러 가지 자동차 타 본 경험 그리기
• 상자로 바퀴달린 탈 것 만들기*(그림, 모형)
• 바퀴 그림 그리기(모형)
• 공동작업 : 커다란 자동차 만들기*(입체자료, 모형), 큰 그림 그리기*(그림자료)</td></tr>
<tr><td>실외 활동</td><td>• 탈 것이 되어 달려보기(탈 것 그림머리띠)
• 교통규칙 놀이(모형 표지판)
• 자전거 도로 안전 규칙정하고 표지판 만들기</td></tr>
<tr><td>이야기 나누기</td><td>• 자동차 타본 경험 이야기 나누기
• 여러 가지 자동차(컴퓨터, 파워포인트 슬라이드)
• 내가 알아보고 싶은 탈 것(그림자료)
• 유치원 버스 운전기사 초대하여 이야기 나누기
• 탈 것을 안전하게 이용하려면(자석판)</td></tr>
<tr><td rowspan="4">대소집단활동</td><td>동화 및 동시</td><td>• 동화 《자동차 덜컹이》(그림자료)
• 동시 〈신호등〉(그림자료)
• 탈 것을 주인공으로 테이블 동화 만들기(그림, 입체자료)</td></tr>
<tr><td>새노래 및 신체표현</td><td>• 새노래 부르기 〈간다 간다〉(낚싯줄 그림자료)
• 색깔 기차가 되어 움직이기(협동 활동)</td></tr>
<tr><td>게임</td><td>• 상자 자동차 쓰고 반환점 돌기(상자모형자동차)
• 어느 것을 타고 갈까(융판자료)</td></tr>
<tr><td>견학</td><td>• 주유소(실물)
• 세차장*(실물)
• 자동차 정비소(실물)
• 교통 공원(모형)</td></tr>
</table>

자동차 자료보며 바퀴달린 자동차 만들기
(모형, 그림자료)

탈 것 만들어 배경판 꾸미기(디오라마)

탈 것 장난감 가게 놀이의 간판, 설명서
만들기(언어적 상징, 그림)

탈 것의 소리를 악기로 표현하기
(녹음자료, 실물)

자석기차놀이(모형)

탈 것이 다니는 길에 따라 게시판 꾸미기
(그림, 게시판)

알아보고 싶은 탈 것에 대해 조사하기(그래프)

자동차의 구조 관찰하기(입체자료–실물)

세차장 견학(입체자료–실물)

탈 것의 구조 게시판

큰 그림 보기(그림자료)

구조 관찰한 자동차 만들기(입체자료–모형)

그림 15–14 주제 '자동차' 관련 교수매체와 활동의 예

(4) 만 5세 : 우리나라 문화와 역사

- **주제** : 우리나라 문화와 역사
- **대상 연령** : 만 5세
- **주제 전개** : 유아들에게 우리나라의 문화와 역사는 시공간적으로 직접 체험하지 않으므로 쉽지 않은 주제이다. 그러나 도서, 가정의 제례, 지역사회 문화재와 박물관, 대중매체 등을 통해 역사적 사건, 인물, 문화재를 접하게 되므로 이를 활용하여 유아역사교육을 실천할 수 있다. 역사와 인물 이야기는 막연하고 추상적으로 전개하기 쉬운데, 책과 이야기뿐 아니라 박물관과 지역사회 문화재를 적극 활용하여 구체적 경험이 되도록 계획한다. 이 주제를 통해 우리나라는 독특한 문화와 문화재가 있다, 우리나라를 위해 많은 사람이 노력해왔다. 현재에도 고유의 문화를 접할 수 있다 등의 개념을 다룰 수 있도록 한다.

표 15-6 만 5세의 주제 '우리나라 문화와 역사' 와 관련된 활동목록(*은 사진자료가 제시된 활동)

활동유형		관련 활동(교수매체 유형)
자유선택활동	쌓기 영역	• 거중기로 벽돌블록 쌓기*(거중기 모형과 블록) • 성 쌓기 놀이(성곽 사진자료와 블록) • 옛날 마을 구성하기(세우는 사람과 기와집, 초가집모형) • 탑 사진보고 쌓아보기(사진자료와 블록)
	역할 영역	• 옛날 사람 놀이*(역할의상과 전통 생활용품) • 가마놀이*(모형)
	수 · 과학 영역	• 박물관 미로 찾기 게임(그림자료) • 옛날 지도 면적 알아보기(블록으로 채워서 측정하기) • 광개토대왕 영토 확장 게임(자석판) • 경주유적지 돌아보기 판게임(그림) • 옛날 물건 전시*(실물 · 모형) • 모형 거중기 탐색(모형)
	조작 영역	• 문화재 퍼즐(사진), 영화퍼즐*(사진자료) • 우리나라 발명품과 문화재 끈 끼우기판(그림자료) • 끼우기 블록으로 탑만들기(입체, 사진자료)
	언어 영역	• 문화재 수수께끼 카드(사진자료) • 수렵도 그림 보며 옛날이야기 짓기(사진자료) • 우리나라 위인전(그림책) • 역사인물 동화 만들기(위인 동화, 사진자료, 컴퓨터) • 문화재 장판글씨*(그림-글자자료)

(계속)

활동유형		관련 활동(교수매체 유형)
대소집단활동	음률 영역	• 전통 악기 연주(실물과 사진자료) • 시조 감상하기(녹음자료)
	조형 영역	• 우드락 탁본 뜨기(모형) • 한지 그림 그리기(실물) • 백자, 청자 빚기(사진자료와 점토) • 토우 빚기(사진자료와 점토) • 우리나라 문화재 모형 만들기(협동작업) • 옛날의 그림 감상하고 따라 그려보기(사진자료) • 동화 속 등장인물과 배경 만들기 • 거북선 만들기(사진, 입체자료)
	실외 활동	• 모래놀이터에 성곽과 목책 쌓기 놀이*(모형) • 모래놀이터에 한강 만들어 나룻배 띄우기(배모형)
	이야기 나누기	• 옛날의 우리나라(파워포인트 슬라이드) • 우리나라의 문화재 이야기(융판용 사진자료) • 우리 가족이 존경하는 우리나라 위인 조사해서 이야기 나누기 • 우리나라 명화와 미술가(사진자료) • 위인이야기(비디오/DVD)
	동화 및 동시	• 《단군신화》(파워포인트 슬라이드 동화) • 《고구려를 세운 주몽》(그림동화) • 《백제를 세운 온조》(그림동화) • 《신라를 세운 박혁거세》(그림동화) • 《바다에 묻힌 임금님》(융판동요) • 《이순신》(파워포인트 슬라이드 동화) • 《세종대왕》(테이블 동화) • 유아가 만든 동화 들려주기
	새 노래 및 신체표현	• 시조 배우고 짓기*(녹음자료) • 노동요 〈실구대소리〉 감상하고 배우기(그림, 녹음자료) • 고구려 벽화 속의 동작 따라하기(그림자료) • 전통 가락에 맞춰 움직이기(녹음자료 또는 장구)
	게임	• 문화재 찾아오기 게임(편게임)(융판자료) • 첨성대 쌓기 게임(편게임)(블록 또는 자석판)
	견학	• 가볼 만한 곳 : 국립중앙박물관, 민속박물관, 몽촌역사관, 옹기박물관, 세종대왕기념관, 국악박물관, 다산유적지 등 인근의 유적지와 박물관

옛날의 물건 전시(실물 자료)

박물관 견학(실물 자료)

역사 이야기와 위인 이야기(비디오, DVD)

발명품과 문화재 장판글자(그림-글자자료)

한복 입고 옛날 사람 놀이하기(실물, 모형)

우리가 만든 거북선 게시판(모형)

우리나라 명화와 미술가에 대해 알아보기 (사진자료)

우리나라 명화 퍼즐(사진자료)

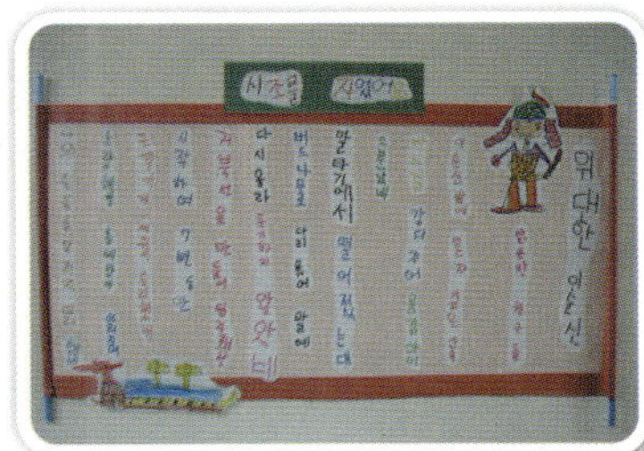

시조 감상하고 위인에 대한 시조 짓기 (녹음자료)

백제 유적지에 대해 알아본 후 토성과 목책 만들기(모형)

모형 거중기 탐색하기(모형)

옛날 가마놀이(모형)

그림 15-15 만 5세의 주제 '우리나라의 역사' 와 관련된 교수매체와 활동의 예

참고문헌

국내문헌

- 강봉규 역(1997). 주말에 배우는 카메라. 하서출판사.
- 강인원, 강영숙(1996). 유아 음악 교육. 양서원.
- 교육과학기술부(2009). 총론.
- 권옥자 외(1993). 유아를 위한 교수매체의 이론과 실제. 형설출판사.
- 김경철 외(1998). 유아교육과 멀티미디어. 다음 세대.
- 김남진 사진공방 역(1994). 사진실기. 눈빛.
- 다음세대(1998). 보육사 유아교육용품. 다음세대.
- 덕성여대 유아 교육 연구소(1993). 상호작용 이론에 기초한 유아 교육과정. 창지사.
- 박남숙(1995). 유아를 위한 교육공학의 이론과 실제. 양서원.
- 박석규(1997). 유아를 위한 TV 교육방송 프로그램의 효율적 활용 방안. 제6회 유아교육 교원 자율 연수 교재. 서울 유아교육 방송연구회.
- 박찬기(1998). 달마시안 어린이 컴퓨터. 자연사람.
- 반운경(1991). 유아교육과 컴퓨터. 대한 유치원 교육협회. 유아를 위한 컴퓨터 교육의 실제. 대한 유치원 교육협회 33회 강습회 자료.
- 백운춘(1993). 초보자의 비디오. 신라출판사.

- 보건복지가족부(2009). 보육사업안내.
- 심길중 역(1995). 비디오 촬영기법. 나남출판.
- 아므쿠스 피스터(1994). 무지개 물고기. 시공사.
- 양승희(1996). 컴퓨터를 이용한 문해활동 제시가 유아의 읽기 능력에 미치는 영향. 덕성여자대학교 대학원 석사학위 청구 논문.
- 윤정호(1995). 카메라 일반상식. 신라출판사.
- 이경우(1991). 유아를 위한 컴퓨터 활동의 통합적 접근. 이화여자대학교 동서교육 연구소.
- 이상금(1987). 한국 근대 유치원 교육사. 이화여자대학교출판부.
- 이승훈(1995). A/V 가이드. 삼호출판사.
- 이영자(1981). 유아를 위한 교수매체. 교문사.
- 이영자(1994). 상호작용 이론에 기초한 유아교육 프로그램. 덕성여대 유아교육연구소편, 상호작용이론에 기초한 유아교육 과정의 이론과 실제. 덕성여대 부속 유치원 개교 10주년 기념 강연회 자료(미간행). PP. 3-17.
- 이영자, 박미라, 최경애(1999). 유아교육 교수매체. 교문사.
- 이중재(2004). 쉽게 배우는 카메라 입문. 일송미디어.
- 이호종(2007). 아이사진 예쁘게 찍는 디카 & DSLR 테크닉. 성안당.
- 조성선(1993). OHP 활용과 TP의 자작. 지성의 샘.
- 조은순(1994). 교수매체로서의 멀티미디어. 교육공학연구, 9(1), pp. 163-179
- 중앙정보 보육센터(2009). 평가인증-조력프로그램. http://www.educare.or.kr
- 한국어린이 육영회(1998). 1998 한국어린이 육영회 도서안내. 한국 어린이 육영회.
- 한철규(1980). 우리 나라 시청각 교육의 변모-교수. 학습자료 개발사업 중간보고서. 한국교육개발원.
- 호재숙 외(1989). 교육 방법 및 교육공학. 교육과학사.
- 황진수(1987). 유아교육에 있어서 교수매체로써의 퍼펫활용에 관한 연구. 이화여자대학교 석사학위 청구 논문.
- 황해익, 이경화 역(1995). 아동과 전자 매체세계. 상조사.

국외문헌

- Boderova, E. & Leong, D. J.(1996). *Tool of the mind: The Vygotskian Approach to Early Childhood Education*. Prentice-Hall
- Bower, T. G. R.(1980). *The perceptual world of the child*. Cambridge, MA : Harvard University Press.
- Bredkamp, S. and Rosegrant, T.(Ed).(1995). Reaching Potentials, Vol, 2. NAEYC : Washington, DC., pp. 19-21.
- Bruner, Jerome S.(1966). *Toward a theory of instruction*. Cambridge, MA : Harvard University Press.
- Carpenter, H. M.(1964). Study skills : Developing picture reading skills. *The Instructor*, *74*, pp. 37-38.
- Clements, D. H.(1994). The uniqueness of the computer as a learning tool : Insights from research and practice. In J. L. Wright & D. D. Shade(Eds.), *Young children* : Active learners in a technological age(pp. 31-50). Washington, DC: NAEYC.
- Comenius, J. A.(남혜승 역, 1999). 세계 최초의 그림 교과서. 씨앗을 뿌리는 사람.
- Cruikshank, S, B.(1992). Interdisciplinary learning integrated curriculum. In L. R. Williams & D.P. Fromberg(Eds.), *Encyclopedia of early childhood education*. New York : Garland Publishing, Inc., pp. 314-315.
- Cuffaro, H. K.(1992). Block. In L. R. Williams & D.P. Fromberg(Eds.), *Encyclopedia of early childhood education*. New York : Garland Publishing, Inc., pp. 356-357.
- Dale, Edgar(1969). *Audiovisual methods in teaching*. New York : Holt, Rinehart, and Winston Inc.
- Dempsey, J. D. & Frost, J. L(1993). Play environments in early childhood education. In Bernard Spodek(Ed), *Handbook of research on the education of young children*. New York : Macmillan Publishing Company, pp. 306-321.
- Dewey, J.(1916). *Democracy and education*. New York : Macmillan.
- Federson, D. R., Rook-Green, A., & Elder, J. L.(1981). The role of action in the development of pretend play in young children. *Developmental Psychology*, 17, pp. 756-759.

- Feeney, S. & Magarick, M.(1984). Choosing good toys for young children. *Young Children*, 39, pp. 21-25.
- Fein, G. G. & Robertson, A. R.(1975). *Cognitive and social dimensions of pretending in two-year-olds*. Detroit : Merrill-Palmer Institute. (ERIC Document Reproduction Service No. ED 119806).
- Fleming, Malcolm & Levie, W. Howard(1978). *Instructional message design : Principles from the behavioral science*. Englewood Cliffs, NJ : Educational Technology Publications.
- Fleming, Malcolm L.(1977). The picture in your mind. *AV Communication Review*, 25(1), pp. 43-62.
- Froebel, F.(1992). The education of man : In childhood. In I. M. Lilley(Ed.), *Friedrich Froebel : A selection from his writings*(pp. 81-96). Cambridge, UK : Cambridge University Press.
- Frost, Whortham, & Reifel(2005). *Play and Child Development*. New Jersey: Pearson Education. 양옥승, 노경혜, 윤희경, 조혜경, 최경애, 황윤세, 오애순 역(2005). 놀이와 아동발달. 서울:정민사.
- Haugland, S. W. & Shade D. D.(1988). Developmentally appropriate Software for young children. *Young Children*, *43*(4). pp. 37-43
- Heinich, R., Molenda, M., & Russell, J. D.(1989). *Instructional media and the new technologies of instruction*. New York : Macmillan Publishing Company.
- Hohmann, C. & Buckleitner, W.(1992). *Learning environment*. Ypsilanti, MI : High/Scope Press.
- Hunt, J. L.(1918). *A catalogue of play equipment*. New York : Bureau of Educational Experiments.
- Hunt, J. L.(1924). A catalogue of play equipment(3rd edition, revised). New York : Bureau of Educational Experiments.
- Kaden, M.(1990). *Issues on computers and early childhood education*.In C. Seefeldt(Ed.). Continuing issues in early childhood education (pp. 264-272). Merrill Publishing
- Kemp, J. E. & Smellie, D. C. (1989). *Planning, producing, and using instmctimal media*. New York : Harper & Row.

- Kritchevsky, S. & Presscott, E.(1977). *Planning environments for young children-physical space*. Washington, DC : NAEYC.
- Montessori, M.(1964). *The Montessori Method*. New York : Schocken Books.
- Nisbett, A. (1983). *Use of microphones*. New York : Focal.
- Norman, D. A. & Rumehart, D. E.(1970). *Model of human memory*. New York : Academic Press.
- Olszewski, P. & Fuson, K.(1982). Vervally expressed fantasy play of preschoolers as a function of toy structure. *Developmental Psychology*, 18, pp. 57-61.
- Oringel, R. S.(1983). *Audio control handbook*. New York : Hastings House.
- Osborn, D. K.(1980). *Early childhood education in historical perspective(2nd ed.)*. Athens, GA : Education Associates.
- Rogers, D. L.(1985). Relationships between block play and the social development of young children. *Early Child Development and Care*, pp. 20, 245-261.
- Schickedanz, J. A.(1993). 3 · 4세 유아를 위한 교육과정 개발과 프로그램 운영 : 새로운 모형의 소개. 한국 어린이 육영회 하기 워크숍 자료. 3 · 4세 유아교육 프로그램의 운영. PP. 7-26.
- Shade, D. D. & Watson, J. A.(1990). Computers in early education : Issues put to rest, theoretical links to sound practice, and the potential contribution of microworlds. *Journal of Educational Computing Research*, *6*(4), pp. 375-392.
- Shade, D.D.(1996). Software Eraluation. *Young Children*, 51(6), pp. 17-21.
- Silven, B. & McCary, J. C.(1986). *Computers in the educational lives of children : Developmental issues*. In J. L. Hoot(Ed.), Computers in early childhood education:Issues and practices(pp. 6-21). Englewood, NJ : Prentice-Hall.
- Wagner, B. S.(1985). Assessing symbolic maturity through pretend play. In J. L. Frost & S. Sunderlin(Eds.), *When children play*. Wheaton, MD : Association for Childhood Education International, pp. 313-318.
- Wilkinson, Gene(1980). *Media in instruction : 60 years of research*. Washington, DC : Association for Educational Communications and Technology.
- Williams, L. R. & Fromberg, D. P.(1992). *Encyclopedia of early childhood education*. New York : Garland Publishing, Inc.

• Williams, L. R.(1992). Technology and educative materials. In L. R. Williams & D. P. Fromberg(Eds.), *Encyclopedia of early childhood education.*(pp. 369-379). New York : Garland Publishing, Inc.

사진자료 제공

- 남양몬테소리 http://www.emontessori.co.kr
- 덕성여자대학교 부속유치원
- 동은유치원(분당)
- 동은유치원(서울)
- 보육사 http://www.boyusa.co.kr
- 신길하나푸르니어린이집
- 아이코리아(육영닷컴) http://www.yukyoung.com
- 에듀테인 http://www.edutain.co.kr
- 예그린유치원(수원)
- 운현유치원(서울)
- 인형극장 스토리하우스 http://Cafe. never. com/dollstoryhouse
- 정다운어린이집(화정)
- 제주근로복지공단 어린이집(제주)
- 파랑새유치원(일산)
- (주)둘리나라 http://www.doolynara.com

찾아보기

ㅇ

S

U

V

저자 소개

이영자

이화여자대학교 사범대학 교육학과(유아교육 전공)
미국 인디애나대학교 대학원 교수공학과(M.S., Ed.S.)
미국 보스턴대학교 대학원 유아교육학과(교육학박사)
한국교육개발원 연구원, 덕성여자대학교 유아교육학과 교수

현재 덕성여자대학교 유아교육학과 명예교수

저서 유아교육 프로그램(공저), 유아사회교육(공저)
종일반 운영지도자료(공저), 유아교육기관의 운영관리(공저),
상호작용 이론에 기초한 유아교육과정(공저), 유아 교수 · 학습 방법(공저)
유아교육 교수매체(공저), 유아언어발달과 지도, 영유아언어교육(공저) 등

박미라

덕성여자대학교 유아교육학과 학사, 덕성여자대학교 대학원 유아교육학과(교육학박사)
덕성여자대학교 부속유치원 교사, 덕성여자대학교 유아교육연구소 연구원

현재 파랑새유치원 원장, 명지대 교육대학원 강사

저서 수과학지도(공저), 종일반 운영지도자료(공저), 삼성어린이집 유아프로그램(3세, 공저)
상호작용이론에 기초한 유아교육과정(공저), 유치원 교육활동 지도자료집(공저)
유아교육 교수매체(공저), 영유아언어교육(공저) 등

최경애

덕성여자대학교 유아교육학과 학사, 덕성여자대학교 대학원 유아교육학과(교육학박사)
덕성여자대학교 부속유치원 교사, 덕성여자대학교 사회과학연구소 전임강사

현재 동은유치원 원장, 덕성여대 교육대학원 강사

저서 종일반 운영지도자료(공저), 상호작용이론에 기초한 유아교육과정(공저)
유치원 교육활동 지도자료집(공저), 놀이와 아동발달(공역), 유아교육 교수매체(공저)
보육실습의 이해(공저), 평가인증에 기초한 영유아보육과정(공저) 등

영유아교육
교수매체

2012년 8월 17일 2쇄 발행
2019년 8월 23일 4쇄 발행

지은이 이영자 · 박미라 · 최경애
펴낸이 류원식
펴낸곳 **교문사**

책임편집 성혜진
본문디자인 우일미디어
표지디자인 반미현
제작 김선형
영업 정용섭 · 송기윤 · 진경민

인쇄 동화인쇄 제본 한진제본

주소 (10881)경기도 파주시 문발로 116
전화 031-955-0955(代)
FAX 031-955-0955
등록 1960. 10. 28 제406-2006-000035호
홈페이지 genie@gyomoon.com
E-mail www.gyomoon.com
ISBN 978-89-363-1012-7(93370)

값 24,000원
*잘못된 책은 바꿔 드립니다.
*저자와의 협의하에 인지를 생략합니다.